“广播电视史学：机遇与挑战”

学术研讨会论文集

哈艳秋　主编

中国广播影视出版社

图书在版编目（CIP）数据

“广播电视史学：机遇与挑战”学术研讨会论文集／哈艳秋主编．—北京：中国广播影视出版社，2015.10

ISBN 978－7－5043－7528－5

Ⅰ.①广… Ⅱ.①哈… Ⅲ.①广播事业—新闻事业史—中国—学术会议—文集 ②电视史—中国—学术会议—文集 Ⅳ.①G229.29－53

中国版本图书馆CIP数据核字（2015）第235281号

“广播电视史学：机遇与挑战”学术研讨会论文集

哈艳秋　主编

责任编辑　贺　明
封面设计　丁　琳
责任校对　谭　霞

出版发行　中国广播影视出版社
电　　话　010－86093580　010－86093583
社　　址　北京市西城区真武庙二条9号
邮　　编　100045
网　　址　www.crtp.com.cn
微　　博　http://weibo.com/crtp
电子信箱　crtp8@sina.com

经　　销　全国各地新华书店
印　　刷　高碑店市德裕顺印刷有限责任公司

开　　本　787毫米×1092毫米　1/16
字　　数　380（千）字
印　　张　19
版　　次　2015年10月第1版　2015年10月第1次印刷

书　　号　ISBN 978－7－5043－7528－5
定　　价　48.00元

前　言

为庆祝中国传媒大学60华诞，总结我国广播电视史学在教学、科研、学科建设及人才培养等方面的成就与经验，解析当前广播电视史学在教学和研究中面临的机遇与挑战，推动我国广播电视史学的繁荣发展，中国传媒大学与中国新闻史学会于2014年10月18日（周六）在北京召开了“广播电视史学：机遇与挑战”学术研讨会。这是国内规模较大的一次广播电视史学研讨会，是广播电视业界和学界研究者的一次盛会。与会嘉宾代表均为广播电视领域的专家、教授、博士和硕士等。为了更好地体现和传播本次会议的成果，决定出版研讨会论文集一部。

本书所收录论文的作者大都来自新闻广播电视业界和高校。例如，原国家广电总局副总编、广播电视发展研究中心主任黄勇，中国国际广播电台史志办高级编辑陆智舫、主任编辑孙伶俐，中央人民广播电台发展研究处高铁军博士，清华大学郭镇之教授，中国传媒大学赵玉明、张彩、王灿发、庞亮、刘英华、丰纯高、李飞雪等教授，南京师范大学倪延年教授，南京财经大学谢鼎新教授，湖南师范大学王文利教授、中国地质大学王启祥博士、北京体育大学薛文婷博士、北京日报社黄玉迎博士、全国记协桂清萍博士、曾在江苏沛县电视台和南广学院工作的韩怀军博士等，共计收入论文35篇，约37万字。

本书主要涉及的内容有：

（一）关于广播电视史学理论与方法研究。涵盖了新媒体背景下广播电视史学面临的机遇与挑战、媒介融合时代广播电视史研究、广播电视史志编纂方法的研究等论文。主要有赵玉明回顾了新中国成立以来广播电视史学的研究历程，就广播电视史学研究创新提出了“引进来”和“走出去”的建议。新世纪刚刚走过十余年，业界出版了《中国广播电视改革发展十年回眸2001－2010年》一书，体现广播电视工作者对广播电视史研究的重视，该书副主编的黄勇就其历史研究分期、书的编写原则、遇到的各种问题及其解决的办法进行了详细论述，就广播电视史的研究提出了宝贵的见解。倪延年在论文中就“中国广播电视史学”产生的学术基础、研究对象、研究内容、学科地位等几个基本问题阐述自己的看法。高铁军从新文化史的视角来研究广播史，介绍了新文化史在90年代引入中国后，其理论与方法得到中国史学界的认同，成为广播电视史学研究的方法之一。

（二）关于广播电视史研究。广播电视史专题研究涉及对中央人民广播电台、中国国际广播电台以及民国时期的广播史研究、广播电视广告史论教学研究等论文。主要有王文利的民国时期广播电视研究的特点，总结了民国时期广播理论研究推动广播实践发展，归纳出几个特点，即研究时效性强、研究内容细化，但广度与深度不足等几个方面。薄璐的关于民国时期上海（亚美）广播电台的研究，从亚美广播电台的发展、办台理念、历史价值等方面进行详细论述，对当时的广播发展有一定的影响。张彩等的从国外民族广播看我国民族广播发展新思路，从英国、美国、澳大利亚的民族广播发展的概况与特色，提出了我国民族广播发展的新思考。

（三）关于广播电视人物研究。广播电视人物研究集合了对温济泽、左荧等老一辈广播电视工作者在广播电视理论和思想、广播电视教育以及广播电视实务等方面的分析和研究。主要有庞亮的广播电视历史人物研究三议：一议广播电视历史人物研究的特殊意义，二议当前广播电视历史人物研究的总体情况，三议如何加强和改进广播电视历史人物研究。王灿发等对早期中共广播人的群体概貌的研究，对当前广播电视工作者提升专业素养，培养高层次、复合型人才，加强职业道德建设有重要意义。桂清萍、齐亚宁分别对温济泽的新闻广播思想历史价值、左荧的广播宣传工作进行了研究，分析了他们的新闻思想，对当前新闻广播工作者应重视宣传党的路线、方针、政策，坚持正确的舆论导向，树立坚定的理想和信念，营造和谐社会的正能量有现实意义。

（四）关于广播电视史学术争鸣辨析。最近一些年广播电视史学术争鸣比较活跃，特别是赵玉明与陈尔泰之间的争鸣影响很大，引人瞩目。中国传媒大学五位广播电视史方向的硕士研究生结合他们的课程学习，就广播电视史争鸣提出了自己的看法。韩文婷围绕中国广播电视史学领域关于“中国第一座广播电台”“刘瀚是否可尊为中国广播之父”等争鸣问题进行了评价。段然就广播电视史学开展学术争鸣的原则提出了自己的看法，她在文中回眸了两次学术争鸣的焦点内容：外国人在中国创办的电台应不应该纳入中国广播史；关于哈尔滨电台的开播时间；关于延安台的史实争辩；对广播人物刘瀚的评价问题。她提出了掌握权威史料是争鸣的前提、理性与礼性并存是学术争鸣健康发展的保证、坚持将修正错误作为学术争鸣的宗旨三个学术争鸣的基本原则。

（五）关于其他研究。涉及话题广泛，特别是丰纯高就新闻史、广播电视史教学如何坚持和实施马克思主义新闻观，提出了坚持和实施马克思主义新闻观教育应该成为新闻史课程的自觉意识等观点，对于我们做好新闻史、广播电视史教学把好学术研究的政治关有重要的意义。韩怀军从老龄化社会背景下的代际关系问题，提出了大众化电视节目应该传播和谐的代际关系理念，传播和重塑不同年龄族群的亚文化，传播正确的孝道观等观点。

本书的主要特点是：

一、更多关注了媒介融合时代广播电视史学研究的理论和方法创新问题。

二、注重广播电视史人物研究。

三、大多研究做到了理论与实践相结合，历史与现实相结合。

四、注重结合当前媒介融合环境来研究广播电视史学的相关问题。

五、注重运用历史法、对比法、文献法、案例等科学方法进行专题研究。

六、新闻传播学广播电视史方向的博士、硕士以及其在读的研究生发表了大量论文，成为了本书的主要撰稿群体。

本书的出版和研讨会的顺利召开首先得到了学校领导、文科科研处、《现代传播》、新闻传播学部和新闻学院领导的大力支持。其次得到各位专家学者的鼎力相助，特别是赵玉明教授年事已高，但他经常过问论文集出版和会议的筹备情况，热情邀请京内外多位专家参会，积极撰写论文并做大会主旨发言。2014年是赵玉明教授从事广播电视史教学和学术研究工作55周年，适逢《赵玉明文集》（三卷本）出版，他把多年潜心研究的这份沉甸甸成果赠送给与会代表。时任中国新闻史学会会长程曼丽教授在百忙之中到会并致辞。第三，本次会议的顺利召开得到了在读的广播电视史方向的博士研究生和硕士研究生齐亚宁、张立雷、韩文婷、田荣娟、段然、徐敏、尹琳、杨子的积极配合，他们为会议的召开做了大量工作，例如，做好会议手册和论文摘要的编写以及会议接待工作。2014级博士研究生张大鹏在会后不久完成了会议综述的写作。在本书出版过程中齐亚宁、张立雷、何婧等积极协助做好论文的编辑整理工作。对以上各位领导、老师和学生以及单位和个人的支持帮助表示深深地感谢。

中国广播影视出版社责任编辑贺明同志为本书编校付出辛勤劳动谨致谢意。

本书的不足之处，尚希识者指正。

哈艳秋

2015年9月18日

目录
CONTENTS

广播电视人物研究

广播电视史学术争鸣辨析

其他研究

会议综述

探寻新形势下广播电视史学创新发展之路
——“广播电视史学：机遇与挑战”学术研讨会综述

中国传媒大学新闻学院　博士研究生　张大鹏

当前，数字化、全球化浪潮和社会转型的现代化趋势，重塑着新闻传播领域的复杂多重“结构”，广播电视的既有传播理念与节目形态也随之发生着深刻的改变，大数据等信息技术的发展为受众进入广播电视史学的研究领域提供了便利条件，不同地区、不同领域间的学术交流活动也越来越频繁。这样的时代条件为广播电视史学研究注入了新的活力，带来了新的发展机遇，同时也使之面临着如何应对新的媒介生态环境、创新研究方法、拓宽研究视阈等困难和挑战。

在全国人民欢庆祖国 65 周年华诞，中国传媒大学迎来建校 60 周年之际，2014 年 10 月 18 日，由中国传媒大学、中国新闻史学会联合主办，中国传媒大学新闻学院、文科科研处和《现代传播》杂志社承办的广播电视史学学术研讨会在中国传媒大学举办。本次研讨会以“机遇与挑战”为主题，回顾总结中外广播电视史学在教学、科研、学科建设及人才培养等方面的成就和经验，解析当前中外广播电视史学面临的机遇与挑战，以期推动广播电视史学的创新发展。中国传媒大学新闻传播学部副部长、新闻学院院长刘昶教授主持会议开幕式。中国传媒大学副校长袁军、原国家广电总局副总编辑黄勇、中国新闻史学会会长程曼丽、中国传媒大学赵玉明、南京师范大学倪延年、中国国际广播电台陆智舫、清华大学郭镇之、中国传媒大学文科科研处处长段鹏、新闻传播学院党委副书记刘自雄等领导和专家学者为大会致辞或作大会主旨发言。2015 年为纪念赵玉明教授从教 55 周年，由中国广播影视出版社出版的《赵玉明文集》（三卷本）也在会上颁发给了与会的代表，该文集由广播电视卷（上）、广播电视卷（下）以及新闻传播卷三卷构成，全三卷 244 篇文章，144 万字，文体包括论文、研究报告、访谈、述评和书序等。总体上汇集了赵玉明教授半个世纪以来教学科研的成果（专著、辞书除外）、从教治学的经历和认识以及人世沧桑的回顾与思考，也标志着广电史学界新老传承，继往开来，收获希望。

本次研讨会分为开幕式、主旨报告、论坛研讨等环节，与会代表围绕论坛主题，热烈讨论，各抒己见，碰撞出了思想的火花，在以下几个方面达成了共识。

一、忆古今，新闻传播研究教育重镇中的特色学科

袁军副校长在致辞中说，广播电视史学，一直是中国传媒大学一个重要的研究领域，也是我们在全国兄弟高校中独具特色的一个研究方向。广电史初创阶段的三大奠基者康荫、张纪明、温济泽皆在传媒大学担任过教学研究工作。此后，赵玉明教授扛起了中国传媒大学、乃至全国广播电视史研究的大旗。中国传媒大学自1979年招收广电史硕士研究生至今，共培养博士、硕士总计130余人，其中博士、博士后30人。60年来，先后培养了郭镇之、姚喜双、哈艳秋、艾红红等一批知名的教授，使传媒大学成为公认的广播电视史研究教育重镇。

在学术研究成果方面，赵玉明教授1990年主持的广电系统第一个国家社科项目、也是中国传媒大学第一个国家社科项目《中国广播电视通史》，在2004年问世，至今连续出版10年，荣获第四届中国高校人文社会科学优秀成果二等奖、第五届吴玉章人文社科奖一等奖，本书被方汉奇教授誉为“广播电视史研究的一部集大成的专著”。此后传媒大学以赵玉明教授为领军人的广电史研究团队，又先后承担并完成省部委课题《中华人民共和国广播电视简史》《中国电视史》等。哈艳秋教授承担的《邓小平新闻思想研究》《十年市场经济与广播电视改革》《日本侵华时期的日伪广播研究》《当代中国广播电视史（1949—2009）》《我国广播电视制播分离研究》等国家、省部级课题，也取得了丰硕的学术成果。

近些年来，传媒大学广播电视史学研究者多次参与广播电视史学术争鸣，继续在广电史研究领域勤奋耕耘。从2001年开始至今赵玉明与陈尔泰之间的学术争鸣，涉及中国现代广播史的研究对象、范围以及对外国人在华办广播电台的评价等重大问题，对廓清中国现代广播史中的一些基本问题具有建设性意义。2008年庞亮副教授撰写论文与江西省赣州市电台相关同志，就苏区广播是否是中央人民广播前身展开学术争鸣，不仅有助于厘清这段历史史实，其意义更在于厘清了广播电视史研究中对重大历史做出结论的标准问题。这些真正具有学理意义的学术争鸣，成为了一个学科成熟的标志。

二、讲政治，研究传播马克思主义新闻观有所作为

马克思主义新闻观，是马克思主义关于工人阶级及其政党新闻事业的工作性质、工作原则和工作规律的一系列基本观点。广播电视史学研究要坚持正确的政治导向，为党的新闻事业培养合格人才，必须始终把马克思主义新闻观教育放在首位。中国传媒大学丰纯高副教授认为，新闻史的教学特别是中国新闻史、中国广播电视史的教学，在研究和传播马克思主义新闻观方面可以而且应该大有作为。第一，中国共产党

领导新闻广播电视工作所形成的一系列路线、方针和政策，都继承、体现和发展了马克思主义新闻观。这些方针和原则包括：实事求是的思想路线——真实性原则；群众路线——全党办报、群众办报；还有党性原则、耳目喉舌的性质定位、政治家办报的方针等。这些路线、方针和政策，是马克思主义新闻观的重要内容，直到今天仍然要继续坚持。第二，党的新闻事业90多年、广电事业70多年的历史积淀，为宣传和论证马克思主义新闻观提供了丰富的素材。如《解放日报》改版、解放区新闻界反“客里空”运动、党报编辑部与“同仁报”“独立性”等进行的斗争、延安新华广播电台在艰难困苦的环境下开创和坚持，等等，这些重要事件都有其来龙去脉，有利于正面讲解马克思主义新闻观。第三，除中国共产党新闻广播电视事业的史实史料外，中外新闻广播电视事业史上其他一些著名人物、机构、新闻政策，也为论证和讲解马克思主义新闻观提供重要材料。如《申报》史量才与《大公报》张季鸾同为知名报人但截然不同的人生命运、英国弥尔顿既是“出版自由”口号的提出者同时也是出版检查制度的实施者的悖论、原社会主义国家苏联、波兰等国的新闻政策和新闻改革带来的影响和后果，等等材料，发人深省。第四，当前新闻传播学研究领域，一些非马克思主义新闻观、反马克思主义新闻观，被人利用新闻史实和史料进行宣讲和扩散，在广大师生特别是青年学子中产生了不良影响。广播电视史学研究和教学要正确地展现史实和史料，理解和诠释史实和史料，就必须坚持马克思主义新闻观，这种坚持是必要性与可行性的统一，是政治性与学术性的统一，应该理直气壮，旗帜鲜明。

三、重镜鉴，致力广播电视重大理论研究

以史为鉴，这是古往今来写史修史的重要意义所在。新世纪我国广电的改革发展和整体转型，仍处在进行时。如何忠实记录我国广电事业发展的重要进程与成就、成功经验和失误的教训，并尽可能地加以论述，对今后广播电视深化改革、持续发展起到镜鉴作用，是各级广电史论研究人员特别是各级广电领导者十分重视的问题。原国家广电总局副总编辑黄勇结合编写《中国广播电视改革发展十年回眸（2001—2010年）》谈了为广电史著书立说，特别是做好广播电视重大理论研究的经验体会。一是正确定位、定原则。该书编写组一开始就把这部书定位为当代中国广播电视史书，以记录新世纪前十年我国（不含港澳台地区）广播电视发展史实为基本内容，重点梳理、总结、反映这十年广播电视改革发展的重要进展、成就、变化、影响以及经验教训。要求研究和撰写工作本着实事求是、客观公正、忠实记录的原则，以叙事为主、评论为辅，突出重点、以点带面，力求真实、准确、鲜明、精练，以概述为文稿总体风格，用第三人称写法，评论要客观、辨证、理性，用语要恰如其分，观点要经得起历史检验。二是科学设计架构大纲。从全局性、系统性、科学性、专业性考虑，将该书的基本架构设计为：1个绪论，10章共33节，再加一个附录大事记。10章的题目分别为：广播电视体制改革，广播电视宣传工作，广播电视对外宣传与传播，广播电

视公共服务建设，广播电视产业发展，广播电视科技发展与应用，广播电视视听新媒体发展，广播电视行政管理，广播电视队伍建设，广播电视政策理论研究与评奖工作。这10章内容，基本上涵盖了广播电视的整体改革发展状况。三是选好研究与撰稿人员。将上述人员应具备的条件定为：对所承担的任务部分，应有全面的了解和把握，在相关领域具有较为深入的研究并已取得一定成果，具备较强的研究与写作能力。最后实际承担全书研究写作任务的人员共有27人，其中中广协会7人，中央三台3人，总局机关7人，发展研究中心9人，传媒大学1人。其中任中广协会学术委员会委员的有6人。他们全都具备上述条件，其中一部分人更是相关领域的资深专家和领军人物。四是解决好难点问题。在编写和审稿中遇到的主要问题有：时间起始问题。原定为2000—2009年，后据权威颁历机构紫金山天文台的权威发布，改为2001—2010年；评价问题。尤其对体制改革问题，如何评价没有依据，并且争议较大。编写组本着实事求是的原则，以实际效果作判断，只论事，不涉人。均予正面回答，不回避失误；写作风格问题。有的初稿不符合“概述”写法，风格不一致。经修改，尽量往“概述”靠近，或作顺序上的调整，或删除部分内容，求得大体上的一致。

四、有担当，为中国广播电视事业存史立传

盛世修史编志。近年来我国广播电视志和广播电视史的编纂都取得了丰硕的成果。虽然同为对广播电视历史的叙述和梳理，但二者编纂上却有着明显的差异。中国传媒大学哈艳秋教授认为这种差异主要表现在五个方面：从记述内容上看，广播电视史记载内容相对集中，重在记“往”；广播电视志记载内容全面宽泛，重在记“今”。从编排方式上看，广播电视史纵排横写；广播电视志横排纵写。从性质与功能的定位来看，广播电视史重在“述”史，体现作者的主观意志；广播电视志重在“存”史，只能记录客观史实。从语言表达来看，广播电视史的语言灵活多变；广播电视志的语言严谨规范。从编写组织和人员构成来看，广播电视史多由个人或专家学者完成，少数为政府项目；广播电视志则是政府的行政组织行为，需要众多广播电视部门和人员的通力配合。但史志之间显著的区别和鲜明的特点并不妨碍它们各自发挥所长、取长补短、相辅相成、谋求共同发展。在新时期，广电史志只有各自发挥特点，共同服务于建设有中国特色的社会主义广播电视事业，才能经世致用流传后世：史志应互为补充，展示更为全面的历史，最大限度地还原历史。史志应互为印证，增强广播电视史志的可信性，提供看待历史的多维角度。史志的编纂应体现鲜明的中国特色。更加鲜明地坚持以马列主义、毛泽东思想、邓小平理论和“三个代表”重要思想为指导，运用辩证唯物主义和历史唯物主义的观点和方法来记录、分析和研究广播电视的历史。

编史修志又是一项清贫而艰苦的工作。中国国际广播电台史志办高级编辑陆智舫介绍了国际台对外广播存史立传进展及成果，并结合多年编史修志工作的经验谈到，

编史修志是一种职业，更是一项事业，要求史志工作者把心思集中于本职，把精力倾注于岗位，把才智奉献于工作，尽职尽责，精益求精，用实际行动诠释“守土有责”“干一行，爱一行，专一行，精一行”的爱岗敬业精神。一是必须坚持走群众路线，坚持“开门办史”理念，牢固树立“史志工作靠大家”观念。不仅要注重调动自身的工作积极性，还可以邀请一些学识渊博、德高望重的老同志投身编史修志事业，打造一批懂史写志、敬业爱岗的专业人才，形成联手编史修志的全方位机制。比如目前国际台各中心（室）、各部门都有了自己的史志编撰人员和总撰稿人，各自成立了《部门志》编委会，史志编撰呈现出竞相争先的良好局面。针对所开展的史志工作举办史志培训班，邀请业内专家学者，围绕史志的概念、性质、功用、体例结构、行文规范和质量标准等，进行专题研讨，为增强工作实效奠定了基础。二是严把政治关、史实关、质量关三大关口。从选题策划、确定章节到具体编写，都反复敲定、斟酌，做到事无巨细、亲力亲为。比如在编写《CRI 创业者风采》一书过程中，编写组共收录了200位老同志的事迹，其中的140多位老同志的事迹是由实地采访完成的。书中收录的400多张照片，是从近6000张照片中精挑细选出来的。对于书中收录的200位被采访者的录像光盘，都做了审看，并将初始光盘存在的问题一一做笔录。实行严格的三审三校制，按照审、校稿要求和任务分工，一遍遍地检查错别字，斟酌格式和措辞。三是注重创新工作方式。通过实地调研、考察交流等方式，认真学习有关编史修志条例，学习各种史志通讯、杂志的写作方法，到史志工作先进部门和行业典型进行调研，借鉴他人的先进经验等，使原来“冷部门”的史志办充满生机和活力。

五、善创新，在新媒体时代延伸突围

当前，世界进入了传播媒介多元呈现与融合发展的新阶段，传播景观发生了根本变化。在数字化的笼罩下，技术方式你中有我、我中有你，传媒国界被穿越。视听媒介仍然在人们的日常生活和传播交往中扮演着核心的角色，但在网络环境中，文字、摄影、声音、图像的界限不再泾渭分明。媒介融合的时代，尤其是移动互联网的蓬勃发展，对广电史的研究提出了全新要求。在这样的时代条件下，广播电视史研究该向何处延伸和突围？清华大学郭镇之教授认为，首先，要求研究理念更新迭代。比如突破既有的研究框架，从行业史、文化史的角度进行研究。其次，在研究方法上应有所创新。将信息化的新技术新方法应用于广播电视史学的研究领域中来，使广播电视史学的研究更加科学、规范。比如采用大数据手段进行史料的处理，进行定量分析研究。最后，在研究视野上应有所拓展。广播电视史学的研究也需要关注现实，不能只埋头史料，要紧跟时代的步伐。只有对现实有了深刻认识，广播电视史学研究才能用历史的眼光对现实进行研讨，为解决现实问题提供借鉴。当下广播电视的机遇和挑战来自新媒体，这就要求在开展广电史研究时，更多地关注当下，将研究领域扩展到互联网、多媒体这些方面。加强对技术变迁与传播发展过程的研究，对新媒介的技术、制度、社会功能和内容影响的研究，和对互联时期传媒融合的广播电视体制与机制研究。

六、向未来，思考构建“中国广播电视史学”学科体系

目前，“中国广播电视史学”研究成果有较深厚的积淀，并且形成了专业的研究队伍完整的专业人才培养体系，建立了专业研究机构并持续开展学术活动，研究成果对国家政策制定或决策具有一定影响力。很多专家学者提出应思考和构建“中国广播电视史学”学科体系。对此，赵玉明教授认为，如果说 20 世纪是广电史学研究的开创和建立阶段，那么，21 世纪必将是广电史学研究的延伸和发展阶段。第一，从对广电属性的认知来看，已出版的广电史著作基本上是将广电作为宣传工具展开述评的，而对广电的技术属性、产业属性则着墨不多，从广电的文化属性来探讨其发展之路，还有待深化。第二，从广电史的分期来看，基本上是按革命史、党史、国史的分期模式处理的，如何着眼于专业史、行业史的角度探讨突出广电特点的分期模式，尚待突破。第三，对错综复杂的民国时期的广播史来说，解放区部分比较充实，而对北洋时期的广播以及后来的国民党广播、民营广播、宗教广播及至形形色色的外国在华广播来说，无论从史料的占有及对不同形态广播的述评都比较单薄，缺乏如实、深入的记载和分析。第四，对中国广电史料的搜集、整理和使用上，基本上还处于手工操作阶段，如何运用数字化手段加以处理，尚属空白。第五，广电史研究有待在“引进来”和“走出去”方面寻求突破。

南京师范大学倪延年教授认为，构建“中国广播电视史学”学科的基本条件已经具备，当前要做好三方面准备：一是界定研究对象。“中国广播电视史学”的研究对象应该是中国广播电视发展进程中的“所有”历史现象及其所蕴含的内在规律。“中国广播电视史学”研究的是“中国”的广播电视史，是产生、发展、变化于“中国”这块土地上的广播电视历史，而不包括其他国家广播电视的历史，这是“中国广播电视史学”研究对象的物质存在独特性。“中国广播电视史学”研究的是中国广播电视的“历史”，而不是“现状”或“未来”，这是“中国广播电视史学”研究对象的时段独特性。二是明确研究内容。中国广播电视史学的研究内容至少应包括如下几方面：1. “中国广播电台”建设发展史；2. 中国广播电视新闻活动产生发展史；3. 中国广播电视技术发展的历史。4. 中国广播电视艺术发展的历史；5. 中国广播电视管理的发展历史；6. 中国新闻广播教育的发展历史；7. 中国新闻广播对外交流发展史；8. 中国广播电视研究的发展历史。三是确立学科地位。“中国广播电视史学”在知识体系中的地位是：“哲学”统领下的，“社会科学”部类中，“新闻学”和“历史学”交叉后形成“中国新闻历史学”的分支学科，“中国专门新闻史学”的次分支学科。“中国广播电视史学”可发展和细化为以下专门学科：中国广播电（视）台建设史、中国广播电视新闻活动史、中国广播电视技术发展史、中国广播电视艺术发展史、中

国广播电视管理史、中国广播电视教育史、中国广播电视对外交流史、中国广播电视研究史。与会代表一致认为，建立“中国广播电视史学”学科体系，最终是为了探寻中国广播电视发展的历史规律，“以史为鉴”，就是通过对历史现象的研究发现其中规律而给今人以启示，避免今人重复前人的错误，少走弯路。

在论坛讨论环节，与会代表结合广播电视实践发展，从不同领域不同视角，知人论世，探讨新形势下广播电视史学创新发展之路。部分学者聚焦近年来我国广电节目形态、内容和体制改革与发展，探讨新形势下广播电视史学研究新尝试，部分学者注重名家泰斗思想理论的挖掘，对左荧、温济泽等人的新闻宣传思想进行分析研究。有的学者分析早期共产党人承担革命者和广播人的双重角色，还原他们在从事广播工作时体现的工作状态，进而透视出早期中共广播人从业背后的历史责任与社会担当。有的学者谈到用新文化史的方法研究广播史。有的学者考察分析国外民族广播事业的发展概况和特点，在差异化发展中寻找共性，对我国民族广播的发展提出可行性意见。整体上看，大多数研究者能够更加自觉地关注和重视广播电视历史、人物的研究，做到研究对象从局部到全局的扩展，同时吸取现代历史科学的研究方法，实现研究手段从传统到现代的革新，这也是未来很长一段时间的广播电视史学研究的焦点和热点。

本次研讨会由新闻学院哈艳秋发起并担任统筹和组织工作，会议研讨热烈、内容丰富、圆满顺利。会议期间中国国际广播电台向与会代表赠送了70套国际台史志办多年研究成果的资料光盘。研讨会上还组织与会代表参观我校传媒博物馆。

会议致辞

“广播电视史学：机遇与挑战”学术研讨会
致辞一

中国传媒大学副校长 袁 军

尊敬的各位领导、各位专家学者、老师们、同学们：

大家上午好。

首先，请允许我代表中国传媒大学，向各位专家学者、老师同学的到来表示热烈的欢迎。欢迎参加此次由中国传媒大学、中国新闻史学会主办，中国传媒大学新闻传播学部新闻学院、中国传媒大学文科科研处、《现代传播》杂志社承办的“广播电视史学：机遇与挑战”学术研讨会。

今年是中国传媒大学建校60周年，刚刚过去的中国传媒大学60周年校庆，使得本次研讨会的学术底蕴更加厚重，同时，作为中国传媒大学60周年校庆的一个重要组成部分，本次研讨会也是对中国传媒大学建校60周年的一个纪念。各位专家、学者的光临，更会让本次研讨会达到至高的学术境界。据我所知，全国以广电史学为名的研讨会，这还是规模比较大的一次会议。本次大会还有一项很重要的事情，就是《赵玉明文集》（三卷本）已经由中国广播影视出版社出版，并发放给了与会的代表，在此，要热烈祝贺赵老师文集的出版。

随着广播电视事业的发展，广播电视史已被公认为是中国新闻事业史的一个重要组成部分。广播电视史学，一直是中国传媒大学一个重要的研究领域，也是我们在全国兄弟高校中独具特色的一个研究方向。1959年，中国传媒大学前身——北京广播学院成立后不久，就开设了广播电视史这门课，在全国一枝独秀，广电史初创阶段的三大奠基者康荫、张纪明、温济泽皆在传媒大学担任过教学研究工作。此后，赵玉明教授扛起了中国传媒大学乃至全国广播电视史研究的大旗。1979年我校招收广电史硕士研究生，1999年招博士研究生，至今已经培养博士、硕士总计130余人，其中博士、博士后30人。60年来，先后培养了郭镇之、姚喜双、哈艳秋、艾红红、王文利、谢鼎新、高金萍、金梦玉、庞亮、薛文婷等一批知名的教授。我本人也师承赵玉明老师，是赵老师所带的广电史88级硕士研究生。在座的嘉宾中，也有很多中国传媒大学广电史毕业的人。可以说，中国传媒大学是中国第一家开创广播电视史学并系统地进行专业教学的高校，是公认的广播电视史研究和教育的重镇。

在学术研究成果方面，赵玉明教授于20世纪80年代出版《中国现代广播史》一书，被誉为中国历史上第一部比较系统、全面记述现代中国广播事业发展的专著，填补了中国广播史研究的空白。赵玉明教授1990年主持的广电系统第一个国家社科项目、也是中国传媒大学第一个国家社科项目《中国广播电视通史》，在2004年问世，至今连续出版10年，荣获第四届中国高校人文社会科学优秀成果二等奖、第五届吴玉章人文社科奖一等奖，本书被方汉奇教授誉为“广播电视史研究的一部集大成的专著”。此后传媒大学以赵玉明教授为领军人的广电史研究团队，又先后承担并完成省部委课题《中华人民共和国广播电视简史》《中国电视史》等。哈艳秋教授先后承担2000年国家哲学社会科学项目《邓小平新闻思想研究》、2003年国家广电总局课题《十年市场经济与广播电视改革》、2004年中国广播电视协会课题《日本侵华时期的日伪广播研究》、2009年教育部人文社会科学课题《当代中国广播电视史（1949—2009）》、2009年中国广播电视协会课题《我国广播电视制播分离研究》等，不仅取得丰硕学术成果，也为中国传媒大学争得了荣誉。2010年，赵玉明老师所指导的博士生薛文婷的博士论文，获得全国百篇优秀博士学位论文奖，这是中国传媒大学首次获得该奖获。

近些年来，传媒大学广播电视史学研究者，继续在广电史研究领域勤奋耕耘。由赵玉明教授、庞亮副教授多次参与的广播电视史学术争鸣，不仅使得广播电视史学研究更加深入，也成为积极开展学术争鸣的一段佳话。从2001年开始至今赵老师与陈尔泰之间的学术争鸣，涉及中国现代广播史的研究对象、范围以及对外人在华办台的评价等重大问题，对廓清中国现代广播史中的一些基本问题具有建设性意义。2008年庞亮副教授撰写论文与江西省赣州市电台相关同志，就苏区广播是否是中央人民广播前身展开学术争鸣，不仅有助于厘清这段历史史实，其意义更在于厘清了广播电视史研究中对重大历史做出结论的标准问题。这些真正具有学理意义的学术争鸣，成为了一个学科成熟的标志，也引起不断地思考。

在取得丰硕的学科建设、学术成果的同时，我们也应看到新媒体时代的到来，广播电视史学研究遇到了全新的机遇和挑战。当前，是媒介融合的时代，尤其是移动互联网的蓬勃发展，对广电史的研究提出了全新要求。首先，要求我们的研究理念更新迭代。比如突破既有的研究框架，从行业史、文化史的角度进行研究。其次，在研究方法上应有所创新。比如采用大数据手段进行史料的处理，进行定量分析研究。最后，在研究视野上应有所拓展。当下广播电视的机遇和挑战来自新媒体，这就要求我们开展广电史研究时，更多地关注当下，将研究领域扩展到互联网、多媒体这些方面。

今天，来自全国各地的学者、师生汇聚一堂，共同交流、共同探讨。广播电视史还有很多研究需要我们去继承，需要我们去开辟，需要我们去创新，老一辈的赵玉明等教授，开疆辟土、筚路蓝缕，接下来我们需要做更深入、更细致的工作，站在巨人的肩膀上，拿出更多学术成果。希望通过此次研讨会的召开，推动今后广播电视史学研究走向新的高潮。

最后，预祝这次研讨会圆满成功，也祝愿各位专家学者、老师同学身体健康，生活愉快。

谢谢大家！

“广播电视史学：机遇与挑战”学术研讨会 致辞二

中国新闻史学会会长、北京大学新闻与传播学院　程曼丽

尊敬的各位领导、各位专家、学者：早上好！

由中国传媒大学、中国新闻史学会联合主办的“广播电视史学：机遇与挑战”学术研讨会今天如期召开。在此，请允许我代表中国新闻史学会，对于研讨会的顺利举行表示衷心的祝贺，对于承办这次会议的中国传媒大学新闻学院、中国传媒大学文科科研处、《现代传播》杂志社各位领导的倾力支持以及在会议筹备期间老师、同学们所付出的辛劳表示衷心的感谢！

这次研讨会是在中国传媒大学60周年华诞之际召开的，目的是总结广播电视史学在教学、研究、学科建设以及人才培养等方面的经验和成就，解析当前这一领域面临的各种机遇与挑战，推动广播电视史学的繁荣发展。

如果从20世纪50年代末期算起，中国传媒大学的广播电视史教学、研究已经走过半个多世纪的历程。当我们回顾那段历史的时候，可以清晰地看到广播电视史学的学科建设从无到有、从小到大、从弱到强的足迹，也可以清晰地看到学术前辈们筚路蓝缕以启山林的创举。而作为这一学科领域的奠基者和学术带头人，赵玉明教授在其中发挥了重要的作用。

赵玉明教授1959年从中国人民大学毕业后，就分配到北京广播学院，从此走上了中国广播电视史教学、研究之路。算起来，今年正好是赵老师从教的一个整年份，并且是一个大年份——55周年。让我们祝贺他，向他表示敬意！

赵玉明教授1987年出版的《中国现代广播简史》，是国内第一部系统、全面地阐述现代中国广播历史的专著，填补了广播史研究的一个空白；2004年，由他主编的《中国广播电视通史》（上、下卷）问世，第一次全面展示了中国广播电视事业的发展历程。这两部著作奠定了中国广播电视史学研究的基础，也在很大程度上丰富了中国新闻史的研究。

赵玉明教授也是国内最早招收广电史方向硕士生、博士生的指导教师，累计指导学生30多人。在赵老师的指导和引领下，他的学生们也相继投入到广播电视史的教学、研究中来，并各自出版了代表性的学术成果，进一步丰富了这一领域的积淀。令人欣喜的是，经过多年的辛勤耕耘，广播电视史作为一门分支学科的地位已经逐步得到确认。

除了以中国传媒大学为重镇的研究外，近年来，从中央到地方广电系统，广播电台、电视台、中国广播电视协会也陆续出版了不少广播电视史和志方面的相关书籍，包括徐光春主编的《中华人民共和国广播电视简史》、王求主编的《中央人民广播电台史》、王庚年主编的《中国国际广播电台史》、杨伟光主编的《中央电视台史》、刘习良主编的《中国电视史》、《中国广播电视十年回眸》等等。从而使广播电视史的研究开枝散叶，出现了繁荣发展的态势。

最后特别要提到的是，《赵玉明文集》（三卷本）于 2014 年 9 月由中国广播影视出版社出版。文集的出版恰逢他从教 55 周年纪念日，也给了我们系统了解赵老师教学、研究的经历、经验，并向他学习的极好的机会。在此一并祝贺！

最后，预祝“广播电视史学：机遇与挑战”学术研讨会成功！

谢谢大家！

"广播电视史学：机遇与挑战"学术研讨会 致辞三

中国传媒大学文科科研处处长　段　鹏

尊敬的各位领导、各位老师、各位同学：

大家上午好！

金秋十月天高云淡，秋高气爽，伴随着党和国家全面深入改革的步伐，我们相聚在此，举行"广播电视史学：机遇与挑战"学术研讨会，今年是我校建校60周年，本次会议也是校庆的活动之一。我代表中国传媒大学文科科研处欢迎大家来到中国传媒大学参加这次学术研讨会，并祝贺这次会议顺利召开。

广播电视史是广播电视学的一个分支学科，它与广播电视理论、广播电视实务等一起构成广播电视学的整体。为了适应"盛事修史"的时代需要，经过几代人的共同努力，广播电视史学的学科地位有所提升，1992年颁布的《学科分类与代码》将"广播电视史"列为"广播与电视"所属的三级学科，广播电视史学作为一门独立的学科逐渐被人们所认同，可以说广播电视史学是一门年轻的学科，但是中国广播电视史的研究从上世纪20年代年到今年已经整整走过了90多个春秋。

中国传媒大学是最早开始广播电视史的教学和研究工作的高校，1959年北京广播学院成立之初就开设有广播史课程和开展了广播史研究工作。经过改革开放后30多年的努力，在赵玉明老师的带领下我校的广播电视教学和研究工作以及人才培养方面都取得了很大成就，硕果累累，在国内处于领先地位，有多项成果获得省部级以上奖励，如《中国广播电视通史》是广电领域第一个立项的国家社科项目，是我校第一个立项的国家社科项目，该书出版后获得第四届中国高校人文社会科学优秀成果二等奖，第五届吴玉章人文社会科学一等奖。

赵玉明教授50多年来辛勤教学和潜心钻研，为广电史的学科建设和发展做出了突出贡献，《赵玉明文集》（三卷本）的出版更证明了广电史研究走向了成熟。近些年来，越来越多的专家学者和媒体人士致力于广播电视史学的研究，有些研究还获得了广播电视史学方面的国家社科和教育部人文社科项目。我校广播电视史学方向的硕博士招生规模也在扩大，从1979年开始招收硕士研究生、1999年招收博士生至今，现已招收广播电视史方向硕士生百余名，博士生及博士后近30名，很多青年学者着力于广播电视史学的研究，取得了一些成果，特别是赵玉明教授指导的广播电视史方向的博士生薛文婷的毕业论文被评为2010年全国优秀博士论文，这是1999年全国百篇优秀博士论文评选以来，中国传媒大学第一次获得这项殊荣。

网络、手机等新媒体的崛起为广播电视发展带来了新的机遇与挑战，也给广播电视史学研究带来了新的机遇与挑战。广播电视史学的研究视野越来越宽泛，网络广播电视等都可以纳入广播电视史学的研究范围。今天随着新媒体、新技术的发展，很多新技术新方法都可以应用于广播电视史学的研究领域中来，使得广播电视史学的研究更加科学、规范。广播电视史学的研究也需要关注现实，不能只埋头史料，要紧跟时代的步伐。只有对现实有了深刻认识，广播电视史学研究才能用历史的眼光对现实进行研讨，为解决现实问题提供借鉴。

研究广播电视史可以使我们更好地借鉴广播电视的经验，为国家广电业的发展提供决策参考，使广电史的研究发挥更大的作用。广播电视史学的建设是一项长期的任务，需要大家的共同努力、坚持不懈地进行下去，预祝各位未来能够在广播电视史学研究方面取得更加丰硕的成果！

谢谢大家！

“广播电视史学：机遇与挑战”学术研讨会 致辞四

中国传媒大学新闻传播学部党委副书记　刘自雄

尊敬的各位嘉宾、各位专家、各位同仁、老师们、同学们：

金秋十月是收获的季节，今天我们济济一堂，迎来了“广播电视史学：机遇与挑战”学术研讨会的顺利召开，大家聚集在一起展示和交流广电史学研究的新成果，总结和探讨广电史学面临的新机遇与新挑战，一起研商加强和推进广电史学研究的新思路和新办法，必将对推动全国的广电史学研究发挥重要的引领作用。在此，我谨代表此次研讨会的主办方和承办方之一——中国传媒大学新闻传播学部，对大家的到来表示热烈的欢迎，预祝会议取得丰硕的交流成果。

近年来，在新的学术语境下，全国广电史学界老中青三代学人继续深根细作，着力夯实学科基础，填补学术空白，开辟新的学术领地，取得了丰硕的研究成果。例如，据个人了解，近三年新出版了不少研究著作，扎实拓展了广电史学研究的内涵和外延，例如《延安台开端史实》《中国广播电视改革发展十年回眸》《国际广播电视体育史》《中国国际广播电台发展史》《广播影视科技发展史概略》《中国电视剧产业史》《中国农村题材电视剧史论》《浙剧崛起：浙江电视剧30年》《广播的跨越：广东广播插图史》《山东广播电视发展史》《北京电视史话》，等等。面向未来，我们也面对着一些困惑和挑战，这正是此次会议召开的目的和价值所在；这些问题的答案，有待研讨会上大家展开充分的交流与对话。

几十年来，中国传媒大学一直是中国广播电视学科建设的排头兵和学术研究重镇。过去，我们取得了丰硕的学术研究成果和人才培养佳绩。未来，新闻传播学部将一如既往地继续高度重视和大力支持广播电视学科建设和广电史学术研究及人才培养工作，重视和支持广电史学的学术交流，和全国各个兄弟院校、研究机构及媒体单位一道，抓住机遇，回应挑战，夯实学科基础，力争为我国新闻传播学科的深化发展做出新的学术贡献。

最后，再次感谢各位嘉宾的光临，祝大家身体健康，工作愉快！

广播电视史学研究的理论与方法

一部有现实与历史价值的广播电视史著[1]
——《十年回眸》是怎样写成的

黄　勇

2012年10月，一部《中国广播电视改革发展十年回眸（2001年—2010年）》（以下简称《十年回眸》）的广播电视史学著作，由中国国际广播出版社出版面世。这是中国广播电视协会批准立项并提供经费、由协会学术委员会组织实施并完成的广播电视重大理论研究项目。从确定立项到成果出版，历时两年十个月，其中撰写工作历时一年零三个月，全书约40余万字。

这是首部比较全面系统地研究和梳理新世纪头一个十年广播电视改革发展历史进程、总结这一时期的经验教训的史著。该书出版后，受到了广电业界、学界的普遍认可和较高评价，已被评为广播电视学术著作特等奖。

作为学术委员会执行副主任和本书的副主编，按照学术委员会主任会议的决定，负责提出本书编写方案，起草架构大纲，承担第一章《广播电视体制改革》的研究撰写，参与三轮审稿和其中两章的较大调整修改。总的是协助主编刘习良同志参与了全程工作。

借今天的学术会议，我想就这部史著的相关问题作些介绍，并谈谈自己的粗浅体会，以就教于各位广电史学专家。

一、本书主要特点

《十年回眸》主要有四个特点：

其一，最近的历史。本书所涉时段、内容、史实，无疑属于当代广播电视史范畴。但这是最近的一段广电当代史，即新世纪的第一个十年，其时限起止是十三年前

① 本文系作者2014年10月18日在"广播电视史学：机遇与挑战"学术研讨会上的主旨发言。

至三年前。也就是说，书中所涉这十年的史实，都是我们刚刚经历过的、见证过的史实。写这么近的事，有利的一面是，记忆比较清楚，研究资料比较易于收集，史实比较容易弄清楚；不利的一面是，有些事情尚无定论或争议较大、看法不一，历史检验尚嫌不够，况且相关决策者、领导者基本都还健在或还在位，写作或评价上会受些局限。当代人写当代史，向来是个难题。我们这些当代广电人写当代最近的广电史，也是一种尝试吧。

其二，系统的总结。从本书的章节设计到所涉的内容，可以看出，本书力求比较全面地反映这十年广播电视改革发展的基本情况，比较清晰地梳理这十年广播电视改革发展的基本脉络，比较系统地总结这十年广播电视改革发展的基本经验。前两条，在各章节都有比较充分的体现，后者则在绪论、第一章和第二章第四、五节中有比较深入的论述。

其三，权威的解读。本书虽是协会学术机构组织完成，但它具有较高的权威性。这是因为，整个研究和编写工作，始终坚持以邓小平理论、“三个代表”重要思想和科学发展观为指导，认真贯彻和体现党的十六大、十七大精神；始终坚持实事求是、客观公正、忠实记录的原则，以事实为依据，用事实说话，所有使用数据均采自国家统计局和总局规划财务司等相关司局统计资料，以及广电蓝皮书和广电年鉴，力求从整体上准确反映广电发展现实。还因为，研究和撰稿人，由三部分人员组成：学者型的老广电工作者和领导干部；现任相关司局和国家台的司局级、处级干部；专门研究机构的专业研究人员。他们或掌握大政方针和广电全局，或参与相关业务管理和政策制定，或对广电相关领域有较深的研究和较高的造诣。因此，本书对当今广电改革发展的论述和解读，具有较强的权威性。

其四，镜鉴的意义。以史为鉴，这是古往今来写史修史的重要意义所在。新世纪我国广电的改革发展和整体转型，仍处在进行时。本书的意义在于，把前十年我国广电的重要进程与成就、成功经验和失误的教训，尽可能地加以论述。这对今后广播电视深化改革、持续发展，对各级广电人特别是各级广电领导者，无疑是一面镜子，可起镜鉴作用。

二、做法和体会

（一）基本做法

1. 正确定位、定原则。我们一开始就把本书定位为当代中国广播电视史书，以记录新世纪前十年我国（不含港澳台地区）广播电视发展史实为基本内容，重点梳理、总结、反映这十年广播电视改革发展的重要进展、成就、变化、影响以及经验教训。要求研究和撰写工作本着实事求是、客观公正、忠实记录的原则，以叙事为主、评论为辅，突出重点、以点带面，力求真实、准确、鲜明、精练，以概述为文稿总体风格，用第三人称写法，评论要客观、辨证、理性，用语要恰如其分，观点要经得起历史检验。

2. 科学设计架构大纲。从全局性、系统性、科学性、专业性考虑，设计其基本架构为：1 个绪论，10 章共 33 节，再加一个附录大事记。10 章的题目分别为：广播电视体制改革，广播电视宣传工作，广播电视对外宣传与传播，广播电视公共服务建设，广播电视产业发展，广播电视科技发展与应用，广播电视视听新媒体发展，广播电视行政管理，广播电视队伍建设，广播电视政策理论研究与评奖工作。这 10 章内容，基本上涵盖了广播电视的整体改革发展状况。书名定为《中国广播电视改革发展十年回眸》。这样设计，应该说比较符合广播电视的内在特点和研究撰稿的“四性”要求。

3. 选好研究与撰稿人员。当时考虑，成立一个课题组，组织一支有实力的研究写作队伍，并把研究和撰写紧密结合起来。选择上述人员应具备的条件是：对所承担的任务部分，应有全面的了解和把握，在相关领域具有较为深入的研究并已取得一定成果，具备较强的研究与写作能力。最后实际承担全书研究写作任务的人员共有 27 人，其中中广协会 7 人，中央三台 3 人，总局机关 7 人，发展研究中心 9 人，传媒大学 1 人。其中任中广协会学术委员会委员的有 6 人。应当说，他们基本具备上述条件，其中一部分更是相关领域的资深专家和领军人物。

4. 解决好难点问题。在编写和审稿中遇到的主要问题有：①时间起始问题。21 世纪究竟从何时算起？据当时媒体报道，一说应从 2000 年 1 月 1 日算起，一说应从 2001 年 1 月 1 日算起，还有兼容两说的意见。本书时限原定为 2000 年至 2009 年，后经反复研究，一致认为应根据权威颁历机构紫金山天文台的权威发布为准，改为 2001 年至 2010 年。②评价问题。尤其对体制改革问题，如何评价没有依据，并且争议较大。本着实事求是的原则，以实际效果作判断，只论事，不涉人。如绪论和第一章均予正面回答，不回避失误。③写作风格问题。有的初稿不符合“概述”写法，风格不一致。经修改，尽量往“概述”靠近，或作顺序上的调整，或删除部分内容，求得大体上的一致。对上述问题，均在习良同志多次主持会议慎重讨论基础上予以解决。

（二）主要体会

1. 必须恪守实事求是的原则。正如刘习良同志所总结的三条：立足国情，联系实际；敢说实话，敢讲实情；独立思考，勇于创新，知过必改。这是《十年回眸》研究撰写工作力求恪守的基本原则。

2. 应当突出重点。广电十年，内容极其丰富，矛盾也错综复杂。应突出重点，以点带面，避免事无巨细、面面俱到、不分轻重；要抓住发展这个主线，反映进展这个主流，不可一叶障目，只见树木、不见森林。

3. 不回避问题。所谓问题，包括发展中遇到的问题，改革中出现的问题，特别是决策中出现的失误问题。对这方面重大的问题，不应回避，而应面对，不仅提出问题，而且分析其原因和危害或不利。可以直接点明，也可以正面总结来提出教训，但基本上应是对事不对人，宜粗不宜细。

4. 选定最合适的研究撰稿人至关重要。一个项目也好，一本史著也好，必须是由具备相应条件的人来承担。只有这个环节做好了，才能确保任务的完成和成果的水平、质量。这是最重要的保障。否则会事倍功半，甚至劳而无获、半途而废。

5. 切实把好审稿关。包括从史实、政治、政策、数据、风格、文字诸方面把好关。本书由主编和三位副主编先后进行了三轮审稿，并分工修改相关部分内容，由编辑部核对全部数据，最后由李丹会长主持终审。编写史书，应当秉持严谨认真态度。

《十年回眸》就是这样研究写成的。

（作者系原国家广电总局副总编、发展改革研究中心主任）

新中国广播电视史学研究的回顾、反思与建议[①]

赵玉明

（一）新中国成立以来广电史学研究的回顾与反思

新中国成立以来，广播电视史学研究大致经过了三个阶段。

第一阶段：起源于20世纪六七十年代的教学需求。

1959年，在原北京广播专科学校的基础上组建了北京广播学院（今中国传媒大学）。原专科学校是培养无线电广播技术人员的专科学校，而北京广播学院则是全面培养各类广播电视人员的四年制本科高校。建校之初，设有新闻系、无线电系和外语系。其中无线电系是在原专科学校的基础上建立的，而新闻系和外语系则属新建，特别是新闻系完全是白手起家。当时全国著名的新闻系，北有中国人民大学新闻系，南有复旦大学新闻系，但两校的新闻系均以培养报刊新闻人才为主，并无广播电视新闻方面的课程。以我先后就读的北京大学新闻专业（后并入人民大学新闻系）和人民大学新闻系为例，从来没有上过一堂广电方面的课程。北大、人大和复旦的新闻专业史学课或称报刊史或称新闻史（但几乎不涉及广播），但在广院新闻系的专业史学课，既要借鉴人大、复旦的经验，但无论如何也不能全盘照搬，因此，广院新闻系在建系之初，为最早入学的59级、60级开设了一门新闻广播史课，新闻史方面请在京中央新闻单位的负责人讲《人民日报》、新华社的历史和现状，还有重庆《新华日报》的优良传统等，而广播史方面的则是由新组建的广播史教研组承担的。教研组的负责人康荫、张纪明同志既是老革命，又是老广播，而康荫同志1958年在新组建的中央广播局业务研究室工作时还曾开始收集、撰写有关中国广播史方面的资料和文章。我和其他两三位刚分配来的从人大、复旦新闻系毕业的青年教师，先后参加了广播史教研组的教学工作，但后来他们陆续调到其他教研组，"文革"前一直承担广播史教学的只有我一个人了。当年，以老带新，我们在广播史方面开设的课程叫"中国人民广播史"，从1945年我党开办延安新华广播电台一直讲到1958年的电视开办。在当时历史条件下，不可避免地是以阶级斗争为纲，对广播系统的反右派斗争和"大跃进"都予以肯定，明显带有"左"的倾向和影响，但敢于把新中国成立以来的广电史搬上课

① 本文据2014年10月18日在北京召开的"广播电视史学：机遇与挑战"学术研讨会上的发言提纲补充、修改而成。

堂，今天看来，还是有点开创精神的。正是新闻系教学的需要，推动了最初的广电史学研究，编写了早期广播史教学大纲和有关参考书籍。

第二阶段：兴盛于八九十年代广电系统的编史修志热潮。

中国自古以来，就有“乱世用兵、盛世修史”之说。上世纪八九十年代，我国正逢改革开放之初的盛世，在党中央的重视和部署下，全国各系统、各行业掀起一股编史修志的热潮，广电系统也不例外，择其要者有三：

其一是80年代初，中央决定编写一套《当代中国》丛书，系统地论述新中国成立以来各方面建设和发展的历史过程和经验。广电部承担了其中《当代中国的广播电视》一书的组织和编写任务，并为此组建了以左漠野为主编的编委会，广电部各直属有关部门及各省级广电局均组建有关小组或指定专人负责收集史料、提供初稿，最后由该书编辑部汇编加工成书，编委会审定出版。全书上下两册于1987年问世。随后，该书的副产品《广播电视史料选辑》含《中国广播电视大事记》《中国的广播电台》《中国的广播节目》《中国的有线广播》《中国的电视台》《中国的广播电视技术》《中国的唱片出版事业》和《中国广播电视在改革中前进》共八册和《当代中国广播电视回忆录》共三集以及《梅益谈广播电视》等相继问世。此外，1986年广电部主办的《中国广播电视年鉴》创刊，为记录当代广电事业的发展提供了丰富全面的史料。

其二是80年代中期，在中共中央、国务院同意发出的《新编地方志工作暂行规定》推动下，全国新修地方志活动蔚然成风。广播电视志则是新修地方志中出现的新志之一。在各地党委和政府的领导下，各省级广电厅、局分别组建了广电志编委会和写作班子，将编纂出版本地广电志列入了工作日程，截止到90年代末，已出版省级广电志19种及大批地市县级广电志，其中不乏在全国地方志评比和全国广电学术著作评选中获奖的佳作。

其三，八九十年代，广播学院的广电史教学研究工作也取得了新的进展。适应新时期广电史教学工作的需求，广播学院组织了延安（陕北）新华广播电台的旧址考察和征集解放区广播回忆录的活动，并主持召开了解放区广播史讨论会，先后出版了《中国人民广播回忆录》（四集）和《中国解放区广播史》及《人民大众的号角——延安（陕北）广播史话》等书。1987年，《中国现代广播简史》出版，该书为我国第一部比较系统、全面反映民国时期我国广播事业从诞生到发展的全过程的广播史著作。1990年，广播学院牵头申请的广电系统的第一个国家社科项目——《中国广播电视通史》获准立项，对广电史的研究起了积极的推动作用。1987年组建的中国广播电视学会史学研究委员会（后称广播电视史研究委员会）截止到2000年曾经主持召开过五次中国广播电视史志研讨会，促进了这一阶段全国广播电视史志研究工作的开展。

第三阶段：深化于新世纪以来的探索创新之路。

2001年进入新世纪以来，广电史学的研究在此前的基础上进一步探索创新，取得新的进展，兹从四个方面加以简介，挂一漏万处，还望识者补正。

第一，新成果。前述1990年立项的国家社科基金项目《中国广播电视通史》（赵玉明主编）经过十几年的集体努力，全书上下卷于2004年出版。该书作为第一部广电通史式著作，比较全面、完整地反映了20世纪中国广播电视发展的全过程。在断代史方面，先后出版了《改革开放中的广播电视（1984—1999）》（刘习良主编）、《中华人民共和国广播电视简史（1949—2000）》（徐光春主编）和《中国广播电视改革发展十年回眸（2001—2010）》（刘习良主编）。在专题史方面，已见到的有《中国广播研究90年》（申启武、安治民著）、《中国广播电视学术研究史稿（1920—2011）》（王文利著）、《中国广播电视研究的演变》（谢鼎新著）和《国际广播电视体育史》（魏伟著）等，此外还有两本在台湾出版的大陆学者的著作《记录中国地方广播电视发展轨迹的权威载体——广播电视志理论与实践初探》（刘书峰著）和《中国宗教广播史》（艾红红著）。在人物研究方面，有《声屏世界里的思想者——梅益广播电视宣传思想研究》（庞亮著）、《中国广播之父——刘瀚传》（陈尔泰著）等。另，前述尚未完成的10部省级广电志全部出齐，第二轮修志工作相继展开。

第二，新课题。据本人所知目前尚有一批省部以上的人文社科项目还在进行之中，如中国广播电视协会承担的《中国广播电视编年史》、哈艳秋承担的《中国当代广播电视史》、艾红红承担《中国民营广播电台史》和国家重大社科项目《中华民国新闻史》中的子课题《民国新闻广播史》。

第三，新探索。近几年来在民国广播史的研究方面，不少学者发现和探讨了一些鲜为人知的新史料，择其要者有邓绍根从保存下来的燕京大学新闻系本科生的上百篇论文发现了1939—1949年写的三篇涉及广播史的论文（参见邓文《燕京大学新闻系广播学术研究探析——学士学位论文的视角》）（载《现代传播》2012年第11期），谢鼎新关于国人早期对电视认知的介绍，戴美政关于云南抗日广播中西南联大师生的作用和影响，宫承波关于晏阳初在河北定县开办对农民广播的探讨等。为深入研究民国广播史提供方便，已将首轮省级及部分市县级广电志中早期广播史料即民国时期广播史料汇编成书，将于明年出版。

第四，新争鸣。近期以来，中国广播史的争鸣主要集中在两个问题上，一是关于中国人自办的第一座广播电台哈尔滨广播无线电台是否在1923年1月1日开播的问题；二是关于江西中央苏区是否开办过无线广播或有线广播的问题。目前两个问题的争鸣尚在进行中。

上述新世纪以来广电史学研究的进展和成果，也包括争鸣的问题在内，表明广电史学的研究正在逐步深化，不断探索创新之路。

我参加过多次涉及广电史的研讨会，但明确地称作广播电视史学的研讨会还是第一次。这表明，广播电视史学作为广播电视学或者是新闻史学的一门新兴的分支学科，基本上得到了与会同志的公认。今天，从广电史学科建设角度反思已有的广电史研究成果，从我亲身的教学研究经历来说，受个人和时代的局限，其不足之处主要是不同程度地存在着简单化、片面化和泛政治化的问题。

我们这一代的知识分子，出生于旧中国，成长于新中国。按目前对我国知识分子的历史和现状研究，是属于“十七年一代的知识分子”，即是在新中国建立以后，“文革”前成长起来的一代知识分子。这一代知识分子的特点是听从组织召唤，甘于岗位奉献。其中多数人受时代局限，中国古典文化基础薄弱，外文学习时断时续，未能博览群书。加之长期受阶级斗争为纲的影响，思想禁锢，缺乏独立思考的精神，对出身于剥削阶级家庭的知识分子来说，表现得尤为突出。所有这些，都不可避免地对所从事的教学研究工作特别是文科的教研工作带来负面的影响，就广播电视史学来说也属此列。这里以我主编的《中国广播电视通史》为例，谈谈自己的反思之见。

广电史学作为新兴的分支学科，不同于其他传统史学之处在于起点低、无师承，是在借鉴报刊史、新闻史的基础上白手起家逐步成长起来的。《通史》作为第一本全景式描述20世纪我国广电事业从无到有逐步成为广电大国的历史过程，其成绩自不待言。但受个人和时代的局限，《通史》不同程度上存在着简单化、片面化和泛政治化的问题，也亟待反思，以图再进。

其一，就简单化而言，主要是指将多种属性和功能的广播电视单一化为宣传工具的性质，按照什么历史背景下，广电宣传了什么，有何种影响和作用等等的模式来写作。对广电事业在人类社会文化发展中地位和作用，很少涉及。又，广电事业是一项科学技术性很强的事业，但科技发展对广电事业的推动和促进作用，在《通史》中也难见叙述。又如，民国时期的宗教广播对听众的影响和作用，寥寥几笔带过，缺乏应有的分析和评述。

第二，片面化主要表现在对民国时期的民营广播多贬之为腐朽没落、低级庸俗，否定过多，对其在传播科学文化知识方面的积极作用，缺乏评述。对国民党的广播中抗日宣传着墨不多，未能从国共合作共同抗日的角度予以评述。另一表现是对新中国的广电事业的成绩赞颂过多，但对反右派斗争、“大跃进”和“文革”中的广电事业负面作用，未能予以深入的分析，以吸取历史经验教训。上述片面性，在省级广电志中也有不同程度的反映。

第三，泛政治化的倾向，表现在分析广电发展和宣传作用以及对民国时期各类广播电台的评述上，以政治划线，缺乏科学的批判和分析，这一点在强调以阶级斗争为纲的年代尤为突出。进入改革开放年代，提倡解放思想、实事求是以来曾有所改进，但仍有待深化探讨，加以克服。

（二）广电史学研究创新的几点建议

广电史学的研究过程实质上也是不断创新的过程，从无到有是创新，从有到好，也是创新，而且是高层次上的创新。如果说20世纪是广电史学研究的开创和建立阶段，那么，21 世纪必将是广电史学研究的创新和发展阶段。

一、从对广电属性的认知来看，已出版的广电史著作基本上是将广电作为宣传工具展开述评的，而对广电的技术属性、产业属性则着墨不多，从广电的文化属性来探讨其发展之路，还有待深化。

二、从广电史的分期来看，基本上是按革命史、党史、国史的分期模式处理的，如何着眼于专业史、行业史的角度探讨突出广电特点的分期模式，尚待突破。

三、对错综复杂的民国时期的广播史来说，解放区部分比较充实，而对北洋时期的广播以及后来的国民党广播、民营广播、宗教广播和形形色色的外国在华广播来说，无论从史料的占有及对不同形态广播的述评都比较单薄，缺乏如实、深入的记载和分析。明年是抗日战争胜利 70 周年，但我们至今尚无一本分析批判日伪广播的著作，对日伪广播史料的发掘和整理的工作也亟待着手。

四、对中国广电史料的搜集、整理和使用上，基本上还处于手工操作阶段，如何运用数字化手段加以处理，尚属空白。民国时期的广播史料散见于各种报刊书籍，可谓少而散。新中国时期广电史料又可以说是多而杂。期盼中青年同志能够有志于运用数字化的手段将丰富多样的广电史料加以整理出版，为教学研究提供方便。

五、广电史学的研究有待在“引进来”和“走出去”方面寻求突破。我这里讲的“引进来”，是指将国外的广电史著作译成中文，供我们研究中国广电史参考。“走出去”，是指将中国的广电史著作译成外文，使中国广电史的成果，为国外同行所知。目前，我们在这两方面几乎还是空白，期盼有朝一日能形成中外广电史著作互动交流的良好格局。

目前，广电史学的研究，正如本次研讨会会名表明的那样，面临着“机遇与挑战”并存的局面。在媒体融合的时代，随着广电行政机构和大学专业划分的调整，广电史学的教学研究工作亟待走出困境，另闯新路。这方面，只能寄托在座或未在座的有志于广电史学教研工作的中青年同志了。

（作者系中国传媒大学教授、博士生导师）

试论“中国广播电视史学”的几个基本问题①

倪延年

【摘　要】本文基于“中国广播（电视）史是一门发展中的新兴学科”的立论，对“中国广播电视史学”产生的学术基础、研究对象、研究内容和学科地位等基本问题做了探讨，以期引起广播电视学界对学科建设问题的关注和重视。

【关键词】中国新闻史理论研究　中国广播电视史学　媒介专门史理论

中华民国于1912年元旦在南京正式宣告成立时，中国大地上还没有新闻广播。直到1923年，中国大地上才出现了新闻广播，也就是说中国的新闻广播史是从民国时期的20世纪20年代才开始的。20世纪50年代末期开始，中国土地上出现电视这一新兴新闻媒介，广播和电视就紧密联系在一起，以致人们为语言简练省略其“新闻”共同特征而简称为“广播电视”。自从中国广播电视的历史开始书写尤其是改革开放以来，作为“发展中的新兴学科”的中国广播电视史（学）在空前有利的社会学术氛围中得到了长足的发展。我们认为，构建“中国广播电视史学”的基本条件已经具备，现在到了可以思考和构建“中国广播电视史学”理论体系的时候了。本文拟对“中国广播电视史学”的研究对象、研究内容、学科地位等基本问题谈一点粗浅的看法，供各位专家学者参考。

一、“中国广播电视史学”产生的学术基础

一门学科的产生尽管有相关研究者的主观努力，但更重要或本质的是必须具备该学科产生的基本学术条件　如果不具备基本的学术条件，再主观积极的努力也是白费劲。我们认为，产生“中国广播电视史学”的学术条件已经基本具备。主要表现在：

---

① 本文为国家社科基金重大项目“中华民国新闻史”（编号：13&ZD154）和国家社科基金重点项目“中华民国新闻史研究”（编号：13AXW003）的研究成果之一。【作者简介】倪延年　南京师范大学新闻与传播学院教授、博士研究生导师，南京师范大学民国新闻史研究所所长，中国新闻史学会个人理事，国家社会科学基金重大项目“中华民国新闻史”首席专家。

（一）有学者提出“学科”概念

1987年春节，时任北京广播学院新闻系代系主任的赵玉明先生，就在他撰写的我国第一本广播史专著《中国现代广播简史》后记中提出“中国广播史是一门发展中的新兴学科”的观点。[①] 尔后，赵玉明先生又在2004年出版的《中国广播电视通史》前言中先后两次表述了这个观点。第一次是《前言》开门见山地提出“广播电视史是一门正在发展中的新兴学科”；第二次是在文章中间说到“中国广播电视史是一门发展中的新兴的学科”。[②] 尽管两处的表述不完全相同——1987年说“中国广播史”，2004年说“中国广播电视史”；2004年版《中国广播电视通史》前言中说“广播电视史是一门正在发展中的新兴学科”，文中则是说的“中国广播电视史是一门发展中的新兴的学科”——但基本观点是一致的，“中国广播（电视）史”是一门“（新兴）学科”。这一观点自1987年提出，至今没有见到学术界对此有不同的看法，说明学术界或者确切地说在广播电视学界，大家是认同这一观点的。

（二）研究成果有了较深厚的积淀

中国新闻广播的历史从广播产生的第一天就开始书写了，但对中国广播历史的研究并没有同步。目前可知第一篇关于中国广播史的文献是署名为“曹仲渊”著于1924年8月发表的《三年来上海无线电话之情形》，作者称该文是“上海播送站之沿革史”[③]，经过几代广播电视史研究者的不懈努力，中国广播电视史学研究成果可以说是层出不穷，形成了一个较为完整的成果体系。既有通史类专著，又有断代专门史专著；既有专门研究共产党广播电台发展史的专著，也有专门研究国民党新闻广播电台史专著；既有专业学术性论著，又有专业性参考工具书；既有对现代广播电视史学的研究成果，又有对当代广播电视史研究的成果；既有学术界产生的学术性研究成果，又有国家政府部门制定颁行的规范性法令法规成果；既有单本单篇的研究成果，也有成系列的研究著作成果和论文成果；既有后人的研究成果，也有前人的回忆性成果等，不一而足。总之中国广播电视史学的研究成果在数十年间尤其是中共十一届三中全会以来，无论是在数量还是在质量上都达到了空前的水平，为“中国广播电视史学”的创立奠定了学术成果基础。

（三）形成了具有较高学术水平和广泛代表性的专业研究队伍

民国时期已经有学者关注到新闻广播史的研究，戈公振、胡道静、吴保丰、赵君豪、任白涛等学者都在他们的学术论著中或多或少地涉及到新闻广播史的有关内容，但客观地说还没有形成专门的研究队伍。新中国成立后，中央广播事业局成立研究室，康荫等人成为新中国第一批专业新闻广播史研究者。随着时间的推移和中国广播

---

① 赵玉明著：《中国现代广播简史》，中国广播电视出版社2007年版，第309页。

② 赵玉明主编：《中国广播电视通史》，北京广播学院出版社2004年版，第1－12页。

③ 曹仲渊：《三年来上海无线电话之情形》，载《东方杂志》第21卷第18期，1924年8月。

电视史研究的不断发展，专业研究队伍人数迅速壮大，结构不断优化。如赵玉明先生主编《中国广播电视通史》一书的研究队伍成员，就分别来自当时研究中国广播电视史各方面的代表性学者专家，实现了学界和业界、机关和高校、首都和地方研究队伍的和谐组合。据介绍，到21世纪初，已基本上形成了由几方面人员组成的研究队伍，其中有以北京广播学院为代表的大学新闻院系中从事广播电视教学研究的人员（含在读的博士生、硕士生）；有以国家广电总局、中央三台和其他直属单位的有关研究部门为代表的、包括一批省级广电局、台专兼职研究人员；有以中国广播电视学会及所属30多个专业研究委员会为代表的有关广播电视学术团体的专兼职研究人员；还有正在广播电视第一线从事编、采、播、录等工作，积累了丰富实践经验，并有研究能力的人员。此外在全国社会科学研究系统也有不少研究人员致力于广播电视的研究①——其中相当一部分从事广播电视史的研究。

（四）创设了学术研究机构（团体）并持续开展学术活动

据目前所知，1958年成立的中央广播事业局研究室是新中国最早的专门对广播史进行研究的学术性机构。1987年成立的中国广播电视学会广播电视史研究委员会（简称“史学研究会”），是新中国第一个全国性的新闻广播电视史学研究学术团体。该组织成立先后组织召开了多次全国性的广播史志研讨会，制定了多个全国性的广播电视史志研究“五年规划”，组织了多次全国广播电视学术论文评选；推动十多个省（市、自治区）成立了省（市、区）级广播电视史学研究组织，在凝聚人心、整合资源、组织队伍、扩大影响等方面发挥了显著的作用。北京广播学院的“新闻学与传播学研究基地”是国家广电总局的部级重点研究基地；“广播电视研究中心”是国家教育部批准设立的唯一以广播电视研究为己任的国家人文社会科学重点研究基地，也是全国高校中三个新闻传播学研究基地之一。这些学术团体先后举办了一系列学术会议或相关学术活动，创办了《中国广播电视学刊》《新闻广播电视研究》《中国广播电视年鉴》等学术研究性连续出版物，组织编撰出版了诸如《广播电视简明词典》《广播电视词典》《中外广播电视百科全书》及《中国广播电视人物辞典》等专业参考工具书。

（五）在高校开设专业课程，形成完整的专业人才培养体系

到20世纪结束时，全国已经形成了完整的广播电视专业人才培养体系。其中招收和培养广播电视专业本科学生的是1959年开始招收本科生的北京广播学院（因其办学活动开始于1954年，所以该校把建校时间确定在1954年。2004年纪念建校50周年时改名为中国传媒大学，2014年将纪念办学60周年）；招收和培养大专层次学生的是广播电视部于1986年9月在浙江杭州开办的浙江广播电视专科学校（1994年更名为浙江广播电视高等专科学校，后又改办为浙江传媒学院）；招收和培养中专层次学生的有郑州广播电视学校；而对广播电视在职人员进行教育和培训提高的则有国家

① 赵玉明主编：《中国广播电视通史》，北京广播学院出版社2004年版，第479－480页。

广播电视部于1991年8月在山西太原的华北广播电视学校基础上建立的广播电视部管理干部学院（高等教育体制改革后划转归山西省领导，后又改办为山西传媒学院），民办高等教育则有中国传媒大学南广学院（前身是“北广南广学院”，简称为“南广学院”），形成了在人才培养层次上包括中专学生、大专学生、本科学生、硕士研究生、博士研究生；在办学层次上包括部属重点大学、省属公办本科院校、民办本专科院校等不同层次在内的完整的专业人才体系——而“中国广播电视史”则是所有不同层次高等院校学生的必修课。据史料记载：北京广播学院在1959年招收本科学生时，就在新闻系设立了广播史教研组，“广播史”成为学生的专业基础课。自1979年开始，北京广播学院开始招收新闻学广播电视方面的硕士研究生；1998年，北京广播学院经国务院学位委员会第16次会议批准成为新增博士学位授予单位，1999年，北京广播学院开始招收新闻学专业“广播电视史方向”的博士研究生（指导教师是赵玉明教授）。至此，我国广播电视史学的专业人才培养体系实现了从在职教育到职前教育，从中专、大专，到本科、研究生（硕士和博士）的全覆盖，为学科的持续发展奠定了人才培养和输送基础。

（六）研究成果对国家政府政策制定或决策的影响力不断扩大

这类事例不少，仅以更改人民广播创建纪念日为例。在20世纪我国广播的历史上，曾经有过两个中国人民广播事业创建纪念日：一个是从40年代中期确定，“文化大革命”前沿用的纪念日，即1945年9月5日。1965年9月5日，中央广播事业局举行了较大规模的“中国人民广播事业创建20周年”纪念活动。但在长期的广播史研究中，赵玉明先生发现早在1940年春天，中共中央就成立了以周恩来为主任的广播委员会，领导筹建广播电台。台址在延安西北的王皮湾村，台名为延安新华广播电台，呼号为XNCR，广播稿由新华社广播科提供。山东《大众日报》1941年1月16日刊登消息称“延安台于1940年12月30日起开始播音”。中共中央于1941年5月25日发出的指示要求“各地应经常接收延安新华社的广播，没有收音机的应不惜代价设立之”。1943年春天，由于广播发射机出现重大故障延安台停止播音。1945年的播音是机器故障修复后的恢复播音。为此赵玉明先生产生了“人民广播事业的创建纪念日应该定在1940年12月30日”的想法。1980年8月出版的《新闻研究资料》第4辑上发表了时任新华总社语言广播部（即延安台编辑部）主任温济泽致该刊编辑部的《关于新华社和延安新华广播电台的诞生日期》的信和赵玉明执笔的《延安新华广播电台的筹建和试播始末》调查报告。时任中央广播事业局局长的张香山收到温济泽建议修改人民广播纪念日的信和赵玉明的调查报告后，专门召开了老同志座谈会听取意见，主持党组会议通过有关决定，报请中共中央宣传部批准后，于1980年12月23日以中央广播事业局文件的形式向各省、直辖市、自治区下发了《关于将人民广播诞生纪念日改为1940年12月30日的通知》，赵玉明起草的《关于人民广播创建的历史资料》作为附件下发。1980年12月29日，中央广播事业局召开纪念人民广播创建40

周年座谈会①——广播史研究者提出的学术观点，被国家政府部门采纳，成为更改人民广播创建纪念日的重要依据——社会影响力可见一斑。

我们认为，“中国广播电视史学”的诞生已具备较深厚的学术积淀和基础，已经到了可以呱呱落地的状态。我们一方面应该为之欢呼，同时应该为之继续浇水培土和施肥，使之更好更快更健康地成长，使之成为可以自立于人文社会科学之林中的一员。

二、“中国广播电视史学”的研究对象

科学学认为，凡是独立的学科都有其特定的研究对象——反过来说，也是由具有特定研究对象的学科才能称得上是“独立的学科”——因为只有具备特定（独特）的学科研究对象，这一学科才能有自己特定的学科研究内容，也才能使该学科的研究成果和方法表现出区别于其他学科（包括相邻相近学科）的本质属性。简而言之，“中国广播电视史学”的研究对象就是中国广播电视发展进程中的历史现象和蕴含的内在规律。具体地说，这一研究对象包括如下内容：

（一）“中国广播电视史学”研究的是“中国”的广播电视史

这是指“中国广播电视史学”研究对象的地域独特性。中国广播电视史学研究的是在“中国”这块土地上的“广播电视”产生、发展和变化的“历史”，而不是研究和“中国”共同存在于地球上的其他国家诸如美国、日本、英国、俄罗斯等国家的“广播电视”的历史。明确这一内容有两个方面的指向：一是界定“中国广播电视史学”的研究对象仅仅是产生、发展、变化与“中国”这块土地上的广播电视历史，而不包括其他国家广播电视的历史；二是凡是产生、发展和变化于“中国”这块土地上的“广播电视”都属于“中国广播电视史学”的研究对象，而不仅仅限于“中国人创办”或“中国政府所有”，或“中国政府管理”的“广播电视”。那些由外国人在中国土地上创办的新闻广播，或是在日本侵略者卵翼下出现的敌伪新闻广播，尽管不是由中国人创办或控制，也不是中国政府批准，甚至违犯中国政府法令，创办目的是为了推销外国商品乃至为帝国主义侵略中国服务，但也应该纳入“中国广播电视史学”的研究对象范围——因为它们是产生于“中国”这块土地上。如果把这一类早期由“外国人”创办的广播划出“广播电视史”的研究范围，有些问题就显得无以适从——一些先是由外国人创办的广播电台后来由中国人所有，那是不是把这些广播电台的历史一分为二呢？就新闻史研究而言，上海《申报》早年是英国商人美查兄弟创办的，后来才由中国人席子佩购得股权，成为中国人所有的报纸。如果外国人创办或外国人所有的报纸不能纳入“中国新闻史”的研究范围，那么“中国新闻史”就只

① 赵玉明：《更改人民广播创建纪念日的回忆和启示》，载《声屏史苑探索录：赵玉明自选集》，北京广播学院出版社2004年版，第1－10页。

能研究《申报》被中国人购得后的历史，因为按照一些学者的观点，在中国人购得前的历史是不能视为“中国的”新闻报纸（上海《新闻报》等民国时期出版的新闻报纸也有这种情况）。真如这样的话，《申报》的历史也就必须一刀两断——显然是既不现实也不符合实际情况的。所以本人不赞成把中国广播史的研究对象限制在“中国人举办”“中国政府所有”和“中国政府管理”的“中国的”“广播电视”的范围，而是指在“中国”这块土地上产生发展变化的所有的“广播电视”，不管它是中国创办的，还是外国人创办的——这是客观存在的历史事实，毋庸回避。

（二）“中国广播电视史学”研究的是中国的“广播电视”

这是指“中国广播电视史学”研究对象的物质存在独特性。中国广播电视史学研究的是产生、发展、变化与中国这块土地上的一种大众新闻传播媒介——“广播电视”，而不是诸如新闻报纸、新闻杂志、新闻纪录片等其他新闻媒介。在电视产生前，新闻广播一般是特指通过无线电波或导线传送包括各种新闻性、知识性和娱乐性内容在内的广播节目的大众媒介，以便人们通过无线或有线广播的送音、收音以及扩音设施，及健康听众身体自然拥有的基本器官之一耳朵“听”到所传送的相关信息内容。其中通过无线电传送节目的称之为“无线广播”，通过导线传送节目的称之为“有线广播”；电视出现后，人们通过电视发射和接收设施传播包括各种新闻性、知识性和娱乐性内容在内的电视新闻节目，使受众在听到新闻信息内容的同时也看到与新闻内容有关的图像。据此，人们把仅仅传送声音的称之为“广播”，一并传送声音和图像的称之为“电视”。随着互联网的普及和互联网技术的进步，又衍生出了“网络电视”，即依托互联网向受众传送以图像和声音为载体的新闻性、知识性和娱乐性信息内容。万变不离其宗，只要是向受众传送新闻性、知识性和娱乐性信息内容的“声音”（和/或图像）的大众媒介，都属于“广播电视”，也就都是“中国广播电视史学”的研究对象。

（三）“中国广播电视史学”研究的是中国广播电视的“历史”

这是指“中国广播电视史学”研究对象的时段独特性。中国广播电视史学研究的是中国广播电视的“历史”，而不是现状或未来。任何事物的存在发展变化独有过去、现在和将来的特定时间规定性。其中对特定事物“未来”的研究主要是依据事物发展的普遍规律，分析该事物本身、可能促使该事物发生变化的相关因素以及其相互作用和影响，探讨这一事物未来的发展趋向，为国家和政府进行未来规划或发展决策提供依据——这显然不是“中国广播电视史学”的任务；而对事物“现状”的研究则主要是针对事物发展过程中表现出来的成功或失败，优势或不足，分析成功或失败、产生优势或不足的内在或外在动因，探寻破解制约其持续、健康发展的方法和思路，以推动该事物向着预期的目标发展，获得更好的社会和经济效益——这也显然不是“中国广播电视史学”所追求的目标。而对特定事物“过去”的研究，主要是研究它“何时产生”“怎样发展”“哪些变化”的历史进程，从而探寻在该事物产生、发展、变化的历史进程中被后人遗忘的历史事实，被时人误记的历史真相，被权势扭曲的历史评价，以及蕴含在该事发展进程中的历史规律等等——而这才正是“中国广播电视史学”的社会价值所在和应该追求的目标。要特别说明的一点是，“中国广播电视史学”对中国广播电视历史进程的研究，所面对的都是已经被岁月固化成为历史的事实。因而必须采用历史分析的观点和历史研究方法，既不能要求过去的人们去做只有在当今时代环境下才能做到的事，也不能以当今社会的标准去评判当时社会环境中的人和事，而必须以马克思主义哲学历史唯物主义和辩证唯物主义的立场、观点、方法为指导，既解放思想，又实事求是地开展对中国广播电视历史进程的研究。

（四）“中国广播电视史学”需要研究中国广播电视历史发展的“规律”

“中国广播电视史学”当然需要研究“中国”的广播电视、研究中国的“广播电视”和“中国广播电视”的历史，但还必须研究中国广播电视发展史中蕴含的内在规律——如果不探寻中国广播电视发展历史中蕴含的内在规律，那实际上就剩下了历史事实的罗列，历史文献的解读，历史遗址的考证个别历史结论的商榷——停留在“为历史而历史”的层面上。对“中国广播电视史学”来说，历史事实的考证固然重要，但肯定不是历史研究的唯一的最终的目标，我们通常常说“以史为鉴”，就是说要通过历史现象的研究发现其中的规律而给今人以启示，避免今人重复前人的错误，少走弯路。通过中国广播电视史学的研究，我们应该从中发现一些规律性的东西。例如，为什么在中国土地上首先出现的是由外国人开办的新闻广播？外人在华新闻广播的出现与中国人创办的新闻广播有何关系？科学技术发展和普及与广播电视发展和普及之间的有什么关系？社会环境稳定与广播电视发展间有什么样的关系？人民新闻广播从小到大和国民党新闻广播由盛及衰之间有什么必然性？新闻广播在巩固新生政权和“大跃进”中的社会影响力如何评价？广播电视发展在新中国成立60多年间的几起几伏轨迹与执政党的路线、方针、政策和主要领导人的执政理念有没有关系？广播电视与政治民主、社会文明进步发展有何关联性？等等。我们认为，在翔实完整史料基础上再现中国广播电视的发展历程是我们的直接目标，而通过对中国广播电视历史的研究探寻其中的内在规律则是更高层次的追求，是中国广播电视史学为当今社会文明进步发展服务的题中应有之义。

三、“中国广播电视史学”的研究内容

根据“中国广播电视史学”的研究对象是“中国广播电视及其新闻传播活动产生发展变化的历史进程及其内在规律”的学术假设。我们认为，中国广播电视史学的研究内容至少应该包括如下几个方面：

（一）中国广播电视台建设发展史

新闻广播活动是指借助广播技术和设施向受众传播新闻的社会活动。要完成新闻广播这一社会活动，首先必须具备基本的无线电或有线电广播台或电视基本设施（即

广播电台或电视台）。而广播电台和电视台的发射功率、频道等一方面直接与所荷载的新闻信息内容传播范围大小、传播效果优劣等直接相关，另一方面又是广播电视事业在社会结构中的地位和社会影响力的物质性标志。中国土地上出现的最早新闻广播电台是由外国人设置的，而后出现了中国政府兴办的广播电台，再而后出现了政党举办或控制的广播电台，经历了复杂多变的发展历程，折射出特定的社会环境下中国新闻广播事业的曲折发展历程，因而广播电台建设发展史是中国新闻广播史学研究中最基本的也是最重要的内容之一。

（二）中国广播电视新闻活动产生发展史

新闻广播活动的本质是借助广播/电视技术和设施向受众传播新闻信息内容。美国人奥斯邦设置的中国境内第一座新闻广播电台“大陆报—中国无线电公司广播电台”，播发的是由《大陆报》提供的国外新闻和上海的新闻。① 即该广播公司没有自己的新闻采集和编辑人员，只是转播《大陆报》的新闻。随着广播电视业的发展，一些较大规模的新闻广播电台/电视台建立专门的新闻广播记者队伍已经十分普遍。这些广播电台或电视台的新闻记者在采集新闻的过程中，不仅撰写文字稿，更多地采集声音和图像稿，成为广播电视记者与新闻报纸记者的明显区别。广播电视记者采集的新闻稿同样必须经过新闻编辑人员的筛选、修改和编辑，才能提供给新闻播音员向社会播发或在电视台播放——就形成了一个从新闻采集到新闻编辑，再从新闻编辑到新闻播发的完整的广播电视新闻活动。是中国广播电视史学研究中最重要的内容，也是和中国新闻电影史学、中国新闻报刊史学等相近学科的本质性区别所在。

（三）中国广播电视技术发展的历史

和新闻报纸传播新闻信息的方式和途径不同，广播电视是依托有关广播设备，借助无线电波或导线向社会受众传播新闻信息，而受众则主要是通过收音机接受广播电台播送的内容、电视观众则是通过观看电视台播放的内容来获得（接受）新闻信息。所以，广播电视机械设备的制造调试技术、配套兼容技术、日常使用技术以及维修保养技术等，直接影响到广播电视的效率和效果。广播电视技术的发展既是科学技术发展的结果，又是广播电视事业发展的客观需要。研究广播电视技术发展的历史一方面可以把握广播电视紧随着时代发展前进的步伐，另一方面也可以认识广播电视事业发展对科学技术的热情呼唤和积极促进作用。

（四）中国广播电视艺术发展的历史

和读者通过阅读报纸获得（接受）新闻信息传播不同。广播电视的受众主要是通过倾听或倾听加观看的方式（途径）获取广播电视传送的新闻内容。实践证明，同一内容由不同播音艺术水平的播音员或主持人播送，其新闻传播效果是大相径庭的。所以，广播电视人员（播音员或主持人）的语言表达水平和表述艺术水平，对于受众接

① 赵玉明著：《中国现代广播简史》，中国广播电视出版社2007年版，第6页。

受的新闻传播效果来说具有十分重要的影响。在广播电视出现后的数十多年时间里，无论是广播的播音艺术还是电视的主持艺术都在不断发展和进步。研究其发展历史和规律，对于提高当今广播电视的效果和效益具有直接的意义。

（五）中国广播电视管理的发展历史

按照现代社会学理论，社会管理几乎涉及社会生活的每一个方面和每一个社会成员。无论是私人创办的新闻广播电台电视台，还是国家政府创办的广播电台电视台，或者是政党创办的广播电台电视台，要保证其正常有序地运行，都必须予以有效的管理。按照“层次学说”，社会生活中对广播电视的“管理”可以分成为不同的层级：第一级属于“国家”层面（包括受到国家授权的各级政府）对广播电视事业进行的管理，主要是通过行政手段、法律手段或者经济手段对广播电视事业进行宏观上的管理；第二级属于“行业”层面（以合法的各类各级行业自治自律性团体为代表）对广播电视业进行的管理，主要是通过行业评估、行业自律和行业惩处等方式对广播电视业进行的中观管理；第三级即“个体”层面的管理，主要是特定的广播电台电视台内部的日常管理。研究中国广播电视管理史可以使今人从前人的管理实践及经验教训中获得借鉴，汲取营养，提高管理的效率和效益。

（六）中国新闻广播教育的发展历史

新闻广播活动是一类专业性的社会活动，需要具有专门性的专业知识和技能才能胜任——这就需要专门的新闻广播专业教育来培养专业人才。有学者认为，1913 年 4 月由原来的“铁路管理传习所”改名为“交通传习所”是创建“中国广播之人才的摇篮”。[①] 也就是说，中国在 1913 年 4 月就开始对新闻广播专业人才的培养，换句话说，中国在那时就开始了新闻广播专业教育。也有学者认为，广播电视专业教育是具有特定含义的专业教育，只有直接为广播电视事业培养专门人才的专业教育才能称之为“广播电视专业人才教育”，而不能采用宽泛的理解，把一些实际上不是直接为广播电视也培养专业人才，但所培养的人才后来参加了广播电视事业的教育说成为广播电视专业教育。当时的“交通传习所”主要是培养无线电人才，尽管所培养的一些人后来参加了广播活动，但不能因之就把“无线电教育”说成“广播专业教育”。就如邮电高校的毕业生也有参加广播电视工作，我们肯定不把邮电高校的通讯、电子等专业称为“广播人才教育”一样道理。且“交通传习所”在 1913 年培养无线电人才时，中国在十多年以后才出现“广播”这一事物，又如何说当时是为“广播”培养人才。基于上述观点，专家认为，中国的广播人才专业教育应该是以北京广播学院 1954 年开始的教育活动为开端，一是该校的校名明白无误地称之为“广播学院”，说明其宗旨就是为广播业培养人才，二是当时中国已经出现了广播，广播业发展迫切需要培养专业人才，三是这个学校的毕业生在相当时间内大部分都是面向广播领域，当然后来

---

① 陈尔泰著：《中国广播史考》，中国广播电视出版社 2008 年版，第 4－5 页。

直至现在，不少广播电视专业的学生在非广播电视领域找到了适合自己的工作，而其他专业的学生也有不少进入广播电视领域发展事业。在广播电视不同的发展阶段和广播电视所处的不同社会背景下，对从事广播电视活动的社会成员的知识和技能要求又不是一成不变的——这就需要广播电视专业教育的教育内容、教育方式以及教育目标不断地随着社会需要而进步。研究中国广播电视教育的发展史可以客观地再现中国广播电视专业教育伴随社科学技术和社会时代进步的历史轨迹，也可以预见中国广播电视教育的发展趋向，为我们当今的广播电视教育改革提供历史经验的借鉴。

（七）中国新闻广播对外交流发展史

从某种程度上认识，中国新闻广播的出现可以说就是中外交流的成果，而新闻广播产生后就在促进中外交流中发挥了重要的作用。1922 年 12 月，美国人奥斯邦将一套无线电广播发送设备由美国运至上海（外国人对中国的设备输入）。创办“大陆报—中国无线电公司广播电台”是和在上海出版的英文报纸《大陆报》合作（外国人与在华外文报纸间的交流）；开办第三天（1923 年 26 日）播发孙中山当日发表的《和平统一宣言》，向在上海的外国人宣传了孙中山的革命活动（促进中国和外国人的交流）[①]。在诞生后的 90 多年发展历程中，中国广播电视业界和学界在开展对外交流和促进中国与世界各国的交流方面做了不少工作，为民族独立和人民解放事业做出了突出的贡献。其中最显著的就是中国新闻广播工作者在抗日战争时期与世界反法西斯阵营的各国新闻广播工作者的亲密合作，和新中国成立后我国广播电视工作者与世界各国广播电视业界和学界的友好合作，都取得了引人瞩目的成绩，因此中国广播电视对外交流的历史理应成为中国新闻广播史学的有机组成部分之一。

（八）中国广播电视研究的发展历史

“中国广播电视研究历史”的研究实际上就是“中国广播电视学”的学术发展史，对于“中国广播电视史学”的自身建设和完善具有极其重要的意义。据史料记载：在中国新闻广播诞生前，中国学术界就出现了介绍新闻广播内容和特点的文章，它就是发表在 1920 年 8 月出版的上海《东方杂志》第 17 卷第 15 号上的《无线电传达音乐及新闻》[②]。要指出说明的是，21 世纪的“中国广播电视”是一个完整有序、与社会关系紧密但又相对独立的社会系统，所以对“中国广播电视研究”的研究至少应该覆盖到对广播电台电视台、广播电视技术、广播电视理论、新闻播音艺术、电视主持艺术、广播电视人才素养结构、广播电视队伍建设，广播电视法制的研究及其发展过程等方面，以求才能完整全面地展现中国广播电视各方面研究的历史轨迹。

---

① 黄瑚著：《中国新闻事业发展史》，复旦大学出版社 2009 年版，第 128 页。

② 方汉奇主编：《中国新闻事业通史》（第二卷），中国人民大学出版社 1996 年版，第 236 页。

四、中国广播电视史学的学科地位

学科地位是特指某一学科在人类社会学科知识体系中授予其他学科的制约或关联而所处的规定性地位，而不是指特定学科在政府、部门或学术界中的社会地位。而确定某一学科的学科地位基着眼点就是该学科在人类社会学科知识体系中与其相关上下左右学科间的联系，舍此没有其他依据。“中国广播电视史学”是“广播电视史学”的下位类学科，属于“国别广播电视史学”中的一个分支学科；是“新闻学”与“历史学”的交叉学科，根据上述观点，我们探讨“中国广播电视史学”在现有人类社会知识学科体系中的特定地位。

（一）“中国广播电视史学”在“新闻学”中的学科地位

我们首先从“新闻学”的视角考察“中国广播电视史学”在“新闻学”这一学科体系中所处的位置。“中国广播电视史学”首先应该是“中国新闻史学”（与“新闻实务”“新闻理论”等处于同一层级）的下位类学科，“中国新闻史学”则是“中国新闻学”的下位类学科，“中国新闻学”则是“新闻学”的下位类学科；“新闻学”是“社会科学”部类下的一个学科；“社会科学”则是在“哲学”指导下与“自然科学”“技术科学”和“综合科学”相并行的一个学科部类。由此可以得到如下一个知识层级体系，即：哲学——社会科学——新闻学——中国新闻学——中国新闻史学——中国广播电视史学。

（二）“中国广播电视史学”在“历史学”中的学科地位

假如从“历史学”的视角来考察，“中国广播电视史学”应该属于“中国新闻媒介史学”的下位类学科；而“中国新闻媒介史学”则是“中国新闻史学”的下位类；“中国新闻史学”又是“中国专门史学”的下位类学科，“中国专门史学”则是“中国史学”的下位类学科；“中国史学”则是“历史学”的下位类学科；“历史学”和“新闻学”一样是“社会科学”部类中的一个学科；“社会科学”则是在“哲学”指导下与“自然科学”“技术科学”和“综合科学”相并行的一个学科部类。由此我们又可以得到如下一个知识层级体系，即：哲学——社会科学——历史学——中国史学——中国新闻史学——中国广播电视史学。

（三）“中国广播电视史学”在人类社会知识体系中的学科地位

综合对“中国广播电视史学”在“新闻学”和“历史学”两个不同学科知识体系中的学科地位分析，可以发现“中国广播电视史学”的上位类学科“新闻学”或“历史学”，都是“社会科学”部类中的一个学科，即“中国广播电视史学”是“社会科学”部类中“历史学”（中的“中国历史学”下的“中国专门史学”）和“新闻学”（中的“中国新闻学”下的“中国新闻媒介史”）交叉后形成的新兴学科。明确了“中国广播电视史学”从“哲学”⟶“社会科学（部类）”⟶“历史学”和“新闻学（学科）”交叉二级学科的特定学科地位。

如前所述“中国广播电视史学”的研究内容至少应包括中国广播电台电视台建设发展史（简称“中国广播电视台史”）、中国广播电视新闻活动产生发展史（简称“中国广播电视活动史”）、中国广播电视技术发展的历史（简称“中国广播电视技术史”）、中国广播电视艺术发展的历史（简称“中国广播电视艺术史”）、中国广播电视管理的发展历史（简称“中国广播电视管理史”）、中国广播电视教育的发展历史（简称“中国广播电视教育史”）、中国广播电视对外交流发展史（简称“中国广播电视交流史”）和中国广播电视研究的发展历史（简称“中国广播电视研究史”），上述对中国广播电视史研究的各个方面及其没有列举出来的其他方面的研究一起构成完整的“中国广播电视史学”体系，同时也决定了它在学科知识体系中（与上下左右相关学科的关系和）地位。

根据上述内容，我们可得到如下“中国广播电视史学”学科地位示意图：

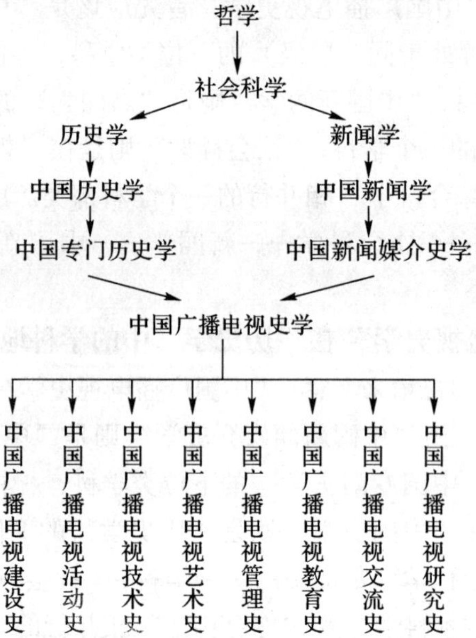

要特别说明的是，关于“中国广播电视史学”的研究内容体系，本示意图中只是从一个角度予以表现，实际上还可以从其他不同的角度予以分析研究。即使仅仅就“广播电视”而言，按照不同的传播方式就包含了有线新闻广播、无线新闻广播、电视新闻广播及网络新闻广播等不同形式，研究者不但可以从“新闻广播”整体进行研究，还可以对“有线新闻广播”“无线新闻广播”“电视新闻广播”乃至“网络新闻广播”的发展历史及其规律进行个别的研究，以拓展和丰富“中国广播电视史学”的研究内容。

结语

根据科学理论，作为一个独立的学科，还必须具有本学科特点的研究目标、研究理论和研究方法等构成要素。由于“中国广播电视史学是一门发展中的新兴学科”，所以有关要素还在发展之中。本文只是就“中国广播电视史学”的基本问题作一初步的思考和探索，期待有更多的同行参与到“中国广播电视史学”的学科理论建设中来。

（作者系南京师范大学新闻与传播学院教授）

为中国人民对外广播事业存史立传[①]

陆智舫

尊敬的各位领导、各位同仁：

大家上午好！

很荣幸能出席今天的广播电视史学研讨会。根据会议议程安排，我就中国国际广播电台近年来的史志工作，谈几点经验体会，以期与大家交流共享。

2011年，为庆祝中国人民对外广播事业暨中国国际广播电台创建70周年，国际台编撰了一套约400万字的系列丛书，其中包括《中国国际广播电台发展史》（第一、二卷）、《中国国际广播电台大事记》（一、二、三集）、《CRI创业者风采——国际传播70周年》、《CRI外国专家风采》等。当散发着油墨香气的丛书整整齐齐地摆放在面前的时候，我们每位参与编撰出版工作的同志都如释重负：终于为中国国际广播电台70华诞献上了一份厚礼！在参与史志编撰的过程中，我们也获得了几点经验体会。

（一）坚持继承创新，体现时代特色

多年来在史志部门的工作经历，使我深刻感受到，编史修志，旨在承前启后，继往开来。开展编史修志工作，基础在继承，关键在创新。不善于继承，没有创新的基础；不善于创新，就缺乏继承的活力。

改革开放以后，一批国际广播人决意为中国人民对外广播存史立传。台领导对这一想法给予充分肯定和大力支持，决定成立史志办公室。1996年8月16日，国际台史志编委会正式成立，后下设史志办公室。史志办同志满腔热情地投入工作，在当时办公条件十分简陋的条件下，收集整理历史档案资料，先后编纂了《中国国际广播电台志》《中国国际广播电台部门志》《中国国际广播电台回忆录》等史志书籍，这也为我们进一步拓展史志工作领域，奠定了坚实基础。

然而，由于各种因素制约，我国一直缺乏一部完整系统的国际广播发展史。尽快编撰一套史志系列丛书的重任，历史地落到了我们这一代史志工作者肩上。经过数年的艰辛工作，史志办终于圆满完成这项系统工程。我们出版的这套史志丛书，是一个完整的有机体，从不同的学术层面，记述了中国对外广播70年波澜壮阔的发展历程，

① 本文系作者2014年10月18日在"广播电视史学：机遇与挑战"学术研讨会上的主旨发言。

注重体现时代特色、把握发展规律，富于创新意识。其中，《中国国际广播电台发展史》是以编年史体记述中国人民对外广播事业70年的纵向发展轨迹，《中国国际广播电台大事记》则以志书体记述中国人民对外广播事业纵向发展轨迹上关键时点的重大发展状况，两者相辅相成，交相辉映，经纬交织，再现中国人民对外广播事业不平凡的发展历史。《CRI创业者风采》开创了人物传记兼配照片和录音录像之先河，该书以纪传体的形式，通过一个个国际广播者对历史、对往事、对个人经历的回忆，以极其鲜明生动的故事，把国际台几十种语言广播创业之艰辛、探索之曲折、发展之迅速，以及国际广播工作者在成长道路上的酸、甜、苦、辣，真实、具体地呈现在读者面前。《CRI外国专家风采》是一部展现外国专家丰功伟绩、极具历史价值的史书，也是目前我国新闻界唯一一部专门记录外国专家在华工作的书籍。书中收录100篇文章，除记录65个国家近150名外国专家外，同时附录“中国国际广播电台历年所聘外国专家名录”。此书出版后，国务院外国专家局多次来电索取，并对该书给予高度评价。台内外专家纷纷提出多给他们几本书，以便送给家人和亲朋好友。国际台老同志称赞这本书史料翔实、全面，以生动细腻的笔触，从不同角度叙述了百余位外国专家积极热情地帮助中国兴办对外广播的感人事迹，是一部独特的历史文献，并且认为，这是迄今为止我台有关外国专家档案资料中最全、最完整的。人们如果想了解某一个语言部聘用外国专家的历史状况，查阅本书便可一目了然。有的老同志称赞《CRI外国专家风采》是一部展现外国专家风采、记录丰功伟绩的史册，是一部国际台全体人员和外国专家合力建设中国和世界人民友谊金桥的巨型纪录片。国际台语言部门一些年轻同志认为，该书将众多外国专家与中国同事共同奋斗的历史，以及许多感人的故事记录在国际台史志中，并将作为一笔宝贵财富永久传承下去。从这本书中，年轻同志读出了外国专家对国际台广播事业的热爱，通过他们的故事，了解到当时广播节目是如何采编制作、如何克服诸多困难为改进节目质量，提高员工播音水平和翻译水平而付出辛勤汗水的。比如，此书中有两篇介绍曾经获得国务院友谊奖的老挝语组专家西沙南的文章，现在老挝语组一位年轻同志在读后写出：虽然和西沙南先生接触不多，但翻阅起《CRI外国专家风采》一书，字里行间完全能感受到大家对他的敬佩和敬爱。诗人臧克家曾写道：“有的人活着，他已经死了；有的人死了，他还活着。”西沙南先生仙逝了，但本书文章记载着他的精神，这种精神活在老挝语部每一个后来人心中，激励我们发自内心的认真对待自己的事业和人生。这本书为他们留住了一份永不忘却的记忆，树立起一个个永不褪色的榜样。

编史修志既是为了存史，实现文化的传承与发展，也是为了以史为鉴，实现资政育人，更是为了汲取前人智慧，实现滋养后世、开启未来。这批史志书籍的出版，被业内外专家学者誉为“记录历史、以史资政，宣传国际台、研究国际传播的一套历史文化精品和励志佳作”。业内认为，从书的思想价值、社会价值、学术价值、史料价值、纪念价值，都达到了全新高度。目前，这套丛书已经成为国际台员工新闻传播的参考用书和开展工作的业务教材，很好地起到了传承文化、资政育人的作用。

（二）坚持围绕中心，服务事业全局

在很多人眼里，史志是“二线”工作，处于对外广播工作中的“配角”位置。传统的史志工作观，也把史志看作事情发生以后的简单辑录工作。我认为这种观念是陈旧的、不符合时代发展的。史志人员不能把目光只盯住“过去”，满足于充当历史的记载者，必须摆脱传统观念束缚，更多地注视“现在”和“未来”，在服务现实中发挥史志工作的独特作用。归根结底，史志工作的目的是应用，其应用的主要表现形式就是围绕工作中心，服务发展全局。因此，我们既要做出色的编史修志人员，又要履行好研究员角色，为全台事业发展当好参谋和助手。

编写《中国国际广播电台发展史》，充分体现了我们史志工作者围绕中心、服务大局的责任意识。中国人民对外广播事业诞生于1941年。到2011年，经过几代人的砥砺开拓、奋发图强，实现了历史性、跨越式发展。70年来，中国国际广播电台不断发展壮大，从开播时的一种外语、一名播音员、几只话筒、几盏油灯、几孔窑洞，每天只播出30分钟节目，发展成全球媒体语种最多、手段齐全、具有重大影响的现代综合新型国际传媒。随着国际台事业飞速发展，编撰记录其发展历程的书籍日益显得紧迫。然而，编撰《发展史》不仅需要收集整理浩繁的历史资料，而且面临着新的理论研究问题。以前，我们编撰的多是志书，志书是朴实、严谨、科学的资料汇集，是汇集一方的某时期的系统资料百科全书，重在记述，不作评论。史书则是记载历史，除充分占有资料外，还要做到史论结合，总结规律性的东西，注重评论，贵在有独到的见解。这些对我们的工作提出了新的挑战。

近年来，史志办在国际台各级领导的组织指导和督促协调下，经过多方的艰辛努力，在国际台成立70周年前夕，成功出版了《中国国际广播电台发展史》，填补了我国国际广播史的空白，被认为国际传播史学研究方面的重量级专著，其史料价值和理论价值达到前所未有的高度，引起了业内外广泛好评。有人认为“你们做了开拓创新工作，为国际台全体工作人员提供了一部信史”。一位资深国际传播史研究人士说，《发展史》以马克思主义唯物史观为指导，以翔实的史料为基础，本着秉史直书、实事求是的治学态度，首次全面和缜密地梳理了中国国际广播创建、发展、壮大的70年历史，科学精当地对国际台发展的历史阶段做了划分，忠实严谨地回顾了国际台的发展史实，深入和准确地分析了每一阶段发展的国内国际背景、政治经济原因，并力图从理论高度总结和升华中国特色国际传播的经验，探究和揭示中国特色国际传播发展的一般规律。一位老专家表示：《发展史》梳理总结了新世纪以来国际台的腾飞历程，充分展示了中国国际广播电台在党中央的亲切关怀下，向现代综合新型国际传媒迈进的有力步伐和辉煌成就，通过国际台扎实的前进脚步清晰地昭示了国际传媒在信息时代、数字时代发展的新经验、新规律。

2014年，《中国国际广播电台发展史》在第八届全国广播电视学术著作评选中，荣获史志类特别奖。这是对我们工作的充分肯定和对大家贡献的高度认可。

（三）坚持开门办史，完善工作机制

在史志办的这些年，我深刻感受到，编史修志事业的发展关键在人。编史修志是一项综合性、专业性、知识性很强的工作，具有很强的系统性、连续性，没有一支具备丰富知识的人才队伍，是难以驾驭的。要将质量第一、打造精品的观念融入到整个编纂、出版的全过程，关键在于建设一支高素质的史志工作者队伍。而个人的智慧毕竟有限，集体的力量才是无穷的。要把编史修志工作做好，必须坚持“开门办史”理念，牢固树立“史志工作靠大家”观念。因此，我们不仅注重调动史志办同志的工作积极性，还邀请一些学识渊博、德高望重的老同志投身编史修志事业，更注重在全台形成声势，在各中心（室）培养打造一批懂史写志、敬业爱岗的专业人才，引领全台形成联手编史修志的全方位作战局面。经过几年的不懈努力，这项机制已经初见成效。

目前，国际台各中心（室）、各部门都有了自己的史志编撰人员和总撰稿人，各自成立了《部门志》编委会，史志编撰呈现出竞相争先的良好局面。国际台正在开展2001—2011年这11年《部门志》的撰写工作，预计出书9册，达300多万字。全台各中心各部门对此项工作给予高度重视和大力支持。我们针对所开展的史志工作举办史志培训班，邀请业内专家学者，围绕史志的概念、性质、功用、体例结构、行文规范和质量标准等，进行专题研讨，为我们增强工作实效奠定了基础。在人手少、工作量大的情况下，史志办坚持不定期出刊史志《简报》，遇有特殊情况还会出《特刊》，将史志工作的动态、进展等，及时通报给各级领导和各部门修志撰稿人，为他们搭建相互沟通的桥梁。目前，史志《简报》已经成功出版20多期，约30万字，极大地推动了各部门志的编撰进程，也为全台史志资源共享搭建了良好平台。我们还注重创新工作方式，通过实地调研、考察交流等方式，认真学习有关编史修志条例，学习各种史志通讯、杂志的写作方法，到史志工作先进部门和行业典型进行调研，借鉴他人的先进经验等。这些理论与实践结合、丰富多彩的调研活动，开阔了史志人员的视野，提升了大家的综合素养，增强了队伍凝聚力，使原来“冷部门”的史志办充满生机和活力。

（四）坚持乐业奉献，打造精品佳作

编史修志是一项清贫而艰苦的工作。由于时间跨度长，资料搜集难度大，编撰要求高，一部史书、志书的编写，短则需要几个月，长则需要数年乃至数十年的时间。这就需要我们修志工作者不怕困难、勤勤恳恳、埋头苦干。我一直认为，编史修志是一种职业，更是一项事业，要求我们把心思集中于本职，把精力倾注于岗位，把才智奉献于工作。我要求自己在工作中尽职尽责，精益求精，用实际行动诠释“守土有责”“干一行，爱一行，专一行，精一行”的爱岗敬业精神。

我们出版的史学丛书严把政治关、史实关、质量关等三大关口，实行严格的三审三校制，打造精品佳作。本着“对历史负责、为现实服务、为未来着想”原则，我们按照审、校稿要求和任务分工，一遍遍地检查错别字，斟酌格式和措辞，把丛书打造成记录历史、以史资政的历史文化精品和励志佳作。

由史志办完成的史志编撰工作，我作为执行主编有幸参与丛书的全部过程，从策划采访选题、确定采访对象到执行采访任务，都反复敲定、斟酌，同时花费大量时间，真正做到事无巨细、亲力亲为。比如，《CRI 创业者风采》共收录了200 位老同志的事迹，其中的140 多位老同志的事迹是由我采访完成的。书中收录的400 多张照片，是我从收集的近6000 张照片中精挑细选出来的。对于书中收录的200 位被采访者的录像光盘，我都做了审看，并将初始光盘存在的问题一一做笔录，同电视中心进行协商解决。由于工作严谨细致，《CRI 创业者风采》获得了广泛好评。一位老领导引用《滕王阁序》的“四美具，二难并”赞扬《风采》，认为其一美是文章美，二美是图像美，三美是附有光盘影像美，四美是200 位老同志的“名人墙”。老同志们认为《CRI 创业者风采》的访谈实录真切，如身临其境，没有夸张，很得体，资料整理翔实、人物刻画鲜活，虽然不是专职记者，但从整理出记录来看，体现出很高的水平和文采，并认为史志办将历史资料记录在案的工作成果价值高，可歌可颂。

今年，我们将出版《CRI 国际广播人风采——影像集》（暂定名），这是 CRI 系列丛书的收官篇，是企图收录 1941 年至 2011 年间所有在国际台工作过或正在国际台工作的同志们的英姿、经历、功绩全部展现出来的一部“全书”，是国际台的“家谱”，是记录全台同志风采的一部“全家福”。

编史修志工作虽然琐碎平淡、单调枯燥，但让我有脚踏实地的自豪感。我以编志修史为己任，深爱着这项服务当代、造福子孙的事业。在将来的工作中，我将以满腔热情和汗水，在平凡的岗位上书写精彩，让人生在史志办公室闪光。

（作者系中国国际广播电台高级编辑）

传媒融合时代的广播电视史研究①

郭镇之

【摘　要】世界进入了传播媒介多元呈现与融合发展的新阶段，传播景观发生了根本变化。在这样的时代条件下，广播电视史研究向何处去？本文认为，应该向历史的纵深处发展，向现实的广阔处延伸，向问题的核心处冲击。例如对技术变迁与传播发展过程的研究，对新媒介的技术、制度、社会功能和内容影响的研究，和对互联互通时期传媒融合的广播电视体制与机制研究。本文介绍了自己对中国早期电子传播“历史问题”的研究。此研究因互联网和手机等新媒介引发的现实热潮而产生，回溯晚清源头，探索电信事业引进与中国现代化发展之间的关系。晚清电信引进的基本问题是应该由谁（中国或者外国）来掌控中国电信的“主权”话题和电信发展的福利应该由谁（中国或者外国、政府或者人民）来享有的“利权”话题。晚清政府与洋人争权、与商民争利的故事，反映了中国社会适应现代化冲击的曲折过程和传播实业在集中决策及其制度安排下“钻空子”式的生长方式。

【关键词】媒介融合　广播电视史　研究　晚清电信事业

一、传媒融合时代来临！

世界进入了传播媒介多元呈现与融合发展的新阶段，传播景观发生了极大的变化。文字、摄影、声音、图像的界限不再泾渭分明。从 IPOD 到 IPAD，“广播电视”日益移动化。电脑、平板机、移动电话一个个加入了传统电视机的音视频领地。社交媒介也加入了竞争，QQ、微博、微信，国界被穿越。媒介所有权变得模糊。在数字化的笼罩下，技术方式你中有我我中有你，“乱哄哄你方唱罢我登场，反认他乡是故乡”。

视听媒介在人们的日常生活和传播交往中仍然扮演着核心的角色，只不过变换了方式。例如，人们现在上网常常是为了看视频——“追剧”成为特有的互联网现象；在地铁上，充满了捧着手机看影视的年轻人。在发生重大新闻事件，特别是遇到灾难性事件时，人们倾向于到网站看网友自发传送的目击视频——所谓有图有真相。这样的时代会对广播电视史的研究产生怎样的影响呢？

① 本文系作者2014年10月18日在“广播电视史学：机遇与挑战”学术研讨会上的主旨发言。

面对江河日下的印刷媒介市场和蒸蒸日上的音视频市场，挑战者难免跃跃欲试。闯入者甚多。新媒介移动互联网上播放音频视频成为流行现象，传统印刷媒体纷纷开办音视频服务。虽然由于政策的限制，目前这些非电子媒体及新媒体人暂时还只能服务于网络“广播电视”。但随着这批“编外”广播电视人的经验日益丰富，随着这些非传统电子媒体的操作日益成熟，他们将进军越来越开放的广播电视市场，难道不是顺理成章的事情吗？

广播电视机构自身也在衍生新媒体分支，并凭借历史积淀的优势勉力维持，试图保住摇摇欲坠的垄断性地位；但越来越力不从心。例如被称为广播电视国家队的CNTV，虽然以其超大规模的库存掌握了一定的先机，但机制传统，创新乏力；而许多崭露头角的个体或者机构在理念和模式的创新方面，则生机勃勃，后生可畏，但他们的无知无畏也可能导致价值观的偏离。

同时，越来越多的广播电视专业工作者，甚至著名的广播电视主持人，纷纷逃离曾经一度辉煌并造就他们知名度和社会地位的传统媒体，退入（闯进）高校，进入他们虽不熟悉但仍发挥着影响力的广播电视研究和教学领域。他们会不会施加他们的影响，给学术圈带来某些生态变化，甚至改变广播电视研究包括历史研究的评价标准呢？

二、广播电视史研究向何处去？

对于广播电视史研究的这个生存问题，本文提出的观点是：向历史的纵深处发展；向现实的广阔处延伸；向问题的核心处冲击。

所谓“向历史的纵深处发展”，此处的意思是，我们可以将目光转向技术方式与传播变迁，例如，从电子媒介（electronic media）向电信媒介（telecommunications）扩大和转移。作为电子传播媒介的广播电视最初是从有线的电报和电话开始的，与电信的分道扬镳始于无线电。如今，无线局域网（WiFi）和移动互联正日益取代“传统”互联网的上网功能，电信与电子大众传播媒介在新的基础上又融合了。开展对电报电话的历史研究和当今新媒体发展过程的研究，这是广播电视历史研究者的强项，是新闯入者的知识、经验和能力都无法企及的。也是我们最能体现出价值并做出贡献的领域。

所谓“向现实的广阔处延伸”，指的是广播电视与整个社会的技术发展、制度变革、社会功能的发挥和内容模式的创新，特别是新媒体加入后产生的影响。这是一个既老又新的话题，在新的形势和条件下永远有变与不变的张力。例如，国外对IPOD的音乐谈话节目有十分学术的研究。中国的网络自制剧也一度成为热门现象，可惜缺乏深入的研究。对网络视频现象，我们曾进行过初步的实践：例如，我指导的博士后研究课题就是“互联网上的播出与收看”，采用了网络观察加抓取数据分析的新路径，对这种新的传播现象——我们认为也是一种历史性的现象——进行了研究内容和研究方法的新尝试[1]。

所谓“向问题的核心处突击”，主要指互联网和媒介融合时期的广播电视体制与机制，这是一个“亘古常新”的问题，在中国尤其如此——老的争议拖而未决，新的现象又层出不穷。例如有报刊评论：“多年来，广电总局始终在扮演裁判员和运动员的双重角色。在过去IPTV、三网融合的多次政策博弈中，广电总局始终将电视内容集成与运营牢牢地抓在自己手中。以安全和可控性为理由，这个领域的监管是强势的、封闭的。广电总局的一位中层曾不客气地反问：‘为什么要广电网来适应互联网，而不是互联网来适应广电网?’[2]”显然，这是一个愚蠢的问题，暴露了官员的傲慢与无知。近年来，新合并的新闻出版广电总局不断发布各种各样的禁令，不仅数量多，涉及面广，而且巨细无遗，如红色经典、选秀节目、动漫内容、海外影视、方言、港台节目主持人、宫斗戏、涉案戏、穿越剧等等，被网友吐槽，称为“奇葩”禁令。又因为广电总局的禁令只在内部传达，一般不公开内容，消息一经传出，立刻引起网上谣言四起，真假难辨。广电总局借助行政权力，虽然能够让禁令一时通行，但其作为政府主管部门的威信则日益低落。对制度和体系的批评可以采用制度分析的研究方法，这也是历史学者擅长的方法。

三、一个研究案例：中国早期电子传播的“历史问题”

本人对媒介融合时代广播电视史研究的以上认知体现于自己前些时候发表的一篇历史论文[3]，那是我带着博士生完成的一项研究课题。在这里，我给本次报告起的一个名称是“引进与发明——中国早期电子传播的‘历史问题’”。

其实，这项对早期中国电信起源的历史研究源于现实提出的问题。这个现实就是：互联网和手机等新媒介引发的新媒介热和“新媒体”研究热。而新媒介基本是指互联互通、即时传播的电子媒介。而电子媒介的源头是一百多年前从西方引进的电信事业或者翻译成电子传播事业（telecommunications）。

对所谓的“新媒体”，我们看到了如火如荼的传媒现象和如痴如醉的研究热情。我们的问题是：在那个原初的发轫的年代，作为“新媒介”的电报和电话是怎样的情景？那个时候，人们对“新媒体”的态度？其实，我们是倒推上去的，现实看到了互联网、手机等“新媒体”，然后想到联通它们的电话，然后才推到电报、电线（早期的网络设施）。

---

① 曹书乐、何威：谁是美剧迷？——互联网上中国观众的美剧观看与接受。《国际新闻界》2012年第9期。

② 《财经》杂志：电视APP之死：广电总局领导反问为何要我们适应互联网 http://finance.sina.com.cn/chanjing/cyxw/20140929/080720439868.shtml。

③ 郭镇之、郭云强：晚清电子传播的引进：兼析“权”“利”之争。《新闻与传播研究》2013年第4期。该文曾被评为2013年《新闻与传播研究》十篇优秀论文之一。

通过大量（大面积、大范围）地搜集资料，认真地爬梳整理，我们发现，就资料的发现而言，电话在中国几乎不能成为一种“现象”——相比于现在的“新媒体”。当然，这可能由于资料的湮灭；但更可能的是，电子传播不是中国自己的创造发明，电信尤其是电话更不是早期普遍的社会媒介。中国电报和电话的辉煌时期很短——在电报和电话传播尚未形成气候的时候，新的社会环境和技术条件便使得新媒体后来居上。下面我就几个话题报告一下我们的发现。

1. 发展阶段：从晚清到当代

中国电信事业的发展大体经历了四个阶段：（1）晚清时期电信的引进（1865－1911）；（2）民国时期电信的发展——此时中国开始了现代化之路（1912－1949）；（3）中华人民共和国成立之后，中国走上了另类的现代化道路，并出现了现代化道路的转向（1949－1976）；（4）新的现代化时期，亦即中国的改革开放时期（1977年至今）。我们认为，中国电信事业的核心问题是传播媒介与现代化发展之间的关系。

2. 回溯源头：引进于“领土”之外

讲到中国电信的晚清故事，核心的概念是“引进”。具体的表现是：电报和电话于19世纪后期被西方人先后“偷运”进中国；正式被接纳是在清朝末期。我们所说的“引进”有两重含义：（1）指科学技术从西洋传入中土而被接纳的进入过程；（2）指一项新传播事业从无到有的开发过程。

对于电信的引进，最初清代关键的有一项“领土政策”：在1870年（同治九年），清朝政府与外商协议，以海陆为界，允许外商在海底铺设电缆（称“海线”或者“水线”）；但不得在陆地上铺设电线（“旱线”）。清朝政府是内陆思维，对“领土”是概念限于“土地”，缺乏对海洋的主权意识，当时没有提出对海洋的“领土”主张。这是在电信引进的早期状况，引进之后，出现了新的问题。

3. 历史问题：引进中的“权”“利”之争

逐步引进电信之后，中国面临的是采纳新技术并培育其生长的关键问题——采纳。这里首先涉及的，主要是应该由谁（中国或者外国）来掌控中国电信命脉的“主权”话题。除此之外，中国电信发展的第二个重大问题涉及的是民族经济权益应该由谁（中国或者外国、政府或者人民）来实现并享有的“利权”话题。

在电信争议中，三大主体是清朝政府、“洋人”（外国商民）与电信经营者（中国商民），这个商民在最早的官办时期主要指民营投资者；在官督商办时期也包括了事业的经营者。在三大主体中，起决定作用的是清朝政府。从历史资料可以看出，就三者关系而言，清朝官员的基本立场是：“权自我操”，具体表现在，引进时与洋人争权；开发后与商民争利。

对电子传播，清廷从不认识到逐步了解，但思想理念一直是，必须坚持主权，宁可出让利权。例如，1867年，身在福建的船政大臣沈葆桢提议，办理洋务要“彼分其利，而我握其权”①，就是说名义要归中国，但利润可付洋商。

① 孙藜：《晚清电报及其传播观念》，上海：世纪出版集团，2007年。

对洋人，清廷官员注重体面而轻忽实利，虽千方百计维护“主权”（包括夺回外商经营的企业，由清朝政府占有）；但在经营时，却因为缺乏经验又疏于学习，往往由外国工匠实际掌握，因而损失了“利权”。从设计到制造，从服务到经营，中国早期的电信事业严重依赖“外援”，例如，聘请洋人教习，委托洋商采购，委任洋匠指挥，使用洋物、洋工——中国的电信事业起步于、发展于外国的科技和器材，也得益于外国的人力资源。

外商呢，争的是实利。外国人立场是，对中国电信主权并不质疑——毕竟是在中国的国土上；但对电信利益斤斤计较。而熟悉市场经济和企业经营的外国商人也特别精于算计，在交易中往往不吃亏，甚至占便宜。例如，1883 年清政府收回大北公司私设的淞沪陆线，却“仍供给公司使用，不收租费”，使其坐收高额利润。1904 年袁世凯指令天津自办电话，挤垮了丹麦商人濮尔生的“电铃公司”。但双方签订的买卖合同却规定，除补偿濮尔生白银 5 万两之外，还聘请濮尔生为顾问，三年中月薪 800 元。[①]

清朝政府对商民则是另一副面孔：始则借力，继则排斥。例如，对早期官办招商（1880－1882）时期的业绩，中国电信事业的发起者李鸿章总结到：“国家所费无多，巨款悉由商集”，“今成效昭著，实赖群策群力”[②]。也就是说，最初电信事业的启航，是借民间投资之利。而在官督商办（1882－1902）时期，李鸿章许诺道：“此次出资商股应准永远承办。”[③] 但随着电信事业的商营保护伞李鸿章于 1901 年 11 月去世，清廷的政策发生了变化，话语也出现了“现代”转型。例如光绪皇帝诏书说：“各国电务多归官办”[④]；邮传部则进一步说明：“电线之设为利交通，不计赢绌，本与商业性质不同。”[⑤] 最终，清政府背弃了商办电报“永归商办”的承诺，在 1908 年以 180 元的股价赎买大部分商电股份；并于 1910 年收回省办电报，基本实现了电报的国有化、集权化。[⑥]

对早期中国的电信事业，我们往往基于新媒体发展的“经验”，认为早期电信资金不足，收益不多甚至亏损，所以发展缓慢。其实，这是一种普遍的长时期的误解。实际的情况是：电信收费昂贵，只服务特殊人群，规模逐步扩展，收益常有盈余，例如，在 1907－1909 年间，电报赢利为 78 万、18.4 万和 40.2 万[⑦]（其间可能还有赎买

---

① 交通部铁道部交通史编纂委员会编：《交通史电政编》，上海：中华书局，民国二十五（1936）年，第一集，第 57 页。

② 《中国近代史资料丛刊·洋务运动·六》，369 页；《晚清中国电报局研究》，176－177 页。

③ 韩晶：《晚清中国电报局研究》，博士学位论文，上海师范大学人文与传播学院，2010 年，第 176－177 页。

④ 《交通史电政编》，第一集，第 44 页。

⑤ 同上，第 48 页。

⑥ 同上，第 44－56 页。

⑦ 《交通史电政编》，第二集，第 221 页。

商营电报的成本）。

4. 简短结论：历史面对的制度问题

电子传播在中国是外引技术。外部（西方）入侵是导致变迁产生的基本因素。

中国传媒现代化的经历是近代中国适应外部力量冲击的曲折过程。中国的传播实业发展模式是在集中决策及其制度安排下的“钻空子”式生长方式。传播媒介转型背后有强大的科技和经济因素，也有决定性的政治和文化因素。

因此，广播电视史的研究应该有更广阔的视野与更深入的思考。

（作者系清华大学新闻与传播学院教授、博士生导师）

试论广播电视志与广播电视史编纂的区别与联系

哈艳秋

【摘　要】盛世修史编志。近年来我国广播电视志和广播电视史的编纂都取得了丰硕的成果。它们虽然同为对广播电视历史的叙述和梳理，但是在编纂上却有着明显的差异。本文即从记述内容、编排方式、性质与功能的定位、语言表达、编写组织与人员构成五个方面来阐述广播电视志和广播电视史编纂的区别。同时，也没有忽略广播电视志和广播电视史之间的联系，它们互相补充、互相印证，都具有鲜明的中国特色。在新时期，广电史志只有各自发挥特点，共同服务于建设中国特色的社会主义广播电视事业，才能经世致用流传后世。

【关键词】广播电视志　广播电视史　编纂　区别　联系

古人云："治天下者以史为鉴，治郡国者以志为鉴。"自古以来史志在治国安邦中就具有重要的作用，"盛世修史编志"是我国数千年来的优秀传统。自1978年十一届三中全会重新确立了党的正确指导方针后，广播电视系统经过拨乱反正逐渐呈现出一派欣欣向荣的景象。为了适应改革开放后及时总结历史经验、开创广播电视工作新局面的需要，广播电视的史志研究工作也迅速地发展起来。广电史志作为"承上启下，继往开来，服务当代，有益后世的千秋大业"①，发展至今已经取得了骄人的成绩。广播电视史方面，通史研究取得了重大进展，出版了赵玉明主编的《中国广播电视通史》（上、下卷）和刘习良主编的《中国电视史》等，夯实了广播电视史学的学科基础，成果卓著；当代广播电视史的研究成绩突出，有刘习良主编的《改革开放中的广播电视（1984—1999)》、徐光春主编的《中华人民共和国广播电视简史》、张振华主编的《中国广播电视概要》以及从1985年开始编纂的《中国广播电视年鉴》等，都具有十分珍贵的历史价值；同时，对广播电视系统的专门史和部门史研究也取得了很大的突破。而广播电视志方面，自上个世纪80年代开始，各省、自治区、直辖市广播电视厅（局）就根据上级政府的部署，将编纂具有中国特色的地方广播电视志列入工作规划当中。据中国广播电视协会广播电视史研究委员会统计，截至2007年11月

① 1987年江泽民在上海市地方志编纂委员会成立大会上的讲话。

底，全国公开出版的省级广播电视志有27部，公开出版的地州市县级广播电视志有15部，成果颇丰。现今，新一轮的广播电视修志工作正在酝酿进行之中。

一、编写广播电视史与广播电视志的区别

探究史志关系，它们本属同源。清代方志学家章学诚在《文史通义》中说到“方志属于史体，为国史之要删，荟萃一方之事，较之国史具体而微也”。[①] 可见，方志作为综合性的地方历史文献，与史同属同性的文化典籍，它的起源和历史是一致的，梁启超也曾说过：“最古之史，实为方志。”[②] 然而在后世的发展中，史志逐渐呈现出不出的特性和功用，渐渐分离至相互独立，形成了名志并存的局面。在广播电视界，广播电视史多是站在全国、全局的高度记述广播电视事业的发展过程，重大事件的始末，重要人物的经历以及对它们的地位和作用的评价，突出总体特色，以深入探求广播电视事业的发展规律；广播电视志则反映的是一个地区广播电视新闻传播整数发展的全貌，包括宣传工作、事业建设、技术设备、机构沿革、管理和队伍建设、科研教育、内外交流等各个方面，尽显地方特色。无论是从内容还是从功能来说，广播电视志都属于地方专业史的范畴。但是广播电视志并不是广播电视史，它们之间仍存在着很大的区别。具体从以下几个方面来分析：

1. 从记述内容上看，广播电视史记载内容相对集中，重在记“往”；广播电视志记载内容全面宽泛，重在记“今”

志和史同源异流，都是对一段历史的记述，属于历史著作，就同一个地区的广播电视志和广播电视史编纂来说，由于其记载内容大致相同。资料来源基本相似，因而两者之间有着密不可分的天然联系和相同之处。但是比较而言，广播电视史记载的内容相对集上而广播志记载内容全面宽泛。如在对广播电视管理体制的记述中，赵玉明教授主编的《中国广播电视通史》和刘习良先生主编的《中国电视史》，都只选取了管理体制沿革中较为典型的改革和变化进行叙述，且用论点统领史实，史实为论点服务；而《北京志·广播电视志》中不仅将广播电视的管理体制分为行政管理、节目管理、技术管理、经济管理、音像制品和报刊管理等众多方面，还对每一个方面的发展进程都做了细致的记述。广播电视史记载内容相对集中还表现在它可以将视野集中于某段特定的历史时期或特殊的领域。除了通史还有断代史、部门史、个案史、人物研究等等，赵玉明的《中国解放区广播史》、哈艳秋的《日本侵华时期的日伪广播研究》、庞亮的《梅益广播电视思想研究》等是其中的典型，而广播电视志则没有如此细致的分类了。

可以看出，广播电视史偏重于对广播电视发展进程中的重大事件和重要人物进行

① 孙文件：《试论史与志的关系》，《新疆地方志》2006年第4期。

② 同上。

记录与分析，还会针对某个有价值的领域挖掘史料深入研究。为了探求广播电视事业的发展规律，必然还会有意识地选择能够支撑自己观点的资料入史；而广播电视志是在尽最大可能性保存史料，力求详尽丰富，横不缺项，纵不断线。从部分已经出版的广播电视志来看，它们的内容除了广播电台电视台的发展，节目的改革与创新、技术的沿革外，还涉及受众工作。业务交流与合作、科研团体、行政管理、队伍建设等情况的介绍，这些都很少详尽地出现在广播电视史中，有也只是宏观笼统地一带而过。

史志的记述内容还有一个很大的不同就是：志近史远，志重现在，史重过去。常有“隔代修史，当代修志”之说。纵观我国古代有名的史书，譬如《史记》《资治通鉴》等，都是在若干朝代以后才组织编纂；而方志则常常在当代或当代历史稍过，即组织人手编写。一般认为，史书使用当代人写过去事的方式才能跳出个人立场的局限和客观环境的影响，才能真正做到秉笔直书，更加真实可靠；而志书使用本地人写本地事、当代人写当代事的方式，更加容易开展调查研究和收集资料，不至由于年代久远而造成史料遗漏。由于广播电视的发展历史相对较短，志近史远的特征在首轮修志中表现得还不是很明显，《北京志・广播电视志》记述的范围上溯到民国时期北京广播电台的初创，下限为 1993 年；《上海广播电视志》也是上溯至民国时期，下限至 1993 年，总述和补记延伸至 1998 年。其他已出版志书的下限也大多是在 90 年代中后期。可以看出它们与广播电视史在内容时限上差别不大。现在正在酝酿开展新一轮的广播电视志的编写，届时将会有较大的改变。

2. 从编排方式上看，广播电视史纵排横写；广播电视志横排纵写

史书以叙述过去为主，往往以时间、事件为中心线索，侧重于历史的纵向叙述，注重事物的纵向发展，纵排横写；而志书则侧重记事本末，注重于在横断面上展开，横排纵写。简单说来，写史是先分期后分类；修志是先分类后分期。广播电视史先划分出多个历史时期，再分别讨论各个时期广播电视的发展情况；广播电视志则是先将某个地区广播电视的发展情况分门别类，再纵深记述各个方面。“史是一条线，志是一大片”，这样的编纂方式使得史比志更加有整体脉络性，前后一脉相承，而志比史更加广泛和细致。以刘习良先生主编的《中国电视史》和北京市地方编纂委员会编纂的《北京志・广播电视志》为例，它们对中央电视台及前身北京电视台发展历程的记述手法就不尽相同。《中国电视史》中将中央电视台的发展变迁完全按照历史分期，分为 1958—1966 年的艰苦创业时期、1966—1976 年的曲折发展时期、1976—1991 年的成长壮大时期和 1992—2000 年的飞速发展时期分别进行论述；而《北京志・广播电视志》则是将中央电视台的工作分成了几块，包括播出机构、电视节目、编辑工作、观众工作、交流合作及电视技术等方面，每一块再按时间顺序展开记述，力求做到全面细致，不缺项，不断线。

3. 从性质与功能的定位来看，广播电视史重在“述”史，体现作者的主观意志；广播电视志重在“存”史，只能记录客观史实

虽然广播电视志与广播电视史的根本目的都是为了保存史料，从中获取经验教训，资政育人，推动广播电视事业的向前发展。但是它们的性质与功能的定位却不尽相同，具体表现在：史书是学术型著作，功能在“述史”，以史观为重点，力求勾勒出广播电视事业发展的脉络，深入总结和探讨历史的经验和教训，揭示广播电视事业的发展规律；而志书是资料性的著作，其功能在于“存史”，以史实为重点，要尽量最大可能完整无缺和真实无误地体现出广播电视事业的发展原貌。换言之，史书是要对原始的广播电视史料进行开发与归纳，揭示出潜在规律和未来发展的走势，落脚点是对广播电视发展的历史做出理性思考，客观与主观相结合，所以史学家对历史的表述会表现出一种直接的姿态；志书则是对原始状态下卷帙浩繁的广播电视史料的进一步条理化，泽中展现资料的自然状态和感性价值，修志者的意志只能容于史料之中，不能作直接地表达。赵玉明教授主编的《中国广播电视通史》和刘习良先生主编的《中国电视史》中，随处可见作者的观点总结，以论带史，充满了独到的见解和智慧的火花。如《中国电视史》在说到经济类电视节目时，分析了经济新闻报道面的拓展，报道内容的专业化、生活化，报道手段的多样化等特征，这些观点都是作者主观意见和见解的总结，以这些观点来引出史实、进行论证；而《北京志·广播电视志》在说到经济节目时，则是列举了北京各电台、电视台的众多有代表性经济栏目——《经济生活》《综合经济信息》《经济半小时》《经济信息联播》等，并对栏目发展历程中的重要史实进行了详细的记述，还原了节目的成长壮大过程，编撰者完全站在客观的立场，没有一轮，没有评述。史书要讲清楚“为什么”的问题，而志书讲清楚“是什么”就可以了，以铺陈分述的史料履行其“存史”的功能。

4. 从语言表达来看，广播电视史的语言灵活多变；广播电视志的语言严谨规范

相比较而言，广播电视史的语言灵活度较大，可以平实地陈列史料叙述史实、可以作学术性的严谨的说理，也可以轻松生动富有感情色彩的描写。近年来的出版的广播电视史书越来越在可读性和感染性上下功夫。如刘习良先生主编的《中国电视史》，它一开始就将尽可能用一种活泼生动的语言叙述史实作为目标，并且在写作过程中加以贯彻。广播电视志的语言则要求真实、简练、准确、纯朴。它有一套规范的行文提携，坚持如实记录事实，资料翔实、内容真实、数据可靠，不能加进描写、抒情等文学手法，也不能带有任何感情色彩的评述。《中国电视史》中用了一段画面式的描写文字对北京电视台开办之初条件的简陋、自办节目的艰难作了细致的介绍：“大家既紧张又兴奋，主动抢任务、补漏洞，小小的简易演播室一片忙乱。播出过程中，一架摄像机出了故障，打乱了原来的分镜头计划，导演王化南临时采取应急措施，急得满头大汗……”[①] 而在《北京志·广播电视志》中，对于当时的简陋情况则是通过客观的数字和平时的记叙来表现的：“（北京电视台）中心设备安装在广播大楼西翼四楼临时机房里，同时将不足60平米的会议室辟为演播室；利用公关盥洗室作为临时洗片室，冲洗胶片全部手工操作，且节目为现场直播……”[②] 在比较中可以清晰地看出两者在语言风格上的差异，这些差异多少与两者的记述内容和性质功能有关。

5. 从编写组织和人员构成来看，广播电视史多由个人或专家学者完成，少数为政府项目；广播电视志则是政府的行政组织行为，需要众多广播电视部门和人员的通力配合

由于广播电视史记事较为集中和概括，不像广播电视志那样事无巨细地收录，所以广播电视史的编纂工作多数是由专家学者组成的课题组完成。部分专门史还能由少数或一个人完成，如郭镇之的《中国电视史》就是其独自完成的博士论文后发表。少部分的广播电视史是某一级的政府项目，如徐光春主编的《中华人民共和国广播电视简史》就是国家广电总局的重点项目。而广播电视志的编纂并不是少数专家学者能够完成，它更多的是一种政府的行政组织行为。编纂广播电视志要事先设立专门机构，有充足的经费和人员保障，在规定的时间内按时完成。与广播电视史的编写时间要求较为宽泛相比，广播电视志的编写时间性强，时限要求明确。它是两个文明建设的重要组成部分，省、市、县三级政府的广播电视部门都负有编纂广播电视志的任务。新中国成立以来的第一届修志工作，已普遍建立了自上而下的修志机构，“党委领导、政务主持”的修志格局也已经形成，这对于及时总结历史资料和历史经验，推动广播电视行业的改革具有重要的作用。获得了第四届中国广播电视学术著作评选一等奖的《上海广播电视志》的修志工作起步于1989年，1999年11月出版，经过十年的实践，获得的第一条宝贵经验就是各级领导重视修志工作，建立了一批德才兼备的精干队伍，一部广播电视志书需要有来自上上下下方方面面的支持和配合，调查、搜集、采访大量一手材料，在编纂的过程中及时沟通情况、交换意见“白发与铅字共长，汗水与辛劳同步”，庞大的体例细碎的内容决定了它必然要凝聚众多部门众多人员的心血，所谓“众手成志”也正是这个意思。

二、编写广播电视史与广播电视志的联系

史志之间显著的区别和鲜明的特点并不妨碍它们各自发挥所长、取长补短、相辅相成、谋求共同发展。所谓“志者史之积，史者志之成”，志以史料为基础，同时又促进历史的发展。史志之间的联系普遍被认为是志书能“补史之阙，参史之错，翔史之略，续史之无”。从广播电视史书和已经出版了的首轮修广播电视志书来看，它们

---

① 刘习良：《中国电视史》，中国广播电视出版社2007年2月第1版，第18页。

② 北京市地方志编纂委员会：《北京志·广播电视志》，北京出版社2006年版，第318页。

在相互补充和相互印证方面的联系不可忽视。同时，两者又都具有鲜明的中国特色。

1. 史志互为补充，最大限度地还原历史

在古代，由于史书多半为封建统治阶级服务，这就使得作者难以秉笔直书、直言不讳，难以将一切有利于和无利于封建统治的史料都有一并收录书中，进而在方志中往往可以找到当时很多不见于正史及各书的史料；方志有时也不收录当地具有争议性的问题和于己不利的史料，而这些史料往往被史书收录。由此可见，史志一直维持着一种互为补充的关系。在广播电视领域，广播电视史记述的内容集中，重在记“往”，广播电视志的内容全面，重在记“今”；广播电视史理性精深，广播电视志细致广泛；广播电视史“述”史、重史观，广播电视志“存”史，重史实……它们在内容、性质、作用等方面的侧重决定了两者互补的可能性。如在赵玉明教授主编的《中国广播电视通史》中专辟章节对50年代在北京召开的第一次、第二次、第三次、第四次全国广播工作会议作了详细的大篇幅的介绍和论述，包括每次会议的内容、指导思想、会议决议、对广播电视事业发展的影响等。而这些史实由于年代久远在《北京志·广播电视志》中都被一笔带过，仅在概论中用大约200字对第一次全国广播工作会议的召开时间、内容、影响等作了简要阐述。而对于各种广播电视栏目，新闻类、服务类、体育类、经济类、社教类、对少数民族类、对港澳台类等，在《中国广播电视通史》和刘习良先生主编的《中国电视史》中都极少有对某一个栏目的开办、发展等历史过程进行详细介绍，它们多在宏观角度对某一类栏目进行归纳和总结。而对于栏目发展历程的详细介绍在《北京志·广播电视志》中比比皆是，许多影响较小、给人印象不深的栏目也会有所涉及。可见，史志的互补关系向我们展示了一个更为全面的历史，两者的结合给了历史最大限度地还原。

2. 史志互为印证，增强广播电视史志的可信性

如前所述，史书一般是由一个学术课题组或少数学者完成，而志书的编纂更是一种政府行为。由政府主导，它的编纂者众多，涉及各个部门，且多半是广播电视业界人士。两者有着不同的作者群体，获取史志材料的路径也就不尽相同，所以它们可以就某些问题相互印证，使得史料更具真实性、科学性和可信性，同时给我们提供了看待历史的多维角度。如关于广播电视对外交流与合作的问题，赵玉明教授主编的《中国广播电视通史》和刘习良先生主编的《中国电视史》中都提到了20世纪80年代，中国与外国合拍或协拍了一系列电视片，包括中日合拍的《丝绸之路》《长江》《黄河》；中美合拍的儿童片《大鸟在中国》；中德合拍的《北京——波恩之夜》等等，这些内容都在《北京志·广播电视志》中——得到了印证。还有在《中国广播电视通史》中记载的1990年9月22日至10月7日第十一届北京亚运会期间，专门从境外赶来报道亚运会的广播电视记者共1102名这个数字也在《北京志·广播电视志》中得到了证实，增加了可信度。在这个问题上，《中国广播电视通史》中侧重介绍的是“云集北京的40多个国家和地区的5000多名记者中，专门从境外赶来报道亚运会的广播电视记者有1102名”[1]，而《北京志·广播电视志》中侧重的则是“（为1102名境外广播电视记者）传送节目提供了14个卫星通道，122个评论席和16983小时的四线电路评论使用时间”[2]。两者又起到了互相补充的效果。

3. 史志的编纂都具有鲜明的中国特色

除了以上的联系，不可忽略的是广播电视史和广播电视志的编纂都极具鲜明的中国特色。首先体现在它们都有着共同的编纂指导思想，即以马列主义、毛泽东思想、邓小平理论和“三个代表”重要思想为指导，它们保证了广播电视史志的思想性和科学性的统一；同时，史志都注意运用正确的观点和方法即辩证唯物主义和历史唯物主义的观点和方法来记录、分析和研究广播电视的历史。既记录、总结和弘扬历史中具有恒久性价值和意义的传统和理念，又记录、总结和批判历史中的一些违背了客观规律和时代精神的错误做法和理念。《中国广播电视通史》中对于“文化大革命”时期，广播电视新闻事业发展的曲折和部分倒退并没有隐讳，而是独辟章节来对其进行详细叙述和深刻反思。《北京志·广播电视志》中在记述中央人民广播电台和中央电视台的发展历史时，也没有对“文革”时期的业务情况加以掩饰，记录了那个时期的节目“唯心主义泛滥，假话、空话、大话、套话连篇累牍，甚至混淆是非、颠倒黑白……”[3]，留给广播电视工作者无尽的思考。只有具备这种理性、全面、实事求是地对待历史的态度才能更好地促进广播电视新闻事业在现实中更快、更健康的发展。

其次，广播电视发展的过程，也是党的新闻思想和宣传思想发展和沿革的过程。在广播电视史和广播电视志记录的内容中都清晰地体现了当时的新闻思想和宣传思想对广播电视事业的指导和影响。从新中国成立之初的“要学会自己走路”方针和“发布新闻、传达政令、社会教育、文化娱乐”的任务，到后期的“坚持正确导向，多出精品，提高广播电视节目制作能力和质量”，广播电视发展的每一步都体现了党的领导，这些同样也体现在了广播电视史和广播电视志的编纂中。

广播电视志和广播电视史的编纂都是艰苦繁重的工作，史志工作者都要具备史才、史学、史德、史识，能够潜心为学，认真严谨地对待历史，提高史志的编纂水平。由于广播电视问世的时间比较短，对于同一地的广播电视志和广播电视史来说，当前所出版的首轮修广播电视志所涵盖的时间内容与广播电视的发展是基本完全一致的，志书还没有凸显出自己独有的特色，这个问题在即将开始的第二轮编志中将得到改进。如今编修的广播电视史志，都要服务于建设中国特色的社会主义广播电视事业的需要，只有按照这个标准修出的史志，才能既服务现实又流传后世，经世致用流传千古。

---

① 赵玉明：《中国广播电视通史》，北京广播学院出版社2004年1月版，第496页。

② 北京市地方志编纂委员会：《北京志·广播电视志》，北京出版社2006年版，第464页。

③ 北京市地方志编纂委员会：《北京志·广播电视志》，北京出版社2006年版，第31页。

参考文献：

1. 刘习良：《中国电视史》，中国广播电视出版社2007年2月第1版。
2. 赵玉明：《中国广播电视通史》，北京广播学院出版社2004年1月第1版。
3. 北京市地方志编纂委员会：《北京志·广播电视志》，北京出版社2006年版。
4. 《上海广播电视志》，上海社科出版社1999年版。
5. 《第七次中国广播电视史志研讨会专辑》内部资料，2005年12月。
6. 刘书峰：《广播电视志理论与实践初探》，中国传媒大学博士论文，2007年7月。

（作者系中国传媒大学新闻学院教授、博士生导师）

用新文化史的方法研究广播史

高铁军

【摘　要】在国内史学界大规模引入西方新史学研究方法的过程中，新闻史学界也意识到了新的研究方法对本学科将会产生的积极影响，并有所反思与实践。作为新闻史的重要组成部分，广播史也概莫能外。在西方新史学诸多理论与方法中，新文化史研究方法在近年来异军突起，具有越来越强的影响力，已经成为史学研究中主流的新方法之一，这也可以为我国广播史研究所借鉴、应用。新文化史的研究方法是什么？具有什么内容与特点？这种方法能够为我国的广播史研究开辟哪些新的空间？它的制约和局限都有哪些？本文将对此做初步探讨。

【关键词】西方史学理论　新文化史方法　广播史研究

广播史是新闻史的重要组成部分，因此，新闻史研究方法的变化对广播史的研究就会产生重要而深刻的影响。新闻史研究具有新闻传播学和历史学交叉学科的性质。近年来，随着西方新史学在历史学研究领域的大规模引入，国内新闻史学界也开始对自身研究方法的创新进行了很多思考与探索。学界已经认识到创新新闻史研究方法的必要性并积极探讨创新方向，提出了借鉴西方史学理论与方法的想法①。对于如何将史学界目前应用的较为成熟的西方新史学理论方法引入新闻史研究中，学界也有过不

① 比如王润泽认为，新闻史是历史的科学，因此其研究也应该多向历史学寻求方法和灵感。（王润泽：《离得近，看得细，多研究些问题——中国当代新闻史研究的一种建议》，《国际新闻界》2010年第3期，第25－29页。）李灵革认为，新闻史研究在理论上仍需突破，而史学理论的嬗变则为新闻史学研究提供了很多可资借鉴的新思路。（李灵革：《历史理论的嬗变与新闻史教育的改革》，《国际新闻界》，2008年第8期，第91－95页。）姚珺认为，西方史学理论的引入给国内史学的功能带来了巨大变化，但新闻史研究却面临着一些瓶颈。史学功能转向或许可以给新闻史研究带来很多启发。（姚珺：《从史学功能的转变看新闻史研究的发展路径》，《新闻传播》2013年第3期，第42－43页。）

少探讨，提出了不少新的思路①。虽然也有部分学者建议不能将西方新史学理论方法直接应用于新闻史研究，但也很少有人反对新闻史学研究尝试、探索新的方法尤其是借鉴西方新史学的成果。在这种背景下，一些采用、借鉴新方法的研究成果也不断问世②。这些探索和尝试为新闻史学界创新研究范式和研究方法积累了一定的经验。

作为新闻史一个分支的广播史研究也面临着类似的问题，而在此前的探索与实践中，以新的理论与方法对广播史进行的专题研究还不多见。赵玉明教授认为，当前的广电史学研究还有几个方面需要进一步深化：一是将广播电视作为宣传工具论述较多，其技术属性、产业属性着墨较少，对其文化属性的探讨也有待深入；二是广电史分期主要依据革命史分期，如何从专业史、行业史角度突出广播电视特点的分期模式方面尚待突破；三是对于错综复杂的现代广播史来说，很多类型的广播无论从史料占有、不同形态广播的叙述和分析方面都还比较单薄；四是对国外有代表性的广电史著作，借鉴其成功之处，还是一项有待开发的工作。③ 赵玉明教授的观点其实蕴含着广播史研究需要探索新理论、新方法并向国外研究成果借鉴的重要思想。

广播是一种技术，是一种媒介，但广播却不仅是技术和媒介，更是一种社会文化的原因和结果——受制于社会文化又作用于社会文化。同时，作为社会文化一分子的广播更是直接或间接地影响到其所处时代的社会与历史。从这个角度来说，产生、发

① 比如李彬就曾提出，要借鉴“新史学”的路径，探索一种“新新闻史”的方法对新闻史进行研究。他还对“新新闻史”进行了界定：所谓“新新闻史”就是立足当下，面向历史，以社会史的范式和叙事学的方法，综合考察并书写新闻传播的历史衍变与现实关联，使新闻史研究的轴心从思古幽情的畴昔转向生机盎然的当下，从而使新闻史成为当代新闻人安身立命的根基和专业认同的命脉，成为影响现实、左右实践、推动学术的一大动力。（李彬：《“新新闻史”：关于新闻史研究的一点设想》，《新闻大学》2007 年第 1 期，第 39 – 43 页。）在对 1949 年之后的中国新闻史研究进行梳理、分析之后，李彬与李剑阁认为，这一阶段的中国新闻史研究出现了新闻性与历史性双重退隐的现象。在解决途径上，他们提出了“新闻社会史”的概念，力求将内史与外史相结合，在勾勒新闻传播历史演进的同时，也试图透视期间纷繁复杂的社会背景与历史动因。（李彬、李剑阁：《新闻社会史：1949 年以后中国新闻史研究的一种可能》，《国际新闻界》2010 年第 3 期，第 19 – 24 页。）这种思路应该属于对他此前提出的“新新闻史”的一种具体的实践。戴元光和陈钢则强调，做好中国新闻史研究范式创新首先要树立新的新闻传播史观，比如总体的新闻传播史观、长程的新闻传播学史观、向内的新闻传播史观、精细的新闻传播史观。（戴元光、陈钢：《中国新闻史研究的本体意识与范式创新》，《当代传播》2010 年第 3 期，第 4 – 11 页。）

② 比如陈凤昌的《中国新闻传播史：传媒社会学的视角》就参照了美国社会学的视角，对中国新闻史进行了一定意义上的重构。吴廷俊的《中国新闻史新修》则借用“媒介生态”来解读中国新闻史。李彬的《全球新闻传播史（公元 1500 – 2000）》《中国新闻社会史（1815 – 2005）》则开始尝试用国内史学界的研究方法，以“大历史观”为视角来研究、解释中国新闻史。本文除对上述几部著作进行了分析外，也参考了谭泽明研究成果中的有关观点。（谭泽明：《试论中国新闻史研究方法的创新路径》，《浙江传媒学院学报》2011 年第 12 期，第 18 – 24 页。）

③ 王天根、张朋：《中国广播电视史研究的发端与历程——对话赵玉明教授》，《中国社会科学报》2014 年 5 月 21 日第 B01 版。

展于西方新史学运动中的以媒介和文化为重要研究对象的新文化史研究方法就非常适合引入到广播史研究之中。

一、史学界中的新文化史研究及其方法

西方的新史学革命发端于20世纪初期。所谓新史学针对的是19世纪西方以实证主义为主要思想，以考据和编辑整理为主要方法，以政治、军事、外交史以及极少数杰出人物的思想和行动作为主要研究对象的传统史学来说的全新历史哲学、历史研究方法。新史学在美国和西欧存在着不同的中心，倡导不同的方法，也经历了不同的发展阶段。但无论有什么样的侧重或者方法，新史学都有一些共同之处，那就是注重综合、整体、全局的历史观，注重“向下看”的视角，注重对历史的分析与解释。1929年法国历史学家马克·布洛赫与马丁·费弗尔创立了年鉴学派并逐渐成为历史学界最具主流地位的研究流派和方法。但到了20世纪70年代之后，随着理论与实践的发展，年鉴学派的方法逐渐暴露出了很多问题，学界开始对其进行全面反思，并在其基础上产生出很多新的研究方法，比如新社会史、新政治史、经济—社会史等。这些新的史学理论是对年鉴学派的反思、继承与发扬，采用了更新的角度与方法，其中就包括新文化史的研究流派。

新文化史形成于20世纪70—80年代，并已经成为当代西方史学主流研究趋势之一。新文化史兴起于法国和美国史学界，并于70年代初传入意大利、英国，80—90年代开始在德国、荷兰等西欧国家普及。90年代末期之后，新文化史开始进入我国史学界，开始逐渐应用于我国的中国史和世界史研究并成为显学。与年鉴学派强调经济、社会决定性作用基础上的结构主义史学不同，新文化史更强调文化在历史中的独立地位。并且，文化具有相当强的能动性，甚至可以反过来塑造或生产社会和经济。① 除了这种新文化史研究的最大特性外，有学者还对它的其他特征进行了概括。比如，在方法上采取多学科的研究，借助文化人类学、心理学、文化研究等多学科的理论与方法，提高对文化现象分析的能力。再比如在研究的内容和范围上看，促使历史研究从宏大叙事中转向，更加注重对普通民众、日常生活以及微观历史研究等。②

与其清晰的立意与研究取向相比，新文化史研究的方法仅凭描述就显得比较抽象，本文以其中最具影响力之一的代表性著作《作为变革动因的印刷机：早期近代欧洲的传播与文化变革》一书为例做简要的说明与分析。1979年，美国历史学家伊丽莎白·爱森斯坦在经过17年的呕心沥血之后，完成了这部巨著。该书问世之后在西方学术界引起巨大反响与争论。有些争论甚至持续至今，足见该著作影响力之大。书中

---

① 李宏图：《当代西方新社会文化史述论》，《世界历史》2004年第1期，第25-39页。

② 梁景和、黄魏：《西方新文化史述略》，《首都师范大学学报》（社会科学版）2010年第3期，第29-33页。

的新文化史研究的视角与方法值得关注。众所周知，从中世纪末期一直到近代，西欧文明发生了巨大变化，并逐渐形成了现代西欧文明。在这一过程中，有三个公认的历史事件起到了巨大作用，即文艺复兴、宗教改革以及科学革命。西方史学界对这三大历史事件出现原因的探讨经久不息，着眼点多为政治、经济、文化、思想以及社会因素，且视角都较为宏观。在新史学兴起之后，西方史学界则更多以整体史学以及“向下看”的视角对其出现的原因进行解释，主要立场就是综合考虑政治、经济、文化、思想以及社会因素，着重考察普通大众细微生活变化所促成的渐变。爱森斯坦并没有因袭这些思路和方法，通过对大量文献的考据和分析之后她提出，是金属活字印刷术的发明与发展促成了文化的革命，进而加速了这三大历史事件的发生和发展。三大历史事件都披着“文化”的外衣，但其影响却早已超出了文化的范畴，成为了持续性的社会运动。爱森斯坦的基本立意在于，金属活字印刷术这项具有技术上、传播上、文化上意义的发明具有相当的能动性，推动了三大事件的历史进程，影响了其结果并最终影响了社会历史的发展。这种立意正是新文化史研究方法的基本出发点。在具体方法上，以其对宗教改革的研究为例，爱森斯坦从经济—社会史的角度研究了当时印刷厂的分布与数量增长情况，印刷书在金属活字印刷术作用下印刷的效率与数量，印刷商的宗教立场及其对印刷何种教派书籍的选择等情况后得出结论：印刷术促使书籍爆炸式增长，且独立于教会的控制体系之外，这使得原来昂贵、难得一见的《圣经》开始大量印刷并快速传播到普通信众手中。由于新教倡导的主要原则就是“通过《圣经》，人人都可以与上帝交流”，因此将《圣经》送到每一位教徒手里的做法确实造成了很多教众不再需要去教堂参加集体礼拜①，从而为改革派理论变为现实提供了客观条件。爱森斯坦还从社会学、统计学的角度考察了当时的识字率，并认为，印刷机并未简单地以阅读的方式影响读者，当时口头传播的方式更为盛行，在印刷机的作用下，识字的人可以获得更多的阅读材料并通过公开宣讲的方式影响更多的人等等。爱森斯坦用社会生活中具体的、微观的、相互关联的各方面机制作为研究对象，观察印刷术对他们的影响，从而发现印刷术对近代西欧文明影响的方法就是对新文化史研究方法的一种运用。

二、用新文化史方法研究广播史的设想

在西方新文化史研究中，媒介与文化是一个非常重要的课题。其代表性著作除了前文中提到的美国学者爱森斯坦的专著《作为变革动因的印刷机：早期近代欧洲的传播与文化变革》外还有法国学者巴比耶的《书籍的历史》、美国学者罗伯特·达恩顿的《大革命前法国被禁的畅销书》及其与丹尼尔·罗什合著的《印刷中的革命：法国

---

① ［美］伊丽莎白·爱森斯坦著，何道宽译：《作为变革动因的印刷机：早期近代欧洲的传播与文化变革》，北京：北京大学出版社2010年版，第226页。

的出版业 1775—1800》、还有他与彼得·伯克合作的《媒体的社会史：从谷登堡到互联网》等。这些著作的出现与巨大影响力已经从一个侧面证明，用新文化史的研究方法研究同样作为媒介的广播的历史也能够有所作为。

一直以来，中国的广播史学界的话语体系还相对单一，基本是以考据为主，并且带有较为强烈的政治色彩。从历史学的角度来说，这些基本属于传统史学的范畴。当然，传统史学非常重要，是进一步研究的根本与基础。离开传统史学的考据与实证，很多史实都无从发现，对其更为深入地研究更是无从谈起。从目前的研究情况看，经过众多学者的辛勤耕耘，我国广播史的学科建设已经基本完成，很多重要的广播史史实已经比较清晰，广播的出现与应用、人民广播的创建以及广播史分期等根本性问题也已经基本解决，这些都为广播史研究的另一套偏重于“解释”的话语体系的出现奠定了坚实基础。

对此，我们可以吸收、借鉴新文化史的理论与方法，探讨、分析、解释作为一种文化的广播如何在历史中对政治、经济、思想以及人们的心态、日常的生活产生的影响和发挥的作用，从而促使我们更好地认识广播、理解广播。我们可以将广播的研究对象更加细化。比如可以将解放区的广播、国统区的广播以及商业电台的广播分解为陕甘宁边区广播与晋察冀边区的广播、作为国民政府首都南京的广播与战时陪都重庆的广播、中国人创办的商业电台以及外国人创办的商业电台等等。研究对象越具体，对其特点的把握也就越准确。我们除了考据、求证这些广播电台创办的过程、规模、技术情况以及播出内容等外，更可以通过不同社会阶层的具体的人对于相关广播的态度、反应等情况来考察和解释广播对于具体时代、具体人群的影响。这些都属于新文化史研究的方法。此外，还有很多其他广播史的角度和主题可以借鉴新文化史的方法来书写。比如在研究北洋军阀时期中国广播史的时候可以按照广播技术的发展趋势、广播发展的政治环境及应用、广播发展的经济环境及应用、广播发展的文化环境及应用以及当时广播受众的构成、思想和心态等方面去书写历史。再比如，在研究 20 世纪 40 年代的中国广播史时，我们也可以不再根据国民党还是共产党这一政治属性和划分广播研究的对象，而是将这个时期的广播视为一个整体进行研究，去分析广播在这一时期自身发展变化的特点和规律以及其与当时社会在政治、经济、文化方面的互动关系等。我们也可以研究广播对中国的现代化、民族意识、近代文化、国家治理机制等方面所产生的直接间接的影响。甚至我们也可以思考，不同时期的政治、经济、文化环境如何塑造或者影响了广播。

除了这些设想之外，广播史的研究不但应该包括对中国广播史的研究，还应该包括对外国广播史的研究。由于新文化史研究产生于西方史学领域，因此其应用于外国广播史研究的适应性可能也会更强，这无形中为广播史的研究提供了更为广阔的空间。比如，我们可以以第二次世界大战中日本东京广播电台著名的“东京玫瑰”为切入点，研究广播对“二战”的正面作用和负面作用，进而探讨文化、社会心理以及宣传对战争的影响。我们还可以研究20世纪中后期美国大量流行音乐电台中少数族裔音乐的分布情况和其对美国少数族裔心理、文化乃至美国现代社会的影响以及广播在电视尚未发明之前对中外经济、社会的强大影响力等主题。

当然，目前这些都仅仅是一种设想，还需要在不断的实践中去尝试和探索，因为在西方的广播史学界，新史学方法也尚未普遍应用。比如新近出版的由美国学者希利亚德和基思撰写的《美国广播电视史》（第5版）中，其编写的体例仍然采用编年史的方式进行，历史叙事的视角仍然站在了行业史和内史的范畴内，用新文化史研究广播史在西方学界还也还没有得到大规模广泛的应用。

三、用新文化史方法研究广播史的制约与局限

虽然用新文化史的研究方法去研究广播史会给我们带来更多的空间与可能性，但在具体的操作中也会面临很多问题，这一方面是新文化史研究方法本身的局限，另一方面也是这种研究方法与广播史研究的适应性问题，毕竟广播史研究尤其是中国广播史研究有很多自身的特点与情况，在研究方法上并非简单的“拿来主义”就可以实现创新与突破。

在历史学研究领域，新文化史的方法也存在一些争议甚至对其的批评。不少学者认为，新文化史流派的理论根基与后现代主义有着密切关联。有学者总结出新文化史的理论与方法的几个主要立场：第一，“事实”是具有意义的，但它仅是在叙述中而有其意义，并且，这种意义因叙述者所使用的不同的情节话语而不同。因此，事实和真理是通过解释而存在的。第二，历史是历史研究主体解释的产物，是历史学家的一种创造。第三，所有的历史都是历史学家所组织的一种叙述，因此，历史和虚构之间的差异被抹杀了。① 这些主要立场实际上是对历史学对历史的解释功能的一种绝对化，过分强调了历史学家本身的主体性，容易陷入一种历史虚无主义之中。此外，新文化史一反过去经济——社会史认为经济基础决定上层建筑的基本论断，从而高度强调文化的独立性和能动作用，这或许也有从一个极端走向另一个极端的嫌疑。因此，在使用新文化史的研究方法从事广播史研究时，应该注意到新文化史在历史哲学和史学理论领域中这些尚需探讨和论证的内容。比如，承认作为一种文化的广播对政治、经济、文化和社会的能动作用，但又避免“媒介决定论”和“文化决定论”的片面观点。

除了新文化史理论与方法本身的局限外，我国广播史学界的特点也决定了不能简单的对其进行应用。用新文化史的方法研究广播史首先面临的是史料的问题。我国广播史学研究的起步较晚，正如赵玉明教授所言，到了20世纪80年代之后，广播史作为一门学科才逐步建立起来。正是由于众多广播史研究学者的不断努力，我国的广播史研究才能形成今天这种百花齐放的局面。但相对来说，广播史研究尤其是史料的积

---

① 李宏图：《当代西方新社会文化史述论》，《世界历史》2004年第1期，第25－39页。

累、发掘方面仍需进一步深化。而新社会史研究的主要关注点更多的是注重细节和微观，其对材料的要求会更高、更细，这对目前现有的史料提出了挑战。而对于研究外国广播史所需的材料来说，获得的难度则更大。此外，广播史研究在中国国情、中国语境下的研究也是一个重要问题。程曼丽教授在论述新史学与新闻史研究时就曾提出，在借鉴西方史学理论的同时，既要考虑到中国的具体情况，也要考虑到所应用学科领域的具体情况。① 虽然广播史学界内部一直认为，我国目前的广播史研究多数情况下都是将广播当作一种宣传工具，政治史、革命史的痕迹过重。但现实中，尤其是在1949年之后，事实上也确实如此，广播的基本定位就是“喉舌”。虽然，近年来，广播媒体与其他媒体一样，开始了不同程度上的社会化、商业化，但其“喉舌”的根本属性依然没有改变。也正如刘书峰所说，一直以来，广播电视都是国家宣传系统的重要力量，广播电视的所有都与社会发展和国家政策的变化有关。② 这也确实是应用新社会史方法研究广播史时必须考虑到的问题。或许，在研究不同时段广播史之时，要仔细考察当时具体的政治、经济、文化状况，再来判断是否或者在何种程度上使用新社会史的研究方法才更为稳妥。最后，需要注意的是，在广播史研究中，广播史本身才是主体。任何方法都应该是为主体服务的。新文化史的研究方法是历史学的方法论，历史学的研究对象与广播史的研究对方既有很多相同之处，也有很多不同之处。在应用新文化史方法时，要注意确保广播史的主体地位，不能将广播史的研究变成了历史学研究。

虽然，用新文化史研究广播史还有很多需要解决的问题，但至少在历史学研究领域的实践已经证明，这已经成为一个研究趋势和方向。广播史学界可以尝试着对其应用，并在不断的实践中去粗取精、去伪存真，逐渐探索、总结出一套科学化、系统化、理论化的，具有广播史研究特色、符合广播史研究特点的方法。

参考文献：

1. 何兆武、陈启能：《当代西方史学理论》，上海：上海社会科学出版社，2003年。

2. 徐浩、侯建新：《当代西方史学流派（第二版）》，北京：中国人民大学出版社，2009年。

3. 赵玉明：《中国广播电视通史》，北京：中国传媒大学出版社，2006年。

4. 哈艳秋：《中国新闻传播史研究》，北京：中国广播电视出版社，2005年。

5. 申启武、安治民：《中国广播研究90年》，广州：暨南大学出版社，2010年。

6. ［法］弗雷德里克·巴比耶：《书籍的历史》，刘阳等译，桂林：广西师范大学出版社，2005年。

---

① 程曼丽：《也谈新史学：关于新闻史研究的若干思考》，《新闻大学》2007年第3期，第17－21页。

② 刘书峰：《论专业志与新史学的关系——以广播电视志为例》，《中国地方志》2008年第7期，第18－21页。

7. ［美］伊丽莎白·爱森斯坦：《作为变革动因的印刷机：早期近代欧洲的传播与文化变革》，何道宽译，北京：北京大学出版社，2010 年。

8. ［美］希利亚德、基思：《美国广播电视史（第 5 版）》，秦珊、邱一江译，北京：清华大学出版社，2012 年。

9. 陈凤昌：《中国新闻传播史：传媒社会学的视角》，北京：清华大学出版社，2009 年。

10. 吴廷俊：《中国新闻史新修》，上海：复旦大学出版社，2008 年。

11. 李彬：《全球新闻传播史（公元 1500 - 2000）》，北京：清华大学出版社，2005 年。

12. 李彬：《中国新闻社会史（1815 - 2005）》，上海：上海交通大学出版社，2007 年。

（作者系中央人民广播电台发展研究处编辑、博士）

近几年我国对外国广播电视史的研究现状浅析

田荣娟

【摘　要】近年来，关于外国广播电视史的研究日趋活跃，讨论关注之问题也十分广泛。本文以外国广播电视史研究为对象，从通史与宏观叙事研究、专题史研究、区域史研究这三方面分析近几年我国对外国广播电视史的研究概况。通过对该领域的研究进行梳理和评析，以总结成果，发现问题，进而推动相关研究走向深入。

【关键词】外国广播电视史　研究　反思

广播电视史是一门正在发展的新兴学科，一方面它属于历史科学的范围，与政治史、经济史、文化史、科技史，特别是新闻传播史有密切的联系；另一方面，它又是广播电视学的一个分支学科，与广播电视理论、广播电视实务等一起构成广播电视学的整体。广播电视史学的任务是研究和探讨广播电视事业产生、发展的历史进程，并从中寻求其发展规律，总结历史经验，为办好广播电视服务。①

古人讲要“以史为鉴”，一个人若不清楚自己的过去，就不知道自己从何处来，向何处去，专业亦然。任何学科对于“今天”“明天”的研究必定离不开探究“昨天”。因此，我们不仅要从尊重历史的角度重视历史和历史研究，更要从创造明天、创造未来的角度重视历史和历史研究。“只有把‘古’‘今’联系起来进行对比研究，才能更清醒地看待历史，才能更理性地把握和创造‘今天’”。②

自20世纪20年代广播正式登上传播舞台，对于它的理论研究和实践探索就从未止步。第一次世界大战后，广播成为西方世界政治、文化和经济领域的一支重要力量，广播影响着几乎每个领域。随后电视到来，声画并茂的电视迅速掠夺了广播的受众，广播的重要性和流行度迅速下滑。近年来，关于外国广播电视史的研究日趋活跃，我国对外国广播电视史的研究无论从关注点到方法和理论都有不少新的突破，讨论关注之问题也十分广泛，不仅有各种通史类著作相继出版，也有大量宏观叙述的论文公开发表，所论及的问题包括了外国广播电视的产生与发展历史、广播电视机构的

① 张阳、刘罗玉：《中国广播电视史论的研究现状浅析》，《视听》2010年第10期。

② 张振华：《为了明天而研究昨天——中国广播电视史研究的思考》，《电视研究》2004年第7期。

历史沿革、广播电视机制的变化发展及广播电视节目的改革发展历程等。本文以外国广播电视史研究为对象，从通史与宏观叙事研究、专题史研究、区域史研究这三方面分析近几年我国对外国广播电视史的研究概况。目前，这一领域的研究虽然取得了令人瞩目的成绩，但仍存在一些问题。通过对该领域的研究进行梳理和评析，以总结成果，发现问题，进而推动相关研究走向深入。本文的数据来源以中国知网数据库为基础，以“外国广播电视史”“英国广播电视”“美国广播电视”为主要筛选关键词，难免挂一漏万，仅供参考。

改革开放后的30多年来，有关外国广播电视史研究的内容大致可以分为以下几个方面：

一、通史与宏观叙事研究

（一）著作类

宏观视角是外国广播电视史研究的重要切入点。近年来，关于外国广播电视通史与宏观叙事的著作相继涌现。如1990年新华出版社推出的苑子熙的《外国广播电视事业史简编》，1998年中国广播电视出版社推出的马庆平的《外国广播电视史》，2005年复旦大学出版社推出郭镇之的《中外广播电视史》。郭著分“外国广播电视事业”和“中国广播电视事业”两大部分：上篇从广播电视的科技进步、体制发展及未来趋势等方面作了宏观阐述，并以翔实的材料和凝练的笔法对世界各大洲，包括拉丁美洲国家、欠发达国家作了深入的梳理贯通；下篇的中国广播电视事业，则“以时为经，以事为纬”，容史料和论述于一体，对中国本土的广视事业发展状况构筑了完备的框架。2000年4月，北京师范大学出版社推出了由郭镇之撰写的《电视传播史》。全书共计25章，阐述了世界主要发达国家和少数发展中国家其中包括中国的电视事业的起步和发展过程，以及这些国家电视体制的成因和演变。并以传播史的视角，借助大量的历史资料，详细介绍了这些国家电视业的技术水平、体制构建、节目现状及未来发展趋势等。总体上看，这是一部非常有特色的按照史学思路编撰的关于世界电视传播史的专著。2006年10月，上海外语教育出版社推出陈卫平主编的《中外广播电视简史》，本书是外教社组织策划的“广播电视艺术系列教材”之一，介绍了广播电视的历史梗概，全书共分为两大部分，一为外国篇，一为中国篇，分别就国内外广播电视业的产生和发展做了较为详细的阐述。2007年8月，西南师范大学出版社推出李明海等主编的《中外电视史纲要》，本书将电视与广播、电影区别开来，是关于电视的专门史；从电视技术、电视媒体、电视节目、电视理论、电视管理等多维视角来观察中外电视的发展历程，是关于电视的分类史和综合史。2010年7月，中国广播电视出版社推出毕一鸣著的《世界广播电视发展史：视听传媒的历史变迁》，全书共计上下两篇，包括社会变迁中的视听传媒、社会发展孕育的媒介功能、广播的发展历程、电视的发展历程、新技术革命中的广播电视、当代世界广播电视的基本格局、发达国家的广播电视、发展中国家的广播电视、我国的广播电视、广播电视的国际组织等十章。资料翔实，内容丰富，是近年来外国广播电视史研究的又一力作。此外，还有由中国国际广播电台研究室推出的《世界各国的广播电视》《世界广播电视：变革和发展》和《世界各国广播电视概况》等书，并编写了大量的调查研究报告。

（二）论文类

论文方面，肖叶飞的《媒介融合语境下西方国家广播电视规制的变革》以“广播电视规制”为切入点，详细分析了在媒介融合语境下西方国家广播电视规制的变化与改革的发展历程。作者认为，在融合化的语境下，西方国家普遍调整广播电视规制理念、范式、内容、手段等，从规制理念、特点、行为、政策等方面对西方广播电视规制进行解构和阐释，试图给我国广播电视产业的公共服务建构、“反三俗”和“三网融合”改革带来一些启示。①

作为视听媒介，广播电视具有鲜明的意识形态属性，政治、政策的变迁可以影响广播电视事业的发展。肖赞军的《西方国家传媒规制政策的变迁及启示》一文从政策演化的角度对西方国家的传媒业作了梳理，其中也包括了对广播电视业规制政策的演变历史，他将20世纪西方国家在传媒领域的规制政策演进划分为两个阶段：一是20年代至30年代，这一阶段内西方国家对广播电视的规制开始放弃自由放任的传统，并逐步加强规制；二是70年代至今，又开始了全面放松规制的阶段。作者对西方国家对广播电视领域规制的这两次转型的背景、原因、过程及影响进行了粗略分析，并对中国传媒经营体制改革中的规制体系建构提出了简单的政策思路。② 朱杰的《90年代美国广播电视新闻报道的变迁及原因》从广播电视业务的角度对90年代美国广播电视新闻报道的变化发展历史进行了回顾与反思。通过对史实的梳理，他认为，从20世纪70年代末开始，美国媒体的新闻报道已经开始悄然发生一些变化，到了90年代，广播电视新闻报道也发生了急剧变化，甚至引起节目构成比例和节目形式的变化。这些变化主要体现在三方面：国际新闻的减少、新闻报道观念的变化和广播电视谈话节目的兴盛，并分析了造成这些变化的因素，为我国提供借鉴和启发。③ 吕淑敏的《美国公共电视的历史变迁》，以美国的公共电视为研究对象，认为美国公共电视在历史上因其拥有崇高的目标和信念而备受推崇与关注，通过对美国《1934通讯法》《1967公共广播法》及《1996电信法》三部法案的解读，探讨美国公共电视传媒制度的历史变迁，及其对美国公共电视发展的深刻影响。④

---

① 肖叶飞：《媒介融合语境下西方国家广播电视规制的变革》，《国际新闻界》2011年第2期。

② 肖赞军：《西方国家传媒规制政策的变迁及启示》，《当代传播》2009年第6期。

③ 朱杰：《90年代美国广播电视新闻报道的变迁及原因》，《中国广播电视学刊》2002年第1期。

④ 吕淑敏：《美国公共电视的历史变迁》，浙江工业大学，2010年。

二、专题史研究

外国广播电视专题史研究的多角度推进是外国广播电视史研究向深度与广度拓展的重要表现。近年来，我国对外国广播电视专题史的研究主要集中在广播电视体制、广播电视政策与管理、广播电视节目、广播电视人物等几个方面。

（一）广播电视体制

所谓广播电视体制，就是广播电视组织机构和运行方式的基本形态。在多数西方国家，同时并存着公营与私有的广播电视机构，而占据主流的或为私营，如美国；或是公营，如英国；还有公私并立双峰并峙的，如日本。广播电视的所有制不同，使得我国对外国广播电视史的研究始终贯穿着一条若隐若现的红线——关于广播电视体制的研究及广播电视社会角色的研究。张允若的《评西欧广播电视体制的重大变化》指出，近些年，西方各国的广播电视体制正在发生重大变化。公共广播电视长期垄断的局面已被打破，商业广播电视正在广泛兴起，使许多西方国家形成了公私并存的体制，广播电视运行机制转向国家干预和自由竞争相结合的轨道上来。并从经济、政治、文化、传播技术等方面分析了这一变化的原因，提出西方各国广播电视体制的变革将带来竞争加剧、节目增多、格调下降，同时促进广播电视国际化趋势等多方面的影响。[①] 郑亚楠的《西方公共广播电视体制探究》着重厘清西方公共广播电视体制的类型、运营方式、发展态势及其效果。他认为，英国 BBC 是国有公营广播电视的典范，德国是社会联合公营体制的典型代表，而意大利则是国会主导下的国有公营广播电视的典型。他还总结了西方公共广播电视体制的发展态势。[②]

（二）广播电视节目

王晓红的《稳中求"变"变中守"本"——英国电视节目生产机制创新探究》在阐释英国电视节目形态、生产机制创新的基础上，认真梳理了英国电视业及电视台演变与发展的历史脉络，通过深入细致地分析，从中概括出英国电视业创新发展的四个阶段：BBC 公营体制奠定高品质节目的生产基础的第一个 20 年（1936—1955）；ITV 商业模式促进节目生产的良性竞争的第二个 20 年（1955—1982）；第四频道催生制播分离和电视创意的繁荣的第三个 20 年（1982—20 世纪末）；媒介融合时代的第四个阶段。进而得出结论：严谨的技术操控得以保证节目创新的最终实现。[③] 周涛的《美国广播公司（ABC）晚间新闻节目研究》以美国最具影响力的优秀栏目之一《今晚世界新闻》为研究对象，以大量的史实与统计数据为依据，对该栏目进行全面剖

---

① 张允若：《评西欧广播电视体制的重大变化》，《中国广播电视学刊》1992 年第 2 期。

② 郑亚楠：《西方公共广播电视体制探究》，《新闻传播》2004 年第 4 期。

③ 王晓红：《稳中求"变"变中守"本"——英国电视节目生产机制创新探究》，《中国电视》2012 年第 5 期。

析，归纳总结了美国电视新闻节目的特色，并以此为我国综合性电视新闻节目的制作提供借鉴。①

（三）广播电视人物

历史是人的历史，广播电视史的发展同样离不开一代又一代政治领袖的重视与广播电视人的奋斗，甚至在某些重要的历史时刻，个人的作用是巨大的。对广播电视界人物的研究也是近年来外国广播电视史研究的一个重要方面。季力群的《默多克——美国广播电视业的新巨头》对默多克进行解读，并且对其报业生涯进行了评价。② 施的《美国著名的广播电视经营管理家——戴维·萨尔诺夫》解读了戴维·萨尔诺夫的从业生涯，梳理了其在广播电视经营方面的一些贡献，如整顿、加强广播网，对最新电子科技的关注和钟爱，此外他还研究电视，进行一些电视节目实验。③

（四）广播的语言语体

语言与语体是一种变化发展的文化，是一个时代及其思想的软坐标，广播电视也不例外。广播是声音媒介，电视是视听媒介，话语是广播电视媒体的核心表现方式，也是广播电视节目内容的主要载体之一，社会变迁的同时也会带动广播电视节目语言语体的深刻变化。李珍晖、孟伟的《媒体环境与广播新闻话语方式的演进——以英国广播为例》以英国广播发展为例，对其广播实践史进行了追溯，考察媒体环境变化与广播话语方式演进之间关系的几个重要方面，对我国广播媒体在数字化时代技术和体制保障的前提下，更好地发挥广播媒介潜能，更好地为受众个体生活和社会发展服务提供了借鉴。④

三、区域史研究

区域史的研究是外国广播电视史研究的重要组成部分，也是外国广播电视史研究的重点。对各国广播电视史的专门梳理，不仅可以为我国广播电视事业的发展提供借鉴，也可以丰富我国对外国广播电视史的研究。这方面的研究成果颇多，著作方面，有1985年由北京广播学院新闻系内部编印的赵淑萍、王根桩编译的《美国广播电视简史》。全书共六章，反映了美国广播电视从无线电开始到电视大繁荣的全部过程。1987年，北京广播学院出版社推出由北京广播学院新闻研究所张君珊翻译的《苏联广播电视简史》第一卷（1917—1941），该书系苏共中央高级党校新闻学与文学教研室主编，莫斯科《思想》出版社1972年出版的。全书共六章，全面地记述了从十月革命开始到德国向苏联开战前苏联广播电视事业的发展历程。此外，还有张彩著的《日

---

① 周涛：《美国广播公司（ABC）晚间新闻节目研究》，暨南大学，2004年。

② 季力群：《默多克——美国广播电视业的新巨头》，《新闻战线》1985年第8期。

③ 施：《美国著名的广播电视经营管理家——戴维·萨尔诺夫》，新闻大学，1988年第4期。

④ 李珍晖，孟伟：《媒体环境与广播新闻话语方式的演进——以英国广播为例》，《新闻记者》2010年第9期第74－77页。

本广播概观》，贾乐蓉著的《当代俄罗斯大众传媒研究》等书，也都对研究对象国的广播电视发展情况进行了专门的介绍和评述。

论文方面，马元和的《英国广播电视事业的历史和现状》对英国广播电视事业的历史发展脉络进行了梳理，认为广播电台的主要任务是传播新闻，给人以教育和娱乐，并对英国广播公司和独立广播公司的发展史进行了考察。[①] 罗雷的《美国的广播事业》回顾了美国商业广播、非商业广播、有线电视、付费电视的发展历程，并对其资金来源、广告、社会地位等作了详细的分析，认为美国广播事业的发展经历了一个时起时伏的过程。[②] 王泰玄的《法国的广播电视》一文将法国的广播电视体制的沿革划分为四个阶段，对法国的国营电台、私营电台的发展历史进行了回顾，对法国广播电视业发展现状作了总结与反思。[③]

四、几点思考

近几年我国对外国广播电视史的研究取得了不少成绩，积累了一定的学术成果，无论是通史类著作，还是宏观视域、微观视域的研究，都有不少建树。总体来说，外国广播电视史的研究呈现出以下两个特点：首先，研究范围扩大，填补空白的学术成果颇多。外国广播电视史的研究范围不仅包括宏观叙事层面的探讨，还囊括了广播电视节目、广播电视体制、广播语言语体、广播与社会生活等多方面的内容，开阔了外国广播电视史研究的视野。此外，各国、各地区的广播电视史研究也百花齐放并继续向纵深推进，数量和质量都得到显著提升。其次，以历史为视角关注广播电视业务、理论的研究。在对外国广播电视史的研究中，“史”的观念得到加强，并运用于其他相关领域的研究之中。

在取得成绩的同时我们也应该看到，我们对外国广播电视史的研究还存在着一些问题，如对不少具体问题的论述还不充分、系统和深入；立于意识形态叙事的角度之外，更应当站在历史的角度来看待外国广播电视事业的发展，客观评价其得与失等等。

（作者系中国传媒大学新闻学院硕士研究生）

① 马元和：《英国广播电视事业的历史和现状》，《现代传播》1980年第1期第80－88页。
② 罗雷：《美国的广播事业》，《现代传播－中国传媒大学学报》1980年第2期第87－94页。
③ 王泰玄：《法国的广播电视》，《国际新闻界》1986年第2期第43－44+34页。

广播电视史研究

民国时期广播电视研究的特点

王文利

【摘　要】民国时期的广播电视研究以广播研究为主。广播研究社会影响较大，推动了广播实践发展；研究的时效性强，紧跟世界广播电视发展步伐；研究内容不断细化，研究层次不断深化；广播研究与广播实践、时代变迁密切相关；研究虽存在缺陷，但成果不可忽视。

【关键词】民国时期　广播电视　研究特点

民国时期的广播电视研究以广播研究为主，涉及广播电视历史、理论、业务、交叉学科等各个领域，具有一定的广度。部分研究启发了后人的思维，奠定了我国广播电视理论的基础，开山之功功不可没。从总体上看，这个时期的广播电视研究具有以下一些特点。

一、广播研究社会影响较大，推动了广播实践发展

20世纪20年代初，广播刚刚传入国内时，人们普遍对这种新型的媒介缺乏认识，对其与无线电报之间的区别，以及如何管理这种新型的媒介茫然不知所措。此时曹仲渊、朱其清等人的广播研究，厘清了人们在这些问题上的混乱认识，为政府广播政策的转变提供了学理上的依据。此后不久在我国东北、华北、华东等地相继出现的一批官办和民营广播电台充分证明了这一点。

20年代初，具有理工科背景的研究者对广播的研究和知识介绍，对于我国快速引进国外无线电广播技术有着重要的意义。可以说，正是他们的研究才使得我国广播事业的诞生仅仅比美国晚三年。

民国时期广播管理体制是学者们研究的热点之一。民国时期广播管理体制的研究视野开阔，涉及的国家众多。研究者们几乎考察了世界上有代表性国家的广播管理体

制，如美国、英国、加拿大、苏联、法西斯德国等，深入地分析它们的特点以及特点形成的原因。这些研究，对旧中国广播体制的形成无疑起到了直接或间接的作用。

民国时期的广播研究者许多本身就是执政党国民党广播事业的决策者、管理者或实务工作者，如吴保丰、吴道一、范本中、彭乐善、钱凤章、吴彤等，他们的广播研究成果无疑会对当时的广播实践产生较大的影响。如吴保丰曾仔细考察了美国的联网广播现象，对其传播效果极为推崇，因此，他担任国民党中央广播事业管理处处长一职时，就极力推动广播节目联播。

二、研究的时效性强，紧跟世界广播电视发展步伐

当世界上广播和电视还处在实验阶段时，国内就有刊物刊登文章对其进行介绍。1920 年 5 月，《东方杂志》刊登了《空中传来之演说》一文，介绍了美国 1919 年募集战时公债时使用广播的情形。1922 年 6 月，世界广播事业诞生才两年，中国境内还没有广播电台出现时，《东方杂志》19 卷第 11 号就发表了以“无线电最近的进步”为主题的六篇专题文章，阐述了广播的构造、原理、在美国的发展情况等方方面面的问题。在中国广播诞生后的两年内，就涌现出了曹仲渊《三年来上海无线电话之情形》（1924 年 8 月）和朱其清《无线电之新事业》（1925 年 3 月）两篇高质量的研究文章。

民国时期尽管我国电视没有诞生，但对电视的研究和关注却没有放松。在 20 世纪 20 年代，《东方杂志》和《学生杂志》就刊登了许多评介电视的文章。20 世纪 30 年代，国民党中央广播事业管理处举办的《无线电》杂志就曾在其“无线电世界”栏目（后改名为“无线电新闻”）中，密切关注世界电视事业发展的最新动态。20 世纪 40 年代，当时的《电影与播音》《广播周报》都刊登了不少的电视研究文章。

这种特点形成的原因有：第一，当时较为开放的社会形态，为中外经济、文化和社会交流提供了有利条件。特别是在抗战前，国内许多大城市仍存在着西方的租界。租界客观上成为中西文化交流的桥头堡。因此，国外广播电视的最新动态能立即传到国内。第二，民国时期的许多广播电视研究者都有海外留学或考察的背景，外语能力强，为迅速吸收国外新的知识提供了便利条件。

三、研究内容不断细化，研究层次不断深化

从总体上看，民国时期的广播研究，在研究内容上经历了由综合性到细分化、研究层次上由浅表性到深入化的发展过程。

20 世纪二三十年代，广播研究内容上的综合性主要体现在这样两个方面：一是将“无线电广播”作为一个整体来研究，没有对其进行细分。这一点在 20 世纪 20 年代表现非常突出，1924 年曹仲渊的《三年来上海无线电话之情形》和 1925 年朱其清的《无线电之新事业》都是如此；二是概貌、概况性质的文章较多，围绕某个专题进行

的研究较少。如在20世纪30年代的《广播周报》和《无线电》杂志上，刊登了大量介绍欧美各国广播事业概况的文章。1936年《无线电》第3卷第6期刊登的临渊的《欧洲无线电广播事业概观》，1936年《广播周报》第104期刊登的《美国广播事业概况》《苏俄广播事业述略》两篇文章，1937年《无线电》第4卷第1期吴道一的文章《德国广播事业概况》，等等，都属于概况性质的文章。这类文章往往面面俱到，只见森林不见树木。

自20世纪30年代开始，广播研究开始逐渐由综合性向细分化发展。广播研究的议题越来越多，诸如广播播音研究、广播性质功能研究、广播节目研究等开始出现。到了20世纪40年代，欧美发达国家广播史研究越来越深入，概况性质的文章大为减少，研究日益细化。出现了大量研究战时某个国家广播事业发展历史、某个国家重要的广播公司或某类广播历史的文章。美国和英国的广播事业史成为研究的重点，战后欧洲广播事业的现状也是研究的热点。

研究层次上由浅表性到深入化体现在两个方面：一是由20年代围绕广播的技术属性展开研究，发展到三四十年代开始以广播诸多的社会属性为核心进行研究。20世纪20年代和30年代初，广播发明的历史、广播与其他无线电媒介的区别、广播的原理及其关键设备等问题，是人们研究的热点。到了20世纪三四十年代，广播的新闻事业属性、广播的宣传功能、广播在战时的宣传作用、广播事业管理体制、广播广告等问题，成为研究者关注的重点。二是广播研究由不规范逐渐走向规范。20世纪二三十年代的广播研究大都不甚规范，评介性、感想式的文章较多，文章篇幅大都不长，专著也较少。自20世纪30年代末开始，广播研究开始逐渐规范，围绕某个专题展开的深入研究开始增加。具体表现为专著增加了，有分量的更加规范的以广播为选题的学士学位论文出现了。

出现此种变化的原因有这么两点：一是研究主体的变迁。广播研究主体由最初的单纯以理工科背景的研究者为主体，发展到以人文社会科学背景的研究者为主体，研究者的多样化，导致研究内容的细化分和深入化。二是学术发展的规律使然。学术发展都要经历一个由浅到深、由综合到细分的过程，民国时期广播研究的演进历程同样必须如此。

四、广播研究与广播实践、时代变迁密切相关

这种密切的关系首先表现在研究主体身份的变化上。20世纪二三十年代，广播刚刚传入国内，作为一种现代化的电子媒介，涉及许多非常复杂的电学、物理学知识。只有具备相当深厚的电学、物理学知识的人，才能对广播这一新兴媒介有较深刻的认识。因此，这个时期的广播研究人员大多具备高等院校理工科教育背景，并具有海外留学或考察的经历。20世纪三四十年代，广播知识慢慢开始普及，广播在社会各个领域的应用也日益广泛，社会影响也越来越大，因此引起了各个领域学者的注意。这个

时期的广播电视研究人员，大多来自人文社会科学各个领域，多数并不具备高等院校理工科教育背景。如20世纪30年代初，广播内容庸俗现象引起了一些知名作家的注意，鲁迅、叶圣陶等纷纷撰文评述这种现象。40年代，广播电视在新闻传播中的作用引起了新闻学研究者的注意，任白涛、胡道静等都在自己的著作中对广播电视进行了探讨。广播在宣传、军事上的作用，也吸引大批政界和军界人士对它展开研究。同时，在一些高等院校新闻系，如燕京大学新闻系等，有部分本科生以“广播”或“广播事业”为选题，撰写长达数万字的学士学位论文。

其次表现在研究重点的变化上。第一个阶段，广播刚刚传入中国，电台数量少，发射功率小，受众人数不多，社会影响不大。因此，广播研究只限于对某个局部地区广播史方面的研究。第二个阶段是中国广播繁荣发展时期。国民党统治区，民营商业广播有了巨大的发展，电台数量、收音机数量增加，电台总功率增大，广播在社会上的作用和影响也随之扩大。人们开始关注广播的作用、广播的特点、广播播音、广播宣传技巧、广播广告等广播实践中提出的一系列问题。特别是这个阶段民营广播电台内容庸俗、毒化社会风气的问题，成为研究的重点。第三个阶段，抗战爆发，广播在战争中发挥了巨大的作用。于是，学者们纷纷探讨战时广播在新闻传播、社会动员、对敌宣传、对外宣传、心理战、战场联络等方面的作用。

五、研究虽存在缺陷，但成果不可忽视

民国时期是广播电视研究的筚路蓝缕时期，加上持续的战争动乱，中国广播电视事业发展的波折，以及整个世界广播电视研究水平的低下，因此不可避免地存在一些不足。这些不足主要体现在三个方面。

第一，从整体上看，广度尚可，深度不足。民国时期的广播电视研究涉及面较广，探讨了广播电视的技术特性、广播的新闻事业属性、广播的传播特点、广播的功能和作用、广播节目、广播播音、广播宣传技巧、广播广告、听众研究、电视新闻传播、电视史等问题，研究视野广阔。但是，大多数研究是感想式、译介式的研究，缺乏深入的、学理层面的探究。

第二，研究存在严重的不平衡。这种不平衡首先表现在广播研究与电视研究的不平衡。这个时期，广播是一种比电视成熟得多的现代化电子媒介，且已经在国人生活中发挥了极大作用。因此，广播研究从深度到广度、从成果数量到质量，都远远超过电视研究。其次表现在各个领域研究的不平衡。比较而言，广播理论研究和历史研究相对较为深入，研究成果相对较多，广播业务研究次之，广播交叉学科研究最为薄弱。最后表现在成果形式上，单篇的文章多，系统的专著少。

第三，研究规模增长缓慢。这主要表现在三个方面：一是从事广播研究的人员数量较少，而且缺乏专职的广播电视研究者。许多人只是出于各种需要进行广播电视研究，因此，在广播电视研究方面往往会半途而废。如吴保丰等，只是出于工作的需要

进行广播研究，一旦离开广播工作岗位，就停止了广播研究。又如曹仲渊、朱其清等，广播研究只是其无线电技术工作的一部分，他们的主要精力还是放在无线电工业的经营上。董每戡是戏剧研究者，广播剧研究只是其业余爱好而已。因此，在他后来的文集中，广播剧论文都没有辑录。二是广播研究成果总体数量不多。广播电视研究著作不足20本，广播电视研究文章数量也不多。三是没有出现高水平的专业的广播电视研究机构和交流平台。此时期出现了四类广播电视研究机构。第一类是国民党当局主管广播事业的部门和机构，如国民党中央广播电台、国民党中央广播事业管理处等。这些机构在从事广播事业、广播业务管理指导的同时，也进行广播电视学术研究工作。第二类是中国共产党主管广播事业的部门和机构，如新华社口语广播部（即延安新华广播电台），以及各地新华广播电台。这些机构在进行广播事业管理工作的同时，也进行了广播学术研究工作。第三类是一些民间研究团体和组织，如带有研讨性质的“中国无线电俱乐部”“上海无线电话艺术会”“中国播音协会”等组织，人数虽仅为一二十人，但却有博士忝列其间。1946年6月18日，舒新城、孙明经等人发起成立中国教育学会电影与播音教育研究委员会。第四类是一些开设有新闻学教育的高校，如燕京大学新闻系、中国政治大学新闻系等，也是非常重要的研究机构。但在这四类研究机构中，前三类机构，广播电视研究只是其业余工作而已，第四类机构主要以报学为研究对象，因此广播电视研究尽管有，但所占分量不大。

民国时期的广播电视研究尽管存在不足，但所取得的成果仍不可忽视。

首先，民国时期的广播电视研究具有非常强的时效性，对于我国迅速赶上世界广播电视发展的大潮，发展我国的广播事业，起到了积极的推动作用。

其次，广播电视研究，特别是广播研究，在诸如广播概念、广播与电报等相关媒体的区别、广播的特点、广播的功能作用等基础理论问题上取得了重大的进展，为后来的相关研究奠定了基础。

第三，涌现出了一些较有分量的学术研究成果。如彭乐善的《广播战》、徐卓呆的《无线电播音》、徐学铠的《广播常识》等专著，曹仲渊《三年来上海无线电话之情形》、朱其清《无线电之新事业》、吴保丰《十年来的中国广播事业》等文章，以及燕京大学新闻系本科生的学士学位毕业论文，等等。尤其是燕京大学新闻系本科生的学士学位论文，即殷增芳的《中国广播无线电事业》（1939年）、赵泽隆的《广播》（1946年）、王存鋆的《广播事业研究》（1949年），具有较高的学术价值。这三篇毕业论文，篇幅长，写作规范严谨，质量高，富有创见。三篇文章均在3万至5万字之间。论文内容翔实，研究遵循学术规范。如殷增芳的《中国广播无线电事业》全文注释多达135处，参考书籍中有八本为英文书籍，仅一本中文书籍。参考的杂志中，英文六种，中文八种。参考的报纸，西文四种、中文五种。三篇论文均有自己的创新点。殷增芳论文的创新点为：对正在进行的中日广播舆论战的研究、结论部分对中国广播事业发展的四点建议；赵泽隆在论文“提要”部分指出了论文的四大创新点；王存鎏论文的创新点是其有关广播对报纸的影响研究方面。

第四，积累了一大批广播电视研究资料，为将来的研究准备了条件。民国时期的广播电视研究有人视之为评介式研究，述多论少、翻译的文章多原创的文章少，但这些资料为后来的研究打下了基础。

第五，民国时期的广播电视研究者以留学归国人员为主体。他们大多学贯中西，视野开阔，思想观念新锐，且都从事与无线电广播相关的工作。因此，他们的研究往往既具有超前性又切合中国实际，具有较高的学术价值。

参考文献：

1. 袁德宣：《交通史略》，北京交通丛报社长沙铁路协会，1928年。
2. 戈公振：《中国报学史》，商务印书馆，1927年。
3. 王崇植、恽震：《无线电与中国》，文瑞印书馆，1931年。
4. 胡道静：《新闻史上的新时代》，世界书局，1946年。
5. 汪学起、是翰生：《第四战线——国民党中央广播电台掇实》，中国文史出版社，1988年。
6. 赵玉明：《现代中国广播史料选编》，汕头大学出版社，2007年。
7. 赵玉明、艾红红：《中国广播电视史教程》，中国广播电视出版社，2009年。
8. 申启武：《中国广播研究90年》，暨南大学出版社，2010年。
9. 哈艳秋：《简论旧中国对广播的研究》，《北京广播学院学报》1993年第3期。
10. 艾红红：《中国广播电视理论研究钩沉》，《媒介研究》2007年第6期。
11. 谢鼎新：《民国时期的广播认知》，《安徽师范大学学报》2009年第6期。
12. 谢鼎新：《试析广播电视学科体系的架构》，《现代传播》2008年第2期。

（作者系湖南师范大学新闻与传播学院教授、博士、广电系主任）

1947 年“中央广播电台”公司化改制考①

谢鼎新

【摘　要】1928 年，国民党创办了“中央广播电台”，并渐成一定规模。抗战后期，有关方面考虑战后重建事宜，拟实行宪政，着手改造宣传体制和党营媒体，并以企业化为归依。在中央广播电台改制过程中，国民党及广播界元老陈果夫反复强调广播宣传利器功能，主张采用特种公司形式，由党部切实主导掌控，期间多方洽谈、呈请，展开博弈。1946 年 12 月，《中国广播股份有限公司章程》公布，1947 年 1 月，公司宣告成立。鉴于当时政治、经济、军事等的环境状况，广播公司并未具体运作，但其公司化的动因、架构及对后续的影响等值得研究。

【关键词】国民党　中央广播电台　公司化

1927 年 4 月，北伐之后，民国政府奠都南京，1928 年 2 月，中国国民党第二届执行委员会第四次全体会议提出“努力于革命的建国事业”，在此背景下，出于党务宣传及各方建设发展考虑，国民党及广播界元老陈果夫提出开办电台，以建立一个更为高效的广播传播系统。陈果夫“凭其收听上海美商开洛公司播送商业广告的感想，深信广播电台是宣传主义，阐扬国策，报道新闻，推广教育的利器……即和当时中央宣传部部长戴传贤，中央委员叶楚伧两先生，商决设立”② 广播电台，并着手相关筹备工作。1928 年 8 月 1 日，电台在南京正式开播，定名“中国国民党中央中央执行委员会广播电台”（简称“中央广播电台”），发射功率为 500 瓦，作为当时的新媒体，广播在“理论之阐扬，时事之报告，使国际间明了我国之真情，俾正谊得伸于世界，尤非任何宣传工具所可比拟”③。1932 年“中央广播电台”扩容，发射功率达 75 千瓦，

---

① 本文系江苏省社会科学基金项目“民国时期的广播研究”（编号 13XWB009），阶段研究成果。

② 吴道一：《中广四十年》，台北：中国广播公司出版，1968 年，第 3 页。另：陈果夫在《关于无线电建设》一文中曾提到：“民国二十三年（1924 年，作者注）有一天，我在上海听广播电台报告行市，忽然联想到宣传，如果本党能有这样一个工具，岂不是比办报还要得力。”之后，开始延揽无线电方面人才，提议开办广播电台。参见台北市新闻记者工会编印：《中华民国新闻年鉴》，1961 年，第 46、47 页。

③ 陈果夫：《中央广播电台创办经过》，台北市新闻记者工会编印：《中华民国新闻年鉴》，1961 年，第 46 页。

为当时世界第三，亚洲第一。抗战中该台西迁重庆，胜利后回迁南京，1949 年，迁往台湾。

在管理体制方面，“中央广播电台”属于一种党营的文化事业，其成立初隶属于中央宣传部，1931 年改名为“中央广播无线电台管理处”，隶属于中央宣传部，1936 年又更名“中央广播事业管理处”，直隶于中央执行委员会。当时中国的广播还有公营、民营及外台等，同时广播媒介涉及的领域广泛，为了有效管理，1936 年，国民党中央执行委员会设立广播事业指导委员会，由中央广播事业管理处、宣传部、交通部、教育部、内政部等党政部门共同参与形成该委员会，由陈果夫任主任委员、吴保丰任副主任委员，委员会的主要任务“为谋广播事业之统一运用，整齐其步伐，健全其组织”[①]。1947 年 1 月，隶属于党部的中央广播电台改制成立中国广播公司，本文拟对这次广播公司化改革的背景、过程、影响等梳理考证。

一

按照总理孙中山先生的理念及政治路线图，国民党执政有所谓“军政”“训政”“宪政”三个阶段。其中军政时期即“以党建国”，通过由党主导的军力清除旧弊，统一国家；训政时期即“以党治国”时期，政府通过专业辅导，帮助民众学会自治管理；宪政时期即“还政于民”阶段，实行民主体制。而国民党在其媒介的管理方面，对此也有个相应的规划调整。

民国时期，随着国民党执政，国家机器及相应机关建立，在新闻传播领域也建立起以《中央日报》（1927 年）、中央通讯社（1924 年）和中央广播电台（1928 年）为代表的“中字头”媒介系统，这些都是所谓党营的文化事业。在一党专制的训政体制下，党国不分，全国新闻事业的相关业务均由国民党中宣部负责管理，而党营新闻机构的经费实际上由国库支付，抗战结束后国家即将进入宪政体制，中宣部再管理包括民营新闻机构，显得不尽合理，逐渐引起争议，而解决之道的设想是寄于宪政改革，实现党国分开、政企各司其职，将党化的媒体工具体制，逐步政府化、民主化、法制化。

1943 年底，中国已进入抗战后期，此时，有关方面已着手考虑战后重建问题。中国广播界资深人士，曾任中央广播电台台长、中央广播事业管理处处长吴道一（1893－2003）有介绍：“三十二年（1943 年，笔者注）十一月二十日，中央广播事业管理处奉命拟定发展战后工作方案，以企业化为归依，并依照总裁所著《中国之命运》指示，配合国际情势，国防需要，分为甲乙丙三种方案，以备选择。”三种方案主要涉

① 吴保丰：《十年来的中国广播事业》，中国文化建设协会编：《十年来的中国》，长沙：商务印书馆，1938 年，第 696 页。

及规模与经费投入差异，其中甲种方案约需美金五千四百万，乙种需三千九百万，丙种需两千一百万。①

抗战胜利前夕，1945 年 5 月，国民党召开第六次全国代表大会，重点议题是勾勒战后国家发展蓝图，大会通过了党务工作之宣传问题决议案，表示要“创办本党文化事业，实行党报产业化”。② 六全一中二次大会决定，宣传部改为宣传委员会，“其原有关于国家行政之事务，将由政府另设机构办理”，③ 试图将党与政的新闻事务职权分开。④

国民党六全大会后，中宣部即着手拟定党报企业化计划纲要，中宣部提出：“不能再以国库开支党费，党报不但应自立，且应进而养党。”⑤ 并筹划对包括《中央日报》在内的，中央通讯社和中央广播电台等党营文化事业进行企业化改制，依照合法手续、组建公司，试图避免其经济问题与党务活动两者相互干扰。

就广播而言，当时无线电环境相对开放，还有诸多民营电台的存在，收听市场竞争不可避免，所以，在保障政治宣传的前提下，国民党中央广播电台，也面临着必须讲求经营之道的选择，来改变党营电台的困境，主张仿效欧美先进，广播应该企业化。1946 年 1 月，经由国防最高委员会会议，决定将中央党部广播事业管理处，改组为中国广播股份有限公司，后由广播“管理处”仿照银行设置规则，及英国广播公司章程，依公司法规定和架构，拟出中国广播股份有限公司条例草案，送政府讨论。

1946 年 12 月 20 日，《中国广播股份有限公司章程》公布，其内容有总则、业务、资本及股份、股东会、组织、决算及盈余分配和附则等，共 8 章 27 条。其中第 2 章“业务”规定，公司业务种类如下：（一）播音；（二）广播机、收音机、扩音机之敷设；（三）播音器材配件成品及唱片产销或代理推销；（四）播送新闻性之电视；（五）播送商业性之广告。同时成立了根据《公司法》成立了董事会和组成监察人员。⑥

1947 年 1 月，行政院第七七一次会议院会决议：关于中央广播事业管理处改组为

---

① 吴道一：《中广四十年》，台北：中国广播公司出版，1968 年，第 173 页、第 175 页。

② 《十六次大会通过党务五大类决议，包括人事组训民运宣传等项》，《中央日报》1945 年 5 月 18 日，第二版。

③ 《一中全会二次大会通过水利建设纲领，常委名额增至二十五人，宣传部改为宣传委会》，《中央日报》1945 年 5 月 31 日，第二版。

④ 1947 年 5 月，中华民国政府由训政时期过渡到宪政时期，完成实施宪政之各项准备，各部会扩大组织，行政院新闻局正式在南京成立，下设三个业务处，分别负责国内宣传、国际宣传、传播业辅导及新闻分析事项，行使政府职能，管理规划新闻事业。

⑤ 《中央宣传部 1946 年工作计划、预算和军事委员会战时新闻检查局工作计划》，1946 年，南京，中国第二历史档案馆档案，全宗号 718，卷宗号 62。

⑥ 《中国广播股份有限公司章程》，1946 年，南京，中国第二历史档案馆档案，全宗号 20（2），案卷号 2079。

普通公司一案，照交通部中央宣传部所拟办理。由陈果夫代表中国广播公司，蒋梦麟代表行政院在合约上签字，中国广播公司成立。

二

作为国民党广播事业元老、中央广播事业指导委员会负责人陈果夫，对党营的广播事业将要实施企业化，有种种考虑，其间陈果夫多方洽谈、呈请，又屡有波折，在广播公司化改制过程中，充满着博弈。

1945 年 5 月，国民党六全大会后，公布了《中宣部改隶行政院实施办法要点》，关于广播方面的提出：“中央广播事业管理处划归行政院宣传部直辖，其经费列入国家总预算，并由宣传部设广播事业指导委员会，聘请与本事业有关机构之代表及对广播事业有经验之人士之组成。在国营广播电台未建设以前，本党现有之各广播电台暂行拨归行政院宣传部管理。”① 同时提出时间表，在当年八月改隶。在其酝酿实施当中，1945 年 6 月 7 日，陈果夫给蒋介石密呈一份《对于广播事业前途之意见》，表示党营事业划归政府之原则虽已为定见，但广播一项性质特殊，与其他党营事业不同，必须特别加以考虑。陈果夫从党势推测、党方经济、历史观点、国际联络、政治部门、广播前途等方面详细论述，认为广播事业不应划归政府，“宜专设独立部门，或仍隶本党，或以特种广播公司性质，密属于党，作为民营，均由政府按供应节目之性质分担，补偿经费，专给特权，俾资发展。俟其自身能媲美于列强，再议更张。”② 蒋介石接到该上呈之文后面谕陈布雷，将广播事业指导委员会存废问题交秘书长吴铁城与中宣部改隶政府实施办法并案研究。陈果夫 1945 年在 6 月 12 日致函吴铁城，对广播事业管理委员会应否继续存在之问题，提出他的三点考虑：

1. 本会内部组织人事经费及业务并入中央广播事业管理处，本会则仍隶本党，由职等指导之，其政府关系部门亦照旧参加以资联系；

2. 如广播事业改组公司，仍属于党（密），则本会拟可改组类于董（理）事会，由关系部分推定其首次长任其董事，而由钧座指定董事长；

3. 如广播事业划出党部，则本会可单独改组，作为本党运用广播参加意见之机构，以期把握要点。③

---

① 《中宣部改隶行政院实施办法要点》，中国第二历史档案馆编：《中国国民党中央执行委员会常务委员会会议录》，第 38 册，桂林：广西师范大学出版社，2000 年，第 30 – 31 页。

② 《对于广播事业前途之意见》，附陈果夫呈蒋总裁文一件，中央秘书处便签一张，重庆，1945 年 6 月 7 日，毛笔原件，党史会藏，档号：6.3/5.6 – 2。转引高雅郁：《国民党的新闻宣传与战后中国政局变动（1945—1949）》，台湾大学博士学位论文，2002 年。

③ 《关于广播事业指导委员会存在改组问题意见》，附呈总裁文、蒋中正致吴铁城函，重庆，1945 年 6 月 12 日，毛笔抄件，党史会藏，档号：6.3/5.6 – 3。转引高雅郁：《国民党的新闻宣传与战后中国政局变动（1945—1949）》，台湾大学博士学位论文，2002 年。

在这两份档案中，可以看出陈果夫所要表达的意图有两点：一是强调广播是宣传利器，党部一定要切实主导利用；二是可通过广播事业指导委员会翻牌的方式，改组成董（理）事会，党方仍暗中实际掌控。

1945 年 6 月 25 日，中央党部开会审议《宣传部改隶行政院实施办法草案》，并案核议陈果夫所上书关于广播指导委员会隶属三项意见。① 因为考虑宪政即将实行，依旧决定照前项草案划归行政院宣传部直辖，经费列入国家总预算，并由宣传部设广播事业管理委员会负设计指导之责。1945 年 10 月，中常会讨论中宣部《拟定管理广播事业原则三项请予核定案》认为广播事业宜采取英国办法由国家集中经营。② 1945 年 12 月，《中国国民党经营事业管理通则（修正案）》公布，其中“第五条，各项事业应遵照公司法组织公司”“第六条，……凡属新闻事业本会（中央财务委员会，作者注）应会同中宣部办理”。③ 至此，陈果夫之前的由党部管理控制广播的主张几近搁浅，但其仍在做坚韧努力。1946 年 2 月，陈果夫又和孔祥熙、居正等人向国防最高委员会陈情，建议改组中央党部广播事业处为中国广播股份有限公司，④ 这项提议获得各方同意，而试图以特种有限公司名义草拟中国广播股份章程，各方又意见颇多。1946 年 3 月，国民党第六届中央执行委员会第二次全体会议，通过对党务报告之决议案，就宣传方面明确表示：“有关宣传之党营事业，如各党报、通讯社、各书局及中央电影、摄影场等，应迅速改组为民营公司。”⑤ 此处提及有关党营事业改组为民营公司名单中，虽没点广播的名字，但所用“应迅速”之语气与措辞，也可谓大势所趋，陈果夫终于放弃将广播列入特种公司性质的努力，采用普通公司和政府签订合约的方式进行。

1946 年 12 月，广播公司章程通过并选出董事及监察人员，鉴于之前的种种呵护、力争，陈果夫为避嫌招风，推请戴季陶担任“中国广播公司”董事长。1947 年 1 月，中央党部广播事业处改组为中国广播股份有限公司，行政院与之订约，委托代办传布政令的工作，期限五年，政府每月补助国币 20 亿，约当美金 20 万元。经济部核准公司章程，当时公司的家底及规模为：除“中央广播事业管理处外，辖有广播器材修造

---

① 《宣传部改隶行政院实施办法草案》，中国第二历史档案馆编：《中国国民党中央执行委员会常务委员会会议录》，第 38 册，桂林：广西师范大学出版社，2000 年，第 13、14 页。

② 《拟定管理广播事业原则三项请予核定案》，中国第二历史档案馆编：《中国国民党中央执行委员会常务委员会会议录》，第 38 册，桂林：广西师范大学出版社，2000 年，第 174、175 页。

③ 《中国国民党经营事业管理通则（修正案）》，中国第二历史档案馆编：《中国国民党中央执行委员会常务委员会会议录》，第 40 册，桂林：广西师范大学出版社，2000 年，第 463、464 页。

④ 《中国广播股份有限公司条例案》，1946 年 2 月，钢笔原件，国防最高委员会档案，党史会藏，档号：003/3721。转引高雅郁：《国民党的新闻宣传与战后中国政局变动（1945—1949）》，台湾大学博士学位论文，2002 年。

⑤ 荣孟源主编：《中国国民党历次代表大会及中央全会资料》（下册），北京：光明日报出版社，1985 年，第 1042 页。

所三处，唱片制造厂一处，广播电台三十九座，……总电力为四十一万八千二百六十瓦特，每日播音时间为六百二十一又四十五分，职员为一千九百三十七人，工役警卫为七百零七人”。① 公司成立后，董事长戴季陶因病未到职履责，一切业务任由原中央党部广播事业处人员负责，改变的实质不大。

三

在这场党营文化企业的改制过程中，比较而言，报纸方面的探索尚有几分起色，由马新野执掌的《中央日报》，自动停顿领津贴率先企业化，运作有一定的成效。报纸企业化之路在中国尚有传统和经验，民营报纸如《申报》《新闻报》等都是按企业化的模式发展的，主要是抓发行、抓广告，并获得成功，《中央日报》的企业化过程中，在目标和路径上有民营的报纸作参照，在某种程度上讲，算是轻车熟路，进展得相对顺利些。而广播电台则不同，其投入大，经营成本较高，专业属性强等因素，使得中央广播电台的企业化所面对的困难与问题较之党报更多更甚。1947 年 1 月，电台在签订企业化协议时，政府每月补助广播公司国币 20 亿，当时也只能维持，无法添购设备，而到 1947 年 12 月，每月经费就需 110 亿，再过半年的 1948 年 7 月竟达 980 亿。② 此时，经济方面的通货膨胀严峻，之前公司化设想难以维系，加之战争环境，形势紧迫，有关方面也无心顾及广播公司的运作，直到 1949 年 11 月 16 日，“由中央在台湾省台北市召开首次股东大会，推选董事长，聘定总经理后，才成为名副其实的公司。”③

这次涉及的党营传媒文化事业改革，是在抗战结束，拟实施宪政的背景下进行的，主导方试图确立广播机构的企业化经营管理体制，将所有权与经营权分离，改变以往体制中的衙门化作风等弊端，释放广播运行的竞争活力，探索一种合乎实情的广播发展模式，使广播在做好宣传报道的同时面对市场，能够自我发展，这无疑是符合现代媒介发展趋势的。从单纯的媒介经营管理的视角考察，这种意识和设计是科学的也是超前的，而处在当时特殊的社会政治、经济、军事环境背景下，广播电台公司化仅是个发展思路及初步方案，尚无具体实践和成果。从中国广播事业发展史的角度考察，其广播经营管理体制向公司化转轨，所涉及的改制动因、架构设计、后续影响等都具有特殊价值和启示意义，值得研究。

（作者系南京财经大学教授）

---

① 吴道一：《中广四十年》，台北：中国广播公司出版，1968 年，第 187 页。
② 参见吴道一：《中广四十年》，台北：中国广播公司出版，1968 年，第 266 页。
③ 吴道一：《中广四十年》，台北：中国广播公司出版，1968 年，第 6 页。

浅析上海（亚美）广播电台对我国广播事业发展的影响

薄 璐

【摘 要】20世纪20年代末30年代初，我国出现了一批以教育、宗教、商业为主要内容的民营广播电台，半数以上集中在上海。在此期间，苏氏兄弟创办的上海（亚美）广播电台（又名上海广播电台或亚美广播电台，以下简称亚美广播电台）成为了上海地区播出时间最长、影响最大的民营电台之一。它的创办及发展，与当时上海乃至全国政治、经济、媒介等环境有着密切的联系。

亚美广播电台在提倡国货、丰富节目内容类型、普及科学知识、激发民众爱国热情方面做出了卓越的贡献，创办人苏祖国及母公司亚美无线电公司更对我国民用无线电事业的发展起到了一定的推动作用。当然，肯定的同时，亚美广播电台存在着诸多的局限性，无论是它先进的传播理念还是最后被改造的不可改变的历史，亚美广播电台所表现出的特点与时代内涵都是值得我们仔细思考的。

【关键字】亚美广播电台　办台理念　历史价值　局限性

从人类发明无线电到无线电传到中国，再到人们在中国利用无线电进行信息传播，这一过程经历了70年左右。然而，从第一座广播无线电台在中国境内出现再到全国各地电台林立，却只用了十余年时间。在广播事业发展极为迅速的中国，上海作为旧中国广播电台最大的集中地，在每一特殊时期都发挥了极大的宣传作用。其中，产生于20世纪20年代末的亚美广播电台是上海地区民营广播中播音时间最长、影响最大的一个，它受着上海政治、经济、文化及其他因素的影响，反之则推动着上海乃至中国广播事业的发展。

亚美广播电台创办于1929年12月23日，于1937年12月1日停办，1946年9月复播，1952年10月改为上海联合广播电台。它以提倡无线电学术为宗旨，广播节目除报道抗日新闻外，还开办了学术演讲、儿童节目、家庭教育讲座、体育报道、曲艺节目、广播剧等。社会民众对亚美电台的评价极高，以至于1937年3月7日《申报》的《播音二周刊》报道称："亚美电台的播音方法和办台成效上在当时上海国人自办的广播电台之中是有成就的，办台的历史也最悠久。"

一、亚美广播电台发展概述

20世纪20年代，我国出现了“大陆报—中国无线电广播电台”、上海新新广播电台等众多外商、自办的民营广播电台，它们的存在，不仅给中国接触先进科技成果创造了机会，也开阔了国人的视野，更对我国广播事业的发展有着重要的借鉴意义。

1928年12月，国民党政府公布《中华民国广播无线电台条例》，规定在国民政府准许之后，公私团体和个人方可经营广播电台。20年代末30年代初期，我国出现了一批以教育、宗教、商业为主要内容的民营广播电台，半数以上集中在上海。在这其中，苏氏兄弟创办的亚美广播电台在其母公司亚美公司的努力推动下诞生，同时作为上海地区播出时间最长、影响最大的民营广播电台之一，在中国广播发展史上发挥了极其重要的作用，创始人之一苏祖国也为我国民用无线电事业和普及无线电技术知识做出了卓越的贡献。

亚美广播电台对节目播放的内容非常重视，认为播音的利弊在于“合乎所谓提倡文化，或有害于社会者，是在于节目之支配”①，因此“学识之普及，消息之传播，以及不良词曲之影响人心，有甚大之区别”②。对于节目内容的支配和理解，亚美电台有着与其他民营商业电台不一样的看法，它的办台宗旨在于成为“以学术为主，娱乐为辅，并努力于公众视野之广播”③。始终追求着这个理想的目标并付诸实际行动，是亚美广播电台深受听众喜爱并有突出表现的原因之一。后来亚美广播电台将电力增加到100瓦特，节目除“商情及精选各种新颖唱片”外，类型不断充实丰富，从而不断适应时代和听众需求，为“提倡科学着想，增学术演讲节目；为释答疑题发挥无线电学识及实验着想，增无线电问答节目；为阐发儿童智识着想，增入儿童节目；为公众得正确时间着想，增入上海天文台标准钟点节目；为远地明了上海天气状况便于旅行着想，增入报告天气节目；最近鉴于无线电报纸重要，更增入电码练习节目等项”④。

1928年7月和12月，国民党当局连续公布了两个关于广播电台条例，允许电台可以有个人或团体私设，因此，1931年以前，上海还只有十二三座电台，到了1932年底，就猛增到49座（其中大部分为中国人经营的民营台）⑤。在这种背景下诞生的亚美广播电台由于始终坚持学术研究、始终坚持代表听众利益、始终坚持为听众服务的宗旨，得到了广大无线电爱好者的认可，而又“使研究者不减其兴趣”，在当时实在难能可贵。

---

① 苏祖国：《中国无线电》1933年第1卷第19期，第920页。

② 苏祖国：《中国无线电》1933年第1卷第19期，第920页。

③ 苏祖国：《中国无线电》1933年第1卷第19期，第920页。

④ 苏祖国：《无线电问答汇刊》1932年10月10日第19期《广播特刊》，第335页。

⑤ 上海市广播电视局《当代》编辑组：《上海广播电视资料汇编》（第一辑），上海东方印刷厂1986年版，第238页。

亚美广播电台的初创期间，设立“无线电常识问答”节目，“以利收音而助研究之进益”[1]。而公司收到的信件“二千余通，约七千余问”，无法在电台里较短的节目时间全部满足听众的要求，为听众便利起见，亚美公司决定将电台播发之外的无线电问题编入成册，形成了《无线电问答汇刊》。

《无线电问答汇刊》，1932 年 1 月由亚美公司创办，主编苏祖国，每半月一刊，是我国出版时间最早、影响最大的民营广播专业期刊。1933 年改为《中国无线电》后继续出版，到 1942 年 3 月停办，历经十余年，它以独特的视角，全面、透彻的专业分析给中国广播事业创造了不可低估的价值，它的专业性、综合性很大程度上反映了当时中国广播事业的发展概况，同时也为民营广播塑造了良好的形象，是中国民营广播史上不可多得的广播期刊。

“一·二八”事变发生后，中国便经历多战的几年，在此期间，上海电台数不胜数，广播中弹词、滑稽、申曲等娱乐节目充斥整个无线电波，节目内容大多陈腐老旧、格调低下，1932－1936 年，国民党相继出台若干条例对民营广播电台进行管制。经过一系列的限制措施之后，上海民营电台的节目显得“干净”许多，各电台按时转播中央台节目，演讲节目增多，娱乐节目相对减少。亚美广播电台亦是如此。

1937 年“八一三”事变发生，亚美广播电台联合播音业同业公会的其他电台一同作战，义务播送《播音业同业公会》节目，鼓动市民及各地听众进行募捐，报道前线消息，支援前线战士。1937 年 11 月，亚美广播电台仍然坚持“宁为玉碎、毋作瓦全”的立场，最终于 1937 年 12 月 1 日停止播音。

抗战胜利后，1946 年亚美广播电台恢复播音，被安排于 10 月与麟记电台合用一个频率，改为“亚美麟记电台”。

1949 年上海解放，苏祖国代表亚美麟记电台向市人民政府登记，继续营业。1950 年 1 月，上海私营广播电台同业公会成立，苏祖国担任副主任委员。1952 年 10 月 1 日，私营电台联合申请公私合营，改为上海联合广播电台，苏祖国任监察人。1954 年底，其中的私股成分全部由上海人民广播电台收购。至此，包括亚美电台在内的上海私营电台改造成功。

二、亚美广播电台办台理念

亚美广播电台节目向来以学术为主、娱乐为辅作为办台宗旨，无论是无线电常识问答节目、儿童节目、学术演讲节目，还是电码联系节目、国语教授节目，亚美电台始终都会奉上高尚、优美的内容供听众收听。办台之余，苏祖国还利用《无线电问答汇刊》（后改为《中国无线电》）加以配合，更全面、细致地为听众服务，可以说，从某种程度上讲，《无线电问答汇刊》就是亚美广播电台的纸质版呈现。因时间限制，

---

① 苏祖国：《无线电问答汇刊》1932 年 1 月 10 日第 1 期《编者小语》，第 1 页。

电台中无法播出的稿件及信息，主编苏祖国都会在期刊上展现给听众，这种台刊互动的办台理念，可谓是当时民营广播电台经营之罕见。因此，亚美电台的办台理念，基本上可以从《无线电问答汇刊》的传播内容来反映。

1. 注重听众

听众是每一家广播电台的最主要人群，电台只有立场鲜明，才能迎合一部分特定听众的青睐，事实上，电台在其主办团队与听众之间起到了一个非常重要的桥梁作用。

亚美广播电台创办在亚美公司旗下，而《无线电问答汇刊》更是为电台扩大受众规模而开设的。在公司、电台、期刊三位一体的有机运营模式下，除正常播送节目外，亚美广播电台特别注重在公司、期刊的经营方面对听众采取周到的服务，听众所需、听众所求、听众之反馈，任何一个沟通渠道都可以做到。

最初的《无线电问答汇刊》的老牌栏目就是“无线电常识问答”了，从1932年第1期开始到停刊为止，每一期的内容都用相当大的篇幅通过这种形式与听众进行技术上的沟通。听众会就其不明白的问题对主编进行提问，用一两句话说明意思，且“有问必答，随时披露”，使得“在询者得事半功倍之途，在读者亦克享集思广益之效”。①

所有关于无线电常识性问答种类多样，内容丰富，还经常配以电路图让听众理解透彻，不仅解决了提问者的困惑，也为阅读本刊的读者扩充了知识，一定程度上节省了今后可能遇到同类问题读者的时间。在这一方面，“无线电常识问答”的设立的确缓解了电台节目中提问数量的时间压力，而事实证明，这种方法也得到了听众愈来愈热烈的欢迎。

此外，《无线电问答汇刊》还开通了诸如《读者交换栏》《代邮》《参考栏》《读者讨论》等栏目，从各种角度、各方面与听众读者互动，读者也从中进行实时反馈，有力地证明了亚美公司及电台的高质量服务。

2. 注重收入

亚美广播电台的收入，大部分来自于广告的传播。而对于广告的传播途径，亚美电台多会选择在节目或是《无线电问答汇刊》中表现出来。

与其他同时代公司一样，亚美公司的主要业务也是推销收音机以及自制的收音机零配件，因为在当时该公司制造的商品质量好、效能强，深受人们欢迎。特别是1932年，苏祖国在电台中广泛介绍亚美产品，销路大增，同时又招徕了各家厂商加盟赞助，亚美电台的广告业务与日俱增。

除了在节目中做起推销广告，亚美广播电台还利用《无线电问答汇刊》宣传产品。无论是在刊物的扉页、封面，还是中间夹页，文章末尾处，只要空间足够，都是

---

① 苏祖国：《中国无线电》1933年6月20日第1卷第12期《编者余话》。

可以刊登广告的地方。这些广告基本上包括三个方面：一是关于无线电产品的广告，大多来自于亚美公司的自制品，也有来自其他商行的产品，如亚美旁特真空管广告，“为用户而牺牲，最上等的真空管，售最低廉的价格”；二是关于苏氏兄弟自编自写的科学读物；三是有关一些公益性、动员性的广告，如“学术可以救国难，还是娱乐可以救国难”“如何可以不忘国难”“中国人应用中国出品”“请用国货挽回利权”等。所有类型的广告，亚美广播电台都能够尽其所能，广而告之，从而显示其充分掌握营销策略的超强能力。

3. 注重动员

亚美广播电台之所以深受欢迎，其中有一套独有的宣传手段，那就是广播动员，尤其是在某些特殊时期，这种与听众的互动表现得就更加明显。

亚美广播电台创办以后，伤害时处国难关头，1932 年发生“一·二八”事变，上海各地电台联合起来对敌人的侵略行为表示极度抗议。同时，在其他电台大多停播的情况下，亚美广播电台首先发起广播动员号召，呼吁听众广泛参与的抗战募捐、救济遇难同胞活动成了“一·二八”沪变时期最不可或缺的亮点之一：“不佞不学无才，不善辞令，惟鉴于各界之热心解囊者极多，不佞除量力捐助现金外，并发愿每晨在飞机盘旋下之临时播音台中播送时局消息，以慰各埠听众，并借资募劝捐项。”[①] 苏祖圭表示：“目下大局殊难乐观，伤兵未愈，被难同胞尚未脱离苦海，鄙人暂时当舍次要只新闻报告而觅较为重要救济难民及伤兵之工作，勉尽绵力。”[②] 各地听众响应起来，纷纷捐款捐物，亚美广播电台便将群众的所有募集记录登在《无线电问答汇刊》中，从第 5 期开始一直持续了七期，可谓规模之宏大，效果之优良。

事实上，在上海这个经济相对发达且政治、文化皆位列前茅的城市，当国家遭遇灾难，这种社会动员极易发挥作用，再加上报刊、电台、学社、学会等组织的广泛宣传，社会舆论的推动作用更加明显，一定程度上加速了战争胜利的进程。

4. 注重开放

在沟通、交流方面，整个亚美公司包括亚美广播电台都非常注重“对外开放”，注重向无线电技术先进的国家学习，自成立之初直到后来，亚美公司就一直秉持着这种理念。

苏氏兄弟自小就学习无线电知识，坚持不懈的耐力使得亚美公司研制出的国货深受国人的欢迎。不仅如此，苏氏兄弟还倡导国人主动学习先进科学，他们在自办期刊《无线电问答汇刊》上登载大量的外国无线电事业情况，通过交流、讨论，共同进步，

---

① 《上海广播电台演讲部苏祖圭启事》，引自苏祖国：《无线电问答汇刊》1932 年 4 月 5 日第 7 期。

② 《上海广播电台演讲部苏祖圭启事》，引自苏祖国：《无线电问答汇刊》1932 年 4 月 5 日第 7 期。

这是他们注重开放的最明显表现。就这些关于外国无线电技术的文章内容而言，大概可以分为三种类型：一是关于外国无线电技术新发明的文章，如《新式小型真空管》《美国最新式的播音室》等；二是关于西方各国广播无线电台的介绍，如《日本放送协会主持下之全日本播音台一览表》等；三是关于无线电技术应用于其他领域的新创造，如《无线电医治疾病》等。

三、对亚美广播电台的评价

1. 亚美电台的历史价值

作为民国早期出现的民营电台，亚美广播电台为我国无线电事业做出了卓越的贡献，它能从众民营电台中脱颖而出，成为民营电台中最先进的代表，是我们特别值得学习和研究的榜样。亚美广播电台发展的背后，有着中国首家无线电厂——亚美公司的强大支持，亚美电台的影响之大，也同样受益于亚美公司的成功运营。正如在亚美公司成立十周年纪念征文中，一位投稿者所说：“亚美公司在中国无线电界处于领导及提倡者之地位也。该公司为社会服务者，所以使社会人士对于无线电之功用，有相当认识，使中国之无线电事业易于进展；是处于提倡者之地位，又增进大众无线电之知识者，所以使全国民众能充分利用及享受此新进事业；是处于领导者之地位也，所以制造国货无线电用品者，挽回利权，及使习用外货之国人，因国货之价廉物美而乐于购用，以养成爱用国货之美德，以免此新视野亦外人操纵之危险。”①

受到当时环境和社会局势的影响，亚美电台有着自身的历史价值，主要包括以下四点：

（1）普及无线电知识，提高科学技术

苏氏兄弟自小崇尚新兴的科学技术，老二苏祖圭攻读机械，老三苏祖修专业电机，老四苏祖国专学无线电技术，老六苏祖尧专攻模具及自动化机械，他们善于在生活中发现新事物，不断尝试新的挑战，曾自行装配过无线电收音机，还对无线电理论有着深入而透彻的理解。他们将最初的汽车件实验室扩大成了自行制造国货产品的亚美公司，生产出了一批批制作精良的无线电零配件，著名的亚美牌1651型交流五灯超外差式收音机、亚美牌1641型超外差四灯交流收音机等都被人们认定是“亚美老牌”，售价不仅低廉，质量上乘，更打击了当时外货的销路，从此，中国有了自己生产的无线电零配件。

出版之余，苏氏兄弟还在自家刊物《无线地问答汇刊》上刊登大量的无线电技术文章，包括《集锦》《电视学》《无线电线路图两百种》《真空管特性》《变压器设计》《实用无线电修理诀要》《无线电初阶》等，介绍国内外实用无线电先进技术、

---

① 陆清：《亚美公司于中国无线电界之地位》，引自苏祖国：《中国无线电》1933年10月10日第1卷第19期，第973页。

先进工艺，还开辟《读者讨论》，为无线电爱好者提供探讨、研究的平台，在当时是极受读者的喜爱的。

在思想方面，苏氏兄弟特别注意引导听众和读者的学习习惯，例如，《中国无线电》1933 年第 11 期中就发表了王辅世的文章《思与做》，阐述两者之间的关系。

在学习西方国家先进技术方面，亚美做了一个很好的标杆。它在《无线电问答汇刊》中广泛介绍和推荐新思想、新知识、新工艺，大力宣传西方新式的无线电技术，还对每一次中外交流的机会都非常珍惜。

（2）繁荣民营广播事业，加强同行之间交流

20 世纪 20 年代初，上海这个孕育新生力量的城市，使民营电台得以诞生，又在夹缝中艰难成长，反之，民营电台，作为一个特殊的传播媒体，在特殊时期又发挥了特殊的作用，它们在中国广播事业的发展史上扮演着一种不可取代的角色。亚美广播电台诞生在这一时期，在开办之初，亚美台就宣扬要“以学术为主，娱乐为辅”的宗旨为国人服务，又是亚美台首先掀起了励志自行制造无线电零配件、自发组装无线电收音机的热潮。亚美广播电台带动了其他民营电台的发展，又加强了同行之间的交流，在整个上海民营商业广播电台中起到了表率的作用。

亚美电台负责人苏祖国非常注重无线电技术的推广，从 1924 年 10 月亚美公司的创建到 1929 年 12 亚美电台的开办再到《无线电问答汇刊》的诞生，无线电技术的宣传工作一直贯穿始终。1928 年 8 月，为普及无线电技术和知识，苏祖国组织了一次无线电产品、技术展览会，当日在民立中学同盟厅礼堂举行。

亚美广播电台对无线电业余家的研究事业非常重视，并通过努力，成立了无线电播音业同业公会联合组织，繁荣了中国民营广播事业。

（3）迎合社会主流价值观，大力提倡国货产品

20 世纪 20 年代，国货运动被人们所重视。成长在这个年代的苏氏兄弟对提倡国货的决心更加强烈，他们出身于无线电爱好者，曾亲眼目睹中国无线电事业的落后与懦弱，他们是最早觉醒的一批实业家，创建的亚美公司是抵制仇货的最有利证明。为服务国内群众，倡导国货，亚美公司自制生产了多种多样的无线电零配件及收音机，不仅外观精美，而且廉价，质量就更不用说。苏祖国的实业救国理想深深地贯穿着他的无线电事业，正如赵君豪在《记申报播音》中说：“当播音开始之初，以第一书抵予者，为苏祖国君，商播音节目事，余曾造其居，观其自制之收音机，观为非常之才。”①

苏祖国经常在刊物上登载有关“实业救国”“提倡国货”“抵制仇货”等文章，以提醒人们时刻保持清醒的头脑。他希望国人能够有团结的精神，不要成为外国人眼

① 赵君豪：《记申报播音》，引自苏祖国：《无线电问答汇刊》1932 年 10 月 10 日第 19 期《广播特刊》，第 357 页。

中的一盘散沙，对无线电业余家更是如此。

教育方面，苏祖国创办的亚美广播电台特别注重对国人的理性疏导，它多以学术节目为主，有时还定期增加《国语课本》《国学教授》节目，利用播音时间提高国人素质。为响应号召，上海几近三分之一的电台纷纷效仿，学术节目的播送时间逐渐增多，起到了为社会服务的作用，不得不说是一种好现象。

（4）丰富了广播节目的内容和类型

在众多的民营电台中，亚美广播电台的节目可谓独树一帜。它没有遵循其他民营台只一味地播送娱乐节目，供听众消遣，而是强调学术的重要性，并根据需要增入不同种类、不同作用的节目，如“学术演讲”节目，以增加听众各种学术常识；“无线电常识问答”节目，以解答听众日常无线电疑难问题；“证券、标金、外汇等商情信息”节目，为本埠商行提供必要商业信息；“儿童节目”，帮助父母培养祖国新一代人才，启发儿童智力；“上海天文台标准钟点”节目，帮助听众调对准确时间；“天气预报”节目，方便听众的日常出行；“电码练习”节目，增强听众无线电普及意识；“教授国语”节目，提高听众国语水平……除了这些常设节目，还有少量的娱乐节目，例如听众时间、评话、弹词、申曲、苏滩、故事、滑稽等，但只起到了放松身心、辅佐协助的作用。从总体上看，亚美电台的节目内容纯正、追求节目质量带给听众的价值，实为上海民营电台之卓尔不群者。

2. 亚美广播电台发展的局限性

毋庸置疑，亚美广播电台在中国民营广播事业发展史上扮演了一个积极、向上的推动角色，从亚美公司的国货产品，到亚美电台的广播节目，再到创办刊物、书籍的服务项目，“亚美集团”在当时赢得了广大群众的热烈欢迎。然而，作为中国民营广播电台的成员之一，受当时社会环境及其他因素的影响，亚美广播电台的最后衰落及被改造的结局也是必然的结果。纵观亚美广播电台的发展历程，它有着一定的历史局限性：

（1）以盈利为目的的商业本性

回顾民营电台热潮出现之前的那些外商电台，它们开办的目的就是单纯地推销收音机，而播送的音乐、唱片及其他商情节目是为吸引更多的听众，为它的收音机找到更多的销路。一旦销路没有了，电台就没有了支撑其运转的资本，听众自然就没有了，而没有了听众，收音机就更不用指望卖出去，这样就形成了一种恶性循环。所以，这些外商电台的快速衰落就正好说明了其本身的盈利性质。

再来看亚美广播电台，苏祖国经常在电台中推销自己的亚美产品，在每天的节目当中开设《无线电常识问答》节目，解决听众的疑难问题，还将节目中未能及时回答的问题全部刊登在《无线电问答汇刊》上，方便所有读者阅读。但是，并不是所有的听众或读者都有权利将问题在节目中播出或在刊物上登载。

（2）“民营文化”的低俗影响

民营电台诞生的同时，伴随着它们出现的便是不同于其他电台的节目内容。为推销自己的商品，揣摩听众的收听心理，吸引听众的注意力，民营电台的节目常常是一些搏一时之乐的低俗、轻松性节目，基本上以连续性的娱乐节目为主。更严重的是，某些庸俗的听客将播音员当作“戏子”和“女招待”，动辄写信、打电话，“索玉照”（要照片）、“谋晤面”（结交本人），不一而足。① 而且，收听民营电台的听众不全部都是高素质的人，这些低俗的节目正好符合了相当一部分小市民的低级趣味，他们不懂得主动学习学术知识，也不懂得甘愿为祖国奉献、牺牲，连上海这样各种层次文化相互碰撞的城市，尽管存在众多的有识之士和报国之君，低俗的“民营文化”却已经在某种程度上影响了它的进步与发展。

这样的情形给亚美广播电台造就了一种恶劣的成长环境，即使一直推崇“以学术为主，以娱乐为辅”的宗旨，却没有安稳、顺利的播音条件，来博得听众的欢心，因而同其他民营台一样，只能残酷面对被强制改造的局面，最后走向衰落。

（3）民营电台的历史地位

国民党当局对民营电台管制存在着诸多局限性，虽然包括亚美广播电台在内的民营台仍在救国声中贡献自己的力量，配合广大前线战士进行救国宣传，积极号召群众参与募捐，但面对势力强大的帝国主义侵略者，这些民营电台必然抵挡不住枪林弹雨式的舆论和人身攻击，最后的下场不是沦为敌人的战利品，就是闭台歇业。

抗日战争以后，各民营电台重操旧业，亚美电台也是在这一时期恢复播音的，1946 年初民营电台增加到 43 座，而且还有继续发展之势。② 但在国民党的反动统治下，民营台的恢复情况也不是那么理想。民营电台被层层管制，当地政府在频率使用、数量上打击民营台的发展，其中亚美电台和麟记电台被合用一个频率，轮换播音，民营电台走上了下坡路。

新中国成立以后，1949 年 6 月 13 日，上海市军事管制委员会规定凡要求开设和复业的私营广播电台必须先行登记。③ 可见，对私营台的改造是必然的趋势。最后，1952 年 10 月，包括亚美广播电台在内的上海民营电台与其他地区的民营台联合组成了“上海联合广播电台”，完成了改造的民营电台成为了它们最终的命运。

结　语

列夫·托尔斯泰在《战争与和平》中说道：“历史是国家和人类的传记。”对于我国广播事业这一重要领域来说，历史的创造过程更加举足轻重。在这条长河中，亚

① 《论旧上海民营广播电台的兴衰》，引自郭镇之：《传播论稿》，北京广播学院出版社 1997 年版，第 32 页。

② 赵玉明：《中国广播电视通史》（第 2 版），中国传媒大学出版社 2006 年版，第 97 页。

③ 赵玉明：《中国广播电视通史》（第 2 版），中国传媒大学出版社 2006 年版，第 98 页。

美广播电台只是作为一颗小星星默默存在着，但它发挥的作用与做出的贡献却是不可替代的，它谱写出了属于自己的一部传记，在我国民营广播史上写下了辉煌的篇章。

亚美广播电台在当时创下了骄人的成绩，繁荣民营广播事业的同时，也迎合了社会主流价值观，丰富了广播节目的内容和类型，更在国家危难时刻挺身而出，积极参与抗日、投身革命。然而，在肯定它历史价值的同时，我们不得不看到，作为旧中国民营广播事业的一分子，亚美广播电台有着不可避免的历史归宿。它的民营性质、盈利思想以及受当时传播范围、途径与政策条令等方面的限制，再加上新中国成立后人民广播事业发展的催化，亚美广播电台从蒸蒸日上的民营电台走向衰败便成了历史的必然。

（作者系北京市昌平区新闻中心记者）

探析民国时期上海租界广播发展的特点和功能

王 菁

【摘　要】中国广播的发展距今已经有90多年的历史，广播作为一种新的传播技术传入中国有着它特殊的时代背景，而回溯这段历史背景我们会发现民国时期的上海租界有着其特殊性，也正是因为这样为中国广播的传入和发展提供了生存的土壤。我们试着去探析民国时期上海租界广播发展的具体情况，即通过分析不同的时代背景下不同创办主体在这块特殊地方的广播创办情况，来理解中国广播在诞生之初的特点和功能，对于我们今天更好地理解和使用广播具有一定的认识意义。

【关键词】租界广播　创办主体　特点　功能

民国时期在中国近现代史上是一段绕不开的历史时期，它像是一个纽带连接着社会不同领域的新旧事物，展现着错综复杂的历史环境并孕育出了独具特色的新事物——广播。这一新的技术传播形式的传入方式如中国近代文明的传入方式一样，需要有承载新事物的土壤，而城市就是这片土壤。上海作为中国近代史上最早的通商口岸之一和近代文明发展最充分的城市，就成为了展现这段历史时期的一个标志。而这段距离今天仅仅一百多年的历史时期，也因带着许多回忆的成分而更加具有一丝丝神秘感。

在民国时期的上海出现了中国近代历史上的一个特殊现象——租界。在上海的租界中我们看到了广播这一新传播技术的传入和发展。我们尝试着去探索这段历史中上海租界广播在复杂的中国社会环境下的发展情况和发展特点，也许对我们更好地理解今天的广播有一定的启发。

一、历史背景

（一）租界的形成背景

租界的产生与发展是战败后一系列条约签订的直接后果。它经历了一个逐渐形成的过程。

1842年8月29日，中英《南京条约》签订，上海成为了最早的沿海通商口岸之一，成为了西方列强打开中国大门进入内陆的一个窗口，从此通商口岸开始逐渐出现一系列的商业活动和贸易活动，一部分西方人也逐渐在这些通商口岸处聚集与活动。1843 年 10 月 8 日，《虎门条约》签署，英人可在通商口岸租赁土地、房屋，这就为列强各国在口岸城市划定"居住区"、建立租界提供了条约依据。1844 年 7 月 3 日，中美《望厦条约》签订，"合众国民人在五港口贸易，或久居，或暂住，均准其租赁民房，或租地自行建楼，并设立医院、礼拜堂及殡葬之处"，西方人开始在租赁的土地上建立其自己的医院等基础生活场所。1844 年 10 月 24 日，中法《黄埔条约》签订，规定口岸租房、租地不受限制①。到此时，英国、法国、美国都开始在这些通商口岸城市陆续租借中国的土地。

1845 年 11 月 29 日，《土地章程》的签订成为了租界发展的一个重要转折点，这份由上海道台宫慕久与英国领事签订的有 23 条条款的《土地章程》（即《租地章程》）中规定了英国商人在上海租地建房居住的范围、租地办法、租地范围内所建房屋的用处、道路修筑以及租地区域内环境、治安管理等问题。由此中国近代第一块外国商人居留地出现。②《土地章程》明确规定了租地的地理管辖范围，同时也给外商在租界内进行自治管理留下了空间。这个章程的签订成为后来租界形成与发展的"法律"雏形。

直到 1854 年 7 月 5 日，《上海英法美租界租地章程》在上海签署，为强化西方人对租界的管理提供了"法律"依据。租界从此开始走向独立管理的道路。西方人在自己的租界内陆续成立了其行政管理机构工部局、公董局，开始进行一系列的社会管理，包括基础设施建设和公共卫生管理；成立了专门的警察机构，拥有自己的巡捕房和警察，进行社会治安管理；成立了专门的司法机构会审公廨，负责解决纠纷和司法案件；以及成立了自己的武装军队力量"万国商团"，来保护租界的安全，防止外来势力的侵扰。到此为止，由英法美陆续建立的租界和租界管理方式逐渐形成。

1876 年 9 月 13 日，中英《烟台条约》的签订使 19 世纪 40 年代在上海非法发展起来的"租界制度"合法化③。由此展开了中国上海租界发展历史。

租界内的自治管理俨然使上海租界成为了一个"特区"，在这个"特区"中管理者们拥有自己的行政权、司法权、管理权甚至是自己的军事力量，中国政府在让出自己的土地主权之后，也让出了自己在上海租界地区的各种政治经济权利。表现出了与当时中国传统的社会政治经济发展相区隔的发展模式与状态。用"国中之国"来形容一点也不为过。这种赤裸裸的殖民掠夺一方面反映出当时殖民扩张的国际环境，也透漏出封建制度下的中国在坚船利炮裹挟下的妥协与无奈。而正是这样一个不受控制的"特区"为新事物的传入与发展提供了很好的环境和试验地。

---

① 李蓓蓓：《中国近现代条约记忆手册》，上海辞书出版社 2012 年版。

② 马长林：《上海的租界》，天津教育出版社 2009 年版，第 4 页。

③ 马长林：《上海的租界》，天津教育出版社 2009 年版。

当我们将租界的整体情况放眼全中国，就会发现，从1845年开始，租界已经陆续在各个通商口岸及沿海城市出现，据统计：英、法、美、意、德、荷、奥、俄、比、丹、瑞、挪、日本等13国先后在广州、天津、汉口、九江、重庆、武汉、苏州、镇江、威海、厦门、杭州等地设立租界达27处之多，① 而上海的租界面积最大，持续时间也是最为持久的。因此上海租界是一个非常好的研究典型与范例。

（二）中国无线电广播诞生的环境背景

19世纪30—40年代，电报这一新的使用无线电进行信息传递的通讯形式出现，随着西方殖民扩张的需要，到了70年代欧洲等西方国家纷纷开始将电报的触角衍生到中国，上海租界成为了西方电报集团安置远东电报的集中地，由此上海最早的接触到了电报这种无线电传输形式而成为了中国的电报中心以及西方国家的电报远东中转站。② 中国政府对无线电报的认识源于李鸿章，他以军事目的为由，在清光绪六年（1880年）向皇帝呈奏并得到准许在上海创建了中国电报局，而后中国电报局在天津、北京、汉口、宁波、福州等地方也纷纷设立与上海想连通的电报处。直到1908年英商在上海英租界的汇中旅馆私设了一部无线电台与海上船舶通报，后来被清政府收买，移装到上海电报总局内，这是上海地区最早的无线电台。③ 此时的无线电主要是用于通讯联络。

对于电报的建设情况一直受到政府的控制，1912年民国政府接管清政府邮传部，并将其改组为交通部，电政是其一部分。1921年，北洋政府交通总长叶恭绰和美国加州合众公司代表恩斯·莫斯签署了《无线电台协定》指出："中国政府为发展对外交通起见，应于上海或其附近建造主要之电台，……并由公司担任建造下列之各次要电台，……敷设合众公司弧形之无线电报机：哈尔滨、上海、北京、广东。"④ 所以随着1920年美国匹兹堡KDKA广播电台的创办，利用无线电进行声音传播的通讯形式开始形成，上海租界的电报发展为无线电声音传播创造了技术上的基础和条件。后知后觉的北洋政府在此时并没有意识到无线电广播与无线电报之间的区别，当看到无线电广播出现的时候，仍然以管理电报的方式进行管控，管控的盲目性与租界独立的管理方式之间形成了真空，使得无线电以一定程度上摆脱北洋政府的管控而得以迅速开办起来。基于此，上海租界凭借着对新事物技术上的引进和管理上的便利性，使其成为了无线电广播发展的源头。

二、上海租界广播的特点与功能演变

上海租界广播的发展呈现出一定的阶段性和主体性，即在不同的历史背景下，不

① 姜龙飞：《上海租界百年》，文汇出版社2008年版。

② 薛理勇：《旧上海租界史话》，上海社会科学院出版社2002年版，第136页。

③ 来自百度百科：http：//baike. so. com/doc/848168－896840. html。

④ 李蓓蓓：《中国近现代条约记忆手册》，上海辞书出版社2012年版，第75页。

同的创办主体对于广播的创办和使用情况也不尽相同，由此使得上海租界广播呈现出了不同的特点，发挥了不同的功能。我们大体将其划分为三个历史时期。

（一）上海租界广播的诞生与发展期：娱乐功能崭露头角

1. 租界内外商创办的无线电广播

1923年1月23日，大陆报—中国无线电公司广播电台开始播音，成为中国大陆上第一座无线电声音广播电台，之后出现了新孚洋行广播电台、开洛公司广播电台、新昌洋行广播电台，作为最早的无线电广播电台，我们对这四座电台进行了比较分析，如表一所示①：

表一 早期上海租界外商广播电台创办情况

	大陆报—中国无线电公司广播电台	新孚洋行广播电台	开洛公司广播电台	新昌洋行广播电台
创办时间	1923年1月23日	1923年5月30日	1924年4月23日	1926年12月7日
创办地点	广东路3号大来洋行	南京路50号新孚洋行	江西路开罗公司、福开森路	大连湾路45号
创办功率	50瓦	50瓦	100瓦	300瓦
创办者	美国人奥斯邦+《大陆报》	新孚洋行行主戴维斯	美商开罗公司	日商新厂洋行
停办原因	1923年4、5月间被北洋政府取缔	1923年8月，被北洋政府取缔	1929年10月，因营业亏损停办	
节目	新闻、音乐和娱乐节目	试验和向顾客示范该公司经售的收音机及零件	中西音乐及商情新闻	中西及日本音乐
节目时间	1小时左右		3小时左右	1.5小时左右
备注			1924.5.30《申报》报道：前日得北京西人施汀森君及天津格兰伯君来函，谓京津均装有无线电收音机	

在对上述表格的分析中可以看出，早期广播的特点主要表现在以下几个方面：

（1）从电台的创办地点来看，中国大陆最早的广播电台应该出现于上海的租界。在我们所查到的关于租界的地名命名中会发现，广东路和南京路是当时英租界的道路名称，而福开森路则是法租界当时的道路名称②，大连湾路是上海公共租界的道路名称。

（2）发射功率较小，覆盖面有限。在《申报》关于开罗公司广播电台的申报馆分台开始播音的报道中记载："前日得北京西人施汀森君及天津格兰伯君来函，谓京津均装有无线电收音机。"③ 由此可以分析，100瓦的功率可以在北京、天津等地接收

---

① "史志资料"，载《广播电视年鉴1992年》，中国广播电视年鉴社1992年版。

② 吴志伟：《上海租界研究》，学林出版社2012年版，192－194页。

③ "《申报》关于开洛公司广播电台申报馆分台开始播音的报道"，载《旧中国的上海广播事业》，中国广播电视出版社1985年版。

到，那么50瓦远远达不到这样的距离，只能覆盖到上海及其周边小部分地区。

（3）其创办者大都是外商，是上海租界中的洋行负责人，早期无线电技术先进、价格昂贵，拥有雄厚财力的洋行主们享有资本的优势。

（4）早期的广播电台从内容上来看主要以音乐为主，偶尔穿插一些商业行情新闻。一方面它继承了信息传播的特点，另一方面，开始利用无线电进行声音传播的最新尝试，即音乐的传播，由此以娱乐为主要内容的广播成为了租界广播的主要形式，这是广播传入租界时的最初表现形式。试图将广播作为一种大众娱乐的工具。

（5）无线电广播的功能初探：除了作为通讯工具和大众娱乐的工具。早期租界广播的另一个重要功能就是作为试验广告和售卖收音机的工具。新孚洋行广播电台就是因此而创办的；将收音机宣传为新式社会不可或缺的娱乐品，在各种宣传与推销中，收音机的价格开始降低，收音设备的促销活动也随之展开，收音机数量的扩大，就在收音机的推销与普及中不断扩散开。

（6）从上述电台的停办可以看出，资金的缺少成为电台停办的重要原因，无线电广播的稀有和收听设备的昂贵，使得广播的推广十分难。而另一方面，广播电台最终受到了北洋政府的取缔。

2. 租界内的民营无线电广播

1927年3月18日，新新公司广播电台由位于上海租界中的南京路新新公司创办，该电台的创办标志着租界中另一种性质的广播电台诞生，即中国民营广播电台创办的开始。在《申报》关于新新公司广播电台开始播音的报道中，我们可以得到其节目时间表（表二）：

表二 新新公司广播电台节目表①

	时间	节目		时间	节目
上午	九点半至十点半	新有社各种杂调	下午	两点半至四点	张素兰特别苏滩
	十点半至十一点	国内外重要新闻		四点一刻至五点	范少山男女苏滩
	十一点至十二点	著名粤调西调		六点至六点半	周筱红女子杂调
	十二点至十二点半	新新公司商业特别行情		九点至十点	范少山男女苏滩
星期日	上午十点至十一点	新新公司德育演讲	下午	照常	
注意：每月初一更换一次。					

该广播电台在内容上仍然以音乐、乐曲为主，只是音乐的类型以中国的民间小调等有中国地方特色的音乐形式呈现，同时也包括演讲、新闻等少量节目的穿插其中。

① “《申报》关于新新公司广播电台开始播音的报道（1927年3月19日）”，载《旧中国的上海广播事业》，中国广播电视出版社1985年版，第37页。

3. 上海租界以外的广播电台发展情况

北洋政府在认识无线电广播的过程中也逐渐开始创办官办的广播电台，1924 年《装用广播无线电接收机暂行规则》的公布，也开始允许民间购置收音机，但是审核与要求特别的高。因此在上海租界之外的中国大陆出现了北洋政府主办的官办广播电台和一小部分商办的广播电台。比如官办的哈尔滨广播无线电台、沈阳广播电台、天津广播无线电台、北京广播无线电台以及商办的北京燕声广播电台等。在这些官办的电台创办的过程中，北洋政府也陆续建立起相对完整的无线电广播的管理规则，颁布了《无线电广播条例》《装设广播无线电收听器（即收音机）的规则》《运销广播无线电收音器规则》对中国无线电广播的创办条件及要求给予了规定。

总结这一阶段的广播发展情况，作为新生事物的无线电广播，在外商创办与民营创办的过程中，奠定了租界广播早期的娱乐功能，这种利用声音进行传播以带来享受的工具，是广播所独创的，它改变了无线电最初的仅仅是用于军事和通讯的信息传递功能，成为租界的一种时尚，并成为广播后来发展过程中不可或缺甚至是十分重要的功能。

（二）上海租界广播的大发展时期：电台功能的多样性发展与延伸

从 1928 年开始到 1937 年全面抗日战争爆发前，上海租界广播经历了一个比较快速的发展时期，而这个快速主要表现在商业电台数量上，在 1934 年登记的广播电台数量表中可以看到，国际电信局登记的上海电台广播表中有 51 家，与 1992 年《中国广播电视年鉴》中所有的新中国成立前上海广播电台名录相对比，有 46 家电台相重合，而《中国无线电》刊登的上海广播电台一览表中的电台数量是 41 家，虽然各调查数据不同，但是大体可以看出这一时间段内的商业广播电台数量在 40—50 家左右。

在这 40 多座商业广播电台中，大部分的商业广播电台的创办地点被设在租界中，租界成为了广播电台发展的集中地点。在这众多的广播电台中，发射功率最大的有 1000 瓦，而最小的只有 15 瓦，其余的集中在 100 瓦左右，覆盖范围也呈现出参差不齐的状况。根据《广播周报》中记载：1934 年前后，全国约有 8.1 万余架收音机，经常听众在 80 万人左右，1934 年 1－7 月，收音机配件入口平均每月在 1 万架左右。① 收音机从最初的几百架到 1934 年的 8 万多架，可以看出租界广播的发展速度和普及程度是非常快的。

与数量上的大发展相比，广播电台的播音时间和节目类型也大大增加，随着创办主体的丰富，广播电台的性质和特点也更加的多样，广播也逐渐开始承担起更多的作用。

1. 外商广播电台持续发展

这一阶段上海租界中的广播电台有一部分仍然是由外商创办的，比如亚美广播电台（表三），西华美广播电台。

---

① 《民国时期广播事业研究——以上海、南京、广州为中心（1923—1949）》，来自《广播周报》1934 年 11 月 10 日第 9 期，第 6 页。

表三　亚美广播电台节目表①

	时间	节目	备注
上午	7：50—8：00	当时上海气象	
	8：00—8：45	国学教授　戚饭牛先生	
	9：00—10：00	证券、标金、外汇、挂牌及唱片	
	10：45 起	纱花、杂粮、面粉、证券行情	
	10：50—11：00	唱片	
下午	12：00—12：30	标金收盘、最新西药、唱片	
	12：30—12：59	最新唱片	
	1：00 正	上海天文台标准钟点	
	2：30—2：15	最新唱片	
	2：15—2：30	洋厘、标金、纱花、开盘	
	3：00—4：00	聊斋及一文钱　吴情先生	
	4：00—4：10	报告证券、杂粮、面粉、行情及最新唱片	
	4：20—4：50	儿童节目	星期三、五
	4：20—4：50	各种学术演讲	
	4：50—5：00	标金收盘及其他未报收盘行情	
	5：00—5：45	苏州文书玉连环　王宝庆	
	5：45—6：00	无线电常识回答	星期二、四
	5：45—6：00	电码练习	星期三、五
	5：45—6：00	各种唱片	星期一、六
	6：10 起	国语教授　国语教育促进会	
	7：05—7：50	苏州文书麒麟豹　王宝庆	
	7：50—8：00	各种唱片	
	8：00—8：45	弹词三笑　将如庭　朱介生	
	8：45—8：55	各种唱片	
	8：55—9：40	九丝绦　陈瑞麟　陈云麟	
	9：40—9：50	唱片	
	9：50—10：50	清声团歌唱	
	10：50—11：00	唱片	

由表三节目单可以看出亚美广播电台的播音时间已经达到了 13 个小时左右，节目内容比较多元，商业行情成为其播报的重要内容之一；唱片、歌唱、弹词和说书等娱乐内容依旧存在；气象、国学、资讯、无线电常识、电码练习等服务类知识开始出现；加上演讲这种新的播音形式使得广播电台的功能由传递信息和提供娱乐的工具，拓展为提供公共服务的服务和进行个人演说的工具。

2. 国内的无线电研究社创办的广播电台

比如电声研究社创办的电声广播电台，中华研究社创办的中研广播电台，鹤鸣无线

① “上海各电台播音时间表”，载《旧中国的上海广播事业》，中国广播电视出版社 1985 年版，第 124 页。

电研究社创办的鹤鸣广播电台等，这些由社团创办的广播电台使租界广播的功能扩大。

表四　1934年鹤鸣广播电台节目时间表①

	时间	节目	备注
上午	7：30正	气象报告	
	7：30—8：30	唱片及商品介绍	
	8：30—9：30	蔡筱春　唐筱云　果报录	
下午	12：30—1：00	唱片及商品信息	
	3：30—4：00	唱片及商品信息	
	4：00—4：30	上海市民众教育馆演讲	星期六
	6：00—7：00	唱片及商品信息	
	7：00—8：00	董一萍　广陵潮	
	8：00—9：00	转播中央广播电台节目	星期六
	9：00—10：00	短篇故事	星期六

表五　1937年7月5日鹤鸣广播电台播音时间表②

	时间	节目	备注
上午	7：00—7：20	早操	
	7：20—7：30	常识	
	7：30—8：10	唱片	
	8：10—8：40	教英文	
	8：40—9：20	顾月英　申曲	
	9：20—9：50	黄培英　教手工	
	9：50—10：00	演讲	
	11：00—11：40	唱片	
	11：40—12：00	卫生	
下午	12：00——12：40	顾泉生　申曲	
	12：40—1：00	演讲	
	1：00—1：40	讲飞龙传	
	1：40—2：00	防卫知识	
	4：00—4：40	唱片	
	4：40—5：00	杨怡庆　教无线电	星期日停
	5：00—5：40	唱片	
	5：40—6：00	陈伯民　妇幼科常识	星期日停
	6：00—6：40	唱片	
	6：40—7：20	曹鸿伯　儿童故事	
	7：20—8：00	蒋宾初　三笑	
	8：00—9：00	播音页公会节目	星期日
	8：00—9：05	中央节目	星期日停
	9：05—10：00	曹鸿伯故事	

① “上海各电台播音时间表”，载《旧中国的上海广播事业》，中国广播电视出版社1985年版，第132页。

② “上海各电台播音时间表”，载《旧中国的上海广播事业》，中国广播电视出版社1985年版，第172页。

这一时期社会团体创办电台成为了租界广播的重要创办团体，这些团体在内容传播上，开始利用广播进行无线电知识讲解，进行公共卫生知识以及其他常识的传播等，让广播的服务功能得到了进一步扩展。而面对战争的一触即发，广播电台在传播防卫知识以及提供援助方面发挥了积极的作用。

与自发组织起来的社会团体一样，无线电爱好者也不断涌现，并对收音机的普及起到了积极的作用，因为这一时期大量的矿石收音机出现，这些由无线电爱好者自己制作的收音机，（收音机数量零散而无法统计）尽管质量上得不到很好的保障，但是这种简单易制作的优势对于加快租界广播的功能发挥是有帮助的。

3. 个人创办的广播电台

此类电台也是这一阶段出现的一种电台样式，比如杨毅庆创办的杨式广播电台，邱俊夫创办的市音广播电台，顾重九创办的敦本堂广播电台。在一些材料中找不到此时期相关的节目表，但是在《申报》关于敦本广播电台开始播音的报道中有这样的介绍："某教育局长称：'该台勿仅供娱乐，须注意社会教育；凡与社会教育有关之节目，决尽量义务播送'。"这也从一个侧面反映出，个人商业台广播在内容上仍是以娱乐为主。

4. 官办广播的发展

放眼租界之外，中国广播的发展从1928年开始出现了重大的变化，1927年国民革命失败之后，国民党政府在全国的统治逐步确立起来，为了建设自己的广播网，国民党于1928年8月1日创办了中央广播电台，并不断拓展自己在全国各地的广播电台建设，这其中既有交通部主办的也有各市政府主办的，但最终目的都是为了形成其覆盖全国的广播传播网络，并为其政治统治服务。上海作为无线电比较发达的城市，并临近国民党的政治中心南京，由此在上海既有交通部上海电台也有上海市政府电台，这两座官办的广播电台并没有位于租界中，相反为了与租界形成抗衡，国民党广播的发射功率相比较而言还是非常大的，与租界中的最大电台功率1000瓦相比，交通部上海广播电台的功率有2000瓦。

表六　1935年交通部上海广播电台节目表①

	时间	节目	备注
上午	7：30—8：10	惠灵国学会	
	8：10—8：30	早操	
	8：30—9：00	苏省农产物行市	
	9：00正	报时	
	9：00—9：30	新闻、气象；国语会话（一、三、五）；科学常识（二）；卫生常识（四、六）	
	11：55—12：00	国外行市	

① "上海各电台播音时间表"，载《旧中国的上海广播事业》，中国广播电视出版社1985年版，第153－154页。

续表

	时间	节目	备注
	12：00—12：40	西乐　唱片	
	12：40—1：00	防卫知识、英文书报选读	
	1：40—2：00	党义（一）；书报选读（二、六）；英文教授（三、四、五）；周椒青教英语（日）	
	4：00—4：40	爵士社　歌唱	
	4：40—5：00	家庭节目	
	5：00起	邮政常识（一）；电政常识（二）	
	5：00—5：40	话剧　歌唱	
	5：15—5：40	女青年会演讲	三
	5：40—6：00	妇女演讲、国贸演讲、教授职业英语、交歌唱	
下午	6：00正	报时	
	6：00—6：40	弹词、国乐、歌唱	
	6：40—7：00	儿童节目	
	7：00—8：00	西乐唱片	
	8：00正	报时	
	8：00—9：05	中央节目（一至六）；观音细（日）	
	9：05—9：30	新闻	
	9：30—10：00	平剧　西乐	
	10：00—10：20	故事、演讲	
	10：20—11：00	平剧	

这个大功率的官方广播电台，播音时间有12个小时左右，内容呈现纷繁多样，演讲类节目、常识服务类节目、音乐戏剧类节目是其主要的节目样式。但是，此时广播的政治宣传功能和作为全国军事联络的工具性质开始逐渐显露，并给予了广播一种全新的功能和色彩，这也是和租界广播所提供的提供商业价值和娱乐享受功能的本质区别。

从1931年“九一八”事变开始，日本开始了侵略中国的步伐，到1932年时，日本在上海制造了“一·二八”事变，在当时驻守上海的十九路军进行了积极的反抗，并得到了上海人民的积极支持，而作为广播发达的上海更是很好地利用了广播电台的声音宣传优势，鼓舞民心，组织捐款支援前线，同时邀请著名人士发表广播演讲等①，其中的典型代表就是租界中的亚美广播电台。租界中的爱国人士在面对他国的侵略时开始利用广播这种新的传播形式来发挥社会动员和参与社会事务的功能。

① 赵玉明：《中国广播电视通史》，中国传媒大学出版社2006年版，第35页。

（三）上海租界广播的战时转变期：战时的宣传工具功能

1. 日本侵略下的上海租界广播

战时的租界像是当时时代的一个缩影，租界多种关系的存在与复杂性表现在各个方面，广播也不例外。随着日本全面侵华的开始，1937 年淞沪会战之后，日本占领了上海租界以外的全部地方，上海成为了沦陷区，租界因其特殊性而成为了日本统治之外的“孤岛”区域。租界内的商业电台因此得以幸免，与之不同的是租界以外的国民党上海广播电台被日本接管，官办电台受到了严格的控制。

1938 年 3 月，日本开始对租界进行一步步的管控，主要表现在成立了“上海市广播无线电监督处”：要求租界内的广播必须向其登记才能得以播放。在这种情况下，亚美、华美等广播电以暂停播音方式来表示其不满。法租界也拒绝向其登记并认为：“该机构无权管理法租界内的广播电台”。[①] 而此时，东北、华北、华东等地区相继沦陷，其中的官办电台全部被日本接收。在 1939 年《上海无线电》刊登的广播监督处成立后上海各电台的数量统计，此时位于租界的电台有 35 家[②]，大量的唱片、故事、弹词、话剧等娱乐节目形式又成为了这一时期广播的主要内容。

因此，此时的租界成为了战时保护广播电台的特殊优势，法租界曾代表 20 家电台发表声明：电台都是民营性质，与政治无关，且慎重避免政治事件，由于这些电台均在租界内，为避免引起争端放弃向其登记。[③] 在协商之后，工部局最终还是接受了日方要求限制中国电台播送反日或政治性节目。因此租界内的大部分商业广播在抗战初期仍然是以娱乐节目的内容为主。

而在其中比较值得一提的就是“苏联呼声”广播电台的创办。因为苏联与日本之间的条约关系，使得苏联呼声广播电台能够得以在租界中创办。从当时刊载在《时代》杂志上的苏联呼声节目表中，我们可以看到其节目中有相关的新闻报道，其主要内容有关于苏德战争及反法西斯战争的报道，有中西方的文艺节目，这座 75 千瓦功率的广播电台利用租界的保护所进行的宣传对于反法西斯战争的胜利具有积极的意义。

1941 年 12 月 8 日，太平洋战争爆发，成为了租界发展的一个转折点，太平洋战争爆发，日本向美国宣战，作为美国在上海的租界也没有幸免，从此日军开始进入到租界中；从另一个侧面，由于 1941 年法国向日本的同盟军德国投降，此时法租界名

---

① “工部局总办处宣传科关于广播监督处控制上海电台情况的报刊摘录”，载《旧中国的上海广播事业》，来自《华美晚报》，中国广播电视出版社 1985 年版，第 284 页。

② “《上海无线电》刊登的广播监督处成立后上海各广播电台一览表”，载《旧中国的上海广播事业》，中国广播电视出版社 1985 年版，第 353 – 354 页。

③ “工部局总办处为保护华东等二十家广播电台致警务处函”载《旧中国的上海广播事业》，来自上海公共租界工部局档案，中国广播电视出版社 1985 年版，第 295 – 296 页。

义上是德国人的，而管理权实际上已经在日本的手上。①

日本人对无线电广播的重视在太平洋战争中就可以看出，日本人将从“威克号”上缴获的一套价值昂贵的无线电通讯设备，归入了日海军编队。② 日军进入到租界后对广播电台进行了严格的控制，一方面，日军封闭了大量的商业电台，而存留下来的商业广播电台以低俗的娱乐节目支撑起电台的节目，另一方面，对租界中的外国办事处主办的电台进行了接管，并严格控制广播的内容，不允许有反日宣传和其他政治性内容。1942 年 1 月，工部局大权被移交到日本人手中，工部局中的人陆续全部被换，之后其所控制的武装力量“万国商团”也被解散。租界的特殊权利渐渐地也消失了。

2. 反侵略中的租界广播及全国广播

这一时期，沿海重要城市大部分已经被日本占领，租界也没有幸免，广播在这些城市的发展受到严格的控制，或倒闭或内容低俗，位于大后方重庆等地的广播电台以及农村地区的革命根据地的共产党广播电台开始利用广播进行积极的战时动员与宣传。

此时国民党广播和共产党广播开始积极筹备各自的广播电台，在农村包围城市、武装夺取政权的过程中逐渐接收日伪的广播电台并加以改造，并通过广播进行政治宣传和战争动员，此时的广播俨然成为了战争宣传的工具。

三、租界的消失与租界广播的历史命运

第二次世界大战之后，中英美俄成为了抵抗法西斯阵营的一个主要派别，从 1942 年开始，英美开始同中国的国民政府一同展开秘密磋商。1943 年 1 月 11 日中英的《关于取消英国在华治外法权及其有关特权条约》在重庆签订，英国归还租界管理权；同一天，《关于取消美国在华治外法权及处理有关问题之条约》在华盛顿签订，美国归还租界管理权。条约承诺，美英放弃在中国境内的租界管理权，撤废在华治外法权。但是香港和九龙并没有纳入其中。

而与此同时，1942 年 12 月 10 日，根据日本方面的安排，汪伪政府主席汪精卫赴日进行秘密商谈，日本方面承诺，可以满足汪伪“收回租界”“撤废”治外法权的要求，但是作为交换，汪精卫必须同英美“宣战”，以缓解日军在太平洋战场的巨大压力。关于汪伪的收回租界在法理上和概念上均未受到国际社会的承认，直到抗日战争胜利后，1949 年 11 月 24 日，南京国民政府外交部才根据同美英签署的两个正式条约，正式对外发布《接收租界及北平使馆办法》，宣布收回上海租界，将原来公共租界和法租界直接并入上海市政府管辖。

1946 年 2 月 28 日，法国政府与中国政府签订了《关于法国放弃在华治外法权及

① 姜龙飞：《上海租界百年》，文汇出版社 2008 年版，第 334 页。

② 姜龙飞：《上海租界百年》，文汇出版社 2008 年版。

其有关特权条例》，追认了中国政府对法租界的收回。

到此为止，随着上海租界收回，租界广播电台的概念也随之消失，经过战争的洗礼，租界中留下的民营广播已经寥寥无几，抗日战争胜利之后，国民党开始接管日伪广播电台并准许一些民营台登记开办，广播的所有权开始掌握在中国人的手中，一直到内战结束，共产党掌握住实际的政治权，上海的广播也随之转变为共产党管理。从租界开始成长起来的民营广播在新中国成立后的公有化改造中渐渐消失，上海租界广播的历史使命也彻底结束了。

通过上海租界广播的发展与演变的过程，我们会发现它是时代的产物，又随着时代的发展而不断前行，但是无论如何发展，它都是作为一种工具在使用，或是提供娱乐、或是提供服务、或是提供政治宣传和战时动员。不同的时期，不同的主体在租界这样一个特殊的环境下使用广播，给予了广播不同的色彩，其中的有意无意的发展对于后来广播的发展来说都有借鉴的意义。

参考文献：

1. 李蓓蓓：《中国近现代条约记忆手册》，上海辞书出版社2012年版。

2. 马长林：《上海的租界》，天津教育出版社2009年版。

3. 姜龙飞：《上海租界百年》，文汇出版社2008年版。

4. 薛理勇：《旧上海租界史话》，上海社会科学院出版社2002年版。

5. “史志资料”，载《广播电视年鉴1992年》，中国广播电视年鉴社1992年版。

6. 吴志伟：《上海租界研究》，学林出版社2012年版。

7. “《申报》关于开洛公司广播电台申报馆分台开始播音的报道”，载《旧中国的上海广播事业》，中国广播电视出版社1985年版。

8. “《申报》关于新新公司广播电台开始播音的报道（1927年3月19日）”，载《旧中国的上海广播事业》，中国广播电视出版社1985年版。

9.《民国时期广播事业研究——以上海、南京、广州为中心（1923—1949)》，来自《广播周报》1934年11月10日第9期。

10. “上海各电台播音时间表”，载《旧中国的上海广播事业》，中国广播电视出版社1985年版。

11. 赵玉明：《中国广播电视通史》，中国传媒大学出版社2006年版。

12. “工部局总办处宣传科关于广播监督处控制上海电台情况的报刊摘录”，载《旧中国的上海广播事业》，来自《华美晚报》，中国广播电视出版社1985年版。

13. “《上海无线电》刊登的广播监督处成立后上海各广播电台一览表”，载《旧中国的上海广播事业》，中国广播电视出版社1985年版。

14. “工部局总办处为保护华东等二十家广播电台致警务处函”载《旧中国的上海广播事业》，中国广播电视出版社1985年版。

（作者系中国传媒大学新闻学院硕士研究生）

中央人民广播电台体育专题栏目之变迁

薛文婷　梁　悦　刘力菲

作为国家广播电台，中央人民广播电台曾是国人获取体育资讯最快捷、最便利、最重要的渠道，在新中国体育新闻史上具有举足轻重的地位，而作为其支柱的则是体育实况转播、体育专题栏目和体育新闻报道。其中，《体育节目》《体育沙龙》《体育直播间》等体育专题栏目在听众中拥有较高的知名度和美誉度，为推动我国体育事业发展、丰富群众文化生活发挥了重要的推动作用。遗憾的是，随着中央人民广播电台新闻综合频率“中国之声”的频率专业化改革，体育专题栏目自2008年开始陆续停播。中央人民广播电台的体育专题栏目发端于何时？经历了怎样的变迁？又为何成为绝响？未来的出路如何？本文旨在通过对中央人民广播电台体育专题栏目的梳理，探究中国体育广播的过去、现在与未来。

一、《体育节目》一枝独秀时期（1955～1994）

上世纪50年代中期至90年代初期，中央人民广播电台的体育专题栏目《体育节目》（初为《体育谈话》，后更名为《体育运动节目》《体育运动》《体育节目》，播出时间、播出次数、播出时长也屡有调整）是国人获取体育信息最快捷的渠道，也是体育爱好者最喜爱的体育广播节目，在中国体育广播界处于龙头地位。

1.《体育谈话》是新中国第一个体育广播专题栏目

《体育谈话》于1955年4月正式开播，是中央人民广播电台也是新中国第一个体育广播专题栏目。《体育谈话》的出现是新中国体育事业和广播事业发展的产物：随着群众性体育活动的蓬勃开展和国内外体育赛事的增多，国人对体育的兴趣越来越浓厚，对体育信息的需求越来越迫切；《人民日报》《光明日报》等综合性报纸的体育报道无法满足国人的需求；自1954年第二次全国广播工作会议后，广播媒体开始探索广播特点，丰富节目形式，重视听众需求。

自1955年4月开播，到1967年停播，《体育谈话》栏目多次更改栏目名称，并调整播出次数、播出时间，如表1所示：

表 1 中央人民广播电台体育专题节目调整情况[1]

时间	节目名称	周播次数	播出时长	播出时间
1955.4～1956	《体育谈话》	2	15 分钟 10 分钟	周一 18：30－18：45 周四 6：50－7：00
1956～1957.6	《体育谈话》	3		
1957.6～1958.5	《体育运动节目》	3	20 分钟	星期一、三、五
1958.5～1963.5	《体育运动》	6	20 分钟	三次基本上是重播
1963.5～1967.2		7	15 分钟	第一套节目：星期一、三、五、日 第二套节目：星期二、四、六，基本上是重播

《体育谈话》是新闻性的体育专题栏目，体裁主要有新闻和通讯，对象主要是青少年、体育爱好者和体育工作者。《体育谈话》的内容包括开展群众体育活动、增强人民体质、振奋革命精神，为生产建设服务；宣传体育锻炼和医疗卫生相结合，宣传祛病强身的经验体会和科学知识；介绍各种体育常识，指导青少年积极参加体育活动；报道国际国内体育比赛，宣传新中国运动员创造的优异成绩和为国争光的先进事迹（这是当年文献中对节目对象、内容的描述，时代色彩颇为浓重）。[2] 创办初期的《体育谈话》栏目注重群众体育，一来是我国竞技体育水平比较低，参与国际高水平比赛较少；二来是毛泽东于 1952 年为中华全国体育总会题词“发展体育运动，增强人民体质”，规定了新中国的体育方向——面向群众，为提高人民的健康水平服务。1957 年，《体育谈话》栏目更名为《体育运动节目》后，及时报道国内外重要赛事及中国运动员取得的成绩，并增加了赛事评论。

《体育谈话》栏目初由时政组创办，由张之（1953 年 4 月从上海人民广播电台调入）、黄继辰（1953 年从复旦大学新闻系毕业）负责编辑、制作。1959 年，中央人民广播电台成立体育组，隶属于文教部。1960 年 5 月，宋世雄进入体育组。1963 年，陈文清从北京广播学院新闻系毕业后被分配到体育组。在很长一段时间内，体育组的成员主要是这 4 个人。当时，体育组的工作主要有两部分，一是编辑、制作《体育运动》节目，一是转播体育赛事。

2. 《体育》栏目在“文革”后期恢复播出

“文革”开始后，体育比赛停止，体育广播暂时中断，中央人民广播电台体育组和其他组被合并为工人广播组。1970 年，中国开始恢复国际体育交往和体育比赛，中央人民广播电台也恢复了赛事实况转播，并恢复体育组建制。1972 年 5 月 17 日，停播 5 年零 3 个月的体育专题栏目恢复，定名为《体育节目》，每周广播 3 次（第一套节目星期三、日和第二套节目星期五），每次 15 分钟。此后，《体育节目》的播出时

① 《中央人民广播电台台史资料汇编（1949～1984）》，1985 年 6 月印刷。
② 杨波主编：《中央人民广播电台简史》，北京广播学院出版社，2000 年。

间、播出次数屡有调整，如表2所示：

表2　中央人民广播电台体育专题节目调整情况①

时间	节目名称	周播次数	播出时长	播出时间
1972～1973	《体育节目》	3	15分钟	第一套节目：星期三、日 第二套节目：星期五
1973～1974	《体育节目》	6	15分钟	第一套节目：4次 第二套节目：2次，部分专稿重播
1974～1975	《体育节目》	7	15分钟	
1975～1976	《体育节目》	14	15分钟	第一套节目：（12：15－12：30）7次 第二套节目：（19：15－19：30）7次（重播）
1976～	《体育节目》	21	15分钟	第一套节目：每天2次 第二套节目：每天1次（其中每周有2次重播）

这一时期的《体育节目》，除新闻、通讯、评论外，还经常采用录音新闻、说新闻、录音通讯、配乐广播、现场报道、录音访问、体育比赛现场解说录音剪辑、记者答听众提问、座谈会录音等报道方式。②

3.《体育节目》从深受欢迎到影响力下降

改革开放初期，伴随着我国竞技体育事业的迅猛发展，作为主流媒体的体育广播充分发挥了“先声夺人”的符号优势、“即时传播”的时效优势，成为人们文化生活中不可或缺的一部分，对丰富社会生活、鼓舞社会士气、宣扬拼搏精神、凝聚民族力量起到了至关重要的作用。③ 在体育广播的辉煌时期，中央人民广播电台体育组先是于1984年年底划归新闻中心（由张之任业务指导，黄继辰任副组长，1985年秋由刘桂兴任体育组组长），继而于1987年升格为体育部。在此期间，一批大学毕业生加入到了体育部（组），充实了体育报道力量，如陈建奇、梁悦等。

这一时期，广播是国人获取信息的重要来源，《体育节目》则是体育爱好者获取体育消息的重要渠道。

表3　中央人民广播电台体育专题节目调整情况

时间	节目名称	周播次数	播出时长	播出时间
1978	《体育节目》	14	15分钟	第一套节目：每天一次 第二套节目：每天一次 其中一次是重播

① 《中央人民广播电台台史资料汇编（1949～1984）》，1985年6月印刷。

② 北京市地方志编纂委员会办公室：《北京志·新闻传播广播电视卷·广播电视志》，北京出版社，2006年，第198页。

③ 张矛矛：《新中国体育广播发展研究——北京奥运会视野下的回顾与展望》，北京体育大学博士学位论文，2009年。

续表

时间	节目名称	周播次数	播出时长	播出时间
1979.11	《体育节目》	12	15分钟	第一套节目：周一至周六，每天一次 第一套节目：周一至周六，每天一次
1980.5	《体育节目》	11	15分钟	第一套节目：周一至周五，21：45－22：00 第二套节目：周一至周六，12：15－12：30 星期六晚上和星期日全天无节目
1982	《体育节目》	14	15分钟	第一套：每天1次，21：45－22：00 第二套：每天1次，12：15－12：30
1987	《体育节目》	21	10、15分钟	7：00－7：10，21：45－22：00，12：15－12：30

1987年，经过调查研究，中央人民广播电台对节目布局进行了较大调整，在《新闻和报纸摘要》节目后面增设了10分钟的《体育节目》，播出时间为7：00－7：10①，使《体育节目》由原来的每天2次增加到每天3次。遇有重要比赛，体育部昼夜值班，保证重要赛事新闻首先在6：30的《新闻和报纸摘要》中播出，继而在7：00的《体育节目》中详细报道。这一调整，在听众和新闻界引起了很好的反响。一些报纸、电台甚至收录早间《体育节目》，供自己版面或节目使用。1987年世界田径锦标赛（在意大利罗马举行）期间，因为时差的关系，最后一个项目通常在北京时间凌晨三四点钟结束。为抢夺先机，体育部每天凌晨4：30－5：00和前方联系，保证在早晨的《体育节目》中播出最新消息。中新社经常收录中央人民广播电台的广播，整理后向香港播发。

这一时期，《体育节目》很受欢迎。1983年，在中央人民广播电台的收听率抽样调查中，《体育节目》位列听众喜欢的节目第三位，排在《新闻和报纸摘要》《各地人民广播电台联播节目》之后。② 1984年底到1985年初，9.6万名听众评选出了10个优秀广播节目，《体育节目》依然排在第三位。③ 1986年，《体育节目》收到来信7380件，比1985年增加30.5%。④

上世纪80年代是中国广播的黄金时期，也是中国广播的变革时期。这一时期，《体育节目》也进行了很多尝试：1986年，《体育节目》正式确定了“国际体育漫谈”

① 栗国安：《中央人民广播电台宣传事业发展概况》，见《中国广播电视年鉴1987》，中国广播电视出版社，1988年第64页。

② 中央人民广播电台研究室编：《中央人民广播电台台史资料汇编（1988－1994）》，海军政治部印刷厂印刷，1995年第47－52页。

③ 康荫：《中国人民广播事业四十五年》，见《中国广播电视年鉴1986》，中国广播电视出版社，1987年，第33页。

④ 王亚敏执笔，中央人民广播电台听众工作部：《中央人民广播电台1986年听众来信情况综述》，见《中国广播电视年鉴1987》，中国广播电视出版社，1988年，第490页。

"体育与健康"（注重知识性）、"体育信箱"三个专题，并以主持人节目形式（由体育记者担任主持人）出现在听众面前。这样一来，体育记者自己采访，自己播讲，既了解听众的要求，又明确所讲内容的含义，说起来生动亲切，听起来真实可信。由专人负责的主持人节目形式还加强了记者的责任感，树立了"本台记者"的形象。遗憾的是，因人力安排不开，颇受欢迎的主持人节目形式一度取消。这一时期《体育节目》还努力革新形式，如采用具有广播特点的录音新闻、说新闻（记者在现场用电话向编辑部报告情况，录音后播出）、录音通讯、配乐广播、现场报道、录音访问、体育比赛现场解说录音剪辑、记者答听众提问、座谈会录音、对话等形式。①

1993 年 10 月，中央人民广播电台的节目做了比较大的调整和变动。《体育节目》由原来的 15 分钟增加到 25 分钟，中午播出时间从第二套节目的 12：15－12：30 改到第一套节目的 11：30－11：55；晚上播出时间为第一套节目的 21：45－22：15，中间加 5 分钟整点新闻。中午时间变动的好处是延长了广播时间，可以多角度报道体育新闻，多方面满足听众要求，不足之处是失去了一大批听众，收听效果不如从前。②1993 年，在中央人民广播电台的 10 大名牌节目评选中，《体育节目》榜上无名。③

二、《体育节目》《体育沙龙》并驾齐驱时期（1994～2000）

上世纪 90 年代，随着市场经济的确立，体育专业报刊、体育电视的发展如火如荼，体育广播受到强烈冲击，影响力有所下降。为此，中央人民广播电台不断改革创新，以求在开拓中发展。就体育报道而言，体育部在办好《体育节目》的同时，还创办了演播室谈话直播节目《体育沙龙》，引领了风气之先。

1. 《体育沙龙》是中国广播电视界第一个体育直播谈话节目

1994 年 10 月 2 日，中央人民广播电台实行节目改革，新增了一个全新形态的体育节目——《体育沙龙》，于每周日晚 22：15－24：00 时播出④。

作为中国广播电视界第一个体育类热线直播谈话节目，《体育沙龙》采用主持人（由体育部记者担任，梁悦、李晖、陈建奇、李苑、陈文清等都曾担任过主持）和邀请来的嘉宾谈话、聊天，和前方记者连线的方式，对某一场比赛、某一种体育现象进行点评。为此，每期节目都会邀请体育界、文化界、科技界关心竞技体育和全民健身的专家、学者、爱好者、体育明星、运动员、教练员到直播间或通过电话进行讨论。节目还开通热线电话，听众可以提出问题，各抒己见。这种面目一新的广播形式，立

---

① 中央人民广播电台研究室编：《中央人民广播电台台史资料汇编（1949～1984）》，1985 年，第 112～119 页。

② 杨波主编：《中央人民广播电台简史》，北京广播学院出版社，2000：

③ 中央人民广播电台研究室编：《中央人民广播电台台史资料汇编（1988～1994）》，海军政治部印刷厂印刷，1995 年。

④ 1993 年，体育部曾在"七运会"期间做过试验，邀请获奖选手、教练来直播间座谈。

刻受到广大听众的支持。节目组常常能接到包括新疆、青海、西藏、云南、澳大利亚、新西兰在内的30多个省、直辖市、自治区和境外听众来电参与。① 可以说，作为演播室直播谈话节目，《体育沙龙》将最真实的体育人和体育人的故事展现在听众面前，满足了受众近距离了解体育界的需求，也为体育人搭建了一个表达自己的平台，提高了节目的真实性、全面性，也让体育广播节目真正融入了体育界，成为体育不可分割的一部分。

1999年7月至9月，极地考察船“雪龙号”搭载着124名中国考察队员首航北极，完成了中国人对北极地区的首次大规模综合科学考察。7月18日午夜，中央人民广播电台记者张彬从航行在北极圈以北的“雪龙号”破冰船上给直播中的《体育沙龙》节目打来热线，实现了人类第一次利用铱卫星通讯系统实施的极地现场直播，在广播史上写下了辉煌的一页。②

2.《体育节目》努力寻求突破

面对影响力的下降，1994年，《体育节目》在中央人民广播电台率先尝试“全员主持”，由编辑、记者担纲主持人。1995年，经由听众投票评选，《体育节目》再次荣获听众最喜爱的节目之一。③ 不过，节目形式的陈旧依然受到一些听众的批评：“我从1979年开始收听体育节目，十几年来给人印象最深的是这个节目在形式上总是老一套。”④

三、《体育节目》《体育沙龙》《体育直播间》三足鼎立时期（2000~2008）

随着报纸、电视、网络媒体的发展，上世纪90年代以来，广播媒体不断呈现窄众化、专业化发展的态势。2000年，中央人民广播电台调整、充实了台编委会，并强化了新闻立台意识。2002年10月28日，中央人民广播电台第二套节目改版为“经济之声”，拉开了全面实施广播频率专业化改革的前奏曲。⑤ 2004年1月1日，中央人民广播电台第一套频率经过重新打造，以“中国之声”的呼号正式开播。至此，中央人民广播电台完成了8套节目的改版。⑥ 随着广播频率专业化的浪潮和北京奥运会的申办成功，京、沪、穗等地广播电台纷纷开通体育广播频率。北京申奥成功之初，中

① http://www.cnr.cn/zhibo/

② 《中国广播电视年鉴2000》，中国广播电视出版社，2001年，第188页。

③ 张宏伟：《中国体育新闻史》，苏州大学博士论文，2008.3。

④ 中央人民广播电台研究室编：《中央人民广播电台台史资料汇编（1988~1994）》，海军政治部印刷厂印刷，1995年，第47-52页。

⑤ 《广播频率专业化　中央人民广播电台再改版》，2002年10月30日11:12，中新网。

⑥ 《中国之声开播　中央人民广播电台8套节目改版》，http://www.sina.com.cn.2004年01月14日13:07中国广播网。

央人民广播电台也一度产生了创办体育频率的设想，但因为种种原因最终搁浅[①]。这一时期，中央人民广播电台陆续开办了日播体育新闻性栏目《体育直播间》与周播体育评论性栏目《体育评书》，形成了体育广播专栏三足鼎立（初为《体育节目》《体育沙龙》《体育直播间》，后为《体育沙龙》《体育直播间》《体育评书》）的格局。

1.《体育直播间》开播并逐渐取代《体育节目》

2000年，中央人民广播电台强化新闻立台意识，在第一套节目早晨黄金时间推出了150分钟大型新闻板块——《这里是中国》，以《新闻和报纸摘要》为龙头，带动一批各有侧重、内在关联的新闻节目，包括《新闻纵横》《新闻背景》《世界报道》《今日中国》和《体育直播间》。[②] 其中，于8：15－8：30播出的《体育直播间》栏目采用由主持人、记者直播“说”新闻的方式，及时报道全世界最新体育新闻。[③] 如此一来，中央人民广播电台第一套节目就拥有了早间的《体育直播间》、午间和下午的《体育节目》以及周末的《体育沙龙》三档体育专题节目，逞一时之盛。据全国广播体育记者协作会对29家会员单位调查显示，这一时期直接转播或录编播中央台三档体育节目的地方电台占总数的70%。[④]

2004年1月1日，中央人民广播电台第一套频率以“中国之声”的呼号正式开播，在新闻性、贴近性、权威性、可听性等核心指标上取得了长足进步，确保了中国广播界国家旗舰和中国新闻广播第一品牌的地位。[⑤] 伴随着“中国之声”的开播，原新闻中心、社教中心的多个部门被重组为9个部门，原新闻中心体育部被合并到文体新闻部。同年，《体育直播间》成为全天三档体育节目的统一名称，播出时间为：早上8：15－8：30、下午16：35－17：00、晚上22：10－22：30。

2.《体育沙龙》一度成为日播节目

这一时期，《体育沙龙》依然是中央人民广播电台的主打体育栏目。

不知从何时起，《体育沙龙》从每周日晚上播出改为每周、六日晚上播出（2000年，已是每周播出两次）。2001年1月1日，《体育沙龙》从每周六、日播出改为每日播出，播出时间为21：20－22：00。2003年初，体育部再次对主打板块《体育沙龙》进行整合，推出五档创新栏目，即周一的《奔向奥运》、周三的《关注NBA》、周四的《体坛情缘》、周五的《散打决战》和周日的《竞技周末》，分别从体育经济、体育文化、体育娱乐、体育资讯及大众健康等内容入手，引领听众参与节目互动、关

① 陈建奇于2012年9月接受“新中国体育新闻传播史”课题组采访时说。

② 中央人民广播电台：《中央人民广播电台概况》，见《中国广播电视年鉴2001》，2002年，第47页。

③ http：//www.cnr.cn/wcm/advertise/channal/t20030930_ 140955.htm

④ http：//www.cnr.cn/wcm/advertise/channal/t20030930_ 140955.htm

⑤《中国之声开播 中央人民广播电台8套节目改版》，http：//www.sina.com.cn.2004年01月14日13：07中国广播网。

注节目发展。[1] 2004 年“中国之声”开播后，《体育沙龙》再次做出调整，由日播恢复为周六、日播出，播出时间为20：35－22：00。

3.《体育评书》开启体育评书模式

2006年1月7日，中国之声在《体育沙龙》的基础上，推出了《体育评书》，由体育评论员梁宏达（老梁）主播，播出时间为每周六20：35－21：50（后调整为22：00－23：00）。在节目中，梁宏达以他的诙谐、幽默评点国内外体育事件，为听众了解体育、关心体育提供了交流和沟通的平台，引起众多体育爱好者的关注。[2]

《体育评书》的开播起始于在2005年十运会期间梁宏达在“中国之声”主持的《老梁神侃十运会》节目。一位听众发短信说：“这么说，还叫什么《老梁神侃十运会》呀！就叫《体育评书》吧！”十运会结束后，台里经过考虑，决定开播《体育评书》，并于2005年12月24日试播，那期讲述的是孙英杰事件。

四、体育专题栏目日渐式微时期（2008 至今）

面对电视媒体声画兼备的传播优势和新媒体的迅速崛起，中央人民广播电台面临着巨大的改革压力和创新动力。作为中央人民广播电台的主频率，“中国之声”也一直在寻求突破，希望藉此提升国家广播电台的新闻权威性和舆论引导力。2008 年 8 月，“中国之声”进行了一次大的变革：在“板块＋轮盘”架构和全天不间断直播的节目理念指引下，“中国之声”取消了青年、军事、体育等专题栏目及其相应的部门建制。在此背景下，《体育沙龙》《体育直播间》《体育评书》陆续从电波中消失，拥有50余年历史的中央人民广播电台体育广播专题栏日步入了低谷。

1.《体育直播间》被取消

2008 年 8 月 25 日，“中国之声”在总结 2008 年年初南方大雪、“5·12”汶川大地震两次特大报道成功经验的基础上，启动了轮盘式改革，实现新闻全天候不间断播出。相比2004 年的“专业化”改革和“新闻综合频率”的定位，“中国之声”2008 年的这轮改革更彰显“新闻”性，目的在于在新闻速度和思想高度方面给广播听众提供更优质的服务，倾力打造“勇于担当责任的中国第一新闻广播”。

“中国之声”的本轮改革采用了“轮盘＋板块”的节目架构。在每半小时一小轮盘、每一小时一大轮盘的运作中，新闻得到空前重视。其中，在半小时轮盘中，综合新闻为5分钟，体育/社会/科技新闻各为1.5分钟，财经新闻为2分钟，天气预报1分钟。为确保新闻的时效性，“中国之声”对各种新闻的品种、字数等都提出了严格要求。这一做法凸显了新闻的快速、高效，强化了新闻的力度、厚度和关注度，改变

---

① 中央台体育部节目推介《体育直播间》《体育节目》《体育沙龙》，http：//www.cnr.cn/wcm/advertise/channal/t20030930_ 140955.htm.

② 胡志斌：《广播电台体育报道节目特色探析》，湖南师范大学硕士学位论文，2007 年6月。

了人为划分新闻种类和播出时间的做法，也改变了过去新闻重时政、综合，轻文体、财经；重文字，轻录音；重首发，轻快发的局面。2009 年 1 月 1 日，中央人民广播电台第一套节目“中国之声”再次以全新的面貌出现，新闻比例由之前的 40% 提高到 75% 以上，并从早上 6 点半到晚间 11 点全部实现新闻直播。[①] 2010 年 1 月，“中国之声”再次进行大规模的改版，在新闻理念、节目样态等方面都发生了较大变化，影响力有了很大的提升，在听众和广播界获得好评。2011 年 10 月，“中国之声”再次推出全新改版节目，倾力打造“勇于担当责任的中国第一新闻广播”。[②]“板块 + 轮盘”的节目架构和全天不间断的直播形态，使得“中国之声”最大限度地盘活了新闻资源，扩充了新闻报道的时空，凸显了广播速度快和现场感强的优势。据统计，“中国之声” 2009 年的收听率有较大幅度提升，收听市场份额也普遍扩大，其中在北京市场的年平均收听率比 2008 年上涨 24. 07%，年平均市场份额比 2008 年上涨 30. 36%（据央视—索福瑞调查公司的数据）。[③]

“中国之声”自 2008 年启动的一轮又一轮改革使得体育专题栏目的生存空间日渐缩小：2008 年 8 月，“中国之声”取消了原有的对象性专题栏目，包括一天三档的《体育直播间》；体育新闻和财经新闻、文化新闻、社会新闻、科技新闻一道被并入半小时的新闻轮盘中；文体新闻部的建制也被撤销；体育记者被分配到“中国之声”的采访部和节目部，参与包括体育新闻在内的各领域新闻的采访与制作。在此情况下，体育新闻的专业性有所减低，体育记者长期积累的体育资源也在逐渐失去，中央人民广播电台在体育界的声音日渐微弱。几经摸索和调整，目前，在“中国之声”早间新闻节目《新闻纵横》里设有一个“今日文体”板块，其中 4 天是文娱的，3 天是体育的，主要是为听众推荐当天重要的体育赛事，也夹杂着对体育事件的评论。[④]

但每逢奥运会、世界杯等重大体育赛事，“中国之声”都会开辟特别时段全天直播报道赛会盛况。像 2012 年伦敦奥运会，“中国之声”的总播出时长达到每天 7.5 小时。

2. 《体育评书》停播

《体育评书》栏目因其独特的“评书”演绎方式和幽默、风趣、犀利的风格，受到部分听众的追捧，并于 2008 年被评为中央人民广播电台名牌栏目。但因为某种原因，该栏目于 2009 年 7 月 3 日停播。[⑤]

3. 《体育沙龙》停播

“中国之声”于 2008 年启动的“轮盘式改革”初期主要涉及周一到周五的节目安

---

① 《中央人民广播电台中国之声明年全新改版》2008 年 12 月 23 日。

② 《中央人民广播电台中国之声全新改版》，2011 年 9 月 30 日 21：15：15。

③ 《劲锐 2010 中国之声新闻发布会上史敏总监的讲话》，中国广播网，2009 - 12 - 28。

④ 梁悦于 2013 年 5 月接受“新中国体育新闻传播史”课题组采访时如是说。

⑤ 《体育评书》后来曾在中国教育电视台、新浪网、爱奇艺播出。

排。正因为如此，原本在周日晚上播出的《体育沙龙》又继续播出了一段时间。但好景不长，2010 年，为了继续推进改革，“中国之声”停播了拥有十六年历史的《体育沙龙》栏目。

结 语

受众细分化、内容窄播化、频率专业化是当今世界广播的发展趋势。自 2002 年开始，中央人民广播电台开始了专业化建设的步伐。在此背景下，作为中央人民广播电台主频率的“中国之声”彰显“新闻”性、打造“中国第一新闻广播”自然无可厚非。但在中国竞技体育事业蓬勃发展、全民健身事业如火如荼、职业体育方兴未艾之际，国家广播电台却丧失了积累多年的体育资料，放弃了在体育界的话语权和影响力，不能不说是一种遗憾。

中国体育广播的未来在哪里？或许可以从中央人民广播电台自身、地方人民广播电台以及国外广播的发展中寻找经验和借鉴：就中央人民广播电台而言，2009 年以来，其开播了老年广播、娱乐广播、藏语广播等多个专业广播频率；就地方人民广播电台而言，2002 年 1 月 1 日，北京体育广播和南京体育广播开播，是我国体育广播专业化的重要标志。此后，又有上海体育广播、广东电台文体广播、楚天交通体育广播、青岛音乐体育广播、沈阳体育健康广播、大连文化体育广播等专业化程度不等的体育广播频率先后播出。[①] 其中，北京体育广播以“大体育”概念立台，致力于为听众提供权威体育资讯、发布体育新闻、实时转播重大赛事。2012 年伦敦奥运会期间，其在北京广播市场 19 个频率中收听率增幅排名第一，达到 23.17%，收听率和市场份额排名上升至第五位。[②] 2013 年 12 月，其市场份额为 3.28%，收听率为 0.17%，到达千人为 855。[③] 上海五星体育广播也形成了高密度、高质量的球赛转播以及国内外大赛全方位报道的特色。2011 年，在上海听众最喜欢收听的节目类型中，五星体育广播排在第七位，市场份额为 6.9%，平均每次收听时长在 2 小时以上的听众占调查总体的 34%。[④] 据悉，听众对上海体育广播的忠诚度是上海广播频率中最高的；[⑤] 就世界广播而言，也不乏像 BBC Radio 5 Live Sports Extra、BBC Radio 5 Live 这样的专业体育广播频率。

---

① 张矛矛：《新中国体育广播发展研究——北京奥运会视野下的回顾与展望》，北京体育大学博士学位论文，2009：65。

② 张松华、边建、顾楠楠：《龙腾不列颠——北京体育广播伦敦奥运报道简析》，《中国广播》，2013 年第 1 期：69。

③ 《北京电台收听分析（2014 年 2 月）》，http：//gbgg.rbc.cn/scfx/201403/t20140320_ 709853.htm

④ 洪超：《五星体育广播节目现状与发展研究》，上海体育学院硕士学位论文，2013：47，50。

⑤ 《上海人民广播电台五星体育广播 FM94.0 介绍》，http：//www.mjceo.com/radio/3779/introduction.html。

“世界眼光、开放胸怀、内合外联、多元发展”，是中央人民广播电台的发展思路。在细分化、专业化的广播发展趋势下，在中国体育事业蓬勃发展的时代背景下，创办专业体育广播频率或许是中央人民广播电台体育广播未来发展的一个方向。

（作者薛文婷系北京体育大学宣传部副部长、副教授；
梁悦、刘力菲系北京体育大学硕士研究生）

中国国际广播电台驻外记者事业发展与思考

孙伶俐

中国国际广播电台（以下简称国际台）作为我国主要的外宣阵地，主要优势有两个“外”字：一是外语人才优势；二是驻外记者优势。

中国国际广播电台的驻外记者事业始于20世纪80年代。经过30多年的发展，目前除了在香港和澳门特别行政区设有记者站外，在世界五大洲建成了30个驻国外记者站，拥有60多名驻外记者。进入21世纪后，随着对外传播事业的发展，国际台还建立了非洲、亚洲、北美、中东、拉美、澳洲、俄罗斯东欧7个地区总站。

可以说，驻外记者事业的发展是国际台事业发展史中重要的一部分。本文拟对国际台的驻外记者事业加以回顾，并对未来的发展作以思考。

一、驻外记者站的创建

中国国际广播电台诞生于1941年抗日烽火中，第一个对外播音的语种是日语。在很长一段时间，受客观条件所限，国际台的新闻来源主要依赖于新华社电讯稿。除了部分国内新闻是本台记者自主采写以外，国际新闻基本都是根据新华社的电讯文字稿编发而成，最主要的缺点是没有现场音响，广播的优势没有充分发挥。

1. 创建驻外记者站的背景

20世纪70年代后，随着改革开放政策逐步实施，中国经济开始腾飞，对外交流逐渐扩大，外国迫切需要了解中国的政治、经济、文化等各方面情况，中国也迫切需要了解外部世界最新的变化。国际台作为沟通中外的桥梁和纽带，其单一的信息来源显然不能满足对外传播的需要。另一方面，随着传播学理论在中国学界的引入，结合国内广播事业的发展实践，广播界也逐渐认识到广播并不是简单的“我播你听”，只要播出去，别人就能听进去。因此，如何改善国际台的对外传播效果被提上了议事日程。增加国际台自己的信息来源，增加现场音响，使对外广播节目更具可听性，成为改善传播效果的关键步骤，而创建国际台自己的驻外记者站也因此成为一个必要的选项。

改革开放使不仅使驻外记者站的创建成为必须，也使驻外记者站的创建成为可能。随着中国经济的发展、综合实力的提高，国际台创建驻外记者站的物质条件已经具备，时机越来越成熟，而国际台拥有的外语人才优势也在记者站的创建中得到了充分发挥。

2. 创建驻外记者站意义深远

为适应我国改革开放形势和对外广播宣传的需要，国际台毅然决然地做出了向国外派驻记者这一具有战略意义的决策。1980 年 12 月 3 日，国际台第一个记者站——驻日本记者站在东京正式建立，自此国际台的驻外记者开始走向世界。至 2007 年，国际台共在海外建立了 32 个驻外记者站（含香港和澳门记者站），一个布局合理、遍及五大洲的驻外记者网络逐步形成。国际台在重要的站点分别派驻通用语英语和当地语言记者，发挥外语人才的优势，一方面向国内发回独家中文音频报道，一方面直接用当地语言发回报道，供后方语言部制作节目对外播出。

创建驻外记者站这一开拓性举措，结束了国际台作为一个国家对外广播电台长期以来没有自己的国际新闻来源的历史，在我国的对外广播史中书写了重要的一页，不仅给对外广播，也给对内广播、电视的发展增添了活力，对整个中国的广播电视事业发展，甚至对中国的国际形象塑造，占领国际舆论阵地，都具有重要意义，影响深远。

首先，驻外记者站直接从国外发回的现场报道大大丰富了国际台广播的节目内容，具有广播特点，增强了节目的可听性，改善了节目的传播效果。

其次，通过在国外建立记者站，驻外记者能和听众面对面接触，加强交流和互动，既使国际台直接了解了受众的需求，有利于有的放矢改进节目质量，同时驻外记者站的建立也彰显了国际台的实力，提升了国际台的形象，驻外记者还可以通过举办听众见面会等各种活动，直接在海外宣传中国，为树立中国正面的国家形象发挥独特的作用。

再次，国际台驻外记者站成为对内广播电视国际新闻报道的重要来源之一，提高了国际报道在国内的竞争力。中央人民广播电台、国际台和中央电视台是广电总局直属的三家国家级广播电视机构，即“中央三台”。长期以来，由于缺乏自己的驻外记者，中央三台的国际新闻报道要么依赖新华社，要么根据美联社、路透社等西方媒体的新闻报道加以改编，因此没有特色，难以取得突破，不能满足广大受众的需要。国际台创建驻外记者站后，迅速改变了这一局面，尤其是重大国际新闻事件发生时，国际台驻外记者的作用迅速发挥，他们不仅给国际台制作节目，还成为中央人民广播电台、中央电视台的重要信息来源。此外，随着地方电台和电视台对国际新闻的需求日益增强，国际台的驻外记者也成为地方广电媒体的重要信息来源之一，在重大突发新闻发生时，国内受众常常可以在电视荧幕上看到国际台驻外记者与后方的电话连线报道。

自从有了国际台驻外记者，改变了国际新闻报道领域新华社一家独大的局面，国内媒体国际新闻报道的格局为之一新，媒体之间的竞争也大大加强，有力地提升了国内媒体的国际新闻报道能力。

3. 驻外记者站的三大任务

回顾驻外记者建站史可以看出，为保证驻外记者的各项开创性工作能够顺利进行，自选拔第一批驻外记者开始，国际台就对驻外记者进行了严格的审核。发稿是驻外记者的首要工作，这就要求驻外记者是政治素质高、既懂新闻又懂当地语言的复合型人才。

自 1980 年建站伊始，国际台就在探讨广播电视驻外记者站究竟应该承担什么任务。1983 年 2 月 9 日国际台召开了一次专门讨论驻外记者站工作的台务会议，确立了驻外记者站的三大任务：发稿、调研、广交朋友。1987 年 3 月召开的广播电影电视部第一次驻国外记者站站长会议进一步明确提出了各站任务是：发稿、调研、广交朋友，为三台（中央人民广播电台、中国国际广播电台和中央电视台）服务。[①]

二、驻外记者站工作取得的成绩

建立驻外记者站的第一指导思想就是要通过前方记者不断发回的报道，体现一个国家电台在国际报道中应有的重要作用。这在历任记者的工作中都得到了充分验证。驻外记者站建立头几年基本上是边摸索、边工作，每月每个站发稿仅有二三十条，国际专稿和录音报道更少，而经过几年的摸索和经验积累，驻外记者的发稿数量不断增加，报道内容不断丰富，报道质量不断提高，获奖作品和优秀记者不断涌现。在提高国际新闻时效性、扩大报道面、应对突发事件、加强深度报道等方面，国际台驻外记者显示出一定的实力。

1. 抓住突发事件，彰显应变能力

对突发事件的报道是对一个新闻媒体的重大考验，如果把握住机遇媒体可能一战成名。比如，在 1991 年的海湾战争期间，国际台驻美国记者最先向国内发回了海湾战争爆发的消息，其他各驻外站积极配合，不断发回战况和各方反应，随时向中国和世界播报事态的最新进展，在社会上引起很大反响。国际台驻外记者发回的海湾战争爆发的消息，与美联社、法新社的时效不相上下，马为公、钱雨润等记者一下子被很多国内听众所熟识。

此后，国际台驻外记者按照“向中国介绍世界，向世界报道世界”的宗旨，以出色的报道工作证明他们是一支特别能战斗的队伍：比如对“9·11”事件、印度洋海啸、日本大地震、本·拉登被击毙，以及对驻在国大选和一些重要国际会议的报道，等等，这些报道使国际台在对外报道国际事件时发出了自己的声音，旗帜鲜明地表明了中国在国际事件中的态度和立场。这些国际报道不仅被国际台使用，而且被国内中央及多家地方媒体采用，并得到好评，使国际台从此在国内的国际报道中占有了一席

① 龚子贤、李支援：《开拓　发展　创新——国际台驻外记者事业发展回望》，《国际广播电视学刊》2009 年第 5 期，第 4 页。

之地，有力推动了国内媒体在国际问题报道领域的竞争。

2. **突出广播特色，增强感染力**

驻外记者站成立之初，受通讯条件限制，记者大都是通过传真发回文字稿件，少量的录音报道磁带也都是邮寄或托人带回国内，时效性差，记者口播和连线的报道形式几乎没有。随着通讯条件的改善，特别是近十几年来，驻外记者发回的报道更加注重广播特色的体现，记者口播、连线和录音报道的数量在逐年增加。有些录音报道十分精彩，比如，2000 年巴以冲突期间，国际台驻耶路撒冷记者采写的《录音报道：让爱的阳光融化冰雪》讲述了一名巴勒斯坦青年为抢救落水的以色列儿童而献出生命的真实故事，展现巴以人民对和平的渴望以及人性的温暖，立意高远，音响丰富，制作精良，感人至深，荣获第 11 届“中国新闻奖”一等奖。

2005 年，国际台对内外宣频率环球资讯广播开播后，驻外记者“广播优先”意识大为加强，利用现场连线和录音报道的形式进行报道，充分体现了广播节目时效性和现场感强的特点。

3. **加强策划意识，提高影响力**

多年来，国际台根据记者站布局和自身特点提出了“驻在一国、兼管一片、人无我有、人快我新、人新我深”“有大事、齐伸手”“守好家门，随时出击，软硬并重，创出特色”等一系列工作和协调方针，充分发挥前沿记者的优势，加强策划，不断创新报道形式。在后方编辑部的指挥策划下，各驻外记者站对国内一些重大事件的国际反应的报道、对国际热点和突发事件的及时和深度报道，正在不断提高国际台的美誉度和公信力。

除了对重大事件的策划报道外，国际台还围绕我国的外交大事主动策划大型宣传活动，这些活动的成功离不开驻外记者的积极配合。比如，俄罗斯站对中俄友谊之旅“俄罗斯行”和“中国行”的配合报道、东南亚记者站对“东盟之旅”大型采访活动的配合报道、日本站对“中日网络对话”活动的全力参与和报道、巴基斯坦站对“中巴媒体母亲河之旅大型跨境多媒体采访活动”的策划及全程参与，等等。

三、新时期驻外记者站功能拓展

21 世纪，随着互联网时代的到来，媒体之间拼抢时效、拼抢深度，竞争日趋白热化。从国际上看，尽管我国的综合实力和国际地位都大幅提升，但是西强我弱的国际舆论格局仍然没有改变，驻外记者在海外直面其他媒体的激烈竞争，如何通过新闻报道、举办活动等各种方式开拓创新，树立中国良好的国际形象，为国家建设营造良好的舆论氛围，这成为驻外工作应当思考的问题。

2004 年国际台根据李长春等中央领导同志的指示，提出了构建现代国际广播体系的战略目标。2008 年广电总局田进副局长在驻外记者站工作会议上指出，驻外记者站要成为驻在国、驻在地区的综合事务管理者，成为驻在国、驻在地区事务的专家，成为广电系统的“外交家”，成为落地项目的考察员与监听员，成为汉语国际推广的友好使者。国际台王庚年台长也明确提出了国际台驻外机构应当成为“综合派出机构和全权业务代表”。这些重要指示都对国际台驻外记者事业发展提出了更高的期望和要求。

1. 节目落地、汉语推广成为记者站重要工作

作为国际台的海外派出机构，驻外记者站具有一线优势，熟悉驻在国情况，除了向后方编辑部及时发回报道，还需要协调完成听众联络、调研、接待等各项任务。

随着国际台事业的跨越式发展，近年来，驻外记者站不断配合国际台的发展目标，为国际台构建现代国际广播体系做出努力。比如，在节目落地方面，驻外记者发挥一线的优势，通过调研和分析，为国际台境外节目落地工作提供了大量丰富翔实的参考依据，并在具体协调沟通方面做出了突出贡献。目前积极推进节目落地工作已成为很多记者的自觉行动。例如，在巴基斯坦记者站的积极推动和协调下，促成了国际台节目在首都伊斯兰堡和最大城市卡拉奇的整频率落地，2012 年 10 月国际台第 81 个海外分台——中巴友谊调频台在伊斯兰堡顺利开播。

为扩大外宣领域，受国家汉办委托，国际台利用驻外记者站优势，积极开展推广汉语工作。许多记者站在完成报道工作的同时，寻找机会了解在当地建立广播孔子课堂的可能性，并成功地推动了多家广播孔子课堂在海外的开办。至 2014 年 6 月，国际台已在海外建立了 13 家广播孔子课堂。有的驻外记者还兼任孔子课堂的管理工作，组织当地学生参加汉语水平测试、在当地举办各种汉语推广、节庆纪念活动等。

2. 建立地区总站和节目工作室，拓展记者站功能

随着国际台海外调频台的逐步增加，为了增强传播效果，使落地节目“本土化”，更加贴近受众，国际台开始在海外逐步建立节目工作室。2006 年年底，国际台在肯尼亚内罗毕原有记者站的基础上开始筹建驻非洲地区总站。经过多方调研和实地考察，2008 年非洲地区总站的本土节目工作室开始运行，从 2008 年 12 月 29 日开始每天制作 10 分钟的本土化新闻类节目《今日非洲》，供国际台英语、斯瓦希里语落地节目使用。目前，国际台已建成了非洲、亚洲、北美、中东、拉美、澳洲、俄罗斯东欧 7 个地区总站。

在驻外记者站的配合下，地区总站主要负责在管辖区域建立节目工作室、与当地有关部门加强联系、推动合作交流，促进国际台事业的海外拓展。如设在泰国曼谷的亚洲地区总站，利用上层人脉资源，建立了本土节目制作室，雇佣当地优秀的节目主持人和编辑、记者，按照当地受众喜好设置节目，使国际台落地调频台的收听率在当地电台中的排名节节上升，取得了显著成绩。

地区总站的建设是国际台又一开创性的工作，大力推动了国际台驻外记者事业进一步向前发展。

四、思考与建议

回顾过去可以看出，国际台的驻外记者事业在改革开放的时代背景下应运而生，伴随着国际广播事业的蓬勃发展而蒸蒸日上。进入21世纪新时期，加强国际传播能力建设已上升为国家战略，国际台作为外宣的主阵地，加强传播能力建设、把驻外记者事业做大做强是时代赋予的光荣使命，而这对驻外记者和管理者都提出了更高的要求。

1. 国际台驻外记者应具备的意识

国际台驻外记者一方面面临国外同行的竞争，一方面还要面对来自国内媒体比如中央电视台、新华社的竞争。国际台的记者尤其是语言部的驻外记者越来越年轻化，年轻的优势是接受新生事物快，比如发微博、微信等，在利用新媒体做报道方面上手快，但是也存在新闻从业经验较少，政治素质和组织纪律性急需提高等问题。因此，在未来对驻外记者的选派上还是应强调综合素质的过硬。

笔者认为，在新形势下，国际台驻外事业发展壮大，驻外记者须具备三个意识：政治意识、开拓意识、新媒体意识。

（1）政治意识

“中国立场，世界眼光，人类胸怀”是国际台的办台理念，意味着驻外记者身在海外，不仅要具备国际视野，还需要具备坚定的政治立场，不论身在何处、报道何事，都不能被外方媒体牵着鼻子走。信息时代，各种信息铺天盖地、纷至沓来，如果没有政治意识，就容易迷失方向。强调政治意识意味着我们不是“有闻必报”，而是有选择地报道，通过报道体现中国的态度和立场。

21世纪，伴随着中国的和平崛起，国际舆论斗争形势错综复杂，强调政治意识不但不过时，而且更为重要。驻外记者必须熟悉和掌握中国的内政外交政策和口径，政治素质过硬，才能明辨是非，在驻外工作中坚定中国立场，维护中国利益。

（2）开拓意识

驻外事业不是墨守成规、一成不变的，驻外记者要根据国际台事业发展需要主动开拓工作领域、积极进取。后方对记者所在地区的情况不是特别了解，除了对报道工作每月有考评外，对调研、听联、落地、推广汉语等工作一般没有硬性的规定任务，所以记者站的工作很多时候需要主动去开拓。在中国综合实力不断提高的情况下，驻外记者完全可以主动出击，根据国际台政策和当地国情拓展工作范围，策划联合采访、征文比赛、听众见面会等各类活动，全方位提高国际台影响力，提升中国软实力。

（3）新媒体意识

随着互联网的快速发展，推特、微博、微信等社交平台的影响力日渐扩大，驻外记者要具备新媒体意识，善于利用新媒体多发报道、广交朋友，从而影响舆论。自

2013 年开始，国际台要求驻外记者在发回传统的文字、音响、图片报道的同时，尽量利用新媒体手段，多发微博、微信。驻外记者的微博、微信结合海外亲身经历报道新闻事件，以小见大，亲切生动，经国际台官方账号推送后收到了积极的效果，很多网友跟帖、转发、点赞，提高了驻外记者和国际台的知名度。2013 年 6 月，国家主席习近平访问拉美并与美国总统会晤期间，国际台新闻中心官方微博通过微博访谈形式，邀请国际问题专家、国际台时政记者以及驻美国、墨西哥、阿根廷、日本、韩国等多国首席记者多点参与，实时回答网友提问，与网友互动交流，这一网络活动访问量达 200 多万人次，将传统媒体的权威性、公信力与微博传播的便捷、即时、活泼相结合，提高了舆论引导力。

2. 加强对驻外记者的考核和回任管理

为保证报道和其他任务的顺利完成，多年来，国际台已经形成了一整套行之有效的驻外记者管理制度。随着形势的变化，国际台完善了驻外记者的选拔和派出机制，加大了培养和管理的力度。笔者认为，对记者的考核和回任管理还需要进一步加强。

（1）对驻外记者的考核需要改革

目前，国际台的驻外记者站大部分都有两名记者，一名来自新闻中心，一名来自语言部，其中一人任站长。随着驻外记者事业的逐步拓展，两名记者除了根据新闻中心要求发回新闻报道之外，有时还需要完成台里交代的听众联络、广播孔子课堂、节目落地等其他任务，因此需要记者站加强管理，统一安排协调才能使各项工作有条不紊展开。但是由于两名记者来自不同的部门，卸任后也是各自回到原部门工作，在记者站工作期间，站长对站员没有考核、评判、奖惩的权力，造成管理上存在薄弱环节。

这方面新华社的做法值得借鉴，尽管新华社的驻外记者也来自国内不同部门，但新华社的驻外分社全部工作由分社长统一安排和部署，分社长代表新华社在驻在国与其他机构联络，分社长向上级总分社负责，并对分社每个记者进行考核、评判，责权利分明，管理到位。

（2）对驻外记者的回任管理急需加强

经过层层甄选和多重考量派出的驻外记者本身就是整体素质较高的人才，而在外派工作的实践中，随着视野的开阔和经验的丰富，驻外人员的知识、技能和能力不断得到加强。一般而言，通过海外工作，尤其是亲身参与海外重大事件直播报道等工作的历练，驻外人员的政治把关能力、现场表达能力、协调应变和沟通能力、抗压能力等都会得到显著提升，同时还会积累丰富的对象国政治、经济、文化知识。[①] 因此，做好驻外记者的回任管理工作，有效地开发、评估和使用驻外回任人员的人力资本，

① 战伟萍：《国家媒体驻外人员回任的全过程管理研究》，《国际广播影视》2014 年第 3 期，第 54 页。

从而提高组织效率，已成为驻外记者管理制度的题中应有之义。

目前，国际台拓宽回任后职业发展通道的方式主要有两种：在常规晋升渠道上加以重用；打通专业发展通道，比如将回任记者纳入岗位“首席”“四个一批”的范畴。笔者认为，由于常规晋升渠道有限，在专业发展通道上，还应加以研究，设置更加适合回任记者的岗位，充分发挥驻外记者的能力、资源等优势，避免人才流失。

展望未来，笔者认为，在新时期加强国际传播能力建设不是一蹴而就的，需要落实在每个人的行动中，国际台驻外记者作为具有国际视野的高素质群体，应当也能够为此做出独特的贡献。而对于驻外记者的管理，如何让他们在任上以及卸任后都能发挥一定的作用，也是值得管理者思考研究的问题。

（作者系中国国际广播电台新闻中心主任编辑）

市场经济确立20年来广电节目改革发展特征探析

黄玉迎

【摘　要】2012年，我国社会主义市场经济体制正式确立20年。在这20年中，中国的广播电视行业作为改革开放和现代化事业深入发展的重要组成部分，发生着巨大的变革。在社会主义市场经济条件下，广播电视节目20年来的改革发展呈现出五个鲜明的特征，而广播电视节目在改革发展中出现的问题也不容忽视。

【关键词】市场经济　节目改革　广电改革特征

1992年10月，中国共产党第十四次全国代表大会上，我国社会主义市场经济体制宣告正式确立。20多年来，我国社会主义市场经济体制的建立和发展，使我国的改革开放和现代化建设事业都进入了深入发展阶段。中国的广播电视行业作为改革开放和现代化事业深入发展的重要组成部分，也发生着巨大的变革。环顾国内国际环境形势，审视广播电视节目改革得失，总结市场经济条件下广播电视节目20年来的改革发展特征及问题，将为未来广播电视节目在社会主义市场经济条件下的健康发展提供有益借鉴。

一、市场经济条件下广播电视节目改革发展特征

笔者认为，20年来，在社会主义市场经济条件下，广播电视节目的改革发展呈现出五个比较明显的特征。

（一）走向市场激发强烈受众意识

1992年6月，中共中央、国务院下发了《关于加快发展第三产业的决定》，广播电视进一步被明确为第三产业。1992年10月，我国召开的中国共产党第十四次全国代表大会上确立了社会主义市场经济体制的发展目标。我国的广播电视在步入市场的过程中，也渐渐拥有了市场化生存中最关键的受众意识。市场经济的契约自由，决定了消费者有高度的自由选择权。消费者在市场中拥有的“消费者主权”，决定了在市场交易中消费者是上帝，生产者必须投其所好，否则就可能遭遇市场淘汰。对于广播电视来说，受众就是广播电视的“消费者”。广播电视节目能否取得良好的社会效益和经济效益，最终的决定者就是受众。过去长期习惯于以主导者地位自居的广播电视，开始逐渐改变对受众的认识和态度，表现出强烈的受众意识。

首先，广播电视新闻节目从语态开始，一改过去宣教者的姿态，开始以平视的角度与受众展开对话。其中最典型的，就是1993年开播的《东方时空》节目。“《东方时空》实验了一种新的电视理念——重新检讨我们与观众的关系，重新认识电视的‘家用媒体’属性及其特有的传播规律。甚至可以进一步坦白地说：始于1993年的电视新闻改革在理念上是从实验与电视观众新的‘说话方式’，也就是新的电视叙述方式开始的。比如，叙述的态度应该是真诚和平和的；叙述的内容应该是观众关心和真实的；叙述的技巧应该是有过程和悬念的，叙述的效果应该是具有真实感和吸引力的……”① 电视观众从《东方时空》主持人的言语和交流的态度中，感受到了尊重和重视，与电视媒体的距离也开始拉近。

根据1999年一项针对电视台早间节目的全国调查显示，在“新闻资讯类节目在表达观点时应该让谁发议论问题上”，六成以上的城市人期望：“让被采访的普通百姓多说点”。今天的城市人不再希望节目的发言权让记者、主持人甚至权威人士所垄断，他们更多地希望那些和自己差不多的普通人议一议，说一说。② 由此可以看出，如今的受众已经不再是沉默的被动接受者，他们希望自己也拥有平等的发言权。而广播电视媒体在市场经济条件下的改革，正好迎合了受众的这种需要。

第二，受众的需求开始得到广播电视媒体的高度重视。广播电视媒体在社会主义市场经济条件下树立的市场观念，强化了对受众需求的关注和与受众的互动，拥有了受众，就意味着拥有了市场。

一方面，广播电视媒体通过主动开展受众调查，了解受众对节目的看法和意见，作为节目调整的重要依据。1993年至1994年，中央电台和部分地方电台在对听众来信中的意见和建议进行分析的基础上，对当时的节目进行了适当调整。如中央电台对第一、二、三套节目进行了全面改造，不仅播报新闻节目的次数增加了近一倍，还进一步强化了服务功能。1992年，中央电视台联合全国各省市电视台进行了自1987年以来的第二次全国电视观众抽样调查，希望了解受众的变化和期待。

另一方面，广播电视媒体进一步强化了与受众的互动。如中央电视台就十分重视与观众的互动，注意从来信中深入挖掘重大新闻线索。以中央电视台的名牌节目《焦点访谈》为例，《焦点访谈》很多获得中国新闻奖的新闻节目，线索都是由观众提供的。在这种良好的互动关系中，传统的电视观众不再是过去的被动接受者，而是成为了积极的线索提供者。

在20年的改革发展过程中，我国广播电视媒体的受传关系发生了根本的变化。

---

① 孙玉胜：《十年——从改变电视的语态开始》，生活·读书·新知三联书店2003年8月第1版，第3至4页。

② 喻国明：《早间电视节目的定位策略与基础——关于我国城市居民早间生活形态和电视收视意愿的调查报告》，《媒介的市场定位——一个传播学者的实证研究》，北京广播学院出版社2000年1月版，第272页。

过去那种广播电视是宣传教育者、受众是被动接受者的传播模式，已经变为广播电视媒体是信息提供者、受众是信息主动选择者这种新的传播模式。

值得一提的是，在这种新的受传关系下，广播电视媒体并未仅仅止步于受众当下的需求，而是根据自己的专业素养和宽广视野尝试拓展和引导受众的需求，在新闻、文艺、经济、科教等多种广播电视节目中，都不乏这样的创新探索。如在文艺节目中兴起的大众娱乐节目，科教节目中的故事化叙述方式转变等，这些都是为了满足受众需求而进行的创新探索。这些依市场需求而动的改革创新，获得了来自受众市场的认可和肯定。

（二）公平竞争中追求独家精品

在我国由计划经济向市场经济的转型过程中，广播电视媒体和其他行业一样，面临着市场经济大潮的冲击。市场经济的核心是公平、开放的竞争。只有在竞争中取胜，才能生存和发展。面对市场竞争，如何才能立于不败之地？如何才能谋求发展壮大？广播电视媒体需要像所有在市场中求生存的个体一样，寻找自己被受众欣赏和认可的独特优势，获得自己在受众市场的生存空间。在探索实践中，广播和电视开始各自发挥自身独有的优势，获得在媒介市场竞争中无可替代的位置。

广播的独特优势在于，传递信息迅速便捷、受众广泛，能够轻松实现与新闻同步。特别是在重大突发事件中，广播的传播优势是无可替代的。以2008年5月12日发生的汶川地震为例，由于地震造成交通、电力、通讯一时中断，广播成为灾区群众获取外界信息的唯一渠道。中央电台的9套节目并机播出24小时不间断特别节目《汶川紧急救援》，第一时间搭建起了灾区与外界的信息沟通桥梁。广播在重大突发事件中的独特作用，为广播的发展提供了新的空间。抗震救灾报道结束后，在中共中央办公厅、国务院办公厅《关于突发公共事件新闻报道应急办法》中首次提出“应急广播体系”，将应急广播体系建设纳入国家应急体系建设的总规划当中。广播由此获得了新的发展空间和机会。

在我国进入有车时代之后，广播发挥伴随性收听优势，扩大了收听市场。广播电台在1992年开启的频率专业化改革，为广播开启大容量、专业化伴随性收听提供了广阔的空间。在进入21世纪后，广播的频率专业化改革进一步深入。经过频率专业化、节目对象化的深入调整，传统的广播文艺节目再度细分市场，音乐、戏曲等纷纷从文艺广播中剥离出来，单独成立专业频率。据最新统计数据显示，2010年，在全国听众中，把私家汽车作为最经常收听广播地点的选择比例达到20%，较上年有明显提升。[①]

电视的独特优势在于，声画结合的魅力和科技进步赋予的现场直播魅力，这也成

① 国家广播电影电视总局中国广播电视年鉴编辑委员会编纂：《中国广播电视年鉴（2011）》，中国广播电视年鉴社2011年11月版，第267页。

就了电视“第一媒体”的地位。在新闻领域，电视媒体对国内外重大突发事件的现场同步播报，是最为吸引受众的“卖点”。声画兼备的直播给人眼见为实的真实感，最为引人。以汶川地震报道为例，中央电视台的直播报道实现了技术创新、报道创新、观念创新、机制创新等多种创新，强烈的现场感让电视机前的观众感到震撼。

（三）在成本意识要求下，打造中国特色制片人

在社会主义市场经济条件下，广播电视逐步变成需要自负盈亏的企业化经营的行业。过去在运作资金上传统的“等靠要”思维，在市场经济中已经逐渐化为乌有，取而代之的是清晰的成本意识。在自负盈亏的市场化运作要求下，中国的广播电视开启了中国特色制片人制的建立和发展。

制片人制在西方国家早已存在，但是我国广播电视节目制片人能够借鉴的经验却不多。其原因在于，西方制片人追求的核心价值是市场利润，而中国广播电视节目的制片人在社会效益与经济效益出现冲突之时，会以社会效益为先。因此，我国需要自主缔造中国特色的广播电视节目制片人。开启广播电视节目制片人尝试的第一个节目，是中央电视台的《东方时空》节目。

《东方时空》的制片人制代表了一种在社会主义市场经济条件下理想的节目制作和经营管理的先进模式。这种新型模式对制片人提出了前所未有的极高要求，需要新闻业务和经营管理方面都在行的复合型人才。首先，制片人必须拥有节目经营管理的基本能力，以保证节目的持续运营。其次，制片人必须拥有节目策划把关的基本能力。说到底，一个节目能否在市场上求得生存，最根本的还是要靠节目自身质量过硬。新闻制作的整个流程都要求制片人有思路、有政治高度、有社会责任感、有把关意识。这样的复合型人才，可以做到以较低成本代价采制质量过硬的电视新闻节目。

在《东方时空》创立制片人制的过程中，有一些经验和积极探索值得借鉴。一是新开办新闻节目的广告价格可灵活确定，循序渐进摸索节目价值规律，实现广告与栏目的互动。二是从电视发展规律和市场经济规律出发，千方百计降低节目制作成本，从而提高节目的市场竞争力。例如通过有效利用社会闲置资源，节约成本，制作好节目。三是合理确定节目与电视台的收入分成，为办好节目放开手脚使用广告收益，改善节目制作技术和设备条件，通过奖优罚懒的奖金制度调动员工积极性。这些在软件和硬件上的必要投入，最终将提升节目质量，提高节目在市场中的核心竞争力。

《东方时空》制片人制的创新探索具有开创性意义。此后，全国范围内开启了广播电视节目制片人制改革创新的浪潮。在20世纪90年代中后期特别是进入21世纪以来，制片人制在发展中呈现出的主持人与制片人合一的趋势越发明显。中央电视台的《实话实说》《人与自然》等都是其中的代表。截至2010年底，全国广播电视系统的播音员、主持人达到2.6万人。[①] 虽然目前，我国的广播电视行业统计中还没有专门

① 国家广播电影电视总局中国广播电视年鉴编辑委员会：《中国广播电视年鉴（2011）》，中国广播电视年鉴社2011年11月版，前言第2页。

针对制片人数量的统计，但是按照2010年我国关于广播电视主持人数量的统计，我们还是可以从一定程度上了解制片人制的发展状况。

（四）产业化发展模式下重视品牌经营与维护

在产业化发展的目标下，市场经济带来的激烈竞争，使广播电视媒体意识到品牌经营和维护的重要性。在市场上购买商品时，我们总是愿意选择商业信誉高的商品，而判断商品商业信誉高低的外在标志，就是商标。在广播电视行业，象征着媒体权威性和公信力的外在标志，就是广播电视的品牌。将自身的品牌维护和经营好，意味着原有的受众会习惯性地选择自家品牌收听收看节目，意味着权威性和公信力的保持和提升，意味着广告收入的稳步增加，这将有利于广播电视展开产业化大发展。

广播电视媒体打造自身品牌，经历了从节目品牌到频道品牌，最终到整体品牌的发展过程。以中央电视台为例，在20世纪90年代初期，《东方时空》《焦点访谈》《新闻调查》等新闻节目的崛起，使这些节目的品牌在全国都具有很高的知名度，电视观众会锁定这些节目的播出时间，时间一到，便会准时收看。电视观众的忠实度也为这些品牌节目赢得了丰厚的广告收入，如《焦点访谈》节目从开播第二年起，连续10年平均每年都向中央电视台上交1亿元的广告收入。在进入21世纪后，广播电视媒体开启了频率频道专业化建设的高潮，中央电视台在2003年5月1日开启了24小时播出的新闻频道，《焦点访谈》《新闻调查》等这些已经形成品牌的新闻节目悉数在新闻频道的黄金时间播出，进一步打造中央电视台新闻频道的品牌价值。在2008年汶川大地震发生后，很多中国人都习惯于锁定中央电视台的新闻频道来关注抗震救灾的最新进展，有的观众甚至整天都将频道锁定在新闻频道，以免漏掉最新的消息。从这一情况我们可以看出，中央电视台集中优势新闻节目打造新闻频道品牌含金量的目的已经实现。目前，我们可以看到，在中央电视台第一套节目播放的自身形象广告中，中国中央电视台已经作为一个整体，以中国的国家级电视台形象向国内外受众宣传自己的品牌。在新闻报道特别是重大突发事件现场直播报道中，我们常常可以听到中央电视台记者在现场报道结束后，都会使用一句固定的结束语——“央视记者某某地报道”。这样的结束语，强化了中央电视台这个电视媒体的整体品牌，可以让受众形成这样一种意识：我们关注的新闻都来自中央电视台的报道。这使得中央电视台这个媒体品牌，在与其他媒体品牌的较量中，无形之中增加了品牌的价值和含金量。

在经营品牌方面，湖南卫视曾经火爆数年的《超级女声》节目打造品牌的做法值得借鉴。湖南广播电视厅厅长魏文彬曾对外表示：“有人说，《超女》值一个亿，我说过，5个亿也不卖。”①

电视娱乐节目《超级女声》的成功，不仅在于它获得的巨大广告利润，更重要的是在湖南卫视的经营下，它带动了《超级女声》相关产业链的全面繁荣和赢利。2005

① 黄晓阳：《魏文彬和他的电视湘军》：新华出版社2006年10月版，第255页。

年，蒙牛与《超级女声》合作冠名，蒙牛的产品酸酸乳因此销量由7亿元提高到25亿元，早餐奶销量由1.5亿提高到10亿。《超级女声》节目的衍生产品全国巡回演唱会，赚了5000万元。同属湖南广电集团旗下的金鹰卡通，2006年给每一个《超级女声》设计一个完全不同的《超级女声》娃娃，《超级女声》胜出时，跟随她全程的《超级女声》娃娃也就跟着红了。金鹰卡通还推出了55分钟的动画片节目《超女娃娃第一季》，这一动画节目获得了国家广电总局的优秀国产动画片推荐。[①] 此外，李宇春、曾轶可等通过《超级女声》而成名的平民歌星一直活跃在中国的歌坛上，还有的胜出者参与了电视剧的拍摄，星途正在展开。

（五）扩大市场空间，主动拓展新媒体传播渠道

在新媒体的冲击下，广播电视媒体的社会影响力和广告收入都面临着一定的潜在威胁和影响。为了在传媒市场保持并扩大自身的影响力，广播电视媒体逐步深入地延伸和拓展了自身的传播渠道。中央电台向网络、手机等新媒体进军，开辟的手机电视、银河网络电台等新媒体获得了用户数和访问数的明显增长。2007年8月2日，上海文广新闻传媒集团（SMG）的动感101广播成为全国首家网络视频广播。2008年汶川地震发生后，中央电视台的央视网等网络新媒体与电视形成联动，极大地拓展了电视传媒报道重大突发事件的传播渠道，使海内外受众全面了解灾情有了更多样的权威渠道。

据最新统计数据显示，在2010年，全国共批准开办10家网络广播电视台。网络广播电视台是指以宽带互联网、移动通信网等新兴信息网络为节目传播载体的电台、电视台，是新形态的广播电视播出机构。[②] 中央电视台建设的中国网络电视台已经成为中国规模最大的网络视频正版传播机构。中央人民广播电台建设的央广广播电视网络台，开办了互联网广播电视、手机广播电视和车载信息娱乐等业务。安徽、黑龙江、湖北等10家广播电视播出机构通过自创与对接传统广播、电视内容，集成本区域内的视听节目与网络业务，不断做大做强网络内容产业，实现多途径传播和多终端发布。在手机电视方面，截至2010年底，中央电视台、中央人民广播电台、上海广播电视台、杭州广电集团、辽宁广播电视台等5家平台已通过国家广电总局验收。[③]

二、在市场经济环境中发展伴生的问题

由于社会主义市场经济体制的不健全和不完善，行业监管和自身监管方面存在漏洞等因素，广播电视行业在社会主义市场经济条件下的改革创新发展，同时也伴生着

① 纪富贵：《湖南金鹰卡通产业链赢利分析》，《湖南大众传媒职业技术学院学报》，2010年第10期，转引自百度文库 http：//wenku. baidu. com/view/2f5e0e1cc5da50e2524d7f0f. html。

② 国家广播电影电视总局中国广播电视年鉴编辑委员会编纂：《中国广播电视年鉴（2011）》，中国广播电视年鉴社2011年11月版，第530页。

③ 同上，第243页。

一些不容忽视的问题。有些问题甚至造成极其恶劣的社会影响，严重损害了广播电视媒体在受众中的权威性和公信力。

（一）有偿新闻、“有偿不闻”危害媒体公信力

不可否认，在社会主义市场经济体制不完善、不健全的情况下，如果广播电视行业缺乏法律法规的约束和职业道德的自律，也会像一些企业不顾人民群众生命财产安全制造不合格产品一样，出现逐利害人的违法违规行为。

为了加强在改革开放新阶段的新闻职业道德，1993 年 7 月 31 日，中共中央宣传部、新闻出版署联合下发《关于加强新闻队伍职业道德建设禁止“有偿新闻”的通知》。上述制度的出台，与在 1992 年至 1993 年间，广播电视媒体曾出现的轰动全国的有偿新闻严重问题不无关系。1992 年至 1993 年间，中央人民广播电台新闻中心的记者蔡原江、《科技日报》记者孙树兴等收受已经濒于破产的长城机电科技产业公司总裁沈太福送来的数万元钱物，为其撰写文章给非法集资活动造势，结果造成非法集资达 10 亿元之巨，卷入的群众多达 20 万。这起有偿新闻引发的非法集资大案轰动了全国，最终沈太福被判处死刑，孙树兴被判刑 7 年，蔡原江被判刑 6 年。

时至今日，有偿新闻不但没有消失，而且还出现了变种——“有偿不闻”，即拿了被采访对象的红包后就封口，保证不做负面报道。新华网在 2009 年 12 月 1 日转载了中国青年报的一篇《传言能否逼出蔚县矿难记者涉罪真相》报道。报道称，近日国务院对河北省张家口市蔚县李家洼矿难进行了处理，其中，公布的情况称“为瞒报事故，李家洼煤矿矿主共支付 260 多万元用于收买记者”。

（二）虚假新闻出现记者主动造假现象

与有偿新闻相伴生的，还有虚假新闻。这其中最恶劣的，莫过于明知是假还要主动造假的行为。2007 年 7 月 8 日，北京电视台《透明度》栏目以“纸做的包子”为题，播出了记者暗访朝阳区一无照加工“纸箱馅包子”的节目。节目播出后，北京市政府领导高度重视，时任市长的王岐山批示：“如属实要严办，如属虚假，要公开澄清事实!”结果经公安机关侦查发现，此节目内容是北京电视台 2007 年新聘用人员訾北佳一手策划、编造的虚假新闻报道。在 2007 年陕西华南虎造假事件还在调查时，2008 年 3 月从湖南平江又传出华南虎的消息，据称，这是平江电视台记者吴华直接拍摄到的，并有电视摄像机里的 20 秒录像为证。湖南林业厅及时启动调查发现，这是一起故意制造的虚假新闻。事发后，吴江被停职，并吊销了记者证。[①]

（三）“三俗”和新闻娱乐化问题

1994 年 3 月 10 的《人民日报》发表了广播电影电视部部长艾知生《坚持两手抓两手都要硬的方针　进一步做好广播影视宣传工作》的文章，指出有不少电视台、广播电台在经济利益驱动下，迎合一部分观众的低级趣味，播出的影视节目渲染色情暴

① 参见王卫主编，《违纪新闻案例评析》，大连出版社 2010 年 8 月版，第 212 页。

力，格调低下庸俗；进口的节目播出量比例过大。有些国产影视片也竞相模仿进口的格调低下的影视片；还有的歪曲历史，胡编乱造，散布错误思想。①

在20世纪90年代市场经济确立后就在新闻行业存在的问题，直到今天也仍然或多或少地存在。低俗、庸俗、媚俗，成了部分广播电视节目的痼疾。在电视娱乐节目中由于娱乐过度而出现的低俗之风，蔓延到了电视婚恋交友节目、电视情感故事节目等非娱乐节目之中。同样是为了追求收听收视率和经济利益，新闻中竟然也出现了新闻娱乐化的倾向，硬要在新闻中挖掘八卦，表现在内容上是追求绯闻轶事，表现在形式上是播报走非主流路线。

（四）制播分离中的意识形态渗透，威胁我国文化安全

作为大众媒体的广播电视，由于其制作节目的设备、技术、人才的高投入，和制作了就能播出的制播合一思路制约，导致其产品——广播电视节目成本居高不下，直接影响了节目的国内国际市场竞争力。解决这一问题的出路之一，是实行制播分离。早在1999年，国家广电总局召开的全国广播影视系统内部管理改革座谈会就明确提出了要“积极推进除新闻类节目外的其他广播电视节目播出与制作的分离，进一步发挥市场机制对广播电视节目制作的基础作用”②。制播分离在电视剧领域率先展开，随后渐行渐近地引入到广播电视其他非新闻类节目制作中。据统计，截至2010年，全国持有《电视剧制作许可证》的中小制作方有4057家，持有《电视剧制作许可证（甲种）》的机构有132家，其中不乏已上市的华策影视这样的大型民营制作公司。③

对制播分离有指导作用的最新文件，是在2012年2月15日发布的《国家“十二五”时期文化改革发展规划纲要》。纲要明确要在健全现代文化市场体系方面，构建统一开放竞争有序的现代文化市场体系，促进文化产品和要素在全国范围内合理流动。这将为制播分离的深入、规范实践，提供市场空间和舞台。

在制播分离情况下，我国的广播电视媒体应警惕西方媒体和影视制作公司在节目中进行意识形态的渗透。广播电视媒体必须牢牢把握节目的审查权和播出权，把好政治思想、意识形态、舆论导向等重要关口，在市场经济条件下坚守社会效益居首的底线，确保我国的文化安全。

（作者系北京日报社内参部副主任、博士）

---

① 艾知生：《坚持两手抓两手都要硬的方针　进一步做好广播影视宣传工作》，原载1994年3月10日人民日报，转引自《中国广播电视年鉴（1994）》，北京广播学院出版社1994年9月版，第2页。

② 《全国广播影视系统内部管理改革座谈会纪要》，《广播电影电视决策参考》1999年第8期，转引自刘习良主编：《中国电视史》，中国广播电视出版社2007年2月版，第443－444页。

③ 彭健：《电视剧制片企业的“共主体营销”模式——对“中国电视剧第一股”华策影视的应用分析》，《现代传播》2011年第3期，第97页。

试析我国电视民生新闻的历史发展及其特点

李飞雪　苏　月

【摘　要】我国电视民生新闻自出现以来一直处于不断地发展和变革过程之中，它的以人为本、贴近民生的特点使之成为当前电视新闻的主力军，深受大众欢迎。本文主要梳理了电视民生新闻的发展历程，阐释了电视民生新闻节目具有的优势，分析了国内电视民生新闻现存问题及解决方案，并对我国电视民生新闻的发展进行了相关思考。

【关键词】电视民生新闻　历史　发展　特点

中国电视民生新闻的诞生及崛起，离不开时代背景以及传媒大环境的影响。20 世纪 90 年代，我国做出了深化新闻改革的决定，媒体人的传播理念逐渐进步，传媒体制改革不断深化，国内市场经济的快速发展使民众更加迫切地想要获取各类有益信息，群众在争取知情权和话语权的方面也有了更强烈的意识。与此同时，各家地方电视台需要贴近受众、吸引受众的新型节目形态来提高收视率，电视民生新闻就是在这种背景下诞生的。

2003 年的 SARS 危机促使新闻部门不再漠视受众的知情权，类似矿难、刑事案件、医疗纠纷等事件得以出现在电视民生新闻节目中。此外，国家为了发展民主政治而提出加强舆论监督，党中央针对新闻宣传工作更是提出了“贴近实际、贴近生活、贴近群众”的要求，在政策上为电视民生新闻的发展提供了有力支持。

由于电视民生新闻的编排方式独特、主持风格亲切、节目内容贴近生活、节目主题反映民众的喜怒哀乐，因此一经问世便吸引了大量受众。在短短数年间，同类节目雨后春笋般逐渐兴起，纷纷出现在各家地方电视台黄金时段的荧屏上，在国内地方台中兴起了一股电视民生新闻的热潮。下面就简要梳理电视民生新闻的发展历程，阐释电视民生新闻节目具有的特点及分析国内电视民生新闻现存问题及解决方案，并对电视民生新闻的发展前景进行展望。

一、我国电视民生新闻的发展历程简述

学界关于我国电视民生新闻的诞生时间有两种不同的看法，很多人认为由江苏电视台城市频道创办的《南京零距离》是我国电视民生新闻的鼻祖，并将它的创办年份

——2002年视作电视民生新闻的诞生元年。

与此同时，部分学者提出了不同的看法，有学者认为，虽然《南京零距离》的确是首档打出“民生新闻”旗号的节目，为电视民生新闻做了定名，并因为节目取得的轰动效应而引发了多家电视台的效仿，但是在此之前，我国已经出现了完全具备电视民生新闻特征的节目，比如福建电视台新闻频道推出的《现场》以及黑龙江电视台都市频道推出的《新闻夜航》，因此这两档节目的创办时间——1999年才是中国电视民生新闻诞生的元年。

2009年7月，中国广播电视协会和中国高等院校影视学会在济南发起并主办了“中国电视民生新闻发展与创新论坛暨电视民生新闻十年回顾展评会”①。从活动的名称上，我们不难看出，学界和业界在我国电视民生新闻开端的问题上已有公论，那就是中国电视民生新闻诞生于1999年。在这次研讨会上，中国广播电视协会学术委员会主任、原广播电影电视部副部长刘习良在论述我国电视民生新闻的产生和发展历程时将其分成了四个阶段：反复酝酿阶段、悄然兴起阶段、蓬勃发展阶段、深刻反思同时稳步前进阶段②。其中，反复酝酿阶段其实是电视民生新闻的物质、文化和政策条件逐渐完备，传媒业界不断进行相关探索的阶段，这一时期尚未出现真正的电视民生新闻。因此，我们可以将中国电视民生新闻的发展历程分为三阶段：初级萌生阶段、繁荣发展阶段和稳步前行阶段。

（一）初步萌生阶段（1999年——2001年）

这一时期国内已经出现了部分具有民生新闻特质的节目，例如福建电视台新闻频道于1999年推出的《现场》、黑龙江电视台都市频道于1999年推出的《新闻夜航》、沈阳电视台于2001年推出的《直播生活》等。这些节目在当地电视台播出后都取得了不错的收视效果，引起新闻人的关注。

这一时期出现的节目在新闻选题、内容编排等方面已经具备电视民生新闻的特点，新闻内容呈现出民生化倾向，只是尚未打出“民生新闻”的旗号。此阶段的电视民生新闻只是少数电视新闻工作者的非自觉行为，电视民生新闻的概念尚未进入学界和业界的研究领域。

（二）繁荣发展阶段（2002年——2005年）

2002年是中国电视民生新闻发展史上光辉灿烂的一年。《南京零距离》于这一年元旦开播，明确打出“民生新闻”的旗号。由于编排新颖、内容贴近民生以及主持人风格独特等，节目播出后引发轰动效应，“《南京零距离》开播第二周，进入AC尼尔森南京地区电视节目排行榜（周平均收视率）前50名；第六周进入该排行榜前15

① 张毓强、叶鸿宇：《民生新闻十年：历史、现实与突破之道——中国电视民生新闻发展与创新论坛暨十年回顾展评会会议综述》，《现代传播》2009年第4期。

② 刘习良：《中国电视民生新闻散论》，《现代传播》2009年第4期。

名；第八周成为该排行榜第 1 名并一直保持领先。平均收视率为 8.8%，最高收视率为 17.7%。央视—索福瑞（2003 年 9 月）针对全国观众收看新闻栏目的调查资料显示，《南京零距离》观众人均投入的时间高达 30 分钟，名列收看全国地方电视台节目第一。每晚南京地区有超过 100 万人同时收看该栏目。该栏目在南京市民中的认知程度超过 94%。"①

受到《南京零距离》巨大成功的刺激，南京的其他地方电视台陆续开播了《直播南京》《法治现场》《1860 新闻眼》等民生新闻栏目，一时间电视民生新闻节目悄然兴起，并且逐渐形成相互促进、相互竞争态势。与此同时，全国其他省市的地方电视台也都纷纷效仿，不约而同地开办起同类节目，使得电视民生新闻节目迅速占领了地方电视台的黄金时段。山东电视台的《民生直通车》、河南电视台的《民生大参考》、安徽电视台的《第一时间》、吉林电视台的《守望都市》、河北卫视频道的《直播生活》、兰州电视台的《兰州零距离》、辽宁电视台的《新北方》等都是当时各地电视台涌现出的较有影响力的民生新闻节目，且都受到所在地区受众的热烈欢迎，为提高自家电视台的收视率做出了极大贡献。

这一时期，中央正在逐步实行新闻改革，电视民生新闻的自身特性恰好迎合了"三贴近"原则和"舆论导向正确"的改革要求。天时地利人和的形势下，电视民生新闻的节目数量急剧增加，质量不断提升，社会影响力也逐步加大。

纵观当时的电视民生新闻节目，在新闻叙事上打破了传统电视新闻的报道方式，以煽情手法营造新闻事件的现场气氛，以讲故事的形式告诉观众事件的起因、经过和结果，提高了新闻的吸引力；节目主持人不再正襟危坐，而是以亲切祥和的态度将报道内容娓娓道来，把播新闻变成讲新闻故事，并且不时穿插自己的观点与评论，部分节目还出现了用当地方言主持节目的报道形式。亲切的方言俚语与插科打诨式的报道方式，加上讲述的内容多是百姓身边的家长里短故事，使得电视民生新闻节目迅速兴起并呈现繁荣发展态势。

（三）稳步前行阶段（2006 年至今）

电视民生新闻在遍地开花的同时也逐渐暴露出自身的问题，如报道缺乏深度、批评性报道过多、内容娱乐化甚至低俗化等，招致了人们的质疑和批评。新闻人意识到，要想实现电视民生新闻的健康可持续发展，必须找到解决这些问题的有力措施。2006 年，全国省级电视台民生新闻协作体成立，这一协作体集合了全国各地电视台的优秀新闻工作者，他们协同合作，帮助我国电视民生新闻不断取得进展和突破。

2006 年后的电视民生新闻在节目编排、内容制作、报道方式、主持风格、栏目设置等方面都有所创新，新闻工作者们在创新的同时努力解决节目本身所存在的问题，不断提高电视民生新闻的节目质量。多年来，围绕"电视民生新闻"这一课题，学界

---

① 任小浩、赵凤琴：《点击〈南京零距离〉》，《电视研究》2004 年第 3 期。

和业界一直在不断进行研究和探索，推动国内电视民生新闻稳步前进。

二、电视民生新闻的特点与优势

我国电视民生新闻在2002年《南京零距离》创办后进入了蓬勃发展阶段，同类节目遍地开花，在后续的发展过程中，电视民生新闻的短板和问题逐渐展现，传媒人开始不断反思并着力改进，目前电视民生新闻已经进入稳步前进阶段。上海电视台的《直播上海》、河南电视台经济频道的《民生大参考》、山东电视台齐鲁频道的《拉呱》、湖南电视台都市频道的《都市第一时间》等都属于较为成功的地方电视台的民生新闻节目。

电视民生新闻为夹缝中的地方电视台提供了一片独特的生存和发展空间。在电视民生新闻诞生之前，中央电视台在新闻领域占据着绝对优势，地方电视台只能艰难探索，电视民生新闻的诞生，使得地方电视台终于找到一条立足本土、着眼民生的新闻报道之路，开辟了地方电视台新闻报道的新纪元。下面对相关节目进行分析，简述电视民生新闻这一节目类型的独特优势。

（一）贴近百姓日常生活

民生新闻与传统电视新闻的显著区别就是以老百姓为新闻主角。以前我国新闻媒体的任务就是向受众传递政治气息浓厚、意识形态鲜明的严肃新闻，忽略了群众的需求，服务大众的意识较欠缺。与前者相比，电视民生新闻更加关注民众，力求表现百姓的生存环境和生活状况，节目中报道的新闻事件多聚焦于百姓的日常生活，以平民视角和人情味的叙述方式进行报道，有着比严肃新闻更强的贴近性、通俗性和趣味性，满足了普通百姓的信息需求。

同时，“本地化”是电视民生节目的鲜明特征，电视民生新闻报道的内容大多关注当地百姓所关注的，讲述当地百姓自身的故事，呈现鲜明的“本地化”。中国各个地区有着不同的地域文化和生活习俗，“本地化”的报道内容选取发生于百姓身边的事，为当地百姓服务，实现了受众的精准定位。此外，电视民生新闻对电视媒体的视听结合功能进行充分利用，大量采用同期声，有时进行现场直播，增加了节目的现场感、亲近感，展现了原生态的市民生活，实现了媒体与受众的“零距离”。

（二）增强节目的互动性

电视民生新闻鲜明体现出我国新闻媒体的传播理念由“传者本位”向“受者本位”过渡的趋势。通过发送短信、拨打热线电话、登陆媒体的官网或其他网络平台等方式，受众可以向节目组提供新闻线索，也可以对节目的内容提出自己的意见。这种互动方式让受众与新闻节目更加接近，增强了电视民生新闻的亲和力和受众参与力。

此外，电视民生新闻节目通过及时对观众提出的民生问题加以报道，促进了事件的解决，这在另一种层面上体现出节目传受双方的互动性。相比字正腔圆的传统新闻节目，电视民生新闻更能提高媒体的公信力与亲和力，进一步扩大媒体的影响。

（三）促进舆论引导监督

电视民生新闻针对社会上的丑陋现象，会进行揭露和评判。上至政府实权部门的腐败渎职现象，下至普通市民的不文明行为，都能成为电视民生新闻进行揭露性报道的对象，体现了新闻媒体的价值追求和社会责任感。

电视民生新闻有时充当着政府与百姓之间桥梁的作用，在实行新闻舆论监督的过程中有效扭转了社会风气，促进了社会稳定，满足了受众对知情权的渴求，营造了良好的舆论环境，使不同利益群体都有了表达意见的机会，促进了相关新闻事件的解决。

电视民生新闻使得话语权不再由党政机关单独控制，赋予群众在社会上发声的机会，在政府和百姓之间搭建了一座沟通的桥梁，为民意上行提供了渠道，有助于“公共领域”——“政治权力之外，作为民主政治基本条件的公民自由讨论公共事务、参与政治的活动空间①”的建构。

三、我国电视民生新闻的现存问题

新鲜独特的报道风格、充满人文关怀的新闻报道理念、与生活紧密相关的报道内容使得电视民生新闻一经问世迅速获得大众的喜爱，当同类型节目在全国各地繁荣发展的同时，电视民生新闻所存在的问题也在逐渐显现。

（一）节目形式同质化

大多民生新闻节目在内容与播出时段方面都呈现出同质化现象。它们大多在中午和晚间的黄金时段播出，内容也都离不开与老百姓相关的水电气暖、家产争夺、邻里纠纷、公共设施故障等，虽是报道的各地发生的不同的事情，但由于内容的同质化严重，新鲜感缺失，容易让受众产生审美疲劳，不利于节目长远的发展。

此外，不同的民生新闻节目在框架结构、策划思路、叙事风格乃至主持形式都存在严重的同质化现象。当一些民生新闻节目取得成功后，其他地区的电视台跟风而上，从各方面对成功的节目进行拷贝和克隆。这种同质化竞争破坏了电视民生新闻的健康发展，不利于自身的突破与创新，缩小了自身发展空间，造成了人力和物力的浪费，削弱了电视民生新闻的发展动力。

（二）节目内容低俗化

伴随着电视民生新闻的发展，部分节目内容呈现出媚俗化、低俗化现象。在消费娱乐时代，各种娱乐节目盛行，电视民生新闻有时为了追求市场化，也逐渐呈现出低俗化趋势。严肃新闻内容报道比例逐渐降低，过分强调满足部分受众偷窥欲的相关内容，节目形式也呈现出娱乐化现象，甚至使用“戏说”的形式来报道新闻，某种程度上失去了新闻的严肃性。有时电视民生新闻想尽各种办法夺人耳目，而不是通过提高

---

① 许剑：《新闻媒体与我国当前公共领域的建构》，《新闻大学》2003 年第 1 期。

节目报道水平，丰富报道内容争取受众欢迎。

有时为了迎合部分受众的猎奇心理和低级趣味，电视民生新闻忽视了对报道深度的追求，违背新闻理想，为能吸引观众眼球而一味报道色情、暴力、犯罪、灾害等新闻事件。有些节目在报道灾难事件时直接播放未经处理的血腥现场图片，有些节目在报道新闻事件时故意突出与情色相关的内容，这都是节目内容低俗化的表现。这些做法违背了新闻人的职业道德，忽视了媒体的社会责任，不利于精神文明的建设进程。

（三）负面新闻报道过多

一些电视民生新闻节目忽视了以正面宣传为主的工作方针，过度报道负面新闻，使得观众打开电视后发现新闻里到处都是欺压小贩的城管、讹诈顾客的商户、渎职贪污的官员等，造成不利于社会安定的负面影响。

作为新闻媒体，电视民生新闻有责任对社会的黑暗面进行揭露和批评，有责任对发生的社会问题进行及时报道，但是如果不加选择地过度报道负面新闻，很容易导致受众对社会及自身生存环境的认知产生偏差，对社会主义核心价值观的宣传工作造成不良影响。

（四）过度追求收视率

对于市场经济背景下的新闻媒体，收视率和经济效益是紧密相关的。媒体为了生存和发展而必须争取观众，提高市场份额。但是，媒体在追求高收视率的同时应该牢记自己的社会责任，不能单纯地以低俗内容去迎合受众，而应该因势利导，传播正能量，对受众进行正向引导。

当前的部分民生新闻节目为了追求高收视率，有时使用跟踪、偷拍甚至窃听等手段来获取新闻线索，这样就侵犯了新闻当事人的私人空间。一些媒体为了追求节目效果，忽视了新闻事件中的受害人的心理承受，在采访过程中造成心理上的二次伤害，有的在节目播出时不对当事人的照片或视频做面部模糊处理，为当事人的生活带来很大的困扰和伤害。还有部分媒体在报道过程中对相关人员大肆批评，形成媒介暴力。

四、我国电视民生新闻的发展策略

当电视民生新闻的自身问题逐渐凸显时，迅猛发展的新媒体为人们创造了一个“人人都有麦克风”的传播环境，造成了电视民生新闻的受众流失，加剧了电视民生新闻的发展困境。为了打破发展困境，新闻人在制作电视民生新闻时努力求新求变，力求提升节目的核心竞争力，避免同质化，使节目保持旺盛的生命力。

（一）提高新闻内容的选题标准

电视民生新闻的报道内容应该从地方特色出发，从节目自身定位出发，增强内容的服务性。选择报道内容时，应该从促进社会精神文明建设的角度出发，不要一味追求经济效益。节目选择的报道内容应该能够在主题上进行深入挖掘，而不能只是琐碎的、流于表面的信息。节目应该在拓宽新闻素材领域多样性的同时注意揭示新闻背景，创新节目形式，挖掘报道深度，引导观众对新闻的内涵加以思考。

对于民生新闻报道而言，选题应该立足民生，突出人文关怀的理念，通过在屏幕上呈现百姓的日常生活，让观众看到生活中的美与丑、善与恶以及真与假，好的选题应该能够反映群众心声、净化社会风气、吁求社会正义、涵养社会道德，从而唤醒受众创建精神文明家园的自觉意识，体现电视民生新闻的公共服务性。

（二）提高新闻工作者的职业素养

一档好的电视民生新闻节目，其背后必然存在着一个优质的工作团队。节目想要发展进步，应该首先提升节目组人员的节目制作能力、政治素质和道德素养。新闻工作者是电视民生新闻传播内容的制造者和传播者，要想让受众获得优质的新闻内容，应该从制作的源头去把关和提升，着力培养复合型人才。

节目组在报道负面新闻时，应该从利于问题解决的角度出发，注意稳定舆论环境，帮助政府树立良好形象。新闻人应该把握好正面宣传的尺度以及负面新闻的比例，在履行舆论监督的职责时，不能只是热衷于解决个别事件，而应该去思考深层次的社会问题并促进其解决，同时避免媒介功能的越位和异化。

（三）重视电视民生新闻节目的营销

做好节目营销工作，有利于一档优秀的电视民生新闻节目在收获良好社会效益的同时赢得丰厚的经济效益。在开展营销工作时，新闻工作者应该充分利用新兴媒体的传播资源，同时发挥电视本身的传播潜能，对全媒体时代的“碎片化”受众市场进行研究，根据受众的兴趣和需要调整节目内容。对于电视民生新闻来说，新媒体的冲击既是挑战又是机遇，节目制作者在内容传播过程中应该主动融合新兴媒体，拓展节目的传播空间，提高节目影响力，促进节目营销。

做好电视民生新闻节目的营销工作，在形成节目影响力和公信力的同时获取经济效益，将更容易获得领导的鼓励和上级政策支持，也有利于提高节目组的工作热情，形成节日制作的良性循环。

（四）重视媒介融合背景下的品牌打造

迅猛发展的新媒体给电视媒体带来的冲击是一把双刃剑，它在挑战电视民生新闻传统地位的同时，也为电视民生新闻的发展和创新提供了资源和渠道。

进入数字电视时代后，人们打开电视可以选择上百个频道。一档节目要想吸引并留住观众，在激烈的市场竞争中博得一席之地，必须增强节目的综合实力，打造出自己的品牌。节目组可以利用新兴媒体加强与受众的互动性，及时了解受众对民生新闻的关注焦点，调整节目内容，且不断进行品牌推广，巩固受众的品牌忠诚度。

此外，新媒体的数据资源有利于细分受众并实现分众传播，使节目受众的特点和爱好更为明晰，有利于在节目设置时注意到节目内容的受众针对性。把电视媒体资源与网络媒体支持相结合，并充分利用新兴媒体优势，实现媒介融合，进行跨媒体合作，实现民生新闻的全方位报道。

（五）明确电视民生新闻的媒介责任

电视民生新闻应该清楚自己是社会主义新闻事业的一部分，与党和国家的命运息息相关，因此在制作节目内容时应该具备正确的政治观和大局观，考虑节目播出后的社会效果，做好舆论引导工作，缓解社会矛盾，消解民众的对立情绪，做好协调沟通工作，捍卫国家和人民的利益。

电视民生新闻不仅是信息的传播者，也是百姓的代言人，不能将自己单纯当作有闻必录的复制机，而是要自觉提升服务的积极性，坚持新闻媒介的社会责任感，帮助大众解决民生问题，同时要有助于弘扬优秀传统文化，提高精神文明建设，构建积极的舆论环境。

结 语

电视民生新闻是为老百姓服务和代言的。在未来的发展过程中，随着传媒对意识形态束缚的不断突破，伴随和谐社会理念的践行，中国的电视民生新闻将会在公共领域的构建方面发挥更为重要的作用。新闻传播者在报道事实的同时还要大力反映社会问题，督促和加快问题的解决，逐渐向公共新闻转变。从业界角度看，就是把电视民生新闻打造成“一个多种声音兼容并蓄、良性互动的平台，所有事关‘国计、民生’的话题都能在这个平台上交相辉映，碰撞出思想的火花。在这个平台上，既有上情下达，也有下情上达，更有媒体独家对各种声音的思考、评判与引导。”①

未来电视民生新闻的内容将更加注重引导性、实用性，地域性会更为明显，受众群体也会更为细化。在竞争愈加激烈的传媒领域，电视民生新闻的发展面临着很多问题，只要能够坚持创新，坚持为受众服务，坚持正确的舆论观，电视民生新闻将会继续充满生机，得到可持续发展。

（作者李飞雪系中国传媒大学副教授，硕士研究生导师；
苏月系中国传媒大学硕士研究生）

① 朱晓芳：《“公共新闻”：继“民生新闻”之后的又一次革命？——江苏卫视〈1860新闻眼〉新探索》，中华传媒网，2004年10月14日。

新媒体环境下广播电视广告史论教学的新尝试与初探索

——基于广告教学资源库和广告博物馆的教育模式革新平台

刘英华

【摘　要】广播电视广告史论课程是广告学专业课程体系中承上启下的重要专业基础课程。在新媒体技术日益普及的今天，史论课程要对授课内容重新建构，利用新兴的媒体手段实现教学方法的创新，以培养综合性“实践”能力为目标的基于广告教学资源库和广告博物馆的教育模式革新平台为实现这一目标起了重要的作用。有了这一立足数字化的广告教育革新平台，广播电视广告史论教学从课内教学延展到课外自学，学习由“被动”逐渐变为“主动”，培养了学生的参与意识，把理论讲授与实践锻炼紧密结合起来。这种“教学个体化、过程交互化、内容实践化、管理自动化”的新教育模式运用到广告学专业史论教学中后，为学生构建了一个新型的动态开放的、交互性的学习环境，而且这种教学模式不会被某一具体教学内容专属、专用，具有普遍实用价值和可行性。

【关键词】新媒体　广播电视广告史论　广告教学资源库　广告博物馆　教育模式革新平台

广告行业的特色决定了广告学既是一个交叉性学科，又是一个强调实践性和动手能力的实务型学科。因此，作为一门实践性和创造性很强的学科，广告学特别需要大量的作品、案例、史料等内容，丰富课堂教学素材。这也迎合了在教育全球化和信息化浪潮的推动下，数字化教育模式成为未来教育发展的趋势。国家对此也越来越重视，明确提出“高校改革需要加强数字化教育建设”，教育内容资源的数字化和教学手段的智能化已经成为衡量一所高校教学水平的重要内容。

一、在实务型的广告学专业中史论教学紧迫的使命感

广告学的交叉性和跨学科的特征，决定了它具有专业理论和实践结合较密切、操作性强的特点，这一特点要求实践教学应该是广告学专业培养学生的重要环节。但笔者认为，这里所说的实践性并不是将广告简化为一种只是偏重于操作性的“推销术”，实践并不仅仅等同于动手会做，仅仅强调动手层面的实践教学并不等于能够诠释能力本位的科学定位。

而当下的广告教育，无论是培养目标还是课程设置，恰恰普遍存在着重技能、轻

素养的倾向。对中国广告业界来讲，急需的不仅是"上手快""动手能力强"的"新生代"，更需要具有较高科学素质能为企业带来长远竞争力的"蓄电池"。[①] 为此目标，广告学专业教育应摆脱目前教学手段的局限，以培养学生丰富的个性为目标，把学生培养成为具有广博知识的通才，即成为基础厚实、知识面宽广的精英型广告人才。为完成此目标，实务型广告学专业中的史论教学提供了一个难得的平台。如果史论课程的学习不能很好地指导实践，培养学生一种即动手又动脑的综合性"实践"能力，同样会造成理论知识与实践训练的断层。

广播电视广告史论课程是广告学专业中重要的专业基础课程，它在本专业课程体系中起着承上启下的重要作用。但包括广播电视广告史论课在内的史论类课程的通病是：由于课程主要介绍专业的发展历史，往往涉及的教学内容很多，在有限的课时里要全部讲解清楚往往顾此失彼，或者过度压缩，囫囵吞枣；或者填鸭教学，密集轰炸，让学生应接不暇，怨声载道。[②] 在这种传统的历史教学中注重的是知识的系统性和教师的主导作用，忽略了对学生创新能力的培养以及学生个性的发展，一节课的时间里基本是教师在唱主角，学生的潜力很难得到全面的挖掘。

在实务型的广告学专业中的史论课程教学过程中更是容易出现这样的现象：教师的教学方式过于单一、满堂灌，少有采用启发式、研讨式和自学的方式；而学生由于偏重于实务操作专业课的学习，要么缺课从事兼职实践活动，要么在课上做一些不相关的事情，即使有听讲的同学，也基本上是教师讲，学生记；教师一讲到底，学生一记到底；教师牢牢控制着"话语权"，学生基本上成了教师话语的录音机。这种教学方式下学生的主体地位没有得到落实，学生的积极性也没有被充分地调动起来，学习的主动性降低，个性受到压抑，知识也被压缩到一个狭窄的范围内，使学生难得真正掌握科学的学习方法。[③] 长此以往，不仅限制了学生能力的发展，而且由于学生对教师不论是敬而远之，还是不敬而远之，都加深了师生之间的裂痕，既不利于学生的健康成长，也不利于形成良好的校风、教风和学风，更不利于培养学生的创新精神与能力。

二、在广告学专业史论课中应用教育模式革新平台的实践性认识

本人自 1996 年从事广告学专业史论基础课教学工作以来，对史论课教学模式的

---

① 刘英华：《培养综合性"实践"能力为目标的研究讨论式教学模式——全媒体环境下广告学专业史论基础课教学的新尝试与初探索》，《开拓．建构．融合．创新——中国传媒大学广告学院建院 10 周年、广告学专业成立 24 周年庆典暨广告教育研讨会纪念文集》，中国广播电视出版社 2013 年 1 月。

② 同上。

③ 刘英华：《以提高学生研究性学习能力为目标的"有效教育"尝试与实践》，《现代传播——中国传媒大学学报》2010 年第 7 期。

实践和探索已经进行了十余年。一直以来本人在所主讲的《广告学概论》《广告史》课中寻求、摸索一个适合施展研究讨论式教学模式的平台。这一平台既要便于广告学专业面向社会实践需要而培养学生“解决问题式”的教学方法，又要充当学生与后面的专业实务课相衔接、乃至在走进社会实践第一线之前模拟实践的演练场。

（一）数字化的广告专业资源数据库

现今，广播电视广告史论教学的方法和手段早已随着科技的发展步入多媒体甚至全媒体时代，如果在采取多媒体技术辅助教学时，仍沿袭讲授、板书、PPT 等传统教学方法，那师生之间的课堂交流仍属于单向灌输。实际上，史论课程教学由于教学内容的丰富性，更应该利用多媒体技术将抽象的教学内容通过图片、视频、动画等方式来形象化，积极采用互动教学方式，激发学生的学习兴趣。因此，我们必须在设计教学手法时注意创新，使之在当前的教育环境中能够产生更理想的教学效果。

广告教学资源库是中国传媒大学开发的广告教育界唯一的数字化广告教育资源平台，是集成优质权威的教育资源的基础上实现资源共享、教学互动的首家数字化教育系统平台，其建成依托于2006 年获批的一项普通高等学校北京市教育教学改革项目。目前，该数据库系统精选不同时期优秀的广告作品万余条；辑录了近十年的媒体收视数据和消费者行为与生活形态数据等客观广告行业数据；集纳了经典的广告策划、媒体策划、营销策划和公关策划案例 1000 余例；集成专业的广告学术文献近 3000 篇。立足于这一平台的广播电视广告史论教学改革，可以通过数字化的集成教学信息资源，快捷查询目标广告教学内容；打造多媒体互动教学平台，从而实现高效率、高质量的现代化广告教育模式，全面解决传统广播电视广告史论教学所面临的教材陈旧、海量教学资源杂乱无章、备课素材查找困难、课堂教学单调乏味等实际问题，从而全面提升教学和授课水平。截至现在，该数据库系统已经正式为中国传媒大学广告学院、中国传媒大学远程与继续教育学院广告专业以及其他高校如北京印刷学院广告学系、北京工业大学人文学院、首都经济贸易大学人文传播学院的师生提供教学应用服务。

1. 资源元素结构

收录和集成广告专业各类信息和内容资源并将这些资源进行数字化处理、存储、编目和入库，形成广告作品库（涵盖影视广告、平面广告、广播广告、网络广告、户外广告、pop 以及其他等个类别广告作品等），广告案例库（包括媒体案例库、广告/营销案例库、公关案例库、创意经济案例库等）、广告数据库（包括媒介数据、消费数据、广告行业数据、产业经济统计等数据信息）、广告文献库（包括专业期刊全文、重要会议论文及其他文献等）四大数据子库。目前该系统的访问地址是：http：//ad. cuconline. cn/，具体结构示意详见图 1：

2. 数字化广告媒体资产管理系统

该资源库研发了适应广播电视广告史学教学应用的管理系统和服务平台，该系统

图1 广告教学资源库系统元素结构示意图

基于sql数据库进行研发，创造性的实现了将各种媒体形式的（音频、视频、文字、图片等）的海量广告资产信息进行分类管理，并顺利实现对各类广告资产信息的快捷检索和按需精准查询。具体功能模块示意见图2：

3. 广告教学资源库的教学应用

广播电视广告史论课作为理论性很强的课程，我们借助广告教学资源库对授课方法进行全面的改革，改变过去传统的课堂教学模式，从以教师为中心转移到以学生为中心上来，培养学生学会学习，由被动接受学习转变为主动创造性学习。广告教学资源库中现代化多重教学手段的采用，拓展了课程内容的广度和深度，增加了课堂讨论和课外阅读，注重理论和史料相结合，课程的教学内容和案例均会定期修正和增补，丰富了广播电视广告史论的教学形式，提高了教学效率，满足了学生对系统的知识以及提升科研实践能力的需要。

（1）在文字教材指导下让学生预先了解课程内容框架及学习方法，安排合理的教学进度；

（2）学生课下预习阅读教材和资源库中相关参考文献，增加直观感性认识，深入

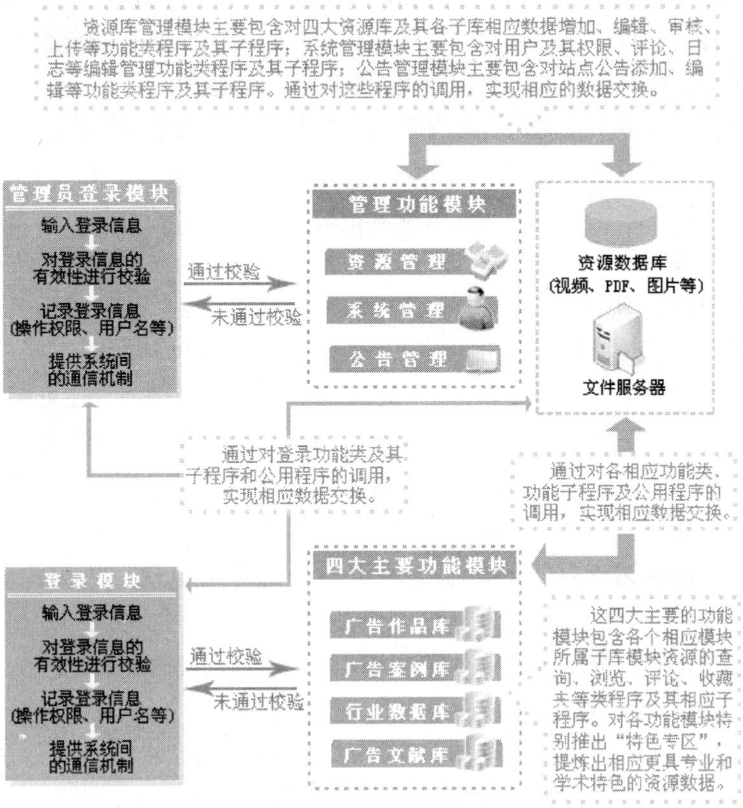

图2　广告教学资源库系统功能模块示意图

领悟并消化课程的重点和难点。

（3）在课堂教学中，教师对学生进行分组，教师结合学生研讨选题，进行练习指导、史料与案例的观摩与研讨、作业讲评与答疑，开展一系列理论讲授、案例分析、课堂讨论及广告历史经验的课堂交流相结合的教学活动。

（4）教师课上讲授、学生课上讨论与学期作业相结合：学生课下进行资料搜集、讨论等小组个案研究，课上进行阶段汇报、师生评议、中期报告等多种形式。

（5）充分利用教学资源库延伸课下教学活动

利用教学资源库组织各种层次的网上视频和文本教学活动；学生利用前台系统登录后既可以浏览不同时期的广播电视广告作品，同时还可以进行点评与交流互动的广播电视广告评价，并将自己的疑问留言；教师利用后台系统浏览、收藏、下载学生留言，并据此进行点评，不定期进行网上答疑；同时利用资源库中教师个人邮箱等端口，以及个人电话、电子邮件、博客、微博等多种形式进行师生对话，发表自己的教研论述，针对课堂讲授的缺漏进行深入讲解，与学生形成良好的互动交流氛围。教师在对学生的提问给予一对一的解答的同时，还可以对学生提出的共性问题进行汇总整理、统一答疑，或者在教学资源库中发布一些学习参考资料；学生则可以在论坛端口上互相提问和回答、交流心得，从而多角度地加深对知识点的认识和理解，也可以对课程作业进行探讨，进行学习资料的共享。这种非学习层面的互动交流也起到了增进师生情感的作用，弥补课上课下缺少师生直面对话的遗憾。

这样，有了立足数字化的广告教育革新平台——广告教学资源库，广播电视广告史论教学从课堂内教学延展到课外自学，学习由“被动”逐渐变为“主动”，培养了学生的参与意识，把理论讲授与实践锻炼紧密结合起来，通过课堂讲解大量的专业史论知识点并反馈最新的业界案例和动态信息，学生在课下则利用资源库进行大量的课外阅读、小组研读，回到课堂后，利用有限的课堂时间以老师启发或小组讨论的方式进行分享和讨论，或是结合案例组织学生自主性研讨和教师的实践辅导与评比点拨，这样不仅可以增强学生对课堂的参与度，形成思想的交锋和碰撞，还可能增加实践经验的养成，以促成学生理论与实践的互补和思维能力的提升，充分调动了学生的积极性和主动性，提高了自主学习的效率，获得良好的教学效果，从而形成较为独特的超越于一般意义上我讲你听的史论课的教学方式和特色。

（二）广告博物馆支撑下的教学与科研结合的广播电视广告史论研讨式实践教学模式

由于广播电视广告史论课还承担着夯实广告学学科基础的任务，因此，要求广播电视广告史论课要有很强的专业方向针对性，既要有针对广告学方向学理层面较深要求的纵向的宏观的广告历史发展总体关注，也要有微观的针对历史研究方法的关照。广播电视广告史论课程中对广告文物以及广告文献的关照程度，对不同历史时期政治、经济以及社会发展进程中的精彩瞬间的描绘，反映着课程承担者超越一般的史论教学的学术勇气与探索意识。因此在教学中，我们在讲解中外广告发展史论的同时，必须要与鲜活的广告史学研究联动。教师在向学生传授广播电视广告史论知识的同时，鼓励、带动学生较多地参加与广播电视广告史论相关的科研课题活动，学以致用。能够提供这一契机的最好平台就是广告博物馆。

中国广告博物馆是中国传媒大学作为发起方之一于2005年倡议筹办的中国第一个广告行业博物馆，得到了国家工商总局、中国广告协会、北京市朝阳区政府等社会各界的大力支持。经过近十年的创建，即将于2014年9月落成开馆。作为一家集学术性、产业性、文化教育使命为一体的现代博物馆，广告博物馆本身就是融合业界、学界、政界、媒介、企业界各方资源的综合性服务平台，集藏、展、会、教四大功能于一身。

由于历史惯性使然，社会各界对广告行业的认识还未达到应有的高度，因此广告史料文物零乱分散，消亡迅速，急需保护。而且广告行业的自身局限所致，广告是非正史的东西，没有官方记载，大多散乱于民间，很容易流失。不仅老一辈广告人留下的珍贵史料正在流失，而且新一代广告人的研究成果也没有能够沉淀下来。而广告博物馆通过先进的信息处理技术，数字化规模化集成、编目和存储国内外经典和优秀的教育内容资源，包括理论文献、实践案例、前沿研究和知名学者的教学课件等，并且对珍贵的广告史料进行“数字化及时性抢救”，不仅永久性收藏存储老一辈广告人留下的珍贵史料，同时记录沉淀新一代广告人的实践和研究成果。

由于本院从事广播电视广告史论教学的教师都兼职担纲广告博物馆的筹建工作，教师每年都会带领上课学生从中外广告案例和史料梳理开始做起，做大量分析、整理工作，为学生提供了大量的实践机会，这些机会对学生的课程学习起到了非常重要的补充作用。在学生阶梯性实践活动开展过程中，部分学生可以进入到这些研究课题中，保证他们的潜能不断得以激发，满足优秀学生的学习需求。

比如我们在完成中国广告博物馆《北京地区广告口述史》专项研究课题中，当时刚刚完成一轮《广告史》课程学习的部分二年级本科生就参与了采访助理、文稿整理等辅助性研究工作，通过展览馆、博物馆、档案馆、图书馆中的二手文献，整理了与广告业发展相关的各种书面和视频、音频资料，包括行业文献、会议记录、人物专访、各地不同时期具有代表性的广告作品；本专业研究生则参与采访了不同时期广告业发展历程有显著推动作用的代表人物，既包括老广告人、老企业人、老媒介人等早年涉足广告界，见证了北京广告业勃兴的业界前辈，也包括近年来崭露头角，逐渐成为北京广告业发展中流砥柱的行业精英。还沿着老北京的商贸足迹，尝试从过去保留下来的点滴历史文物中寻找曾经的商业文化，并从中找寻用于商业传播活动的广告，进而分析对不同时期人们生活与消费产生的影响。

这种教学与科研相结合的学习方式还体现了这种课上课下延伸的实践教学的另一个特点——连续性和对比性，[①] 教师在这个过程中可以清楚地察觉学生在思考、解决问题方面的能力是否得以提高，真正做到因材施教。

同时，教师也会及时把教改、教研成果和学科最新发展成果引入到教学中。正是由于本课程充分利用了教师所承担的科研课题项目以及所在实验室和专业杂志等研究平台，为学生提供了大量实践和演习的机会，注重课内课外结合，鼓励学生积极参与课题研究和见习、实习等实践活动，这使得本课程与理论研究保持了高度的互动。作为最终的受益者——学生由于进行了有针对性的理论知识学习，相应地更有针对性地提高了相关能力，于是在进入社会的过程中更加顺利，也更加自信，无论是毕业论文写作的学术严谨性还是考研的成功乃至工作后的科研能力与表现都得到了一致好评。

三、广播电视广告史论课教学模式革新的价值认知

由从事广告学专业史论基础课教学工作的专职教师历经十余年的实践和探索，在

---

① 《培养综合性“实践”能力为目标的研究讨论式教学模式——全媒体环境下广告学专业史论基础课教学的新尝试与初探索》，《开拓．建构．融合．创新——中国传媒大学广告学院建院10周年、广告学专业成立24周年庆典暨广告教育研讨会纪念文集》，中国广播电视出版社2013年1月。

《广告学概论》《广告史》《广告作品分析》等专业基础课中逐渐摸索探讨一种研讨加实践的教学资源与手段，逐渐形成了“教学个体化、过程交互化、内容实践化、管理自动化”的新教育模式。创新精神和实践能力是教育的最终目标，广告学专业的史论课教学也给我们提供了培养这种精神的丰富资源，而以培养综合性“实践”能力为目标的基于广告教学资源库和广告博物馆的教育模式革新平台在这个过程中起了重要的作用。

（一）以学生为中心

基于广告教学资源库和广告博物馆的教育模式革新平台运用到广告学专业史论教学中，是要为学生构建一个新型的动态开放的、交互性的学习环境，在教师的指导下，要让纸面上的史料立体化的鲜活起来，帮助和加深学生对专业的理解，通过让学生投身到广告经典回顾中去，让他们切身感受到专业的真谛，看到历史知识的价值和学习的意义，使他们对专业更有兴趣，更热爱，对学习更有热情，更有积极性，最终让学生主动地获取知识、应用知识、解决问题。

1. 开放的学习环境

这种教学模式让学生获得了更有效的学习工具、更丰富的学习资源和更多样的学习途径，获取了广泛而丰富的学习知识和内容。

2. 个性化的学习行为

这种教学模式是以学生为中心的，改变了课堂学习中以教师为中心的方式，使学生具有更大的选择和自由，学生可以自主安排时间，自己选择感兴趣的教学内。

3. 创造性的学习过程

这种教学模式突破了时间、地域的限制，打破了传统课堂讲授的单一模式，提供了一个平等、自由的环境，容易激发学生的创造激情；课上课下的讨论交流，可以让师生在思想的撞击中产生创造的灵感；学生在自主研究的过程中进行搜索、分析，更好地锻炼了辩证思维、发散思维等创造性思维品质。①

（二）基于广告教学资源库和广告博物馆的教育模式革新平台是隐性教育、体验式学习等现代学习理论在广告学专业教育中的尝试

基于广告教学资源库和广告博物馆的教育模式革新平台，正是把传统的“填鸭式”“授人以鱼”的教学方式，改变为“授人以渔”的研究讨论式教学方式。② 突出的特点就是“做”，教师在做学问中教，学生在做学问中学。有了这一平台，改变了

① 《培养综合性“实践”能力为目标的研究讨论式教学模式——全媒体环境下广告学专业史论基础课教学的新尝试与初探索》，《开拓．建构．融合．创新——中国传媒大学广告学院建院10周年、广告学专业成立24周年庆典暨广告教育研讨会纪念文集》，中国广播电视出版社2013年1月。

② 刘英华：《以提高学生研究性学习能力为目标的“有效教育”尝试与实践》，《现代传播——中国传媒大学学报》2010年第7期。

学生在课堂教学中只是被动习得的地位，让学生自己给自己安排学习任务，这样一来就使他们在教学进程中的地位，由被动转为主动，思维也不再受教师教案的限制。为了证明自己的观点，他们主动地、积极地去准备材料，搜集论据，进行思考，这样就培养和提高了学生独立分析和解决问题的能力。

（三）广播电视广告史论课教学模式革新的普遍意义

广播电视广告史论课教学模式的革新对培养学生运用知识的能力方面意义重大。这种革新，首先要满足学生发展创造性学习能力的要求。其次，对满足学生学习的自主性也要有特别的意义。能让学生完成从被动地接受知识，向能动地利用所学知识解决问题的转化，最终提高学生分析问题、研究问题、解决问题的能力，为他们或是进入社会实践第一线工作，或是进入研究生阶段学习所要进行的角色转换做好准备，打下基础。

基于广告教学资源库和广告博物馆的教育模式革新平台，强调了学生学习的自主性，与实践内容的贴切性，与老师交流的即时互动性，对提升整个广告专业的教学水平有着重要的作用和意义。与此同时，这种教学模式也不会被某一具体教学内容专属、专用，它应该具有普遍实用价值和可行性。因为我们的教育模式革新平台，不是以某一门课为对象展开，而且不被任意具体课程所局限，因此一旦这一体系建立起来，就可以为所有实务型专业的史论基础课程所借鉴。① 我们所倡导的教学模式具有共通的可操作性，可以对储备性学习的有效监测问题提供实践性的指导。

总之，在新媒体技术日益普及的今天，以往令学生生畏的专业史论课程教学完全可以通过课程内容的重新建构，利用新兴的新媒体手段实现教学手段和教学方法的创新，达到真正意义上的教学互动。这样的教学改革，既减轻了学生的学习负担，激发学习兴趣，提高了他们学习的积极性和主动性，更能提高史论课程的教学质量，使之在学科教育体系中充分发挥理论指导作用。

参考文献：

1. 张歆，郑笑眉：《以终为始：基于广告人资质模型研究的现代广告教育思考》，《新闻知识》2009 年第 11 期第 44 页。

2. 丁俊杰：《再谈我国广告教育存在的问题》，（2004 - 11 - 19）。

3. 姚利民：《有效教学论：理论与策略》，长沙：湖南大学出版社，2004 年 6 月，第 27 页。

4. 李煜：《隐性教育——有效的教育方法》，《广西教育》2003 年第 26 期第 13 页。

5. 林思宁：《体验式学习：献给教育培训者的最佳礼物》，北京：北京大学出版社，2006 年 6

① 《培养综合性“实践”能力为目标的研究讨论式教学模式——全媒体环境下广告学专业史论基础课教学的新尝试与初探索》，《开拓．建构．融合．创新——中国传媒大学广告学院建院 10 周年、广告学专业成立 24 周年庆典暨广告教育研讨会纪念文集》，中国广播电视出版社 2013 年 1 月。

月，第 8 页。

6. 陈刚：《提升广告教育效果的两个关键环节》，《广告人》。

7. 杨海军：《中国广告迈向国际化的前景——第四届广告教育年会综述》，《广告大观（理论版）》2006 年第 1 期。

（作者系中国传媒大学广告学院广告学系副主任、教授）

浅析中国教育电视传播功能的嬗变

王启祥

美国学者尼尔·波兹曼认为："像字母和印刷机一样，电视通过控制人们的时间、注意力和认知习惯获得了控制人们教育的权力。"① 从文化发展的意义上来说，电视传播是文化传播的革命性变化，电视文化对人们的影响已经远远超过了其他文化形态。教育电视作为兼具教育和电视双重属性的传播媒体，既有教育的功能也有电视的功能，是两种功能的融合，从根本上来说主要表现为传播知识和教育理念，由此展开，教育电视还具备了传递教育信息、传承先进文化以及教化育人的多种功能。中国教育电视由于受历史条件的限制，在不同的时期呈现出不同的传播形态，展现出既相互联系又有所不同的传播功能。

一、初创期：教育功能初显（1958—1977 年）

"宣传政治""传播知识"和"充实群众文化生活"是中国电视开创时期的三大任务。这三大任务实际上都没有离开教育性的主题，只是侧重点有所不同而已。对并不富裕的 20 世纪五六十年代的中国而言，除了政治宣传功能以外，普及知识、教育群众的电视教育节目是比较适宜的电视节目形式。

（一）知识性、教育性节目大量涌现

按照既定的宣传任务，北京电视台（中央电视台前身，下同）从建台之初就对知识性、教育性节目十分重视。1958 年 5 月 1 日试播第一天即安排了苏联科学教育影片《电视》，在 1958 年 5 月 1 日到 6 月 30 日试行的节目时间表中，《对儿童广播节目》和《科技卫生和实用知识节目》是两个常设栏目。正式播出后，社教节目大量增加，题材内容十分广泛，社会、政治、军事、文化、历史、艺术、科技、体育、卫生等无所不包，这些节目以教育性、知识性为主，兼有欣赏和服务性，栏目的对象性很强，由此可见人们对于知识的渴求。

（二）电视讲话节目反映时代风貌，在社教节目中占重要地位

如果从节目的播出形式来看，初创时期的社会教育节目大都可以归入讲话节目，因为它们所要传播的内容基本上都是通过来宾"讲"出来的。除了几个较为固定的栏

① 【美】尼尔·波兹曼著：《娱乐至死》，广西师范大学出版社，2009 年 5 月，第 125 页。

目外，还有不定期的讲话栏目。这些栏目都是配合当时国内外的政治形势或重大的节日、纪念日制作的，不但数量多，而且有的篇幅还特别长。20世纪五六十年代是一个英雄辈出的时代，宣传英雄模范的先进事迹成为讲话节目的重要内容。北京电视台适时开办《新人新事新风尚》栏目。一大批先进人物的事迹以及他们的音容笑貌，通过电视屏幕得到了广泛传播。在所有的电视讲话节目中，引起轰动、反响最大的是大庆油田“铁人”王进喜的报告，那个时代的人民群众也像“铁人”一样充满革命激情，“铁人”精神成为时代精神的代表。

（三）少儿节目备受重视，影响较大

“从某种意义上说，20世纪50年代的中国儿童，尤其是北京儿童是幸福的，他们受到党和政府以及整个社会由衷的关心和爱护。这些‘生在新中国，长在红旗下’、没有受到旧社会污染的新一代是中国的未来和希望。”① 正因为如此，北京电视台陆续设定了一系列针对儿童的专栏，这些专栏注重知识性和教育性，但严肃有余，活泼不足。后来还开播了为数不少的儿童电视剧，这些儿童电视剧虽然注重了儿童特点和电视特点，但未完全克服成人化的倾向，一些电视剧缺乏童心和童趣。由此可见，这一时期儿童节目总体水平并不高。

（四）创办电视大学，充分发挥电视的教育功能

电视教学是通过电视传播知识、教育群众最有效的途径。对于幅员辽阔、人口最多、教育发展不平衡、国民总体文化水平不高的中国来说，电视教学有着极为重要的意义。1960年3月8日，由北京市教育局和北京电视台共同举办的北京电视大学开学，最初设数学、物理、化学三个系，1961年和1965年分别增设中文专业和英语专业。前后5个专业共开设课程30多门。1963年在学人数2.3万人。1960年3月19日，上海电视台与华东师范大学联合开办了上海电视大学，首批招收学员1.6万人。

电视教学适用于教育条件落后的中国的国情是不言而喻的。中国教育资金匮乏，教育设施严重不足，师资奇缺。“电视教学可以将整个社会变为一座极大的课堂，由最好的教师给最多的学生授课，这是一种适合国情的办法。况且，早期电视直播教学课程比演播综合节目费用少得多，也简便、省事得多，这在困难时期不失为一种最适宜的节目内容。”② 北京电视大学开办6年，共有三届毕业生8000人，单科结业生有5万多人，在国外也产生了一定的影响。英国、日本、法国、苏联、加拿大等十多个国家的记者、友人先后访问过北京电视大学。在亚洲，北京电视台属于教育的先驱者。

二、恢复期：服务经济建设的需要（1978—1989年）

经历了“文革”十年浩劫之后，科学、教育受到党和国家领导人以及全社会的高

① 刘习良主编：《中国电视史》，中国广播电视出版社2007年2月版，第43页。

② 刘习良主编：《中国电视史》，中国广播电视出版社2007年2月版，第45页。

度重视，全国高考制度的恢复、全国科学大会、全国教育大会的召开都预示着一个新时代的到来。1982 年，党的十二大把教育提高到“现代化建设战略”重点之一的地位，作为实现国民经济翻两番的重要保证，这在我国社会主义建设史上还是第一次。1987 年，党的十三大明确提出要“把发展科技和教育事业放在首要位置，使经济建设转移到依靠科技进步和提高劳动者素质上来”。根据优先发展教育的思想，国家制定了一系列大政方针，推动了教育事业的发展。在这样的大背景下，作为传统教育有力补充的电视教育受到了各方面的重视，中国教育电视进入新的发展阶段。

（一）顺应时代需要，创办电视教育节目

电视教育节目从对象上可分为两类：一类是对学生广播的，作为正规课程的一部分；另一类是为社会不同年龄、不同职业和不同文化程度的人们开办的，旨在提高他们的文化水平、科学素养和生活技能。1978 年，中央电视台成立了电视教育部，负责教育节目的编排和制作。随着电视事业的发展，尽管这类节目的总体播出比重在下降，但是播出的绝对数量和质量有相当程度的提升。电视教育节目的不间断播出缓解了教育资源供不应求的矛盾，提高了人们的科学知识水平和文化水平，培养了一大批祖国建设急需的专业人才，为经济的快速发展奠定了基础。

（二）改革开放和对外交流催生的外语教学节目

电视教育是从最需要、最实用的内容开始的。外语教学节目时这一时期电视教育节目的重点，无论在播出数量还是在播出质量上都位居同类节目之首，这与实施改革开放政策后急需大量外语人才的背景直接相关。从 1978 年至 1991 年，中央电视台先后播出的外语教学节目有近 20 个，其中《跟我学》节目在全国产生较大影响。与此同时，山东、上海、吉林、黑龙江等地方电视台也相继开播了外语教学节目。中央和地方电视台的外语教学节目，满足了不同层次观众的需要，在全国掀起了一股学习外语的热潮。

（三）服务于经济建设的专题讲座节目

我国的改革率先在农村推开，20 世纪 80 年代初改革由农村向城市推进。城乡改革不仅极大地释放了人们的工作热情，也极大地促进了人们的学习热情。顺应历史潮流，中央电视台和部分省级电视台播出了大量的科技教育节目，自觉地为经济建设服务。这些节目主要包括有关工商业的知识讲座和针对农业的科技讲座等，节目播出后在社会上掀起了一股学科技、用科技的热潮。

（四）利用电视办学，充分利用有限的教学资源

1978 年 4 月 22 日，邓小平在全国教育工作会议上讲话，提出“要发展什么样的高等学校”，强调“要制定加速发展电视、广播等现代化教育手段的措施，这是多快好省发展教育事业的重要途径，必须引起充分的重视”。[①] 根据邓小平及国务院有关领

① 转引自刘习良主编：《中国电视史》，中国广播电视出版社 2007 年 2 月版，第 219 页。

导的指示精神，1978 年国务院发出文件，决定创办面向全国的中央广播电视大学。1979 年正式招收 32 万多名理工科学生，同年 2 月 6 日举行了隆重的开学典礼，几十万电大师生通过中央电视台收看了典礼实况。于是，在中国大地上诞生了一所世界上最大的大学——中央广播电视大学及各省、自治区、直辖市（西藏和台湾地区除外）、计划单列市广播电视大学、地市广播电视大学（分校）和县级广播电视大学（工作站）。中央广播电视大学的诞生，不仅极大地缓解了我国教育资源有限与教学需求巨大之间的矛盾，标志着规模巨大、具有中国特色的现代化远距离开放教育体系的问世，在我国教育史上谱写出新篇章。

“空中课堂”是人们对利用电视课程节目进行教学的新形式的称谓，广播电视大学是一所“没有围墙的大学”，这所大学不仅扩大了我国的教育规模（以中央广播电视大学为例，从 1979 年至 1989 年的十年间，全国共招收全科生 161 万人，毕业 104.5 万人，相当于同期全国普通高校毕业生总数的 40%，相当于同期其他各类成人高校毕业生总数的 90%），而且改善了我国教育的层次、结构和布局。

（五）教育电视台的创办和发展

在中央电视台和各地方电视台大力发展电视教育节目的同时，专业的教育电视台的创办也在酝酿之中。1981 年，年我国第一家教育电视台——新疆维吾尔自治区教育电视台成立。1986 年，中国教育电视台建立，这是我国第二家带“国”字头的电视台。中国教育电视台隶属国家教育委员会，是国家教委的一个直属单位，其主要职责是负责电视大学、电视中专的教学节目的制作和播出。除此之外，随着创业和发展，中国教育电视台还制作和播出反映全国教育情况的新闻和专题节目、德育、美育节目以及面向社会各界的具有教育意义的综合性电视节目，包括科技、文化、体育和经济等内容。继中国教育电视台之后，各级地方教育电视台如雨后春笋般建立起来。教育电视台的建立大大强化了教育节目的制作能力，在一定时期里发挥了巨大的作用，尤为可贵的是为教育改革提供了思路。

三、发展期：教育功能趋于成熟（1990—2000 年）

20 世纪 90 年代以后，伴随着我国市场经济体制的确立，我国各项事业都进入了新的发展阶段，中国教育电视也从相对单一的传播知识、提高技能的电视教育功能向相对宽泛的社会教育和更加专业的教育电视领域过渡，综合电视台的社教内容和教育电视台的发展呈现出不同以往的特点。

（一）综合电视台的社教节目呈现出专题化、多样化、对象化的发展趋势

从相对宽泛的意义上来说，电视社教节目是教育电视的重要节目类型，也是进入 20 世纪 90 年代以后中国教育电视的主要内容构成。这一时期，社教节目从更好地满足观众的需要出发，更多地关注法律、科学、教育、医药卫生等于人民群众现实生活密切相关的领域和内容，成功推出了一大批深受观众喜欢的专题化社教栏目。这一时期比较有代表性的栏目有《万家灯火》《中华民族》《读书时间》《人与自然》《环球》等等。这些栏目不仅在内容上越来越单一化、专门化，涉猎领域越来越广泛，而且在结构形式上越来注重栏目的本体特征，使栏目的结构日趋合理多样，风格日益成熟明显。

与此同时，中央电视台和各地方电视台针对电视观众细分化、小众化的发展趋势，适时创办了一大批对象性节目，以满足观众多样化的收视需求。其中以老年人为收视对象的《夕阳红》栏目、以女性观众为收视对象的《半边天》栏目、以青年观众为收视对象的《十二演播室》、以中学生为收视对象的《第二起跑线》和以少年儿童为收视对象的《大风车》等栏目，因其较强的针对性和专业性，受到广大观众的欢迎。

1995年4月17日，北京科学教育电影制片厂（成立于1960年，是生产科教电影的专业厂）划归中央电视台，同时设立了“中央电视台科教节目制作中心”，旨在发挥其制作科教节目的专业优势，主业是为中央电视台制作科教电视节目和动画节目为主业，同时兼拍一定数量的科教影片。由科学影育电影制片厂独立承办的栏目——《科教片之窗》于1995年6月8日在中央电视台第一套节目中开播。该栏目充分发挥了电视媒体传播快、覆盖面广、收视方便的优势，向观众开启了一个普及科学知识的新窗口。

1997年年初，中央电视台将成立于1978年的教育节目部更名为科教节目部。同年5月正式推出《科技博览》，每天一期。这个栏目以令人鼓舞的高新技术、日新月异的应用科技、饶有兴味的自然科学等内容及其严谨性、可视性、趣味性调动观众的好奇心，激发他们的求知欲。《科技博览》成为了中央电视台科教宣传的主阵地。

1998年6月1日，中央电视台开办了在国内颇具影响的大型科教栏目《走进科学》，早期采取杂志板块节目形式，后期改为“科普纪录片”形式，在传播理念和传播策略上进行了创新探索，获得了很大成功，使受众对整个电视科教节日有了全新的认识。

（二）教育电视台不断探索和创新，开始“自己走路”

20世纪90年代后，中国教育电视台和地方教育电视台迎来了新的发展机遇。1994年6月，国务院总理李鹏在全国教育工作会议上指出：“要特别重视电视教育，提高电视教材的制作水平，这是一种花钱少效益高的办学方式。”[①] 同年7月，《国务院关于〈中国教育改革发展纲要〉的实施意见》要求积极发展广播电视教育，推广运用现代化教学手段，并提出了具体的工作任务。教育电视工作者深感责任重大，使命光荣。

---

① 李鹏：《动员起来，为实施〈中国教育改革发展纲要〉而努力——在全国教育工作上的报告》，《人民日报》1994年6月14日。

为了进一步推动教育事业的发展，坚强教育事业的行业管理，1994年9月，中国教育电视协会在北京成立，协会提出教育电视要“联合”“联播”“联网”。“联合”就是全国教育电视台、电教系统和教育系统内联合制作教育电视节目；“联播”的内容主要是教育新闻、电大课程、基础教育节目和一些品味比较高的德育、美育、爱国主义教育的栏目；“联网”即全国教育电视台的节目由协会牵头形成交流网络。中国教育电视协会的成立成为中国教育电视发展史上又一个里程碑。1996年5月13日，《广播电影电视部、国家教育委员会关于教育电视台、教育电视收转台管理暂行办法》出台，对教育电视的发展给予了政策上的大力支持。1998年12月，教育部制订并颁布了《面向二十一世纪教育振兴行动计划》，其中强调继续发挥卫星电视在现代远程教育中的作用。上述相关文件的出台和实施有力地推动了中国教育电视事业的发展。

这一时期，教育电视台除了课程教学内容以外，开设了新闻、专题等大量的自办节目，内容涉及学校教育、科技、文学、艺术、生活等各个方面，几乎无所不包。这些节目的开播使教育电视呈现出一派繁荣景象。

四、繁荣期：走出自己的特色之路（2001年至今）

20世纪末，在世界范围内有着广泛影响的“Discovery”（探索）频道的节目开始引进中国，其饶富教育意义、寓知识于娱乐的节目形式立刻受到中国观众的欢迎。这深深地启发了科教节目制作者：“发掘科学的娱乐功能和唤醒人们对科学的兴趣比传授知识更重要，因为这种兴趣会引导人们主动走近科学”①。在21世纪之初，游戏娱乐观念加速了电视科教节目的发展和转变的步伐。与此同时，由于教育部、国家广电总局相关政策的出台，教育电视也进入新的转型阶段。

（一）综合台科教频道纷纷创立，科教节目进入频道化发展阶段

20世纪90年代末到21世纪初期，为了应对激烈的市场竞争，满足观众不断提升的欣赏品位，中国科技界兴起了频道专业化风潮。1995年，武汉电视台斥资1200万元创办了电视科技频道，开国内科教频道之先河，随后北京电视台和浙江电视台相继开办科教频道。在这一背景下，2001年7月9日，中央电视台科教频道（CCTV－10）开播，将原有的名牌科教节目纳入其中，并创新了大量新栏目。以此为标志，我国的电视科教节目开始走上了以频道为专业平台的发展道路。

中央电视台科教频道成立后，《走进科学》《科学历程》《讲述》《探索—发现》等主打科教节目进入科教频道，并通过多次改版形成了以《走进科学》为核心的科技栏目集群，节目的科技教育含量更加提纯，实现了科教节目内容在晚间黄金时段的集中播出，电视科教节目走上了规模化、系列化和常规化的传播道路，从而为受众提供

① 张勇：《电视科技传播的另一空间——社会属性》，转引自中国科技新闻学会编《科技传播与社会发展》论文集，经济科学出版社，2003年，第212页。

更加充分而专业化的服务。中央电视台科教频道开播不到一年，其入户率即达到了58.9%，在当时53个卫视频道中排名15。从2002年1月到3月，科教频道新增观众的流入率为11.67%，流出率为2.32%，净流入率为9.35%，在所有卫视频道中名列第一。①

与此同时，全国各地电视台纷纷成立科教频道。在中央电视台科教频道创办短短的几年时间里，大陆31家省级电视台中有21家创设了电视科教频道或相关频道，将科教节目的优势资源整合起来，传播科学知识，散播教育观念。然而，部分省级电视台科教频道由于节目的发展难以跟上频道的发展，加之经费短缺、收视率低、盈利难、人员素质等原因，难以支撑，纷纷离开观众的视线，也有部分电视台将原本的科教频道改名为其他综合类频道，继续维持。

中央电视台科教频道成立以来，始终把"教育品格、科学品质、文化品位"为频道宗旨，突出科学、教育的频道定位以及与之紧密关联的文化特色，通过《当代教育》《科技之光》《走进科学》《大家》《人物》《百家讲坛》等众多内容丰富、制作精良的电视科教节目，普及现代科学技术知识，传播先进教育理念，介绍中国和世界博大精深的文化遗产，成为广大观众获取知识、陶冶情操、提升审美情趣的教科文精品频道。科教频道的开播，使得原本收视边缘化的科教节目得以从容地进入黄金时间，有效调动了观众的收视热情，扩大了电视科教节目的社会影响。

中央电视台科教频道成立以来，经历了2005年、2008年和2010年三次大的改版，频道的内涵、品质和影响力大幅提升。其中2010年的改版，"科教频道以提升内涵为关键点，充分释放频道制改革所激发的活力，以观念创新、内容创新、形式创新为突破口，通过推出新栏目、新编排、新形象，增加自身的文化内涵、知识含量、科学精神与人文气质，突出节目的知识性、趣味性、应用性，强化频道的服务性、实用性、贴近性，努力实现频道品牌的全面升级，力求实现国家级电视台专业频道的一次跨越式发展。"②

通过此次改版，CCTV-10加大了对科学发现、知识普及、生产生活中的技术推广和科学生活方式的宣传力度，同时在节目的表现形态方面不断创新、力求突破，体现了新的时代需求。

（二）教育电视台不断调整定位，寻求自身发展道路

以2003年为界，我国教育电视台的发展进入了转型阶段。如此定论的依据不仅在于2002年12月24日教育部、国家广电总局下发的《关于推进市（地）、县（市）教育电视播出机构职能转变工作的意见》（社教政［2002］13号）引发了教育电视从

---

① 见张立军硕士学位论文：《我国电视科教节目传播策略研究》(2008年)，第11页。

② 王爽硕士学位论文：《以中央电视台科教频道为例，探究我国科教频道的发展》，2011年6月。

业者的切肤之痛，还在于2003年12月31日国务院颁发的《文化体制改革试点中支持文化产业发展的规定》和《文化体制改革试点中经营性文化事业单位转制为企业的规定》预示着昔日“等、靠、要”惯了的教育电视台难逃“断奶”之虞，而紧锣密鼓推广的数字化电视，更昭示教育电视技术的升级换代迫在眉睫，否则就有淘汰出局的危险。“职能转变、体制转轨、技术平台转移，注定教育电视必须直面脱胎换骨的阵痛和喜悦。”①

2003年4月，具有教育学和管理学双重专业背景的康宁接手中国教育电视台（CETV），带来“创建全球最大的学习型平台”的全新办台理念，把它作为一个独立的媒体去拓展。从单纯服务于国民教育、成人学历教育，到立足教育、服务于学习型社会的大教育观的转变使中国教育电视台的节目建设、服务对象、经营方向发生了巨大变化。

2004年中国教育电视台新改版的节目中，主要有四大类节目：

一是新闻资讯类节目，如《中国教育新闻》《第一观察》，这两档栏目主要以解读党和国家关于实施科教兴国和人才强国战略，开发人力资源建设等方面的方针政策以主，报道教育动态，提供信息服务，在政府工作重点和百姓关注热点之间架设沟通的平台。

二是校园、时尚类节目，如以《青春的选择》《风行一周》为代表的校园类栏目，体现浓郁的中国大学校园文化的同时，又不乏展现引领时尚潮流的概念。它将大学校园里的人文气息、生活动态、流行思潮表现得一览无余。

三是能力素质类的节目，如《中国职场》《EPD在行动》这些栏目为提高全民的学习能力、就业能力、创业能力、创新能力服务，强化人力资源的能力搭建了一座桥梁。为全社会的终身学习服务，为促进人的全面发展，提高全体人民的综合素质提供平台。

四是公益服务类节目，以艺术的形式，宣传国家的大政方针和小康目标，引领社会风尚，倡导公共道德。②

2004年CETV－1的重点改版，新上栏目占26%，改版栏目占38%，这意味着CETV－1将有六成以上节目是新的面孔。与此同时，节目在编排上进一步满足不同时段受众的需求。上午重点为成人和老年人学习生活服务，中午重点为青少年服务，晚间从18：00－22：00，除新闻资讯节目外，重点仍是青少年节目。

自2004年下半年始，中国教育电视台（CETV）原有的《中国教育新闻》节目形态开始“脱胎换骨”，取而代之的是新栏目《国视资讯》。较之原有栏目，《国视资

---

① 王哲平著：《中国教育电视：历史、现状与发展》，中国社会科学出版社2006年版，第22页。

② 李彦：《中国教育电视台重拳创建全球最大学习型平台》，《北京青年报》2003年12月3日。

讯》在节目形态上的创新，使它更贴近当下观众的欣赏趣味，因而赢得了较大的目标受众群。2004 年推出全新卡通栏目《动漫驿站》，2005 年引进《娱乐现场》等娱乐优秀节目、提升频道影响力。与此同时，中国教育电视台对黄金时段“首播剧场”进行调整，推出“首播剧场” + “法制播报”的组合播出方式，使本频道晚间黄金段收视规模实现最大化，推出大型系列综艺晚会品牌节目《青春万岁》、公共应急管理品牌节目《非常 24 小时》、纪录片品牌《我的太阳》。

2007 年中国教育电视台对第三频道进行改版，主推纪录片，成为北京首家教育人文纪录频道。2008 年教育电视台第一套节目重磅推出全国唯一一档以教育资讯为主要内容的新闻强档日播栏目《中国教育报道》。2010 年 12 月，中国教育电视台一频道推出一档关注就业、探讨就业、指导就业的大型职场栏目《职来职往》，旨在利用电视手段为高校毕业生展示才华、解疑释惑提供平台。“该节目抓住民生热点，面向普通观众，引导正确择业观，对于缓解大学生就业供需矛盾、引导人们树立正确的求职取向，富有现实指导意义，取得了良好的口碑和广泛的影响。”①

2011 年中国教育电视台推出了《新中国教育纪事》《科学家的故事》《仰望星空》《成长不烦恼》等节目，在国际国内评奖中约获 60 个奖项，同年制播了包括《奠基新中国》《新中国教育纪事》《我们的孩子》《三姐妹的故事》《中国制造》《切，永远的格瓦拉》《伟大的友谊》等一系列优秀纪录片，获得多项国际国内奖励。②

至此，中国教育电视台逐渐摆脱了长期以来被尴尬地误认为是中央电视台一个附属频道的局面，找到了符合中国教育电视台独特定位的切入点，从而独树一帜，成为备受瞩目的“国”字号大台。在中国教育电视台的发展过程中，各级地方教育电视台也不断调整自身定位，寻求发展道路，在优胜劣汰中成长。

2015 年 3 月，中国教育电视台再次开启全面改革大幕。此次改革以“进行中国、精彩故事”为主旨，充分利用教育部主管的身份带来的先天优势，推出一系列更具专业性、更贴近教育的新节目，如围绕教育热点话题的《请教请教》；与最高法联合制作的《法治天下》；三大重量级文史类节目：《国史演义》《博物馆之夜》《解密》，充分体现了“人文国史、静水深流”的节目理念。③ 从教育的角度看社会，再从社会的角度看教育，在电视行业竞争日益白热化的当下，中国教育电视以“教育”为核心的优质节目改革和创新的举措引发了业界的广泛关注。

（作者系中国地质大学（北京）新闻中心副主任）

---

① 李群：《论中国教育电视制播分离的主要对策——由〈职来职往〉引发的思考》，《现代传播》2012 年第 8 期，第 75 页。

② 《中国广播电视年鉴》编委会：《中国广播电视年鉴》（2012），中国广播电视年鉴社出版，第 38 页。

③ 2015 年 3 月 3 日《中国新闻出版部》。

从叙事视角与叙述者角色的演变看我国纪录片的创作历程

吴雨蓉

【摘 要】从政治化纪录片到人文化纪录片，从平民化纪录片到社会化纪录片，中国纪录片的创作理念与表现形式随着社会的发展逐渐从一元走向多元。本文把叙事学理论引入纪录片研究之中，从叙事视角和叙述者的维度审视中国纪录片的发展历程，通过叙事视角和叙述者角色的演变过程考量中国纪录片发展与时代发展的关系。研究按照叙事视角与叙述者角色的不同把中国纪录片的创作历程分为三个时期，即20世纪50年代至80年代末的全知视角与全能叙述者、20世纪90年代的限制性叙事视角与限知叙述者和21世纪的复调叙事视角与身份各异的叙述者，通过三种叙事策略的更迭与比较解析不同时期纪录片的社会功能，探寻中国纪录片的创作规律。

【关键词】纪录片　叙事视角　叙述者

从第一部纪录片《英雄的信阳人民》诞生至今，中国纪录片已经走过了60余年的漫漫历程，这个历程见证了中国的时代进步、政治轨迹与文化发展，可以说，纪录片已成为用影像书写新中国历史与现实的重要文化载体。叙事视角和叙述者是进行纪录片深层创作理念研究的主要考量对象之一，不同叙事视角和叙述者承担着不同的叙事功能，决定了作品不同的构成方式，体现了创作者对受众信息解码方式的引导与期待。同时，当纪录片在记录历史与现实、展现社会百态的同时，它的叙事视角和叙述者角色也深深地打上了时代的烙印，从政治化纪录片到人文化纪录片，从平民化纪录片到社会化纪录片，中国纪录片的叙事视角和叙事者角色在不断地演进变化，纪录片所承载的社会功能也不断地得以彰显与完善。本研究试图从叙事视角与叙事者角色演变的角度观照中国纪录片的创作历程，从而进一步丰富纪录片叙事与时代发展互动关系的研究维度。

一、叙事理论中的叙事视角与叙述者

在纪录片研究中引入叙事理论，既可以扩展叙事理论的研究范围，又能使纪录片研究走出单纯的社会学批评模式。纪录片的叙事过程可包含如下环节：谁在叙述——叙述什么——怎样叙述——向谁叙述——叙述效果。其中，"谁在叙述"即叙述主体，包括叙述者和作者，这是两个即联系又区别的子概念，作者是一个历史主体，作为受众的我们无法通过作品直接观察到作者的存在，只是面对一个依据一定规则和程式表达出的语言主体，而纪录片叙事文本中语言主体的承担者正是叙述者。“所谓叙述者，或叙述人（narrator）指的是语言的主体，一种功能，而不是在构成本文（text）的语言中表达其自身的个人”①，它是“表达出构成本文（text）的语言符号的那个行为者”②。因此，“叙述者绝不是作者，作者在写作时假定自己是在抄录叙述者的话语，整个叙述文本，每个字都出自叙述者，绝不会直接来自作者”③。

叙述者站在什么角度以何种方式进行叙事的问题引出了叙事理论的又一个概念——叙事视角（The Pointofview）。叙事视角是叙述者叙述故事的方式，它反映了叙述者同他所讲述的故事之间的位置关系（距离、视角）。米克·巴尔对叙事视角的界定是“事件无论何时被描述，总是要从一定的‘视觉’范围内描述出来。要挑选一个观察点，即看事情的一定方式，一定的角度”④。对于叙事视角的分类，叙事学中运用比较广泛的是法国结构主义批评家兹韦坦·托多罗夫的三分法，即“叙述者 > 人物的全知视角”、“叙事者 < 人物的外视角”和“叙述者 = 人物的内视角”。这三种类型代表了不同的叙述主体从不同角度观察事物、呈现事物间的关系，从而反映出事物不同的样貌和意涵。作为纪录片本体语言的内在表现之一，纪录片的叙事视角对叙事意涵起着主控作用，直接关系到纪录片的类型、风格、功能等特征。不同的叙事视角承担着不同的情感、认知功能，决定着作品的不同立场与价值取向以及受众的不同感受方式与欣赏体验。

二、我国纪录片创作历程中叙事视角与叙述者角色的演变

中国纪录片的发展历程不仅是纪录片创作本身从探索到迷茫再到回归本位的过程，其背后还蕴藏重要的时代内涵与现实意义，这从60余年纪录片叙事中叙事视角与叙述者角色演变的角度也能窥见一斑。下面本研究将以纵向的时间为轴线，对中国纪录片叙事中叙事视角与叙述者角色的变迁作以逐一梳理。

1. 20世纪50年代至80年代末：全知视角与全能叙述者

从20世纪50年代到改革开放初期的80年代，我国纪录片的叙事视角大多是叙述者无处不在无所不知的全知全能视角。罗兰·巴特曾对全知叙事视角作过如下描述：叙述者既在人物内部，又在人物外部；即人物内心发生什么他都知道，他也从来不与

---

① 米克·巴尔：《叙述学——叙事理论导论》，北京：中国社会科学出版社，2003年，第16页。

② 米克·巴尔：《叙述学——叙事理论导论》，北京：中国社会科学出版社，2003年，第19页。

③ 赵毅恒：《当说者被说的时候：比较叙述学导论》，北京：中国人民大学出版社，1998年，第4页。

④ 米克·巴尔，谭君强译：《叙事理论导论》，北京：中国社会科学出版社，1995年，第167页。

任何人物相混同。[①] 在这种“全知全能”的叙事视角中，叙述者处于事件（故事）文本之外，是无所不知的第三者，叙述者可以超越一切，环顾内外，通晓古今，仿佛上帝的声音在讲述，而受众只是被动地接受讲述，没有任何悬念和期待。这种“格里尔逊式”纪录片的叙事视角最明显的优势在于宏大叙事，强调叙述的整体化和中心化，能全方位多角度地描述叙述对象，使故事的视野无限开阔，特别适合表现人物众多、时空延展度大，现象复杂的题材，因此颇受新闻纪录片、文献纪录片和历史文化纪录片的眷顾。但是，由于全知视角采用“画外音加摄像机”的故事外部视点进行叙事，声画两张皮下的叙事口吻充满激昂的政治基调，封闭的话语空间决定了纪录片内容假、大、空，缺少贴进受众的情感元素。正如泽尔尼克对全知叙事视角的文化意涵做如此的表述，“意识形态被构筑成一个可允许的叙述。即是说，它是一种控制经验的方式，用以提供经验被掌握的感觉。意识形态不是一组推演性的陈述，它最好被理解为一个复杂的、延展于整个叙述中的文本，或者更简单地说，是一种说故事的方式。”[②] 根据叙述者角色的不同，这一时期以改革开放为界限又分为两个阶段：

（1）意志与理念主导的全能叙述者

从新中国成立到1978年我国经历了几十年的“政治唯上”的特殊时期，某种意义上讲，这个时期的中国纪录片并没有走上正轨。无论是新中国成立初期主要用于宣传党的方针政策的新闻纪录片还是“文化大革命”期间用于进行政治斗争的思想宣传片，纪录片的创作都普遍带有浓厚的“宣传与教化”的功能。虽然这时也有如《两种命运的决战》和《周恩来的外交风云》等优秀纪录片的出现，但总的来说这一时期的纪录片作为政治斗争的工具高高在上，全知全能，形式僵化，内容空洞，千篇一律。这类纪录片并非按照某个具体的叙述者视角来看待所要描述的一切，它是一种意志视角或者理念视角，这个“上帝的声音”无所不知、无所不晓，通过长篇大论的解说说理把意志和理念灌输给受众。叙述者主要通过解说来完成叙事，解说的强势大大压倒画面，叙述者的目的不在于展现事实或故事，而是去论证其观点，传播其意志。画面打破具体的时空展示变成一堆具有象征意义和例证价值的符号，画面间可进行随意的跳跃性的剪辑，画面的写意功能强于写实功能，这是这个特殊时期我国纪录片的主要叙事特征。

（2）作为个人意识觉醒的社会精英的全能叙述者

1978年以后，中国社会开始走上拨乱反正、改革开放的良性轨道，整个国家从思想到经济迎来前所未有的发展机遇，爱国主义和民族振兴意识构成这一时期的文化主

---

① 罗兰·巴特：《叙事作品结构分析导论——叙述学研究》，北京：中国社会科学出版社，1989年，第29页。

② 赵毅衡：《叙述形式的文化意义》，《外国文学评论》1990年第4期，第3页。

题，一些先知先觉的知识分子自觉担负起弘扬精英文化的重任，而纪录片恰好成为他们的有效工具，于是一批充满自我意识和民族时代精神的优秀作品纷纷涌现，如饱含浓厚爱国情怀和理想主义的纪录片《话说长江》（1982）、《丝绸之路》（1980）与《唐蕃古道》（1984）；带有文学意蕴的寻根之作《黄河》（1989）、《话说运河》（1986）与《河殇》（1988）；歌颂个人奋斗精神与高尚品格的人物传记《雕塑家刘焕章》《独臂英雄耿玉亭》等，中国纪录片迎来了首轮春天。唤起民族意识是这一时期纪录片的重要主题，以民族及历史为题材的宏大叙事成为典型叙事方式，这也决定了这一时期纪录片所普遍运用的叙事视角为全知视角，全能叙述者用俯瞰一切的姿态打量神州大地、天地苍穹，自觉地担当起向大众灌输主流意识的任务，引导大众的精神世界和思想观念。

虽然这种全知视角仍带有强烈的意识形态性，单一固定的叙事程式也没有摆脱说教味重和生活贴近性不足的短板，但与改革开放前相比，这一时期纪录片的政治色彩与斗争意识已明显减弱，无论是对历史的总结、现实的审视与未来的眺望，无不充盈着创作者们饱满的个人意识和创作激情。从这个意义上说，这一时期纪录片的叙述者角色不再由某一主导的意识和理念来担当，代之以纪录片背后那个隐藏的作者，一批如戴维宇、李绍武、陈汉元、屠国壁等优秀的纪录片创作者正是这一时期纪录片的成功叙述者。

2. 20 世纪 90 年代：限制性叙事视角与限知叙述者

到了 20 世纪 90 年代，市场经济逐渐渗透到社会各个领域，中国开始进入急剧的转型和裂变期。市场经济带来的自由竞争观念催生了人的独立意识的形成，在纷繁的社会现象中或彷徨或失措的个人体验使越来越多的纪录片创作者开始放弃不着边际的宏大主题而把镜头对准市井百态，人本意识和平民视角越来越成为这一时期中国纪录片的主导性理念。这种“平视”还原了对事物本来面目的尊重，中国纪录片从话语体系到叙事视角实现了一种本体性的回归。同时，技术的进步使这种纪实观念和原生态记录在纪录片中得到了顺利地实现。在这种语境下，限制性视角的叙事策略开始得到创作者们的普遍青睐。作为对全知视角的一种反拨，限制性叙事视角强调叙述者是位于纪录片的文本之内讲故事，故事的走向必然受到叙述者“耳闻目见”的制约，叙述者有所知有所不知，反映在叙事媒介上，表现为大量使用同期声来代替画外音解说，用长镜头跟踪拍摄体现记录的完整性与客观性。无论是纪录片《流浪北京》（1990）、《望长城》（1991）、《龙脊》（1994）、《最后的山神》（1993）、《神鹿啊，我们的神鹿》（1997）、《沙与海》（1990）、《远在北京的家》（1992）还是像《生活空间》这样的纪录片栏目，都试图通过限制性视角来表达对记录内容的中立和客观。由于叙述者对一切不仅不全知，反而可能比拍摄对象知道的还要少，对人物的内心世界和故事走向更无从把控，因此这种叙事视角非常迎合受众对过程的好奇，给受众以极大的诱惑力和想象空间。

(1) 作为旁知者或静观者的叙述者

作为旁知者或静观者的叙述者的最大特点是叙述者是事件或故事的局外人，只在旁边悄无声息地记录，尽量减少对故事进程的干预而让故事静静地客观地展现。这一类叙述者又可分成两小类：第一类叙述者作为旁知者身份出现，以画外音形式对记录内容作以必要解说，但和全知叙事者相比解说量大大压缩，叙事的主要任务留给画面和同期声，叙述者只是对声画无法直接表达的地方进行必要的阐释。这一类叙述者与记录对象保持着若即若离的距离，保持对人物内心世界的一种敬畏与探求。例如在《最后的山神》中，有关这位鄂伦春族最后一位萨满孟金福一家生活图景的描绘主要交给画面和同期声，叙述者用冷静的语调对声画进行有节制的解说，保持着与画面一致的沉稳节奏，将编导的主观意图隐藏在客观叙述中，让观众自然而然地被带入到纪录片所设定的规定情境之中。

同样遵循不介入的理念，第二类叙述者则显得更为彻底。这一类是采取完全旁观的静观者，用完全局外人的视角所产生的距离感来保持记录对象的原生态。这类叙述者的作用与直接电影的创作观念较为一致，即主张摄影机应当像“墙壁上的苍蝇”一样记录拍摄对象，不干预、不介入，对表现对象不做解说、不做评论。[①] 90 年代中后期开始兴起的一批“新派纪录片”创作者们为了标新立异，较多地使用这类叙述策略，如张元、段锦川的《广场》(1994)、段锦川的《八廓南街 16 号》(1997) 和杨天乙的《老头》(1999) 等。由于这类叙述者被剥夺了解说的权力，处于完全旁观的位置，对叙事对象只是客观记录，把对画面解释的权力完全交给受众，这就需要受众更为主动地介入到记录的情境中对声画信息进行解读，而当声画信息相对复杂时，解释则具有多样性的特点，传播效果会相应地受到影响。

(2) 作为追访者的叙述者

这类叙述者可以看作是带着观众去探寻事实的追访者。叙述者在明确的叙事立场的推动下，主动介入到事件中，带领观众一起去探寻事件的因果关系，“追访”贯穿叙事的始终。跟拍、同期声等纪实性处理的方式控制了叙述者的全知能力，让观众知晓结果的同时更感受过程的存在，仿佛自己在同追访者一道去接近事件的真相，以使观众产生很强的代入感。上个世纪 90 年代，作为追访者的叙述者出现在纪录片中是从《望长城》开始的，该片的叙事通过叙述者对长城遗址和有关长城历史人物的“找寻”来展开，片中出镜记者沿着长城遗迹行走，摄像机用跟拍手法不加修饰记录叙述者找寻的过程，纪录片记录的就是追访者的追访过程。叙述者或者出镜或者使用采访同期声在片中和拍摄对象面对面交流，带着观众去探求事件真相。在 90 年代初期的一些新派纪录片如《北京的风很大》等中也可以看到这类叙述者的身影，这种叙事策略后来成为调查类纪录片采用的常规手段。

---

① 刘忠波：《纪录片限制性叙事视角分析》，《现代视听》2007 年第 4 期，第 46 页。

(3) 作为亲历者的叙述者

追访是一种纪实，口述则是另一种方式的纪实，当纪录片创作者开始厌倦摇摇晃晃的跟拍镜头时，“口述”就成为纪录片采取限制性叙事的另一种选择。1993年，上海电视台《纪录片编辑室》栏目开播，一部《妈妈不在的冬天》通过小主人公充满正能量的自述感动了全上海的人。90年代中后期，以亲历者为叙述者的纪录片叙事手法得到更多创作者的垂青，并在业界有了自己的专属词汇“口述体”。“口述体”从亲历者的角度，描述事件的细节，使叙事更为生动。如果说从旁知者叙事到追访者叙事是平民视角的大胆尝试的话，那么亲历者叙事则是更为纯粹的民间话语，“对主人公的聚焦本身就是一个人为缩小的视野”①，观众通过亲历者对自身经历和内心世界微妙变化的讲述更能在心里体验层面获得真实感和信任感。这一时期比较有名的纪录片如《流浪北京》(1990)、《1966，我的红卫兵时代》(1993)、《往事歌谣》(1995)、《三节草》(1997)、《北京弹匠》(1998)都是典型的以亲历者作为叙述者的口述体纪录片。其中《往事歌谣》全片不见一句解说词，主人公王洛宾作为叙述者或在画内进行现场自述或以画外音的形式进行解说，其经历通过声情并茂的自述得以历历在目。纪录片《三节草》由主人公肖淑明面对摄像机回忆自己的过去和现在，“我”既是讲述的内容，也是叙述者，也是叙事视角。亲历者叙事的优势很明显，“口述”极具真实感和亲近感，极易唤起观众对记录对象的认同感。作为亲历者的叙述者成功地减弱了局外人对事件主观介入的干预度，又提供了很多珍贵又真实的细节内容，因此这种叙事策略在纪录片以后的发展中得到广泛的运用。

3. 21世纪：复调叙事视角与身份各异的叙述者

在众多纪录片创作者们的大胆尝试下，到了新旧世纪交替之际，各种限制性叙事视角的基本模式已经形成，但同时这种限制性叙事视角又不可避免地使纪录片陷入另一个窘境，那就是过分关注社会底层和边缘冷僻的题材，对社会生活主流的关注度远远不够。与此同时，在21世纪的商品经济大潮和虚拟网络冲击下，人们的社会参与度明显增强，信息诉求更加高调而多元，大量同期声、长镜头的单一审美模式已经显得与时代格格不入，纪录片创作开始陷入低谷。随后，纪录片创作者们根据时代诉求和市场规律对纪录片创作进行调整，开始尝试用复调叙事视角来对社会发展、历史人文和自然科技做尽可能全方位地纵深观照，面对越来越复杂的文本与多元化的选题，既采用全知视角及时跟踪社会关注度高的重大问题，提升纪录片的格调与认知水平，又善于运用限制性视角平视大众，适度增加纪录片的故事元素和娱乐元素，做到雅俗共赏，使纪录片重新获得广大受众的认可。21世纪对于中国纪录片来说是一个凤凰涅槃的过程，这个过程有强调人文精神的西方思潮的影响，但更多的是中国纪录片创作历程中的自我经验总结。

---

① 张德寅：《叙述学研究》，北京：中国社会科学出版社，1989年，第247页。

复调叙事视角是一种交错复合式的叙事视角，它在纪录片创作中融合了全知视角与限制性视角的多种模式，宏观微观相结合，或以一趋多，或由多归一，立体地把握所记录的事物。21世纪迎来了中国纪录片的第二个春天，涌现了大批高水准的纪录片，从单本纪录片《幼儿园》(2004)、《天堂的摇篮》(2010) 到系列纪录片《再说长江》(2006)、《大国崛起》(2006)、《故宫》(2005)、《新丝绸之路》(2005)、《敦煌》(2010)、《舌尖上的中国》(2012)、《对照记·犹在镜中》(2013) 再到纪录片栏目《探索·发现》(2001)、《见证》(2002)、《纪事》(2003) 都是这一时期非常有名的作品，而这其中很多作品都是采用复调叙事视角进行叙事。《再说长江》延续了《话说长江》全知叙事视角的同时采用限制性叙事视角，通过企业家、学者和普通百姓等与长江有关的人士的口述，对长江的历史和现实进行描述，让原本淹没在长江风光中的人物鲜活起来，给观众以真实的现场感。历史人文纪录片《故宫》也十分善于运用视角的多元来完成叙事。在介绍礼仪的一集中，除了运用全知视角来介绍清朝的主要礼仪，还通过画外音朗读一位状元的日记的方式，用“自述”的手法从主观视角描述典礼的流程，这种模拟经历者的自述，使时间久远又高高在上的皇家典礼显得真实亲切了许多。《新丝绸之路》的《和田寻宝》一集用全知视角介绍了和田城的历史，在接下来描述和田玉时则放弃了全知视角改为自述的限制性视角，从一位采玉老翁的主观视角讲述采玉的艰辛，第一人称视角的叙述配上画面中老人饱经沧桑的脸，采玉的艰辛与和田玉的来之不易不言自明。

而2013年央视播出的三集历史文化纪录片《对照记·犹在镜中》则采用了另一种典型的复调叙事视角的叙事方式。作品以20世纪20年代至50年代一家犹太照相馆拍摄的老照片为原点，展开一段现代人用影像追寻历史的难忘历程。作品开篇即显示了在叙事视角上的与众不同之处，几类限制性叙事视角之间相互转化共同叙事，让观众体味到从“迷乱”到“清醒”的观感。作品中几乎所有的同期声与画外音都属于限制性叙事，但根据叙事者的不同体现不同的功能，如讲述不同段落故事的媒体人陈庆港、女作家任晓雯、自由摄影师席子、上海女孩燕子都属于追访者的叙述者，正是通过他们的寻人之旅来掀开一段段尘封的上海往事。片中作为亲历者的叙述者人数众多，有主人公沈石蒂及其义子，照片主人及其家属，通过他们的自述，老上海的人和事、犹太人在上海的经历逐渐显影。旁知叙述者在片中主要有以下两类人物：以色列驻上海大使馆罗松泊，片中反复播出的他关于“微博寻人告示”的画外音成为贯穿整部作品的线索；微博网友的画外音配合“微博评论”画面也充当了旁知叙述者的角色。片中全知叙事的方式也别具一格，其中以字幕形式出现在片头或片中的或关于回忆或关于城市或关于影像的名言可以看作一种全知视角对纪录片主题的升华；而陈庆港、任晓雯和沈石蒂等在其刚出现在片中时都会有一段关于新旧上海的描述，其实是借这些人物之口道出上海在历史和今天的地位，则属于全知视角。整部作品就是在若干个叙事视角和叙述者的自然随意地转换中完成叙事，给人以饱满灵动之感。

三、结　论

叙事视角与叙述者决定了一部纪录片讲故事的方式，也决定了纪录片创作者之于受众的姿态。但同时，采用什么叙事视角并不是判断一部作品价值高低的标准，不同叙事视角在具体语境下的使用是一种历史现象，对其的研究离不开彼时的社会背景与文化现实。纵观中国纪录片 60 余年的创作历程，从全知视角与全能叙述者，到限制性叙事视角与限知叙述者，再到复调叙事视角与身份各异的叙述者，无不映衬着中国的社会进步与思想变革的过程。而社会的发展和文明的进步也会永远作为纪录片创作的具体语境对其起到潜移默化的作用。但无论怎样，纪实性与社会责任感将永远是纪录片恪守的准则，在此前提下的叙事视角与叙事者角色的演进才是符合纪录片创作规律的。

参考文献：

1. 米克·巴尔：《叙述学——叙事理论导论》，北京：中国社会科学出版社，2003 年。
2. 罗兰·巴特：《叙事作品结构分析导论——叙述学研究》，北京：中国社会科学出版社，1989 年。
3. 赵毅恒：《当说者被说的时候：比较叙述学导论》，北京：中国人民大学出版社，1998 年。
4. 张德寅：《叙述学研究》，北京：中国社会科学出版社，1989 年。
5. 米克·巴尔，谭君强译：《叙事理论导论》，北京：中国社会科学出版社，1995 年。
6. 肖平：《口述历史纪录片的叙事视角与叙事模式》，《中国电视》，2014 年 10 月。
7. 宋晓雪：《中国电视纪录片叙事艺术研究》，《西北师范大学》，2012 年 6 月。
8. 张丽：《2005—2010 年我国大型历史题材纪录片叙事研究》，《曲阜师范大学》，2012 年 4 月。

（作者系中国传媒大学电视学院博士研究生）

从国外民族广播看我国民族广播发展新思路

张　彩　陈蕾伊

【摘　要】民族广播是我国广播体系的一个重要组成部分，为了强化其传播效果，以更好地服务少数民族群体，本文考察了英国、美国和澳大利亚民族广播发展的三种形态：社区性质、商业性质和公共性质的民族广播，分析其运营模式和特点，并取其精华，在民族广播的体系搭建、内容生产等方面给我国民族广播事业发展提供新思路。

【关键词】民族广播　少数族裔广播　商业广播　社区广播　公共广播

民族广播是我国广播体系的一个重要组成部分，在传播社会主义核心价值体系和核心价值观，传播民族文化和促进多元文化发展以及维护民族团结等方面都做出了卓越的贡献。经过半个多世纪的发展，我国民族广播建设积累了丰富的经验，但面对日新月异的媒介变化和复杂的民族问题，仍需要不断探索新的发展路径，以强化我国民族广播的传播效果。而考察他国的民族广播，了解在当前的国际民族版图和传播环境中，不同国家民族广播的运营情况、特征及传播效果，能够为我国民族广播的发展提供新思路。

本文旨在了解我国民族广播发展现状的基础上，考察分析英国、美国、澳大利亚三个国家民族广播事业的发展概况和特点，在差异化发展中寻找共性，取其精华，从而对我国民族广播的发展提出可行性意见。

一、中国特色的民族语言广播

对于"民族"这一概念的理解和定义，在世界各地各个国家间有些许差别，因而对民族广播概念的界定也有所不同。就我国而言，我国的民族广播主要是指面向非汉族人口、使用少数民族语言播出的广播节目，包括电台、频率和节目等几个维度的内容。①

我国的民族广播始于新中国成立初期，1950年5月藏语广播作为第一个面向少数民族的民族语言广播拉开了我国民族语言广播的序幕。改革开放以后，民族广播在受

① 张彩：课题《民族语言广播研究项目委托研究》，HW13028。

众需求和政策发展的双重促进下更进一步发展，初步形成了新时期的民族语言广播体系。随着“西新工程”的实施与发展，包括汉语和少数民族语言在内的多语种广播已经覆盖了我国的广大民族地区，成为我国民族地区广大受众获取多元信息的重要手段。

目前，我国民族广播体系主要由两部分构成：首先是由中央人民广播电台民族中心开设的面向少数民族受众的广播频率“民族之声”。当前中央人民广播电台的民族之声广播共用蒙语、藏语、维吾尔语、哈萨克语和朝鲜语五种民族语言进行播音，其中蒙语和朝鲜语组成“民族之声”频率，同频播出，藏语、维吾尔语和哈萨克语各有一套频率。另一方面，除了中央广播媒体承担的中央级民族语言广播外，在各民族自治区及多民族省份的省（自治区）、市、县级少数民族聚居地也由当地的广播电台开设了相应的少数民族语言频率。

除了以上两个主要组成部分，在民族语言频率外，一些有少数民族聚居的省市的部分广播电台也开办了面向少数民族受众的民族语言广播节目。这部分节目多针对使用人数较少且聚落相对分散的受众，由此构成民族语言频率外广播媒介服务少数民族人民的一个重要内容，是对现行民族语言广播体系的一个重要补充。

二、国外民族广播发展概况与特色

如上文所述，国外对于民族广播概念的界定与我国有所不同，这主要是因为广播的服务对象有所区别。在美国、澳大利亚等移民国家，民族广播实际上是指面向移民人口的少数族裔广播以及面向原住民的广播；在与我国一样的多民族国家，民族广播则多是指使用民族语言，面向民族人口播出的广播，或者说是“少数人的方言广播”。但从本质上看，这些广播实际上面对的都是民族人口概念上的少数群体。[①]

综观国外民族广播事业，英国、美国和澳大利亚这三个国家的民族广播发展具有典型性，分别代表了三种不同的类型：英国是以社区广播形式出现的民族广播，美国是以商业广播形式出现的民族广播，澳大利亚则是以公共广播形式出现的民族广播。因此笔者选取了这三个国家的民族广播事业为分析对象，以期为我国民族广播提供不同的发展思路。

1. 英国：社区广播形式的民族广播

英国主要有三类无线电广播电台，分别是以 BBC 为典型代表的“公共电台”，以 Classic FM、Absolute Radio、Talk SPORT 为代表的 290 多家“商业电台”和 200 多家“社区电台”（Community Radio）。社区电台属于英国广播的“第三梯队”，以非盈利属性为标志性特征，区别于以盈利为目的的商业电台。2005 年起，英国通信监管机构

① 张彩：课题《民族语言广播研究项目委托研究》，HW13028。

Ofcom[①] 陆续向 200 多家社区电台颁发运营执照，其中就包括了 32 家少数族裔台。

英国是一个多民族的移民国家，移民人口构成了英国的少数族裔群体，主要包括吉卜赛裔、爱尔兰裔、巴基斯坦裔、亚裔、非裔、阿拉伯裔等，他们是英国少数族裔传媒事业发展的受众基础。在这 32 家少数族裔电台中，面向非裔的有 7 家，亚裔 15 家，爱尔兰裔 3 家，穆斯林 3 家，犹太人 1 家，其他少数族裔台 3 家。[②] 这些少数族裔台大都使用民族语言播音，重视宗教传播，在音乐的选择上较多地关注具有本民族特色的音乐。

可以说，英国少数族裔电台最大的特点便是通过社区广播的形式来实现，因此既带有社区广播的属性，同时发挥民族广播的功能。具体而言，首先，电台为社区内媒介资源分配较少的少数族裔提供了一个表达自我和互相交流的平台，也为非族裔成员提供了解该族裔的一个渠道，有利于促进民族认同，增加民族团结；其次，电台使用民族语言播音，传播族裔成员喜好的节目与文化，是对民族和文化多样性的一种保护；此外，电台不依附任何盈利组织或机构，而是由社区内的少数族裔成员自发组织参与节目内容的制作播出，所以更能代表族裔成员的权益，也更具地方性和贴近性，但同时又会面临财政方面的困扰，影响节目质量。

随着新媒体时代的到来，英国的少数族裔电台也很注重与新媒体的互动，通过在互联网上创建电台主页，与 Facebook 和 Twitter 这类社交媒体合作等方式，吸引受众收听和参与节目互动，并且立足于服务意识和受众意识，利用新媒体进行受众反馈调查，以更好地为社区成员服务。

2. 美国：商业广播形式的民族广播

众所周知，美国是媒介体制商业化最彻底的国家，除了公共广播 NPR 和公共电视 PBS，其他媒介均处于自由市场的竞争环境中，美国的少数族裔广播[③]自然也不例外，因此美国民族广播以商业广播的形式出现。

美国少数族裔人口中数量最多的是拉美裔，并处于持续增长中，其次是非洲裔，再次是亚裔，此外还有印第安人和阿拉斯加等地原住民。相对地，美国少数族裔广播主要可分为拉美裔广播（西班牙语广播）、黑人广播、亚裔广播和原住民广播，拉美裔广播的发展态势尤为迅猛。

由于市场竞争的关系，美国的少数族裔广播需要不断地去发现并迎合受众需求，类型化特征明显。但从节目的内容构成来看，音乐在少数族裔广播中占绝对主导地位

---

① Ofcom：The Office of Communications，译为通信办公室。

② 柳帆：《多民族社会背景下的英国少数族裔广播探析》，《中国广播》（民族节目中心专刊），2013 年第 5 期。

③ 美国少数族裔广播：在美国，凡是电台所有者为少数族裔、使用少数族裔语言、有针对性地播出少数族裔群体所偏好的内容、主要目标受众为少数族裔的广播，都可以称作少数族裔广播。[资料来源：王文竹：《美国少数族裔广播初探》，《中国广播》（民族节目中心专刊），2013 年第 5 期。]

（不同的少数族裔对音乐有不同的偏好与选择），新闻、谈话等信息类节目则相对较少，一方面有利于保持少数族裔文化的独立性，有助于本民族文化的认同；另一方面，却弱化了少数族裔广播信息传递，文化沟通以及引导各族裔之间彼此了解与认同的功能。

此外，作为商业广播，美国的少数族裔广播势必被市场规律所驱使，为了收听率和广告费用而偏向于提供贴近主流人群喜好的节目内容，渐渐背离为本族裔发声的初衷，导致少数族裔话语权的落空，这也是美国商业广播体制对少数族裔广播的根本性影响。

3. 澳大利亚：公共广播形式的民族广播

澳大利亚是一个少数族裔分布广而多的多民族移民国家，实行多元文化政策，维护多元文化社会在澳大利亚基本达成了共识，而在这一方面，澳大利亚媒体做出了积极的贡献。就广播而言，目前澳大利亚的无线电广播主要由公共广播、商业广播、社区广播和付费广/窄播构成，特色在于，在公共广播服务中，除了全国性的公营广播澳大利亚广播公司 ABC，澳大利亚还专门成立了为少数民族和移民服务的特别广播服务公司 SBS。部分非盈利性的社区广播也为少数族裔提供服务。

作为面向少数族裔服务的主体，SBS 的职能是提供多元文化及多种语言的广播服务。目前，SBS 使用 74 种语言，采用同频播出的形式每周播出超过 1.35 万小时的节目，选择何种语言播出则以少数族裔的人口规模、英语熟练程度以及新到的移民数量等一系列标准为依据，而所有语言的节目均是以新闻作为节目开头，涵盖时事热点、社会福利、谈话节目、评论、体育和社区资讯等内容。[①] 从这一点来看，其节目内容难免存在僵化操作，无法满足特定受众需要等问题。而 SBS 通过大量雇佣来自少数族裔的工作人员，以增加节目内容的贴近性和地方性，可以看作是针对这些问题的补救措施。

另一方面，作为公共广播，SBS 的经费主要来自政府拨款，辅以广告、赞助、节目和产品销售等收入，这在一定程度上保证了它的独立性，能更好地发挥其公共服务的职能。但与此同时，由于广告、赞助只占了运营经费的极少部分，SBS 也会面临资金缺乏影响节目质量的问题。

三、有关我国民族广播发展的思考

无论是英美澳还是其他国家的民族广播，它们以何种形式出现都取决于本国的历史发展和社会系统，符合基本国情和媒介市场的规律。同样，我国民族语言广播的发展也要立足本土，以此为前提，才能更好地放眼全球，借鉴国外民族广播的发展模式。

---

① 张彩：课题《民族语言广播研究项目委托研究》，HW13028。

英国、美国和澳大利亚的民族广播发展代表了三种不同的类型，它们各有其明显的优势和劣势，但如果能结合其中的两种或三种类型，运营复合型民族广播，就能产生良好的优势互补。结合我国的民族和媒介政策来看，社区性质和公共性质的民族广播相融合，会是一个前景较为可观的发展途径，当然，以美国为代表的商业广播形式的民族广播，它的类型化发展以及对受众需求的满足和节目内容的多样化，也对我国民族广播的创新发展具有借鉴意义。

具体来讲，结合我国当前的民族传播和民族广播发展现状，可以从国外的民族广播经验中借鉴以下几个方面的内容：

1. 中央台完善频率细分，强调权威性

中央人民广播电台“民族之声”是我国中央级民族语言广播，其职能和运营模式更加接近于澳大利亚的特别广播服务公司 SBS。SBS 的节目编排略显僵硬，不够活泼，“民族之声”亦存在同样的问题。但 SBS 播出语言达 74 种，分频难度很大，而“民族之声”当前采用 5 种语言播出，尚有分频空间，且我国少数民族人口众多，同一民族中还存在方言不一的问题，因此分频播出非常重要。①

节目内容方面，因为是中央级媒体，“民族之声”应强调内容的权威性，宏观上向各民族人民传播国内外重要新闻信息，党和政府有关民族问题的方针政策，社会主义核心价值体系和核心价值观，以增强民族文化认同，增强民族团结。

2. 地方上建立社区广播形式的民族广播，强调贴近性

我国广播实行四级办模式，但开设于县级少数民族聚居地的民族广播发挥的作用却不理想，存在节目内容枯乏、形式单一等问题。立足于社区，促进社区发展的社区广播可以为县区级的民族广播发展提供新思路。

一方面，社区性质的民族广播可传播符合社区成员信息需求和审美需求的内容，强调内容的贴近性，可以是地方新闻、民族政策和推动民族聚居区域发展的农业、教育、健康等方面信息，还有能够体现本民族文化的内容，进行民族文化的传播和传承。另一方面，社区性质的民族广播还可以针对性地讨论一些社区问题，充分调动社区少数民族成员的参与积极性，以推动社区内人口社会化。鉴于很多少数民族聚居地处于自然灾害频发地段，这些县区级民族广播还应尽可能地发挥危机广播的职能。

3. 促进中央与地方民族广播的沟通与优势互补

“民族之声”能够提供权威的信息，但是其覆盖面较大，很难实现对受众的细化服务，且呈现出内容僵化的问题。而各少数民族聚居地的广播电台相对来说对受众的服务更加细分，也更能利用本地优势制作贴近当地少数民族生活的节目，对少数民族广播人才的引进政策亦相对宽松。因此，加大中央与地方民族广播的合作与沟通是当务之急，中央台积极引入地方台的本土化节目以丰富节目内容，地方台则可以获得更

---

① 张彩：课题《民族语言广播研究项目委托研究》，HW13028。

多的资源，双方都能更好地服务于少数民族群体。

4. 加快引进少数民族广播人才，参与节目内容生产

无论是中央还是地方民族广播，理应成为少数民族成员表达自我的平台，要帮助他们获得主流社会的认同，同时也为汉族人民了解该少数民族提供一个渠道，促成文化的交流互通。如何才能达成这个效果？最直接的方式就是引进少数民族广播人才，代表少数民族同胞发声。少数民族广播从业人员参与节目制作，更有可能制作出优质的少数民族语言节目，以满足他所属的少数民族群体的需求，遵循他们的收听习惯和喜好。此外，参与讨论本民族议题时，他们也能尽可能地理智争取本民族权益，引导受众公平看待民族问题，最终在促进各民族间文化认同的进程中发挥出切实有效的影响力。

5. 借力新媒体，提高互动性和用户体验

开拓新媒体领域，借势新媒体实现自身的突破和发展也是摆在民族广播面前的一条发展之路。可以通过在互联网创建广播网站，与微博、微信合作开设公众号等方式，拓宽电台的传播渠道，并为受众参与节目互动提供平台。比如在一些涉及民族议题的谈话类节目中，可充分利用微博、微信留言通道征集少数民族听众的意见，同时还可进行受众反馈调查，调整节目内容形式，提高用户体验。

（作者张彩系中国传媒大学新闻学院教授；
陈蕾伊系中国传媒大学新闻学院硕士研究生）

广播电视人物研究

广播电视历史人物研究三议

庞 亮

【摘 要】广播电视历史人物研究在广播电视史学研究中具有特殊的重要意义。当前广播电视历史人物研究成果卓著，但也存在一些不足。今后，要在研究的理念、视角和方法上进行转变，不断加强和改进广播电视历史人物研究。

【关键词】广播 电视 历史 人物

历史都是由具体的人物所创造的，研究历史便不能丧失历史主体，历史人物研究也因此成为历史研究的最重要主题之一。尽管广播电视在中国产生发展的历史还不到一百年，与其他同类的专门史相比还比较年轻。但是，由于广播电视在现代和当代中国社会历史变迁进程中发挥的重要作用和影响，广播电视历史人物研究自然成为历史人物研究不可分割的一部分，应该受到足够的关注和重视。

一、广播电视历史人物研究的特殊意义

从史学史上看，无论是中国史学，还是西方史学都有着重视历史人物研究的学术传统。就中国而言，从孔子开始就以仁、知、礼、义等思想理论为标准对传说中的贤明统治者尧、舜、禹、稷等给予了高度评价。如：“大哉尧之为君也！巍巍乎！唯天为大，唯尧则之。荡荡乎，民无能名焉。巍巍乎其有成功也，焕乎其有文章！”又：“舜有臣五人而天下治。”又：“禹，吾无间然矣，非饮食而致孝乎鬼神，恶衣服而致美乎黻冕，卑宫室而尽力乎沟洫。”[①] 到《史记》一出，更是标志着司马迁以人民本位观念的觉悟，运用唯物主义的思想理论把对历史人物的品评提高到一个新的水平。[②]

① 杨伯峻：《论语译注》，中华书局1980年12月出版，第83－84页。

② 参见王树民：《中国史学史纲要》，中华书局1997年9月出版，第55－56页。

19 世纪末 20 世纪初，以梁启超为代表的新史学兴盛开来，历史人物的研究逐渐成为史学研究的有机组成部分。1949 年新中国成立至今，仅就中国近代史研究成果来说，“数量最大、突破也最大的当数历史人物研究”①。

近现代以来，和西方的大多数历史学家们一样，马克思主义经典作家也非常关注那些在人类历史进程中产生过重要影响的精英人物。他们充分肯定了人民群众推动历史发展所起的决定性作用，但并不否认也不低估个人在历史上的作用，在对一系列人类历史上的精英人物进行评价的同时，科学地总结和提出了评价人物的科学原则，并留下了诸多对历史与人物的本质及其相互关系的经典论述。马克思 1844 年在《神圣家族》一文中指出：“‘历史’不是把人当作达到自己目的的工具来利用的某种特殊的人格，历史不过是追求着自己目的的人的活动而已。”恩格斯 1886 年在《路德维希·费尔巴哈和德国古典哲学的终结》一文中强调：“人们通过每一个人追求他自己的，自觉期望的目的创造自己的历史，却不管这种历史的结局如何，而这许多按不同方向活动的愿望及其对外部世界的各种各样影响所产生的结果，就是历史。”这些经典论述清晰地表明，马克思主义承认个人在历史上的作用，并看到精英人物对社会发展能起到加速或延缓的作用。

广播电视史学是一门正在成长中的新兴学科。从学科归属上看，一方面，它属于历史科学的范围，与政治史、经济史、文化史、科技史，特别是新闻史有着密切的联系；另一方面，它又是广播电视学的一个分支学科，与广播电视理论、广播电视业务等一起构成广播电视学的整体。广播电视史学的任务就是研究和探索广播电视事业产生、发展的历史进程并从中寻找其发展规律和总结历史经验，为办好广播电视服务。由此可见，广播电视史学是历史学与广播电视学相互交叉融合而形成的专门史学科。按照马克思主义的历史人物观来分析，对广播电视事业的发展起到重要推动作用的历史人物理应成为广播电视史学中不可或缺的研究对象。从 20 世纪 20 年代中期广播史研究的萌芽算起，中国广播电视史学研究也已走过近 90 年的历程。回溯中国广播电视事业产生、发展的历史历程，具有相当研究价值的历史人物俯拾皆是。

二、当前广播电视历史人物研究的总体情况

多年以来，对广播电视历史人物的研究一直是中国广播电视史学研究中的薄弱环节，但从改革开放到 20 世纪末，这种状况得到明显改观。此间陆续问世的研究成果主要是广播电视界名人的文集、回忆录和传记，其中不乏具有广播电视史学价值的著作。如曾任广播电视系统负责人的文集，如《梅益谈广播电视》、艾知生《广播影视工作谈》、刘习良《追求集》以及杨正泉《我与广播》、洪民生《我与电视》和康荫《往事五十年断忆》，还有温济泽自述《第一个平反的“右派”》等。对播音员、主持

① 马勇：《50 年来的中国近代历史人物研究》，载《近代史研究》1999 年第 5 期。

人的研究成果尤为丰富，此类书中涉及著名播音员齐越的较多，如齐越著《献给祖国的声音》、刘淮《齐越和他的播音生涯》、杨沙林《用生命播音的人——忆齐越》以及多人回忆的文集如《永不消逝的声音》和画册《把声音献给祖国》等。此外，还出版了一些电视节目名主持人撰写的个人经历的著作，如赵忠祥的《岁月随想》、宋世雄的《宋世雄自述》等。令人可喜的是，继专题性的历史人物研究之后，开始有通史式宏观研究的尝试。前者代表性的成果如1999年出版的《中国荧屏第一人——沈力》；后者如2000年12月出版的《主持人20年（画册）》。为丰富对这一特殊群体的研究，2003年，中国广播电视学会还专门推出了《中国当代播音员主持人大典》。

另外，为铭记那些为我国广播电视事业的改革与发展做出过贡献的广播电视工作者，2000年12月，北京广播学院出版社出版了由赵玉明教授主编的《中国广播电视人物词典》。这是我国出版的第一部广播电视专业人物词典，选取了2600多位全国广播电视系统各条战线的杰出代表，简要记录了他们的经历与事迹。这部词典的问世，不但使后人得以了解他们不凡的经历和业绩，而且从一个侧面描绘出20世纪中国广播电视事业的发展历程，在学术和实践两个方面都具有开创意义，为深入开展广播电视历史人物的专门研究留下了十分珍贵的线索和资料。2003年5月，天津社会科学院出版社历经三个春秋推出《新闻人》（三），颂扬了天津广播电视史上各个发展阶段有代表性的编播人员的事迹，是一部进行广播电视优良传统教育的生动教材，也成为我国第一部地方广播电视人物志书。

新世纪以来，大量关于广播电视历史人物的成果不断问世，充分表明此类研究已经成为广播电视史学研究的热点。其中分量较重的仍是纪念那些曾经担任过广播电视系统负责人的文集，如2000年出版的《艾知生纪念文集》，2001年出版的《一个记者的足迹——半世纪作品选》（杨兆麟），2002年出版的《周新武纪念文集》《永恒的怀念——温济泽纪念文集》，2005年出版的《八十年来家国——梅益纪念文集》《风范长存——左荧纪念文集》等。2003年2月出版的由赵水福同志主编的《世纪心语——中国老广播电视工作者感悟录》，全书40多万字，详细记录了来自全国广播电视战线各个方面的近70位老同志对自己毕生追求的广播电视事业的心得和体会，使人看后不仅增加了对我国广播电视事业艰苦创业历史的了解，而且还能悟出不少道理，为广播电视的改革与发展提供了非常感性的借鉴。

还有回忆广播电视系统领导和名人的成果，如2000年出版的《话筒前的人生——著名播音员艺术家林如和她的播音生涯》，2003年出版的《怀念吴冷西》等。2005年以来还出版了《李强传》《吴冷西论新闻报道》以及杨伟光的《我在央视当台长》等。2008年1月，中国广播电视出版社推出广播电视人物系列丛书《记者的战斗生涯——杨兆麟的不平凡经历》《大海的一朵浪花——孟启予的广播电视生涯》。2009年3月，继续推出夏之平著的《铭心往事—— 一个广播电视人的记述》。此外，一些著名的电视制作人也出版了他们见证电视改革与发展的著作，如2002年出版了梁建增的《〈焦点访谈〉红皮书》，2003年出版了孙玉胜的《十年——从改变电视的语态开始》、《焦点访谈》主编孙金岭的《见证〈焦点访谈〉》等。那些当红的广播电视节目主持人也纷纷撰写回忆个人成长经历的著作，从个人的独特视角向读者传达他们对社会变迁的感受与领悟，如敬一丹的《声音》和《话筒前》、崔永元的《不过如此》、白岩松的《一个人与这个时代》等等。

在现代广播历史人物研究中，对中国第一座自办广播电台的创办人刘瀚的研究成果比较突出。2006年8月，中国广播电视出版社推出陈尔泰著《中国广播之父——刘瀚传》，是作者25年来辛苦搜集刘瀚史料，专心研究刘瀚事迹的结晶。该书以写实的手法，详细描述了刘瀚不平凡的一生，其中首次展示的大量珍贵史料，又让我们重温了刘瀚开中国广播之先河的开创性贡献。对了解中国广播的历史，了解中国广播文化的发展都有着重要的历史价值和现实意义，可以说是中国广播人物研究的重要收获。

这一时期，也有学人尝试对广播电视历史人物专题思想进行研究。2008年5月，中国传媒大学出版社出版了《声屏世界里的思想者——梅益广播电视宣传思想研究》一书，这是作者在博士论文基础上补充而成的。该书选题为当代具有代表性的广播电视人物研究，在广播电视人物专题研究中尚属首次。梅益是新中国成立后到“文革”之前，我国广播电视事业的主要负责人，选取他的宣传思想做比较全面、系统的研究，在广播电视学术史上具有开创价值。全书在充分梳理有关梅益文献资料的基础上，分析了梅益广播电视宣传思想的流变和渊源，着力探讨了梅益广播电视宣传思想基本内涵的各个方面，并对其理论贡献和不足提出了自己的见解。暨南大学2010年出版的申启武、安治民的专著《中国广播研究90年》一书，对中国广播研究的历史进行全面系统的梳理，其中对于广播电视人物研究也有所涉及。此外，广播电视史领域著名学者也开始成为研究对象。中国传媒大学2012级硕士研究生李晓光的硕士论文就是《赵玉明55年广播电视史学道路研究》。论文以中国广播电视史学专家赵玉明为研究对象，对其55年的广播电视史学道路进行了全面的梳理和考察。从学术奠基、学术耕耘、学术活动和教育培养四个维度对赵玉明的教学与科研成果进行研究，认为赵玉明在55年的广播电视史学道路中，形成了用史料说话、存真求实和与时俱进的治史观念，并对广播电视史学理论研究和学科建设都发挥了巨大的推动作用，是中国广播电视史学的奠基者和集大成者。

广播电视历史人物研究取得上述成果，一方面得益于迅猛发展的广播电视改革与实践激发了研究者的学术热情；另一方面是大量的研究成果引起各级广播电视行业部门和社会的重视，产生了良好的社会效益。但从总体上看，目前的广播电视历史人物研究中至少还有以下几点不足：一是研究方法陈旧，缺乏理论创新。在研究中缺乏定量研究，还是一般的定性归纳与总结，对当前新的史学理论学习和吸收不够，研究中的理论指导稍显苍白。二是研究视阈还不够宽广，研究的水平、成果还不均衡。如对播音员、主持人的研究着力太多，专题人物的个案研究仍显薄弱，对现代广播电视历史人物关注不够等，这些都是今后研究中应予以重点突破的。三是交叉、比较研究开展得不够。未能从文化学、历史学、传播学等多学科、多角度对广播电视历史人物进行全方位的整体研究，缺乏同其他门类历史人物进行的比较研究。广播电视实践和理论的发展都要求我们在更广阔的人文社会科学背景下，不断深化广播电视历史人物研究。

三、加强和改进广播电视历史人物研究

如前所述，广播电视历史人物研究有着特殊的重要意义，当前在研究中还有诸多空间可以开拓，今后应该进一步加强和改进广播电视历史人物的研究。

首先，在理念上，要更加关注和重视广播电视历史人物的研究，努力做到研究意识从自发到自觉的转变。当前，不可否认，在历史人物的研究实践中，有一种若隐若现的误区，很多人认为，重视人物研究实质就是为了吹捧某人，为了给某人树碑立传，使得研究者不能放开手脚大胆去研究。实际上，这是一种非常狭隘的历史人物观，代表的是一种保守和僵化的思维和观念。克罗齐说，一切历史都是当代史。从这个意义上说，一切人物都有可能成为历史人物。无论从任何一个角度看，对历史人物的研究都是历史研究的天然的组成部分。归根结底，忘记历史就意味着背叛过去，不认清历史，人类社会就无法取得进步。同样，对广播电视事业的产生和发展起到过重要推动作用的历史人物毫无疑问都应该成为我们关注和研究的对象，对他们工作经验和成果的分析和总结，可以为今后广播电视事业的前进提供参考和借鉴。因此，今后在对广播电视历史人物的研究上，一定要解放思想，实事求是，破除保守僵化的思维和观念，绝不能畏首畏尾、裹足不前，要通过深入开展广播电视历史人物的研究，为我国的广播电视事业的改革与发展注入积极向上的正能量。

其次，在视角上，要广泛关注广播电视界的各种历史人物，实现研究对象从局部到全局的扩展。广播电视是用现代化的技术装备起来的大众媒介，从采编到制作到播出再到传输，其技术和流程的细致程度鲜有媒介可比，这就决定了广播电视从业人员的复杂与多样。而从目前广播电视历史人物研究的总体情况看，研究广播电视系统领导的成果多，研究广播电视一线记者的成果少；研究广播电视名播音员、主持人的成果多，研究广播电视名编辑、技术人员的成果少；研究广播电视业界人物的成果多，研究广播电视学界人物的成果少。出现这种情况的原因无非有两个：一是研究成果比较多的对象一般都是出镜率高、关注度广、影响力大的；二是研究成果比较少的对象一般都是身居幕后、话语权少、缺乏关注的。今后，随着广播电视历史人物研究的日益深入和细化，必须广泛关注广播电视界的各种历史人物，把研究对象从局部扩展到全局，特别是对前面提到的那些身居幕后、话语权少、缺乏关注的历史人物给予特殊的关注和重视。无论其身处广播电视的哪个岗位，只要是为广播电视事业的产生和发展做出过重要贡献，为广播电视改革取得过重要经验，都可以成为我们的研究对象。

只有这样，通过广播电视历史人物研究看到的广播电视历史全貌才是全面、真实、可信的。

第三，在方法上，要深度吸取现代历史科学的研究方法，实现研究手段从传统到现代的革新。研究方法对开展研究起到至关重要的作用，从一定程度上决定着研究成果的科学与否。与历史人物研究一样，广播电视历史人物研究也必须遵循历史研究的一般方法。黑格尔曾在其名著《历史哲学》里提出了三种观察历史的方法，即原始的历史、反省的历史和哲学的历史。若按这种标准来进行衡量，从当前已有的广播电视历史人物研究的成果上看，总体上还处于第一个层面，即原始的历史或克罗齐所说的“纪念碑式的历史”。研究方法在整体上还比较传统和陈旧，其主要特点是以记述史实和梳理史料为出发点和落脚点的描述和记录，很难有敢于直面不足和致力启迪后人的科学分析和客观比较。长此以往，这会在很大程度上影响和制约广播电视历史人物研究前进的步伐。实际上，历史人物研究一直在不断汲取现代历史科学的研究方法。比如除了最基本的考据以外，一般还大量使用比较、统计、计量以及马克思主义的研究方法等等。因此，推动广播电视历史人物研究，一定要在方法上，持续像历史人物研究学习，深度吸取现代历史科学的研究方法，积极实现研究手段从传统到现代的革新。只有这样，才能不断顺应广播电视改革与发展日益深化的现实需要，及时回应广播电视历史人物研究快速发展的理论关切，切实加强和改进广播电视历史人物研究。

参考文献：

1. 方汉奇主编：《中国新闻事业通史》，中国人民大学出版社 1992 年 9 月版。

2. 赵玉明主编：《中国广播电视通史》，北京广播学院出版社 2004 年 1 月出版，第 1 页。

3. 中国广播电视人物词典编辑委员会编纂：《中国广播电视人物词典》，北京广播学院出版社 2000 年 12 月版。

4. 徐培汀著：《20 世纪中国新闻学与传播学——新闻史学史卷》，复旦大学出版社 2001 年 10 月版。

5. 中国广播电视年鉴编委会编纂：《中国广播电视年鉴》（1986—2013）。

6. 庞亮著：《声屏世界里的思想者——梅益广播电视宣传思想研究》，中国传媒大学出版社 2008 年 5 月版。

（作者系中国传媒大学发展规划与法制办副主任、研究员）

从新闻专业角度“知人论世”
——俞颂华研究现状引发的思考

贾临清

【摘　要】在新闻史人物研究中，研究方法问题一直没有得到应有的关注。“知人论世”作为一种传统的历史人物研究方法，在史学研究中已积累了丰富经验，很值得新闻史人物研究学习和借鉴。但新闻史作为一种专业史，进行人物研究时，还是应该强调新闻专业角度，这不仅是明确研究主体，体现学科价值的需要，也是挖掘新闻史人物的职业内涵，从新闻传播事业乃至人类社会发展的高度，探寻其独特的价值和贡献的需要。“知人论世”的内涵可以从“知”（知人知世）与“论”（论人论世）两个层面来理解，追求的是研究者和研究对象之间穿越历史时空的精神沟通，是生命之间的体验和理解。新闻史人物研究应该首先在“知”的方面多下功夫，这样，“论”才有了基础，人物研究也才有了深入的可能。本文主要以俞颂华研究现状为例，阐述了上述思考。

【关键词】新闻专业角度　“知人论世”　俞颂华研究

在新闻传播过程中，传者既是信息的搜集、整理者，又是发布者，有着把关人的功能和作用，无可置疑地影响着新闻生产、媒体生存、新闻传播事业乃至人类社会的发展。传者研究一直是新闻传播研究的重要组成部分，当然也应该是新闻传播历史研究的重要内容。20世纪80年代初以来，在老一辈学者的大力呼吁和学界同人的共同努力下，新闻史人物研究有了很大进展，出现了许多有价值的成果。然而，研究方法问题一直没有引起足够的重视。本文就以俞颂华研究为例，谈一些粗浅的认识。

一

“俞颂华”这个名字现在已很少被人提起，甚至新闻专业的学生也颇感陌生。但是在20世纪二三十年代的中国文化界，却颇有盛名。他主编过的报刊如《时事新报》副刊“学灯”、《解放与改造》《东方杂志》《申报月刊》《申报周刊》等，在“五四”以来新文化事业的发展中发挥过重要作用，对中国现代文化史有着重要贡献；他是中国最早的驻外职业记者，对“十月革命”后的苏联以及“一战”后的德国、“七七事变”前的延安的采访，都在当时甚至以后都产生了很大影响。俞颂华以新闻事业为人生之唯一大事，纵然贫病交加，颠沛流离，也矢志不移。黄炎培称他为“新闻界之释迦牟尼”①，张东荪说他是“一个最理想的杂志主编人”②，王芸生则以“有德有言不朽，无党无派以终”的挽联概其一生。然而，相对于俞颂华辉煌的业绩，关于他的研究却暗淡了许多。在目前为止出版的中国新闻史著作中，对俞颂华的关注显然不够；在研究方面，从1947年俞颂华逝世时的悼念文章开始，半个多世纪的研究历程中，也几乎只有一条“纪念”的线索，先明后暗，贯穿至今。

在1991年《俞颂华文集》出版之前，俞颂华研究的“纪念”主线主要在三个时间节点展开：一是1947年俞颂华逝世时，上海《大公报》《国讯》《人物杂志》等报刊，以“颂华先生逝世纪念特辑”等形式，发表了黄炎培、张东荪、梁漱溟、俞寰澄、秦柳方、葛思恩、王维冰等人的悼念文章；二是1983年俞颂华诞辰90周年时，《新闻研究资料》（第22辑）组织了“纪念俞颂华先生专栏”，发表了王淮冰、方汉奇、张友聚、尚丁、思慕、石西民等人的怀念文章，俞颂华的女儿俞湘文撰写了《俞颂华传略（1893—1947）》，女婿葛思恩则发表了《十月革命后俞颂华在苏俄的采访》；三是1987年俞颂华逝世40周年时，南京师大古文献整理研究所编辑出版的《文教资料》第3辑专门制作了“著名新闻工作者俞颂华逝世40周年”特辑，以“有德有言不朽”为题，重新发表了40年前黄炎培、张东荪、梁漱溟、俞寰澄的悼念文章，此外，还发表了刘尊棋、王纪元、孙恩霖、俞湘文、葛思恩等人的追忆文章。

这些文章分别从朋友、同事、师生、亲人等角度，回忆了与俞颂华的交往，反映了对俞颂华的认识，感情色彩浓郁，同时也具有较高的史料价值。

1991年，《俞颂华文集》出版，它是世人对俞颂华敬仰和怀念之情的高度凝聚，也是俞颂华研究中“纪念”线索发展的一个高峰。文集收录了俞颂华不同时期的新闻作品，还精心编制了《俞颂华年表》《著作目录》以及《参考文献目录》，字里行间渗透着编者的心血和深情。高度的资料价值背后，是编者对历史研究工作特点的认识和尊重，这在客观上对俞颂华研究走向学术理性起到了一定的引导作用。

事实上，《俞颂华文集》出版之后，俞颂华研究确实呈现出与前不同的面貌。迄今为止，在以“俞颂华”为主题词搜索到的文献中，只有4篇回忆文章，其余16种（包括一本传记和三篇硕士论文）都是对俞颂华及其报人生涯的专业探讨，内容有关于俞颂华新闻实践和新闻思想的综合论述，也有其编辑风格、新闻评论、“苏俄通讯”、新闻专业主义精神方面的专门研究。然而，阅读这些文献时不难发现，其中的史料大多来自于前一阶段的回忆文章，不少研究者所做的工作，只是把这些资料按照论文的写作要求加以整理、提炼，至于回忆的内容是否准确充分，回忆者的评价有何深意、是否得当，都没有进一步地考察和分析，新的资料和认识更是缺乏。这样的研

① 黄炎培：《新闻界之释迦牟尼——俞颂华先生》，上海《大公报》1947年12月7日，文教资料，1987年第3期。

② 张东荪：《追悼颂华老友》，上海《大公报》1947年12月7日，文教资料，1987年第3期。

究很大程度上是对感性回忆的理性包装，是“纪念”线索的悄然继续，可谓是“后纪念”现象，对于俞颂华研究而言确实无法起到实质性的推进作用。

其实，俞颂华研究中的“后纪念”现象在新闻史人物研究中并不鲜见，个中原因固然与后辈研究者的态度、素养乃至时下的学术风气有关，但也在一定程度上反映出研究者在方法问题上的困惑甚至茫然。实际上，即使在“纪念”模式之中，也已隐藏了一种历史悠久、影响深远的历史人物研究方法——“知人论世”，只是研究者缺少认识和运用的自觉；而在新闻传播领域，这一研究方法从内涵到运用所应有的独特之处，也一直没有得到重视和探讨。

二

“知人论世”出自《孟子·万章下》：“孟子谓万章曰：‘一乡之善士，斯友一乡之善士；一国之善士，斯友一国之善士；天下之善士，斯友天下之善士。以友天下之善士为未足，又尚论古之人。颂其诗，读其书，不知其人，可乎？是以论其世也。是尚友也。’”这段话“实际上只是一种随感式的评论，缺乏严密的内在逻辑性”①，所以对“知人论世”内涵就产生了多重理解。但无论是从“尚友慕道”的角度“知人论世”，还是从历史人物研究的角度为了“论世”而“知人”，或为了“知人”而“论世”，“知人论世”都揭示了“人”与“世”之间的互动关系，强调对二者关系的把握，在传统的历史人物研究中发挥了重要作用。

从修辞的角度看，“知人论世”运用了互文的手法，也就是说，其内涵可以分为两个层次：首先是“知”，知人知世，即充分了解研究对象本身及其生活的时代，努力按照年谱、传记的标准，“叙一人之道德、学问、事业，纤悉无遗”②，还原其成长的历程。这项工作考验的是研究者搜集和考证史料的功夫，是史学研究非常重要的基本功。其次是“论”：论人论世，即对研究对象及其生存环境进行梳理、分析，探寻二者之间的互动关系，在社会关系中、文化背景下解释和评价历史人物的人生轨迹和功过得失。这项工作要求研究者具有较为成熟的历史观、世界观，对其史学素养是一个全面考验。

戈公振说：“所谓报学史者，乃用历史的眼光，研究关于报纸自身发达之经过，及其对于社会文化之影响之学问也。”③ 确实，新闻史研究应该遵循历史学科的研究规律。但是，作为一种专业史，其研究方法也应该有自己的特定诉求，也就是说，在新闻史人物研究中，运用“知人论世”方法应特别强调新闻专业角度。所谓“角度”，

---

① 郭英德：《论“知人论世”古典范式的现代转型》，《中国文化研究》，1998 年，（秋）。

② 朱士嘉：《序》，李士涛：《中国历代名人年谱目录》，北京：商务印书馆，1941 年。杨兴玉：《知人论世的〈高长虹年谱〉》，《中国现代文学研究丛刊》2012 年第 6 期。

③ 戈公振：《中国报学史》，上海：上海古籍出版社 2003 年 1 月版。

首先是一种具体的新闻专业立场，即研究主体处于新闻传播领域，研究过程围绕其新闻活动线索展开，研究目标是探究其在新闻传播史上的价值和意义。从新闻专业角度“知人论世”，就要求研究者在“知”的层面，不仅要了解研究对象与新闻工作相关的各种经历，尽可能全面地搜集其新闻报道、评论、管理、研究等方面的作品，编写较为完善的大事记和作品目录，还要扩大视野，将与研究对象新闻生涯相关的家世背景、社会关系以及当时的新闻事业、新闻思想发展状况纳入关注范围，在全面扎实的史料基础上，努力还原新闻史人物的本来面貌及其所处时代的媒介生态。在“论”的层面，则不仅要对研究对象自身的新闻实践经验和思想认识进行总结、提炼，还要研究其与所处的媒介环境之间的关系，从新闻事业发展的角度考察其新闻思想和实践。然而，研究有领域，思想却没有边界。“角度”还有另一个含义，即起点，也就是说，它具有开放性：由此出发，面对的是无限广阔的世界。新闻工作与社会直接相关，新闻工作者完全可能成为我们观察社会和人性的典型样本。所以，强调新闻专业角度，并不意味着对研究者思想自由的限制。从新闻专业角度“知人论世”，不仅可以明确新闻史人物研究的主体，体现研究的学科价值，还有助于挖掘新闻史人物的职业内涵，从新闻传播事业乃至人类社会发展的角度，探寻其独特的价值和贡献。

在孟子的本意中，“知人论世”实际上是一种“尚友”之道，即与古人交朋友，应该“知其人”“论其世”。所以，作为一种历史人物的研究方法，“知人论世”的重要目的就是促成研究者与研究对象之间穿越时空的精神沟通。余英时说：“读历史的最大好处是使我们懂得人性。”① 同样，新闻史人物研究的过程也是一种人与人之间理解的过程，是生命与生命之间体验的过程。尽管受到学术理性的约束，但研究对象的呼吸，甚至研究者自身的心跳，都依然能够从字里行间传递出来。在俞颂华研究中，莽萍所著《俞颂华》就突出地体现了这一点。作为“中外名记者丛书”的一种，本书根据体例要求，分为“人物评传”和“作品选编”两部分，并在书末附有“俞颂华年谱及主要著述”。从“后记”可以看出，作者为了使读者对俞颂华长期工作的环境有一个较为全面和直观的印象，在尽可能多地搜集文献资料之外，还到上海和苏州两地作实地考察。在阅读、调查和写作过程中，作者逐渐感到，“像俞颂华这样学识渊博的无党派职业报人，是那个时代整体文化氛围造就的。他的新闻活动颇能体现当时中国民间报业的一般风格。而在二三十年代，与当时社会文化和学术的发达程度相适应，中国民间报业也呈现出勃勃的生机。”② 作者认为“俞颂华是变化中的报人中的出色代表”，因为“他那一代报人，刚刚处在报纸由启发民智的革命报刊向公众传媒的商业报刊的转变中，而报人也逐渐由革命或新智的启蒙者变为职业报人”。所以，

---

① 李怀宇，余英时：《知人论世的历史研究》共识网，2013-05-05. http：//www.21ccom.net/articles/read/article_ 2012052160169. html。

② 莽萍：《俞颂华》，北京：人民日报出版社，1997年，第237页。

在俞颂华身上，“既有现代报人的精神，也有传统文化人的风骨，这些品格融会在一起，使他成为一个纯正的追求真、善的新闻家。”① 尽管囿于丛书体例的要求，书中有些内容未能充分展开，但其中许多观点所达到的思想深度，尤其是从新闻专业角度对“知人论世”方法的运用，迄今为止，仍无出其右者。

三

余英时曾说：“尝试论之，史者，知人论世之学也。今人于论世之义知之甚审，而于知人之义即多忽之。此时代风气使然也。然亦未有不知人而真能论世者，更未有不知其心而真能知其人者。此于治思想史为尤然。”② 在他看来，“知人论世”就是史学研究的全部内容，而他的所有作品中，也确实贯穿了“知人论世”的追求。③ 在这里，他虽然主要是针对思想史的研究而发表的意见，但对于新闻史人物研究来说，同样一针见血。余先生是史学大家，他的认识和研究经验，不能不引起我们的重视。

“于论世之义知之甚审，而于知人之义即多忽之”，是余先生指出的“知人论世”进行中的问题。不难发现，俞颂华研究中的“后纪念”现象实际上就是这种重“论世”轻“知人”情况的体现：题目是“俞颂华新闻思想”或“新闻实践和新闻思想”研究，但从文章内容和参考文献来看，对俞颂华其实知之不多，史料主要来自于前辈的回忆文章，甚至对《俞颂华文集》中收录的作品都没有认真解读。余英时还说：“未有不知人而真能论世者，更未有不知其心而真能知其人者。”也就是说，要想“论世”，必须“知人”；要想“知人”，必须“知心”。新闻史人物研究应该首先在“知”的方面多下功夫，全面、透彻地了解、感知研究对象，用丰富扎实的史料构建起一个有血有肉的完整形象。这样，“论”才有了基础，考察研究对象与环境的关系，展开其新闻思想等方面的研究也才有了深入的可能。

毋庸讳言，目前的新闻史人物研究还是比较薄弱的，尤其在研究方法方面。以“新闻史人物研究”为主题词，在知网上仅有一篇论文。④ 这种状况亟须改善。当然，在新闻传播领域内的探索必不可少，但向其他学科学习也很有必要。比如，历史人物研究是中国传统史学的重要内容，在“知人论世”方法的运用方面多有实践，无论是不同历史阶段的人物研究、不同领域的人物研究，还是同一人物的不同角度研究都硕果累累，非常值得关注。又如，在中国现当代文学研究领域，有研究者在其博士论文

---

① 莽萍：《俞颂华》，北京：人民日报出版社，1997 年，第 107 页。

② 余英时：《自序》，余英时：《方以智晚节考》（增订版），北京：生活·读书·新知三联书店，2012 年。

③ 李怀宇，余英时：《知人论世的历史研究》，共识网，2013 – 05 – 05. http：//www.21ccom.net/articles/read/article_ 2012052160169.html。

④ 樊亚平：《从历史贡献研究到职业认同研究——新闻史人物研究的一种新视角》，《国际新闻界》2009 年第 8 期。

《时事新报·学灯：文化传播与文学生长》中，“以《学灯》主编为着眼点，对发生于1918年3月到1923年8月之间的《学灯》副刊展开具体的实证研究”，认为“俞颂华不仅是新闻界的著名报人，更是新文化事业的传播者”；① 有的近现代史研究者则发现了瞿秋白与俞颂华之间的可比性，认为二人同受“五四运动”洗礼和社会主义苏俄的吸引，一起赴苏采访，最终之所以分道扬镳，一个主要原因就是他们在“五四”时期就表现出的思想差异，即瞿秋白的行动者特质、牺牲者心态和俞颂华的思想者特质、启蒙者心态。② 有的马克思主义哲学研究者在研究俞颂华的“苏俄通讯”时，则着重探究了其中的中国策略，表明俞颂华身处异域，仍不忘关心祖国的前途命运，在通讯中记录苏俄社会各个侧面的同时，不忘与中国社会的现状进行对照，为中国的发展出谋划策。③ 当然，这些研究者都有自己明确的专业立场，俞颂华于他们而言，只是专业研究的一个“着眼点”，但他们的观察和思考，无疑有助于我们更好地“知人论世”，进而从更高远阔大的背景反向聚焦新闻史人物及其与生存环境的关系，对研究对象做出更为准确和深刻的专业判断。

“知人论世”本身就是一个内涵丰富的课题，怎样运用于新闻史人物研究以及还有怎样的研究方法可以运用于新闻史人物研究，还需要学界更多的研究实践和理论思考。

参考文献：

1. 文教资料，1987年，第3期。
2. 新闻研究资料，1983年，第6期。
3. 葛思恩，俞湘文：《俞颂华文集》，北京：商务印书馆，1991年。
4. 莽萍：《俞颂华》，北京：人民日报出版社，1997年。
5. 庞政粱：《俞颂华的编辑风格》，《苏州科技学院学报》，2003年第12期。
6. 董书华：《俞颂华的新闻实践和新闻思想初探》，《东南传播》，2007年第10期。
7. 刘艳：《俞颂华新闻思想综论》，《兵团教育学院学报》，2009年第6期。
8. 王文娟：《俞颂华：新闻专业主义精神的恪守者》，《青年记者》，2012年第4期。
9. 杨玉珠：《有德有言不朽，无党无派以终》，硕士论文（广西大学），2012年。
10. 刘宪阁：《俞颂华译的那本柏拉图》，《东方早报·上海书评》，2013年7月14日。
11. 衡朝阳：《五四时期瞿秋白和俞颂华思想异同简析》，《淮阴工学院学报》，2013年8月。
12. 周芳：《1932－1935年〈申报月刊〉研究》，硕士论文（辽宁大学），2011年。

（作者系山西大学文学院新闻传播系教师、博士）

---

① 张黎敏，夏一鸣：《俞颂华与〈时事新报〉副刊〈学灯〉》，《编辑之友》2009年第11期。

② 衡朝阳：《五四时期瞿秋白和俞颂华思想异同简析》，《淮阴工学院学报》2013年第8期。

③ 杨丽娟：《俞颂华：“苏俄通讯”初探》，《瞿秋白研究文丛》（第四辑），北京：中国文联出版社，2010年，第233页。

早期中共广播人的群体概貌及对当下从业人员的启示

邢　祥　郭　英　王灿发

【摘　要】廖承志、李强、温济泽等一批早期共产党人，怀揣着革命热情和理想聚集在一起，在摸索中前进，承担起革命者和广播人的双重角色，共同筹办了中共早期广播电台。本文以勾勒早期涌现出的中共广播人的群体概貌为切入点，借以引导和启迪当下广播电视从业人员队伍建设工作，努力打造出规模适宜、素质优良和结构合理的人才队伍。

【关键词】中共广播人　队伍建设　人才培养

人民广播事业创建于抗日战争的艰苦年代，1940 年 12 月，延安新华广播电台的诞生标志着中国广播事业发展新阶段的开端。一代代中共广播人凭借信仰和坚持，将人民广播事业做大做强。从解放区建立并逐步发展的人民广播事业既是中国广播事业的中坚力量，又为新中国的广播事业奠定了基础。本文以勾勒早期涌现出的中共广播人的群体概貌为切入点，对比当今广播电视从业人员的现状，通过数据分析，借以引导和启迪当下广播电视从业人员队伍建设工作，努力打造出规模适宜、素质优良和结构合理的人才队伍。

一、早期中共广播人的群体概貌

通过对 1940 年 12 月 30 日之后到新中国成立之前出现的 88 位中共广播人①的群体特征包括籍贯分布、年龄结构、教育背景、性别比例和从业经历等方面的分析和描述，来展现中共广播人的群体概貌。

1.　籍贯分布

从表 1 我们不难发现，这一时期解放区中共广播人分布在全国的 19 个省份，其中以河北籍、江苏籍等省份居多。在统计的 88 名广播人中，仅有一位（汤翰璋）籍贯不详。其中河北籍广播人 14 位，江苏籍 10 位，北京籍 7 位，浙江籍和广东籍均为 6 位，福建、吉林和上海籍均 5 位，这几个省市的人数占总人数的 65.9%，超过一半。

① 由于收集的资料有限，目前仅搜集到 88 位广播人的资料。

表 1　中共广播群体籍贯分布表

省（市）名称	报人籍贯所在人数（人）	名次
河北	14	1
江苏	10	2
北京	7	3
浙江	6	4
广东	6	4
福建	5	5
吉林	5	5
上海	5	5
湖南	4	6
山东	4	6
河南	4	6
辽宁	4	6
山西	3	7
江西	3	7
广西	1	8
湖北	1	8
天津	1	8
黑龙江	1	8
甘肃	1	8
合计	85	
其余		
菲律宾华侨	1	
日本	1	
不详	1	
共计	88	

我们认为呈现这种分布态势，与当时中国的政治、经济和文化发展存在一定的联系。这些省份的革命氛围浓厚，经济较为发达，注重知识培养，出现的进步青年较多，这些有志青年走向革命道路，其中有一部分就成为中共广播人。

值得注意的是，这一时期从事广播工作的中共广播人还有外国人和归国华侨。原清子（日）担任延安广播电台日语播音员，对宣传党的政策、瓦解敌军起了很大的作用。王唯真作为菲律宾华侨，于 1938 年回国参加抗战，1942 年担任新华社广播科编辑负责编写国际新闻，1946 年受延安华侨联合会的委托，撰写《告侨胞书》，并亲自在延安台用国语、广东话、闽南话播出，后曾两次协助延安台播音。①

2. **年龄结构**

建立广播初期，中共广播人群体的年龄结构在某种程度上会影响广播创办的效率和工作热情等。

通过分析我们发现（见图1），这88位中共广播人中除两位（柳荫、汤翰璋）出生年不详之外，绝大多数出生在1910年之后。其中年纪最长的为李强，生于1905年；年纪最小的为是石堂贵，生于1930年。具体分析来看，1910年之前有7人，1910—1929年有39人，1921—1929年有39人。这一时期的中共广播人多为青年人。

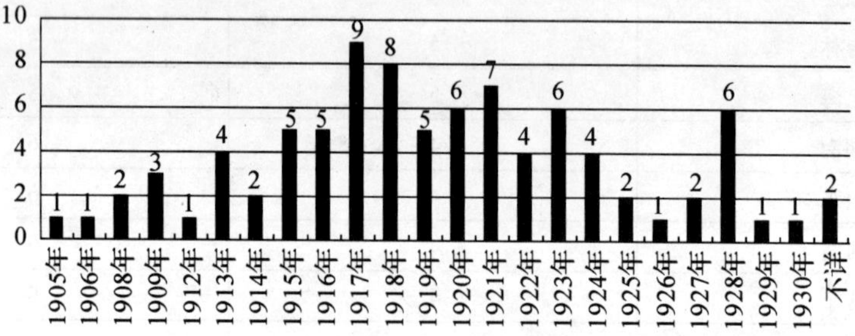

图1：中共广播人出生年人数统计

他们中的大部分人在学生时代就参加革命运动，很早就投身革命工作，积极成为中共党员。他们年纪轻但拥有正确坚定的政治素养，学习能力强，接触新事物的能力优于年纪长的革命者，拥有强健的体魄能够吃苦耐劳，因此在组织的安排下从事广播工作。

3. **教育背景**

广播工作无论是机务调试、稿件编辑还是播音工作，都需要广播人具备一定的文化知识。通过对72位教育背景可考证的广播人进行分析，我们发现这一时期的广播人均受过较为系统的学校教育。

从图2我们可以看出，这一时期的中共广播人的受教育程度较高，仅有3位高中毕业或肄业，其中柏立高中肄业后又到军区保卫部学习。

有69位为大学毕业或肄业，而且许多广播人在著名高等学府读书，如王诤毕业于黄埔军校，杨述、傅英豪毕业于清华大学，左漠野毕业于北京师范大学等。有些人先后在不同学校学习，这也造就了他们的学科的交叉性和学识的广博性，如胡若木先后在金陵大学、西南联大、华西大学、燕京大学学习，刘涵最初在北平艺专学习音乐后到华北联大政治班学习。

有些广播人还是新闻科班出身，掌握一定的新闻传播规律和知识，如铁云在山东

① 《中国广播电视年鉴》编辑委员会编：《中国广播电视年鉴（1987）》，中国广播电视出版社，1988年7月，第631页。

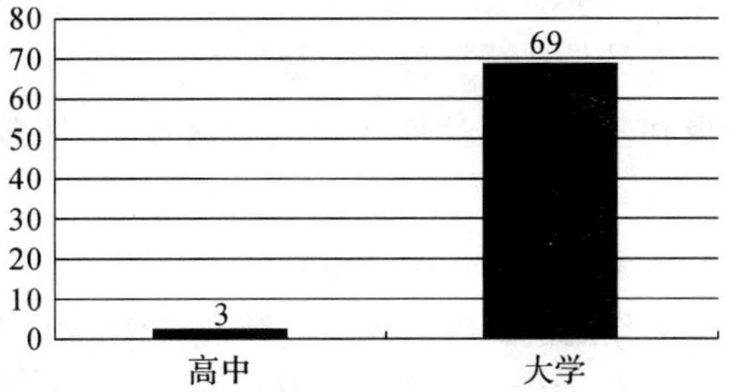

图 2：中共广播人学历统计

大学新闻办学习 8 个月，左辛毕业于燕京大学新闻系，杨兆麟肄业于民治新闻专科学校。虽然他们中大部分并非新闻“科班出身”，但是有很多人参加过相关技术的培训，这主要也取决于筹建广播电台需要能够驾驭设备的无线电技术人员。如赵戈曾在军委三局所办的通信学校学习无线电报务，后担任延安新华广播电台的机务调配员。

除在国内大学学习之外，还有人有海外留学背景。如廖承志于 1928 年在日本早稻田大学第一高等学院留学。

以上都为从事革命活动及筹办广播电台打下了良好的基础。

4. 性别比例

通过对性别统计，我们发现 88 名广播人中有 55 名男性、30 名女性，所占比例分别为 66% 和 34%。结合他们具体从事的广播工作我们分析发现，这一时期男性广播人占多数，他们主要从事有广播技术支持、广播编辑和领导电台筹建等工作，仅有少数的男性播音员（见图 3）。

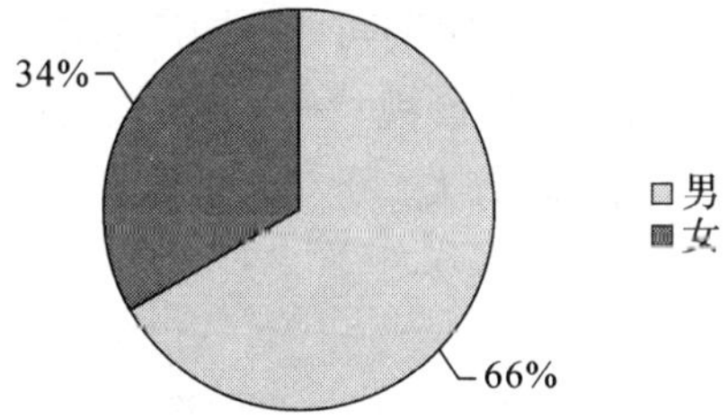

图 3：中共广播人性别比例

女性广播人人数比男性少，从事的广播工作较为单一，主要是电台播音员，仅有少数担任编辑和技术人员，如徐路在筹建延安新华广播电台时担任发射机调配员，在筹建邯郸新华广播电台、陕北新华广播电台时从事机务工作。大部分从事的是播音员的工作，这跟当时的广播环境有关，由于广播设备、技术和战争环境的影响，女性播音员的声音更容易被接收和被听到，比男性播音员更具优势。

5　从业经历

多数人中国广播人并非“广播科班出身”。不断变化和发展的革命形势决定着人民广播的后备力量主要来源于报纸和通讯社。如 1947 年年初，晋冀鲁豫解放区筹建新广播电台，人员分别来自晋冀鲁豫《人民日报》、新华社晋冀鲁豫总分社、邯郸新华广播电台等单位，编播人员是从晋冀鲁豫解放区的一些文教单位迅速调集的。金照在学生时期就编辑通俗报刊，后一直参加《边区群众报》，还曾经编写《怎样写新闻通讯》。

还有部分人员在主要从事行政工作或者参加学生运动，具备一定的政治素养和革命精神。聂耶在从事广播工作之前，曾经先后在陕北公学、中共中央党校中国女子大学学习和工作；1941 年进入延安中央研究院，从事研究工作并参加了我党第一次整风运动；1945 年后在保育小学、三边公学、绥德分区党校作教育工作。① 向阳在参加广播工作之前主要是作为党的外围组织从事学生运动，如反蒋学生运动、“反饥饿、反内战”和“抗暴”等运动。王唯真之前担任安吴堡青训班政治干事，后在延安青年艺术剧院从事文艺工作，在《解放日报》任美术编辑和担任新华社英文翻译。

广播需要技术，因此有专门的广播人负责技术支持。祝敬迓在从事广播事业之前任八路军前线总司令部通讯营电话队总机班长、晋冀鲁豫通讯处无线电技术组长。② 日本投降后，黎沱在中央军委三局担任技术员，参与收发报机的制造和调试。

这些广播人的从业经历为日后从事广播工作奠定了政治素养和提供了技术支撑。

二、当代广电人的从业现状

随着数字技术和新媒体业务的快速发展，广播电视从业人员在建设广电事业发挥的作用越来越大。1980 年，全国广播电视从业人员为 22 万余人，截至 2012 年年底，广播电视从业人员增长至 82 万余人。

从图 4 我们发现，2007 年至 2012 年期间，全国广播电视从业人员人数逐年增加，年平均增长率约为 3.4%。按照《广播影视“十二五”人才发展规划》显示，到 2015 年，广播影视系统人才总量达到 100 万人。

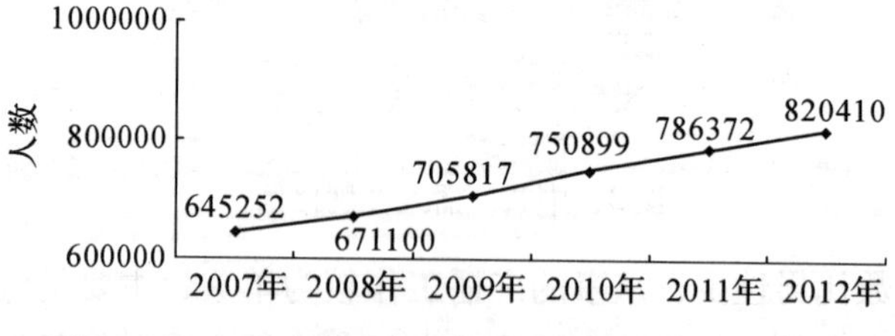

图 4：2007—2012 年全国广播电视从业人员人数统计

（数据来源：中国广播电视年鉴）

① 《中国广播电视年鉴》编辑委员会编：《中国广播电视年鉴（1987）》，中国广播电视出版社，1988 年 7 月，第 625 页。

② 《中国广播电视年鉴》编辑委员会编：《中国广播电视年鉴（1987）》，中国广播电视出版社，1988 年 7 月，第 624 页。

1. **学历构成**

从图5我们发现，2012年我国广播电视从业人员中，69%的从业人员为本科及大专学历，28%的从业人员为高中及以下学历，仅有3%的从业人员为研究生学历。数据表明，目前我国广播电视从业人员与早期中共广播人的学历构成相比，高学历人员所占比例过小，而高中及以下学历人员所占比例仍偏高。目前的学历构成并不能满足《广播影视“十二五”人才发展规划》提出的广电事业需要高端人才引领的要求。

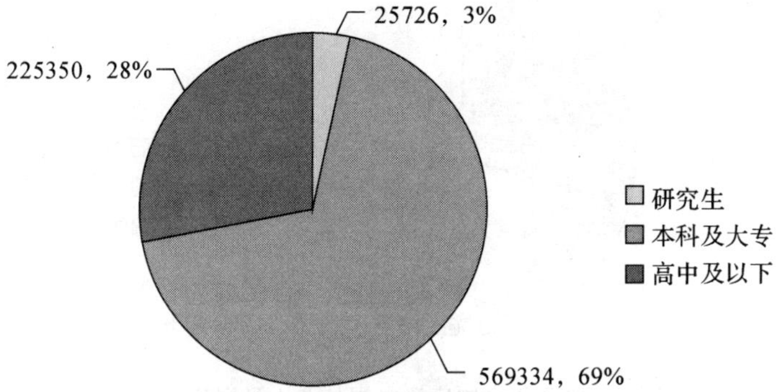

图5：2012年全国广播电视从业人员学历组成
（数据来源：中国广播电视年鉴2013）

2. **年龄结构**

通过对2012年全国广播电视从业人员的年龄结构进行统计分析（见图6），我们发现35岁及以下和36岁至50岁的从业人员人数分别为378286人和356937人，所占比例为46%和44%；51岁及以上的从业人员有85187人，所占比例为10%。数据分析可得，全国广播电视从业人员多为中青年人。

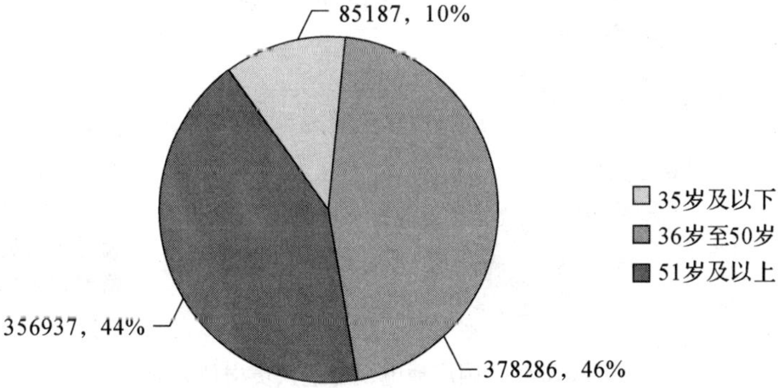

图6：2012年全国广播电视从业人员年龄结构
（数据来源：中国广播电视年鉴2013）

3. **岗位组成**

随着广播电视事业的不断完善，从业人员的岗位也逐渐细分，分工明确。按照岗位可以划分为管理人员、专业人员和其他人员，其中专业人员又细分为编辑记者、播音员主持人、工程技术人员、艺术人员和经营人员。

从图7我们可以看出，2012年全国广播电视从业人员岗位划分组成中，专业人员为41.8万余人，所占比例最多为51%；其次为其他人员，共计27万余人，所占比例为33%；管理人员为13.1万余人，所占比例为16%。

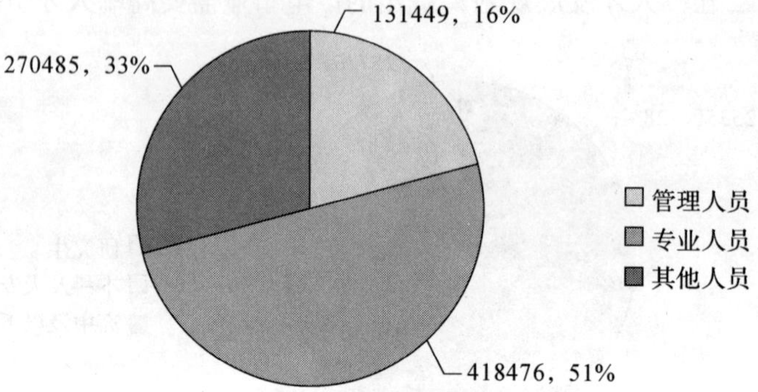

图7：2012年全国广播电视从业人员岗位划分

（数据来源：中国广播电视年鉴2013）

对2012年全国广播电视专业人员进行分析（见图8），我们发现人数最多的岗位是工程技术人员，共计15.1万余人，所占比例为41%；其次为编辑记者，所占比例为38%；播音员主持人和经营人员均约占8%；岗位组成比例最小的为经营人员，共1.7万余人，所占比例为5%。

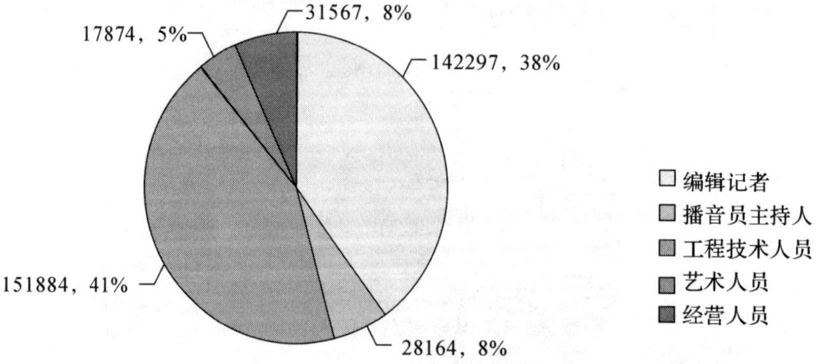

图8：2012年全国广播电视专业人员岗位划分

（数据来源：中国广播电视年鉴2013）

通过对我国广播电视从业人员的岗位组成进行数据分析，我们发现目前专业人员所占比例仅约为一半，其中经营人员比例较低，这在一定程度表明我国目前岗位划分人员比例并不能适应广播电视发展相匹配的工作机制。

三、早期广播人队伍对当下从业人员的启示

通过对两个时期从业人员的分析比较，我们不难发现，当代广播电视从业人员在教育背景、岗位组成等方面都存在一定的问题。早期中共广播人由于革命需要，在党组织的安排下，共同筹办中共广播事业，年轻有朝气，在恶劣的环境中艰苦奋斗；学习能力强，均接受了高水平的新式教育；分工明确，共同促进广播工作的顺利开展；激情洋溢，有着为革命“抛头颅，洒热血”的信念；他们热爱广播，严谨细致、认真工作……

随着新技术新媒体业态的不断涌现，对广电工作提出了更高的要求，尽管时代背景发生转变，早期中共广播人所具备的特征对培养。

1. 提升专业素养，培养高层次、复合型人才

早期中共广播人不仅就读于高等学府，有些人还先后在不同学校学习，这也造就了他们的学科的交叉性和学识的广博性。

全媒体时代对广播电视从业人员的业务素质要求也越来越高，要求必须能够利用数字技术和新媒体业务来准确、立体和全方位实现新闻工作者的社会职能。用高层次、复合型人才来带动整体队伍发展。加强高校新闻学、广播电视新闻学等相关专业学生的理论学习和业务培养。为适应时代发展，还应注吸纳和培养经营管理、数据挖掘等方面的复合型人才。

从业人员的专业素养包括政治素养、记者分析和解读信息能力、文字表达能力等方面，同时还应包括认知水平，避免在新闻报道中出现常识性和逻辑性的错误。媒体单位应当定期或不定期开展业务培训工作，不能只针对入职前的准记者进行，更应将培训工作渗透到日常工作中。

2. 加强职业道德建设，注重责任意识培养

中共广播人在早期广播工作中，恪守职责，宣传党的政策，为革命胜利而努力；在困难面前不忘初衷艰苦奋斗、乐观创业；在具体工作中，认真负责，严谨细致，保持实事求是的工作作风，努力践行和完成承担的历史责任和需要完成的社会担当。

新闻媒体如今已经逐渐成为社会的神经中枢和力量聚合地，不仅以其特有的视角和特定的方式对社会进行报道、解释和分析，还以其价值观及其贯彻意志影响和引导社会舆论。因此，媒体在承担政治责任、道德责任的同时，更应该承担社会责任。作为主流媒体的广播电视，很多媒体从业人员并没有顾全自身所担负的社会责任，而是以其自身公信力为代价换取新闻的点击率及市场份额，给社会带来了一系列的负面效应。因此，当下广播电视人员不仅要业务技能的提高，更要加强对职业道德建设和责任意识的培养。

参考文献：

1. 赵玉明：《中国广播电视通史》，北京广播学院出版社，2004 年 1 月。

2. 《解放区广播历史资料选编》，中国广播电视出版社，1985 年 8 月。

3. 《中国广播电视年鉴》编辑委员会编：《中国广播电视年鉴（1987）》，中国广播电视出版社，1988 年 7 月。

4. 北京广播学院新闻系编：《中国人民广播回忆录（共四集）》，广播出版社、中国广播电视出版社，1983－1995 年。

5. 北京广播学院新闻系编：《中国广播史料选辑（第五辑）》，1983 年 4 月。

6. 中央人民广播电台研究室、北京广播学院新闻系编：《解放区广播历史资料选编（一九四〇——一九四九）》，中国广播电视出版社，1985 年 8 月。

7. 陈尔泰：《延安台开端史实》，中国广播电视出版社，2013 年 12 月。

8. 《中国广播电视年鉴》编辑委员会编：《中国广播电视年鉴（2013）》，中国广播电视出版社，2013 年 11 月。

（作者邢祥、郭英系中国传媒大学新闻学院 2014 级新闻学博士研究生；
王灿发系中国传媒大学新闻学院教授）

邢祥　郭英　王灿发的论文附录：中共广播人详细资料整理表（1940—1949 年）

序号	姓名	性别	出生年	籍贯	入党时间	教育背景	1940—1949 年广播活动经历
1	廖承志	男	1908	广东惠阳	1928	大学毕业，曾留学日本	1948 年 10 月担任新华社广播部编委会主任委员。1949 年 6 月担任中央广播事业管理处处长，主持宣传工作兼北平新华广播电台台长。
2	梅益（原名陈少卿）	男	1913	广东潮安	1937	高中肄业	1947 年任新华社副总编辑，同时主持延安新华广播电台和陕北新华广播电台工作。1948 年 10 月担任新华社广播部编委会副主任委员。
3	李强（原名曾培）	男	1905	江苏常熟	1925	上海东华大学土木建筑系肄业，留学苏联	中共无线电台的创始人。1947 年 12 任中央军委通讯总局副局长，指挥陕北新华广播电台大功率发射机和天线的建设，1949 年春领导接收南京、上海等地的国民党广播和电信事业，6 月任中央广播事业管理处副处长，主持电台与天线设备的制造。7 月主持中广处工作。
4	陈克寒（原名成鹤龄）	男	1917	浙江慈溪	1934	延安中国人民抗日军政大学学习	1944 年 12 月至 1945 年 2 月任新华通讯社总社广播科科长。1945 年 2 月任新华通讯社总社编辑科（广播科改为编辑科）科长。
5	温济泽	男	1914	江苏淮阴	1936	不详	1946—1949 年任延安新华广播电台主任、中央广播事业管理处联络部长兼北平人民广播电台管理委员。1948 年 10 月担任新华社广播部编委会委员。
6	沈建图（原名沈庆琳）	男	1915	广东梅县（新加坡归侨）	1939	不详	1944 年 9 月 1 日新华社英文广播部编辑。1945 年 10 月，担任英播组组长。1946 年 5 月任英播部主编。1948 年 10 月担任新华社广播部编委会委员。
7	周扬（原名周运宜）	男	1908	湖南益阳	不详	上海大夏大学，曾留学日本	1948 年担任晋察冀中央局宣传部长，领导晋察冀新华广播电台工作。
8	周新武（原名晓乐）	男	1916	河南息县	1936	北平中国大学肄业	华东广播事业奠基人和首任直接管理者。1948 年 5 月，奉命筹办华东新华广播电台，兼任电台管委会主任。1948 年 9 月—11 月，配合济南战役和淮海战役的宣传。这以后，率领华东电台人员走进上海，并接管宁、沪、杭三城市广播电台。顺利完成接管任务后，出人华东军政委委员会华东新闻出版局常务副局长，兼任华东人民广播电台和上海人民广播电台台长。①

① 张鹏主编：《巢湖中共党史人物传（第 1 卷）》，中共党史出版社，2011 年 5 月 1 日第 1 版，第 319 页。

续表

序号	姓名	性别	出生年	籍贯	入党时间	教育背景	1940—1949 年广播活动经历
9	曹维廉	男	1916	福建南平	1938	高中毕业	解放战争时期，历任新四军兼山东军区司令部通信局第二科科长，山东军区通讯局材料处副处长，济南、徐州军管会无线电部部长。① 长期任无线电报务训练班、机务训练班的班主任，亲自编教材，培养无线电通讯人员。②
10	苗力沉（原名苗正己）	男	1921	河南伊川	1937	开封高师肄业，曾在延安抗大学习	1946 年任延安新华广播电台编辑部编辑。1948 年调任华东新华广播电台管理委员会副主任兼编辑部主任。③
11	力一（原名力伯皖）	男	1913	祖籍福建永福，出生地北京	1937	先后在唐山交通大学、上海交通大学、清华大学、北平大学学习	1940—1942 年先后任延安中共中央财政经济部工业处与陕甘宁边区政府工业局秘书、科长。1942—1945 年任延安中央军委三局电器修造厂试验室主任。1946 年任北平军调处执行部中共代表团通讯课工程师兼翻译。1946—1948 年任华东通讯联络局材料厂厂长兼工程师。1948—1949 年先后在华东广播电台筹备处与济南市军管会无线电处任工程师。④
12	汤翰璋	男	不详	不详	不详	不详	文字广播台报务主任。创作《XNCR 之歌》的回忆。
13	王诤（原名吴人鉴）	男	1909	江苏武进	1934	黄埔军校毕业	1937 年 7 月至 1945 年 8 月任中共中央军委总参谋部第三局局长。1940 年 1 月至 1945 年 8 月兼第三局政治委员。1938 年 3 月至 1941 年 1 月任中共中央军委军事工业局副局长、兼通信学校政治委员。1945 年 4 月至 6 月作为中直、军直代表团成员出席中共七大。王诤中将 1947 年 3 月任中共中央后方委员会委员。1949 年 5 月起任中华全国民主青年联合总会委员，同月起兼中共中央军委电信总局局长。⑤
14	傅英豪	男	1917	河北青县，生于沈阳	1936	清华大学无线电工程系	中共中央军委三局九分队队长。1940 年参加筹建延安新华广播电台。1946 年任张家口新华广播电台主任。

① 福建省新四军研究会编：《福建新四军人物传》（下卷），福建人民出版社，2008 年，第 292 页。

② 中国科学技术协会编：《中国科学技术专家传略・工程技术编・机械卷 1》，1996 年，第 264 页。

③ 《中国广播电视年鉴》编辑委员会编：《中国广播电视年鉴（1987）》，中国广播电视出版社，1988 年 7 月，第 629 页。

④ 力一：http：//baike. so. com/doc/6511433. html.

⑤ 王诤：http：//baike. so. com/doc/5409014. html.

续表

序号	姓名	性别	出生年	籍贯	入党时间	教育背景	1940—1949 年广播活动经历
15	夏之平（原名余巾英）	女	1924	浙江杭州	1945	不详	1945 年 10 月按党组织要求到国民党杭州广播电台任播音员。1948 年秋调任筹建中的华东新华广播电台播音组长。1949 年 5 月参加接管国民党上海广播电台，任上海人民广播电台播音组长。①
16	唐旦	女	1917	北京	不详	先后清华大学、北京俄文专科学校学习	1940 年参加筹建延安新华广播电台，后担任调配组组长。1945 年担任张家口新华广播电台秘书兼技师。
17	肖岩	女	1919	河北丰润	1939	先后在抗大、中国女大学习	1940 年 12 月 30 日调任延安广播电台播音员。1947 年担任新华总社语言广播部编辑。
18	徐跻	女	1918	江西吉安	1942	先后在陕北公学分校、延安通讯学校学习	1940 年 11 月调任中央军委三局九分队，任延安新华广播电台发射机调配员，后到三局总台任调配员。1947 年在邯郸新华广播电台和陕北新华广播电台从事机务工作。②
19	麦风（原名徐瑞璋）	女	1922	江苏南京	不详	延安女子大学短期学习	1940 年冬，调延安新华广播电台任播音员。1943 年任新华社译电科任译电员。
20	陈寰（原名陈玉环）	女	1920	吉林延吉	1944 年 9 月加入中国民主同盟；1953 年加入共产党	四川自流井东北中山中学肄业，先后在成都齐鲁大学历史社会系、晋冀鲁豫解放北方大学、华北大学学习	1948 年调至陕北新华广播电台工作。1949 年 3 月以后历任北平新华广播电台北京新华广播电台、中央人民广播电台新闻科编辑。③
21	陈笑雨（原名陈essen恩）	男	1917	江苏靖江	1938	陕北公学学习	新华社广播科正式编辑。

① 《中国广播电视年鉴》编辑委员会编：《中国广播电视年鉴（1987）》，中国广播电视出版社，1988 年 7 月，第 632 页。
② 《中国广播电视年鉴》编辑委员会编：《中国广播电视年鉴（1987）》，中国广播电视出版社，1988 年 7 月，第 626 页。
③ 《中国广播电视年鉴》编辑委员会编：《中国广播电视年鉴（1987）》，中国广播电视出版社，1988 年 7 月，第 629 页。

续表

序号	姓名	性别	出生年	籍贯	入党时间	教育背景	1940—1949 年广播活动经历
22	王唯真	男	1923	菲律宾华侨	1940	先后在安吴堡青训班、毛泽东青年干部学校学习	新华社广播科编辑，负责编写国际新闻。1946 年受延安华侨联合会的委托，撰写《告侨胞书》，并亲自在延安台用国语、广东话、闽南话播出，后曾两次协助延安台播音。①
23	原清志（原名原清子、前岛清子）	女	1912	日本	1937	不详	中国对外广播第一人。1941 年年底担任延安广播电台日语播音员。
24	苑子熙（原名苑康年）	男	1918	河北高阳	1941	不详	1949 年 6 月从事广播工作。曾任河北人民广播电台秘书科长、总编室副主任。
25	韦君宜（原名魏蓁一）	女	1917	北京	1936	清华大学疑业	1945 年担任新华社编辑科口头广播组广播编辑。1946 年担任新华社语言广播部编辑。
26	杨述	男	1913	江苏淮安	1936	清华大学	1945 年担任新华社编辑科口头广播组广播编辑。
27	张纪明	男	1915	浙江镇海	1938	延安抗大总校学习	1942 年起为延安新华广播电台日语广播编译兼总政敌工干部学校教员。1944 年为新华社翻译部日文电讯翻译，1945 年 10 月任新华社编辑科口播组（即延安新华广播电台编辑部）组长。1946 年调新华社任解放区部新解放城市组组长，1948 年起为新华社新闻干部训练班副主任。1949 年进入北平后，任中央广播事业管理处干部科科长、广播事业局人事处处长。②
28	柳荫	男	不详	吉林扶余	1939	延安抗大	1948 年担任晋察冀新华广播电台编辑科科长。
29	丁一岚（原名刘孝思）	女	1921	河北塘沽	1938	不详	1945 年 10 月开始从事广播事业。③ 1945 年抗战胜利后，在张家口（晋察冀）新华广播电台任播音员，后调陕北新华广播电台任播音组副组长。④ 1948 年担任张家口新华广播电台播音科科长。

① 《中国广播电视年鉴》编辑委员会编：《中国广播电视年鉴（1987）》，中国广播电视出版社，1988 年 7 月，第 631 页。
② 《中国广播电视年鉴》编辑委员会编：《中国广播电视年鉴（1987）》，中国广播电视出版社，1988 年 7 月，第 623 页。
③ 《中华人民共和国年鉴 1999 总第 19 期（下）》，《中华人民共和国年鉴》编辑部编辑 2000 年 1469。
④ 《新闻学大辞典》资料时间：1993 年。

续表

序号	姓名	性别	出生年	籍贯	入党时间	教育背景	1940—1949 年广播活动经历
30	萧风（原名王兆平）	男	1909	江苏苏州	1942	先后在抗大、陕北公学高级队学习	1947 年 2 月调邯郸新华广播电台任总编辑。同年 3 月筹备接替陕北新华广播电台的广播工作，并同时负责两台编辑部的领导工作。新华总社迁来太行后，任总社邯郸台编辑部主任。1948 年下半年起为邯郸台代台长兼总编辑。①
31	潘非	男	1918	浙江平湖	1938	不详	1947 年 6 月起先后担任关东广播电台编辑、编辑科长。
32	左漠野（原名左铁铮）	男	1913	湖南岳阳	1937	北京师范大学毕业	先后担任新华总社对蒋管区广播部主任、北平新华广播电台新闻科科长。
33	陈自新	男	1921	天津芦台	1941	不详	1945 年 8 月随军挺进东北，接管日伪本溪放送局，创办了本溪新华广播电台，在此期间，还参加接管了鞍山、抚顺、营口等地的广播电讯设备。1946 年 8 月接任安东（今丹东）新华广播电台台长，撤出安东后转移至某地坚持办台，转播陕北新华广播电台的节目。1949 年 1 月调至沈阳任东北新华广播电台秘书长，后调大连人民广播电台工作。②
34	杨兆麟	男	1923	湖南长沙	1946	民治新闻专科学校肄业	1947 年 3 月任延安新华总社语言广播部（即延安新华广播电台编辑部）编辑，后随新华社撤退到陕北瓦窑堡，继续任编辑工作。1949 年 1 月参加新华社、《人民日报》社、广播电台的“统一编辑部”。③
35	郑宁（原名古兆珍）	女	1923	广东中山	1948	先后在西南联大师范学院、华北联大政治班学习	1948 年先后任晋察冀新华广播电台、陕北新华广播电台播音员。1949 年 3 月担任中央广播电台华侨组组长，从事对华侨广播工作。
36	林青	男	1921	山西临汾	1945	陕西公学社会科学系	1947 年冬后分别担任齐齐哈尔、哈尔滨新华广播电台台长。

① 《中国广播电视年鉴》编辑委员会编：《中国广播电视年鉴（1987）》，中国广播电视出版社，1988 年 7 月，第 626 页。
② 《中国广播电视年鉴》编辑委员会编：《中国广播电视年鉴（1987）》，中国广播电视出版社，1988 年 7 月，第 629 页。
③ 李新河主编：《国魂——华新世纪兴国英才传略》，2000 年，第 398 页。

续表

序号	姓名	性别	出生年	籍贯	入党时间	教育背景	1940—1949 年广播活动经历
37	李伍（原名李春秋）	男	1914	广东潮州	1938（重新入党）	延安抗大	1938 年起在延安新华通讯社工作，先后担任译电员、编辑、广播科科长、电务处副处长等职，长期负责新华社和延安（陕北）新华广播电台的技术业务，在解放战争时期为确保不中断文字广播和语言广播做出了贡献。1949 年春参加接管国民党北平广播电台。①
38	张煜（原名张淑佩）	女	1918	山东济南	1954	北平辅仁大学毕业	1948 年任济南新华广播电台编辑。1949 年调北平新华广播电台任新闻编辑。
39	苏景轼	男	1906	河北高阳	1938	先后在保定河北第二师范、华北军政干部学校学习	1944 年在中央军委三局从事无线电技术工作。
40	石堂贵	男	1930	河北武安	1949	北京立信高级会计学校毕业	1947 年夏至 1949 年年初，先后在陕北新华广播电台、邯郸新华广播电台做通讯员、文书兼会计、司务长等工作。1949 年在北平新华广播电台做总务保管工作。②
41	郑薇	女	1929	黑龙江齐齐哈尔	1950	不详	1947 年秋调赤峰新华广播电台，后又到哈尔滨广播电台工作。1948 年参加国民党沈阳广播电台，后任东北人民广播电台台长秘书等职。③
42	顾湘	女	1915	山东济南	1937	女子师范学校毕业	1946 年从事邯郸新华广播电台文艺广播。
43	景润身	男	1909	河北束鹿	1945	不详	1943 年到延安后在中央军委三局川口电台任报务员，1945 年加入中国共产党。1945 年 8 月延安新华广播电台恢复播音时，担任发射台调机员，后为陕北新华广播电台调机组长。④
44	常振玉	男	1915	北京房山	1936	北京大学	1946 年 9 月，调往晋冀鲁豫解放区任邯郸新华广播电台台长。1947 年春，领导邯郸台人员筹建陕北新华广播电台新台，顺利接替了延安台在陕北的播音。1949 年 4 月负责接管国民党太原广播电台，后任太原人民广播电台总编辑兼台长。⑤

① 李新河主编：《国魂——华新世纪兴国英才传略》，2000 年，第 398 页。
② 《中国广播电视年鉴》编辑委员会编：《中国广播电视年鉴（1987）》，中国广播电视出版社，1988 年 7 月，第 622 页。
③ 《中国广播电视年鉴》编辑委员会编：《中国广播电视年鉴（1987）》，中国广播电视出版社，1988 年 7 月，第 634 页。
④ 《中国广播电视年鉴》编辑委员会编：《中国广播电视年鉴（1987）》，中国广播电视出版社，1988 年 7 月，第 622 页。
⑤ 赵玉明主编：《广播电视简明辞典》，中国广播电视出版社，1989 年 8 月，第 301 页。

续表

序号	姓名	性别	出生年	籍贯	入党时间	教育背景	1940—1949 年广播活动经历
45	金照	男	1915	上海南汇	1941	不详	1948 年冬兼管西北新华广播电台。
46	董林	男	1916	辽宁丹东	1938	北京邮电学院肄业	1945 年日本投降后，从锦州调到广播电台工作，1946 年任承德新华广播电台台长，后转移到齐齐哈尔。1947 年曾翻译出版日文《无线电读本》。1948 年 9 月起先后任东北新华广播电台副台长，东北人民广播电台副台长。①
47	祝敬迓	男	1916	福建崇安	1939	不详	1946 年 6 月参加人民广播工作，对建立邯郸新华广播电台，接替陕北新华广播电台在陕北的播音和组建在太行的陕北新华广播电台均作出了成绩。全国解放前夕，调任第二野战军西南服务团云南支队二大队二中队副中队长。进军昆明后，参与领导建立云南人民广播电台。②
48	聂耶（原名赵丽华）	女	1916	江苏镇江	1938	中共中央党校中国女子大学学习	1948 年到西北新华广播电台编辑室工作。1949 年 5 月随西北台进西安。
49	毛动之	男	1917	山西昔阳	1938	山西太原国民附设职业学校和太原无线电学校毕业	1941 年 1 月调中央军委三局负责延安新华广播电台机务工作的九分队任文字广播组报务员、报务主任、并任党支部书记。1944 年在三局第一总台工作时，曾当选为三局模范工作者。1946 年 6 月延安新华广播电台机务工作规划新华社电务处负责后，任电务处第四科科长、党支部书记，直至 1949 年春进入北平。③
50	顾文华	男	1917	江苏吴县	1938	不详	1947 年 3 月担任邯郸新华广播电台编辑部副主任。
51	周述康	男	1917	上海宝山	1937	不详	抗战胜利后，赴东北任东北日报社新闻电台台长兼辽宁电政管理局军代表，1946 年兼任长春新华广播电台军代表，后负责筹建东北新华广播电台。④
52	邹凡扬	男	1923	上海	不详	大学肄业	1949 年 5 月参加接管国民党上海广播电台工作。
53	铁云（原名蒋铁云）	女	1923	浙江嘉兴	1944	先后在山东大学新闻班、华东建设大学学习	1948 年 9 月任华东新华广播电台编辑。1949 年 5 月任上海人民广播电台工业组组长。

① 《中国广播电视年鉴》编辑委员会编：《中国广播电视年鉴（1987）》，中国广播电视出版社，1988 年 7 月，第 624 页。
② 《中国广播电视年鉴》编辑委员会编：《中国广播电视年鉴（1987）》，中国广播电视出版社，1988 年 7 月，第 624 页。
③ 《中国广播电视年鉴》编辑委员会编：《中国广播电视年鉴（1987）》，中国广播电视出版社，1988 年 7 月，第 625 页。
④ 《中国广播电视年鉴》编辑委员会编：《中国广播电视年鉴（1987）》，中国广播电视出版社，1988 年 7 月，第 625 页。

续表

序号	姓名	性别	出生年	籍贯	入党时间	教育背景	1940—1949 年广播活动经历
54	左荧（原名王文星）	男	1917	河南获嘉	1939	延安陕北公学学习	1947 年任陕北新华广播电台军事组组长。
55	张东	男	1918	河北清苑	不详	晋察冀边区抗日建国学院学习	曾任通化新华广播电台台长，先后组建临江、海龙新华广播电台。1947 年担任临江新华广播电台台长。1948 年 10 月任安东新华广播电台台长。①
56	齐越（原名齐斌濡）	男	1922	河北高阳	1950	西北大学外文系	中国人民广播事业史上的第一位男播音员。1947 年陕北新华广播电台播音员。1949 年任北平新华广播电台播音员。
57	罗东（原名陶宗侃）	男	1918	江苏无锡	1938	先后在安吴堡青训班、陕北公学学习	1949 年 5 月参加接管武汉原国民党广播台，后任武汉新华广播电台台长兼总编辑。②
58	康普（原名陆参）	女	1928	广西桂林	不详	北平师范大学音乐系	1949 年任北平新华广播电台播音员。
59	肖楠（原名肖雨芹）	女	1928	吉林吉林	1946 年参加党的外围组织“中国民主青年同盟”；1960 年加入共产党	东北师范大学	1948 年任长春新华广播电台播音员。
60	左辛（原名王迪新）	男	1928	上海	1947	燕京大学新闻系	1948 年 11 月到河北沧县解放区，后分配到准备接管国民党北平新闻机构的“统一编辑部”所属“广播编辑小组”工作；1949 年 2 月起在北平新华广播电台（今北京人民广播电台）编辑部门工作。③
61	刘涵（原名刘英娥）	女	1928	辽宁沈阳	1950	北平艺专学习音乐，后到华北联大政治班学习	1948 年担任陕北新华广播电台任播音员。1949 年任北平新华广播电台播音员。

① 《中国广播电视年鉴》编辑委员会编：《中国广播电视年鉴（1987）》，中国广播电视出版社，1988 年 7 月，第 625 页。
② 《中国广播电视年鉴》编辑委员会编：《中国广播电视年鉴（1987）》，中国广播电视出版社，1988 年 7 月，第 626 页。
③ 《中国广播电视年鉴》编辑委员会编：《中国广播电视年鉴（1987）》，中国广播电视出版社，1988 年 7 月，第 634 页。

续表

序号	姓名	性别	出生年	籍贯	入党时间	教育背景	1940—1949 年广播活动经历
62	姚琪（原名邱铃）	女	1928	北京	1952	在华北城工部和华北人民大学学习	1948 年 9 月任陕北新华广播电台播音员。1949 年 8 月，参加接管国民党昆明广播电台的工作。
63	王恂	男	1928	北京	1945	晋察冀边区中学、延安中学学习	延安新华广播电台任播音员（首位男播音员）。
64	贾玉芝	女	1927	吉林吉林	1952	吉林大学音乐系本科肄业	1948 年先后任吉林新华广播电台播音员、编辑和文艺组长。
65	钱家楣	女	1927	北京	1948	延安大学学习	1946 年 6 月调延安新华广播电台任播音员。1947 年 3 月撤出延安，在瓦窑堡坚持播音，后转移到晋冀鲁豫解放区涉县陕北新华广播电台继续从事播音工作。①
66	陈开	男	1926	河北唐山	1959	天津北洋大学学习	1948 年 12 月参加接管国民党北平广播电台双桥发射台，后调至中央人民广播电台编辑部工作。
67	李兴旺	男	1925	河北束鹿	不详	冀南军区三科学习无线电技术	在冀南军区、八路军总部、晋冀鲁豫军区三处任机务员。1945 年年底参加了广播发射机的改装工作，1946 年 11 月调邯郸新华广播电台任值机员、后任机务组长。1947 年春参加了接替延安新华广播电台陕北播音的准备工作。1949 年 4 月，参加了接管国民党太原广播电台和筹建太原新华广播电台的工作。②
68	向阳（原名陈幼珍）	女	1924	湖北黄陂	1945 年加入党的外围组织“中国民主青年同盟”	先后在昆明西南联合大学、北京大学、北方大学文教学院学习	1948 年 8 月任陕北新华广播电台编辑。
69	柏立（原名柏致中）	女	1925	北京	1949	高中肄业，后到军区保卫部学习	1942 年因党工作要求在日伪广播台演播英语讲座和知识节目。1946 年 9 月任邯郸新华广播电台播音员。1947 年 3 月任陕北新华广播电台播音员。1949 年任北平广播电台播音员。

① 《中国广播电视年鉴》编辑委员会编：《中国广播电视年鉴（1987）》，中国广播电视出版社，1988 年 7 月，第 633 页。

② 《中国广播电视年鉴》编辑委员会编：《中国广播电视年鉴（1987）》，中国广播电视出版社，1988 年 7 月，第 633 页。

续表

序号	姓名	性别	出生年	籍贯	入党时间	教育背景	1940—1949年广播活动经历
70	江炎（原名曾文深）	男	1924	广东五华	1949	先后在西南联大、华北联大政治班学习	1947年担任晋察冀新华广播电台编辑。1948年任陕北新华广播电台新闻编辑。
71	梁镇湘	男	1922	吉林吉林	1946	北京大学工学院电机系	1946年参加国民党北平广播电台双桥发射台接管工作。1949年2月任电力组组长。
72	姚文（原名姚雯）	女	1923	上海	1939	延安女子大学	1941年1月担任延安新华广播电台播音员。1942年任新华总社译电组组长。后调任新华分社任译电组组长。
73	刘永岫	男	1918	湖南新宁	1956	浙江大学电机工程系毕业	1947年底调中央军委三局任工程师，参加了天护发射台的建设工作。北平解放后任双桥发射台台长。①
74	魏琳（原名蒋琳琳）	女	1924	浙江杭州	不详	重庆中央大学肄业	1946年担任张家口新华广播电台英语播音员。1947年筹备并从事陕北新华广播电台英语播音工作。
75	黎沱（原名白葆祉）	男	1921	山西五台	1949	延安中央军委三局通信学校	1948年参加在天护建设的3千瓦广播发射机的试制、安装和调试工作。②
76	余苏奇	女	1921	河南罗山	1940	先后在安吴堡青训班、延安鲁艺学习	1949年5月调武汉新华广播电台工作。
77	陈陶	女	1922	辽宁锦州	1949	先后在北京师范大学日语系、抗大六分校学习	1947年4月任陕北新华广播电台播音员，后任邯郸新华广播电台助理编辑。1949年任中南广播电台编辑部副科长。
78	魏福寿	男	1921	甘肃曲子	1943	陕东中学	1945年10月起在延安新华广播电台从事机务工作。1947年春撤出延安后，先后在陕北、晋西北等地的无线电实验室工作。1948年11月重返延安，参加筹建西北新华广播电台。1949年随西北台迁进西安，任调配组副组长、发射台负责人等职。③

① 《中国广播电视年鉴》编辑委员会编：《中国广播电视年鉴（1987）》，中国广播电视出版社，1988年7月，第626页。
② 《中国广播电视年鉴》编辑委员会编：《中国广播电视年鉴（1987）》，中国广播电视出版社，1988年7月，第630页。
③ 《中国广播电视年鉴》编辑委员会编：《中国广播电视年鉴（1987）》，中国广播电视出版社，1988年7月，第629页。

续表

序号	姓名	性别	出生年	籍贯	入党时间	教育背景	1940—1949年广播活动经历
79	卢克勤	男	1920	江西上饶	1942	不详	1947年12月至1949年4月参加了天护广播发射台的建设工作，任天线组组长。1949年4月作为军代表助理，负责接管南京国民党中央广播电台、上海广播修造所和大中华唱片厂的工作。①
80	胡若木（原名胡光晔）	男	1920	江苏盐城	1941	先后在金陵大学、西南联大、华西大学、燕京大学学习	1947年秋起任陕北新华广播电台编辑部副主编。1949年1月在北平新华广播电台负责宣传工作。1949年3月任电台编委兼采访科科长。
81	张晋德	男	1920	山东临淄	1938	先后在济南乡师、鲁艺音乐系学习	1946年秋担任邯郸新华广播电台文艺编辑。
82	王讴	男	1920	河北迁安	1947	先后在北京师范大学音乐系、晋冀鲁豫军政大学毕业	1947年3月担任在邯郸新华广播电台任文艺编辑。
83	高而公	男	1920	辽宁凤城	1947	大学毕业后又在冀鲁豫军政大学学习	1947年9月任陕北新华广播电台编辑部编辑，负责对国民党军广播节目。
84	林琳（原名林仪贞）	女	1919	福建福州	1938	华中党校学习	1948年转入广播战线。历任济南新华广播电台编辑部主任、南京人民广播电台编辑部副主任、上海人民广播电台编辑部主任、副总编辑。②
85	鹿野	男	1919	河北定兴	不详	抗大教员队毕业	1947年调陕北新华广播电台从事采编工作。1949年年初，参加接管国民党北平广播电台的工作。
86	孟启予（原名陈元）	女	1919	福建长乐	1938	延安鲁艺毕业	1945年10月起先后担任延安新华广播电台播音员、播音组长。
87	李慕琳（原名李美英）	女	1919	山东德州	1939	中央组织部训练班	1945年9月任延安新华广播电台播音员。1947年任晋察冀日报社口语广播科编辑。
88	孟介夫	男	1918	河北定县	1939	不详	1949年8月调至筹建中的保定人民广播电台，任编辑科副科长。

① 《中国广播电视年鉴》编辑委员会编：《中国广播电视年鉴（1987）》，中国广播电视出版社，1988年7月，第628页。
② 《中国广播电视年鉴》编辑委员会编：《中国广播电视年鉴（1987）》，中国广播电视出版社，1988年7月，第627－628页。

温济泽新闻广播思想的历史价值与现实意义

桂清萍

【摘　要】温济泽是新中国广播事业的主要创始人之一，长期的新闻广播宣传业务、管理实践加之博学多才的学者素质，使他在新闻广播领域积累了丰富的经验。温济泽早在延安时期就开始了对广播的思考，被称为"研究解放区广播史的第一人"。[①]他在长期的新闻广播实践中，结合新闻工作的具体实际，逐步形成了自己丰富而独到的新闻广播思想。温济泽的新闻广播思想是对新民主主义革命时期和新中国成立初期新闻实践活动的科学总结，这既是他在革命斗争实践中思想不断转变的结果，更是时代发展的必然要求。本文简单论述了温济泽新闻广播思想在普及科学知识、加强广播队伍建设、培养新闻人才等方面的历史价值以及他的新闻广播思想在宣传党的路线、方针、政策，树立坚定的理想和信仰，改进我国国际传播现状，推动新闻教育改革等方面的现实指导意义。

【关键词】温济泽　新闻广播思想　对外广播　宣传

翻开历史的画卷，我们可以看到，20世纪的前50年布满了战争的痕迹。在这风云变幻、动荡不安的岁月里，一批高执民主自由旗帜的新闻战士用他们的如椽之笔及突出的新闻实践，带领人民走出了黑暗，奔向了光明的前程，温济泽就是他们中的杰出代表。温济泽是新中国广播事业的主要创始人之一。他在1929年参加革命，1937年到达延安，1943年1月，他在解放日报社担任副刊部秘书、编辑，1946年6月任新华社语言广播部（即延安新华广播电台编辑部）主任，新中国成立初期曾任中央广播局副局长，1960年因被打为"右派"，调到北京广播学院新闻系任教近20年，1978年，调到中国社科院，担任研究生院院长，培养了大批人才，并为中国的新闻教育与研究做出了巨大的贡献。

一、温济泽新闻广播思想的历史价值

长期的业务、管理、教育实践加之博学多才的学者素质，使温济泽在新闻广播领

① 赵玉明著：《温济泽同志和广播电视史学研究工作》，见赵玉明编著：《声屏史苑探索录（二）——回忆与访谈》，中国传媒大学出版社2007年出版，第120页。

域积累了丰富的经验。他早在延安时期就开始了对广播的思考，被称为“研究解放区广播史的第一人”[①]。温济泽在他长期的新闻实践中，运用马克思主义新闻原理与毛泽东新闻思想，结合新闻工作的具体实际，逐步形成了自己丰富而独到的新闻广播思想。温济泽的新闻广播思想是对新民主主义革命时期和新中国成立初期新闻实践活动的科学总结，这既是他在革命斗争实践中思想不断转变的结果，更是时代发展的必然要求。因此，作为时代产物的温济泽的新闻广播思想，就不可避免地会烙印上时代的痕迹，带有那个时代特有的风貌，也必然会对当时的新闻实践活动产生相应的影响，具有一定的历史价值。

1. 普及科学知识，鼓舞前线战斗士气

温济泽在担任《解放日报》副刊编辑期间负责编发的知识性文稿，如历史知识、世界知识、人物介绍和纪念性的文章等，尤其是自然科学方面的科学短文和小品，从报纸本身来看，是丰富了副刊的内容，提高了副刊的理论水平；从广大读者的角度来看，则一方面是向边区干部群众普及了科学文化知识，帮助他们改进不卫生的生活习惯，破除封建迷信，提高了边区群众的科学文化水平；另一方面，这些文章及时满足了前线战士们对战争相关知识的需要，鼓舞了前方战士的士气，为获取战争的胜利起了很大的帮助和推动作用。

2. 加强广播队伍建设，提高了整体从业素质

温济泽在从事广播工作期间，非常重视广播队伍的建设工作。他曾经先后负责起草了《新华总社语言广播部暂行工作细则》《XNCR 陕北阶段工作的简单总结》《对目前改进语言广播的几点意见》《陕北台编辑部关于“九五”后工作上的一些决定》和《从文播稿改写成口播稿的几个原则》等文件，这些文件规定了语言广播部的任务和具体制度，使延安（陕北）台的编播工作更加具体化、责任化、规范化，有章可循。

温济泽还很注重广播文稿编辑和播音员自身业务素质的培养和提高，他经常强调广播的新闻写作和播音的规范问题。在他 1948 年 5 月至 9 月间写给播音组同志的五封信中，他强调广播工作者“不但提高掌握马列主义、党的政策的水平，而且也要提高写作能力”，他还很重视广播工作者专业素质的全面性，认为“一切参加广播工作的人（播音员编辑都在内）都必须懂得机务上一般必要的知识”。在写给播音员的书信中，他还就一些播音的具体问题与播音员多次进行探讨，如字的读音、断句、标点符号、语气表达等，十分细致。从这些可以看出，温济泽对于加强队伍建设，提高编辑、播音员的整体素质是一直非常重视。在他的努力下，培养了一批政治立场坚定，业务上训练有素，对工作认真负责，作风一丝不苟的广播工作者，在战时能够沉着冷

① 赵玉明著：《温济泽同志和广播电视史学研究工作》，见赵玉明编著：《声屏史苑探索录（二）——回忆与访谈》，中国传媒大学出版社 2007 年出版，第 120 页。

静，应付一切紧急情况，保证中共中央的声音能够准确、及时的传播。[①]

3. 加强了与世界各国的联系，使他们更好地了解中国

1955年年底，温济泽开始分工主管对外广播部门的工作，他工作的主要指导原则就是对内和对外广播“四个不同”思想。新中国成立初期，我国的对外广播和苏联、民主德国等许多国家建立了广播合作关系。1956年，共有俄语、日语、朝鲜语、越南语、印度尼西亚语、泰语、英语、西班牙语、柬埔寨语、老挝语10种外国语言广播，北京话、广州话、厦门话、潮州话和客家话5种方言广播。“1955年，共收到52个国家和地区的来信7365封；1956年，共收到57个国家和地区的来信13495封，增加了83%；以后两年也都逐步增加。”[②] 1955年到1956年，一年多时间的探索，使新中国对外宣传取得了相当好的成绩，大大增进了国际社会对中国革命和建设的理解。而这些，正是温济泽坚持“四个不同”广播思想的结果。

4. 培养新闻人才，丰富新闻学研究

温济泽的新闻教育分为北京广播学院和中国社科院研究生院两个阶段。在广播学院期间，他教授新闻写作与新闻业务等课程，凭着丰富的实践经验和认真的教学态度，为中国的新闻事业培养了一大批杰出的新闻管理和编辑人才，他们中的大部分人如今都已奋战在新闻战线的第一线，成为新闻界的中流砥柱。在社科院期间，温济泽以自己的老迈之躯，忙碌于建院办学的第一线，他用自己对学生的谆谆教诲和“春蚕到死丝方尽，蜡炬成灰泪始干”的无私奉献精神赢得了所有老师与学生对他的尊敬。他开创了研究生院的新闻系，并一直为培养新闻人才而不懈努力。

在新闻学研究方面，温济泽担任过新闻教育学会、中国广播电视学会、《中国广播电视年鉴》、中国广播电视学会史学研究会等新闻研究团体与刊物的顾问，并且撰写了《新闻学研究工作发展概况》《关于广播学、电视学的几点思考》《关于新闻学研究的几点意见》《纪念我国新闻学研究和教育事业创始七十周年》等关于新闻学研究的文章。温济泽作为中国广播事业创始人之一，他关于新闻学方面的研究成果，对于后人丰富新闻理论，增加新闻业务知识，提高新闻研究能力是有很大的帮助和借鉴作用的。

此外，值得一提的还有温济泽对于中国广播电视史志工作的重视。他精心保存史料，积极撰写回忆文章，在尊重史实的基础上，提倡更改了广播纪念日；他还支持广播电视史学建设，多次参加了广播电视史研讨会；他倡导的重视掌握第一手史料、以马克思主义为指导的科学的研究方法，对于广播电视史学的研究有重要的指导意义。

二、温济泽新闻广播思想的现实指导意义

尽管温济泽所处的那个时代已经离我们远去，尽管温济泽的新闻广播实践活动已

---

① 赵玉明、哈艳秋等著：《中国解放区广播史》，中国广播电视出版社，1992年5月，第94页。

② 温济泽著：《征鸿片羽集》，当代中国出版社，1995年4月，第352页。

经成为历史，但温济泽所走过的道路和在几十年的新闻广播实践中所形成的自己独特的新闻广播思想观，对于我们今天解决现实问题仍然有很大的启示意义。在对温济泽的新闻广播活动和新闻广播思想进行深入研究之后，我们发现，他的新闻广播思想，既受马列主义新闻思想和毛泽东新闻思想的影响，又是从新闻实践中总结而来。他借助广播电台为播撒革命真理，鼓舞革命精神，宣传革命主张，推动革命运动和新中国建设的发展，做出了巨大的贡献。温济泽普适性的新闻宣传思想在新时期依然具有指导意义，对当前的新闻广播宣传工作仍能起到思想灯塔和精神导航的作用。

1. 重视宣传党的路线、方针、政策，坚持正确的舆论导向

温济泽在从事新闻广播事业时，一直很重视党的路线、方针政策的宣传，他认为在新闻报道中，既要宣传具体工作路线和具体政策，又要经常注意宣传总路线和总政策；在宣传具体工作路线和具体政策的时候，也必须体现出总路线和总政策的精神。直到今天，重视宣传党的路线、方针、政策的报道仍然是我国新闻媒体当前工作的重中之重，是当前和今后我国新闻媒体的首要政治任务。

我国的新闻媒体是党和人民的喉舌阵地，是社会主义文化建设的重要力量，它的地位、性质、作用决定了新闻媒体必须始终坚持同党中央保持高度一致，要牢牢坚持正确的舆论导向，坚定不移地宣传党的路线、方针、政策，服务于党和国家的工作大局。导向是新闻宣传的灵魂，把握正确的导向，是对新闻宣传工作者的基本要求。

温济泽指出，要发挥新闻对实际工作的指导作用，首先就要大力报道那些能够体现“党的纲领路线、方针政策、工作任务和工作方法”的事实，以事实进行政治鼓动，推动工作前进。当前我国新闻媒体的一切改革、创新、发展都应当围绕着提高节目竞争力、影响力，更好地发挥媒体作用、承担媒体更多的社会责任来进行。在舆论环境空前复杂、舆论格调深刻变化的新形势下，应当清醒地认识到，导向是全方位的，新闻宣传的各个方面、各个环节都有导向。我们要时刻牢记，正确的导向是传播和弘扬社会主义核心价值观的必然要求，舆论导向正确，是党和人民之福，舆论导向错误，是党和人民之祸。

2. 树立坚定的理想和信仰，加强新闻队伍建设

温济泽有着对共产主义的崇高理想和坚强信念。从他16岁加入中国共青团时起，他的共产主义的崇高理想和对中国共产党的坚定信念，就从未动摇过。无论是他革命的光辉年代，还是他凄惨的“右派”岁月，这些优秀的共产党员身上所体现出的活的“历史”经验告诉我们，崇高的理想和坚定的信念，历来是推动党和人民事业前进的强大精神力量，始终是共产党人保持先进性的精神动力，是党员的一种理性自觉和立身之本，也是加强党的先进性的时代要求。

强调坚定理想信念，具有重要的现实意义。当前，我们党的新闻队伍的主流是好的，绝大多数新闻工作者都具有坚定的理想信念，这是我们的事业能够不断前进的根本保证。但不容忽视的是，在新世纪新阶段，随着国内外环境的变化，面对各种诱惑和挑战，也有极少数共产党员、领导干部，其中也包括极少数新闻从业人员在立项信念方面出现了问题。理想信念是思想和行动的“总开关”“总闸门”，理想的滑坡是最致命的滑坡，信念的动摇是最危险的动摇。新闻队伍要在各种纷繁复杂的情况下经受住考验，始终保持先进性，就必须进一步坚定理想和信念。[①]

温济泽一生不断学习马克思、恩格斯、列宁、毛泽东等革命导师的经典理论与著作，这个经验告诉我们，要想进一步增强理想信念，首先要做到的就是要加强理论学习。对于当前新闻工作者而言，就是要认真学习马克思主义、毛泽东思想、邓小平理论和“三个代表”重要思想，要认真学习十六大以来党的理论创新成果，学习落实科学发展观、构建社会主义和谐社会等一系列重大战略思想。要牢牢掌握马克思主义的立场、观点和方法，善于从人类社会发展规律的高度认识和把握当今世界的变化，把理想信念建立在科学分析的理性基础上，通过认识规律保持清醒头脑，通过把握规律辨明前进方向，确保在任何时候、任何情况下都保持坚定的理想信念，准确、迅速、及时地将党的各项方针政策传递给广大人民群众，做好党的喉舌，反映人民心声。

3. 以正面宣传为主，营造和谐社会氛围

社会主义是一个伟大而壮丽的事业，尽管这一事业有过失误和曲折，但人民群众创造的历史的主流总是健康的，光明面总是占主导地位的。所以，报道历史前进中的英雄主义和前进中的社会主义历史现实是新闻工作者的首要任务，而暴露和批评则是第二位的。温济泽在延安（陕北）台工作时提出的“歌颂光明要多于揭露黑暗”，在当今时代而言，就是新闻媒体的宣传要坚持以正面宣传为主。这里所说的“正面宣传为主”，就是要着力去宣传报道鼓舞和启迪人们发展社会生产力的东西，鼓舞和启迪人们坚持四项基本原则、坚持改革开放的东西，鼓舞和启迪人们加强社会主义和法制建设的东西，鼓舞和启迪人们热爱伟大祖国和弘扬民族文化的东西，鼓舞和启迪人们维护国家统一和民族团结的东西，鼓舞和启迪人们为推动世界和平与发展而斗争的东西。

坚持正面宣传为主的方针，团结鼓动，唱响主旋律，是新闻媒体的根本责任，也是我国新闻媒体宣传的传统。坚持以正面宣传为主，有利于社会主义和谐文化的建设，有利于培养社会主义和谐精神，更有利于维护社会稳定，促进党群干部关系的和谐。任何时候、任何情况下，都要始终坚持团结稳定鼓劲、正面宣传为主的方针，大力弘扬符合时代发展特征、体现社会进步要求的思想观念，充分展现广大干部群众投身改革建设事业的精神风貌，使有利于国家富强、民族振兴、社会和谐、人民幸福的思想和精神成为当今时代的最强音。

4. 适应新形势突出并拓展广播特性

在革命战争的宣传中，温济泽利用广播的特性，指导广播编播工作，宣传党的路

---

① 王晨著：《努力建设一支让党和人民放心的党报编采队伍》，《新闻战线》2007年第9期，第1页。

线、方针、政策，使广播成为连接党和群众的桥梁和纽带，成为革命制胜的法宝。今天，在新的媒介融合的浪潮中，我们也同样应该发挥广播“先声夺人”的强项和优势，在突出广播“新、短、广、快、活”等特色的基础上，吸收新技术，兼容并蓄，推动广播产业升级、加速发展，使广播在竞争中保持优势的战略地位。广播产业要统筹协调好传统媒体和新兴媒体的发展，运用高新技术，尤其是数字技术、网络技术，以新媒体发展为方向，大力发展以网络广播、手机广播为代表的新媒体业务，抢占新媒体技术制高点，加大新媒体节目内容的开发与制作，积极拓展宣传新阵地，增强新媒体的宣传实效。

不同的媒体各有其特点，正是媒体之间各自特点的存在，才使得媒体发展的过程并不是新媒体消灭老媒体，而是在相互融合中共同发展。广播在整个社会中的地位是不可替代的，广播在传媒变革中的内涵也是不断丰富的。技术创造了新媒体，也创造了媒体的新价值，融合成为现代媒体的大趋势。广播本身是科技发展的产物，它的发展也必然依靠科技的不断创新。广播在竞争中保持优势的战略选择就是要在坚持自己的特性的基础上，努力抢占新媒体技术的制高点，在与互联网、电视、移动通讯互动融合的同时，更好地突出广播的特性，推动数字广播、卫星广播、网络广播、手机广播等新媒体业务发展，使广播由传统媒体向现代媒体、单一媒体向综合媒体转变，使广播成为可听、可看、可查阅的“超级媒体”。

5. 吸取对外广播经验，改进我国国际传播现状

中国与世界的关系正在发生历史上从未有过的深刻变化，中国与世界的联系日益密切，与各国相互依存和利益交融不断加深。国际问题中的中国因素日益增多，中国的国际角色与作用更为突出，世界从来没有像今天这样关注中国。因此，在国际上树立中国的国家形象面临着难得的历史机遇，改变我国的国际传播现状也变得尤为迫切与重要。

好的对外传播，有利于为我国创造良好的舆论环境、树立良好的国际形象，从而为我们扩大政治、经济、文化影响创造有利条件。温济泽的对外传播思想给我们确立了对外传播的根本原则和方针指导，他所提倡的重视宣传对象、对内对外广播的“对象不同、任务不同、内容不同、方式方法不同”四个不同原则和以辩证唯物主义为指导的实事求是的对外传播思想对于今天的对外广播宣传工作仍然有重大的指导意义。

当前我国的对外宣传要牢牢把握正确的舆论导向，紧紧围绕党和国家的中心工作，努力营造良好的国际舆论环境，对外广播仍然要坚持“内外有别”“外外有别”原则，从国外受众的认知模式出发，坚持贴近中国社会发展的实际，贴近国外受众对中国信息的需求，贴近国外受众的思维习惯；对外广播要坚持以“中国立场、世界眼光、人类胸怀”为传播理念，针对国外受众和当地舆论关注的问题，及时开展相关报道，吸引听众和提高信息选择率，实现服务目标对象和中国试点传播相结合，努力创造更大的国际传播价值；对外广播要坚持改革创新、与时俱进，努力追赶世界先进媒体的发展水平，形成同我国国际地位相适应的对外宣传舆论力量。

6. 借鉴开放式教育方法，推动新闻教育改革

温济泽在北京广播学院教书期间，给学生开设了政策讲座和社会知识两门课，他请党政机关的有关负责人如吴晗等人来校讲课，还组织同学们到工厂、农村参观，到新闻单位实习，这种开放式的课堂教学方式，开阔了学生的视野，激活了他们的思维。温济泽这种开放式的新闻教育观，不仅在当时，乃至现在都具有极强的创新性和可行性。

当前我国新闻教育实践中，大多数采取的都是教师单方面的“满堂灌”模式，缺少自由讨论交流的氛围和学生参与实践活动的积极性，因而难以调动学生的参与性，不利于学生创造力的发挥。要想增强师生间的互动交流，使教师的教学更加的灵活生动，开放式教学模式是很好的选择。这种开放式的教学与西方教学方式相近，一方面能够加深学生对所学知识的认识，另一方面可以培养学生独立思考的能力，真正做到“授人以渔”。

此外，温济泽在新闻教育方面还强调要打通新闻和其他科目之间的“墙”，他提出：“研究新闻学，同样也要吸收社会学、政治学、教育学、心理学、伦理学、文学、美学等学科的有用的内容和科学研究方法，或进行交叉研究。”① 当代的新闻传播教育，虽然渐渐脱离了以往“胡同式”的教育模式，但培养出来的学生仍然不为媒体所青睐，其关键就在于现有的新闻传播教育各学科之间的融会贯通程度不够。新闻教育机构应当借鉴温济泽所言，增强学科间的交叉融合，多培养复合式人才。要打通新闻专业教育、人文自然科学以及其他学科之间的阻隔，将多种知识熔为一炉。要通过多种途径，向学生灌输文艺学、美学、心理学、社会学等方面的知识，以适应社会不断变化发展的需求。

7. 让广播“自己走路”越走越好

研究新中国广播发展的历史，我们不难发现，广播事业里有一个被“经常使用”的提法，叫作“自己走路”。这是新中国成立之初，当时的新闻总署署长胡乔木对广播电台提出的要求。这一思想于1979年由中央电台台长左漠野重新提出后，在1980年召开的第十次全国广播会议上被再次强调。“自己走路”这句话看似简单却寓意深刻：首先就是要充分发挥广播自身特点和优势，“扬独家之优势，汇天下之精华”，当好党和人民的喉舌，更好地为广大人民群众服务。其次是要在改革的实践中全面系统地研究和认识广播发展的客观规律，破除保守思想，树立进取精神，更新落后观念，创新工作方法，办好“创新型广播”。这两层意思与温济泽早期的广播思想有明显的内在联系。

进入21世纪的广播业，正处在一个挑战和机遇并存的关键时期。一方面，媒介

① 温济泽著：《征鸿片羽集》，当代中国出版社，1995年4月，第290页。

格局日趋多元化，媒体间的竞争更加激烈，作为传统媒体的广播，受到电视、报纸、网络等媒体的多重夹击，在市场占有率、受众影响力、整体竞争力等方面均处于弱势地位，陷入了一个相对困难的发展境地；另一方面，随着我国政治、经济、文化、科技事业的不断进步，新技术革命即将把广播从旧的“模拟时代”带入新的“数字时代”，从而给广播带来了改革与发展的新契机。历史又一次把广播带到了“十字路口”。① 在这个特殊的时期，梳理和借鉴温济泽早期的新闻广播思想，回顾广播“自己走路”的历史，探寻广播“自己走路”的思想源头，将有助于广播明确自己的定位，找准自己的目标，有助于广播寻求到更好的发展之路。只有在正确理论的指导下，广播才能越走越好。

参考文献：

1. 《毛泽东选集》第 3 卷，人民出版社，1991 年。

2. 温济泽著：《第一个平反的“右派”——温济泽自述》，中国青年出版社，1999 年。

3. 温济泽著：《征鸿片羽集》，当代中国出版社，1995 年 4 月。

4. 方实、杨兆麟主编：《永远的怀念——温济泽纪念文集》，中国国际广播出版社，2002 年 10 月。

5. 赵玉明著：《中国广播电视史文集》，中国广播电视出版社，1993 年 10 月。

6. 赵玉明著：《中国广播电视史文集》(续集)，北京广播学院出版社，2000 年 1 月。

7. 赵玉明主编：《中国现代广播史料选编》，汕头大学出版社，2007 年 6 月。

8. 赵玉明主编：《中国广播电视通史》，北京广播学院出版社，2004 年 1 月。

9. 赵玉明编著：《声屏史苑探索录（二）——回忆与访谈》中国传媒大学出版社，2007 年。

10. 邯郸人民广播电台编印：《邯郸新华广播电台暨陕北新华广播电台在太行时期历史资料汇编》，2006 年编印。

11. 哈艳秋、袁军著：《中国新闻事业史教程》，中国广播电视出版社，2001 年 1 月。

12. 贾临清著：《温济泽早期的广播思想》，第三次地方新闻史志研讨会论文，2007 年。

13. 艾红红、乔芳著：《温济泽对外传播思想初探》，《新闻传播学前沿 2006》，中国传媒大学出版社，2007 年 11 月。

（作者现在全国记协工作、中国传媒大学博士、
美国加州大学圣地亚哥传播系访问学者）

① 张斌著：《“自己走路”三部曲：从中央台看中国广播改革创新的历史沿革》，《现代传播》2007 年第 4 期，第 53 页。

简论左荧的广播宣传工作

齐亚宁

【摘　要】作为延安老广播的左荧，在新中国成立后至1959年8月之前，一直在中央广播事业局工作，左荧是中国广播事业的开拓者之一，他对我国的广播宣传工作有着深入的认识。在20世纪50年代左荧发表了一些文章，谈到了他对广播收音员工作、广播会、广播收音网、农村广播、广播播音、录音报道等问题的看法。本文在分析左荧亲自撰写的一些文章的基础上，探索左荧在新中国成立初期对广播宣传工作的一些认知，他的很多思想在对今天的广播工作仍然具有一定的指导意义。

【关键词】左荧　广播　宣传　工作

左荧是延安老广播，曾是延安新华广播电台编辑之一，担任过陕北新华广播电台军事组组长。新中国成立后至1959年8月之前，左荧曾任中央广播事业局办公室副主任、主任，总编室副主任、主任，局党组成员，编委会成员，副秘书长，地方广播部主任兼国际联络部主任及业务研究室主任。左荧为中国人民广播事业做了很多开拓性的工作，作为新中国广播事业的见证者之一，左荧在1950年至1958年在《广播通报》《广播业务》《收音员通讯》《广播爱好者》《广播动态》等刊物中发表了一些广播宣传工作相关文章，他结合当时中国广播事业的发展以及自身工作实际，谈到了他对新中国成立后广播宣传工作的一些认识，这对当时的广播宣传工作具有一定的指导意义，也对今天的广播工作具有一定的启发。

一、肯定广播收音员工作的重要性

新中国成立初期，全国仅有大概100万台收音机，而且大多集中在一些较富裕的人家手中，在中国广大的农村收音机数量较少。为了解决广大人民群众收听广播的工具问题，新闻总署于1950年4月22日发布《关于建立广播收音网的决定》，规定全国各县市的人民政府、每个部队的政治机关，都应设置收音员；全国各机关、团体、工厂、学校，也主力那个设置收音员。[1]左荧当时认识到了怎样做一个广播播音员是各地建设广播收音网工作中迫切需要解决的问题之一，他在1950年发表的《怎样做一个广播收音员》一文中认为广播收音工作是一个重要的工作岗位，充分肯定了广播收音员工作的重要性。当时全国正在积极建立广播收音网，各地也在训练广播收音员，但是对于广播收音工作，很多人还不清楚这个工作的任务，如何进行广播收音工作，左荧提出“收音员的工作实际上就成了一县或一专区内传布新闻、传达政令指示和辅助学习的工作”。[2]此外，左荧提出要做好广播收音工作，就要善于同别人合作，要和各种宣传单位、各机关、各团体、各学校建立联系开展工作，起到联系群众的桥梁作用。左荧结合当时在全国大力建设广播收音网的实际工作需要，深入分析了如何做好广播收音员工作，鼓励广播收音员积极克服工作中的困难，努力做好新中国的广播宣传工作。

二、分析了广播会的性质及其组织工作

在我国广播事业发展初期，很多广播台在实际工作中采取了组织广播会的形式向群众进行宣传，广播会很受群众欢迎，也取得了较好的宣传效果。左荧在1951年发表的文章《关于广播会的若干问题》中分析了广播会的性质及其组织工作的注意事项。他认为广播会在性质上可以分为宣传鼓动性、思想教育性、文艺娱乐性这三种类型，并提出这三种不同类型的广播会都“应该比较广泛地吸收各阶层群众参加，广泛组织收听，同时应该通过各种方法同听众互相呼应”。[3]针对广播会组织中遇到的实际问题，左荧特别提出在组织广播会时要注意：充分做好会前准备工作、掌握会场、会后定期组织连续报道、广播台要经常举办不同形式广播会与群众联系。左荧从广播会前、会中、会后等方面分析了广播会的具体组织工作，提出了具有建议性的意见。左荧认为广播会前准备要确定广播会的主题、目的、主要内容、预期效果，要调查了解群众的思想状况，还要在广播会前广泛宣传，让群众了解广播会；在会中要周密而灵活地掌握会场，有意识地逐步将大会引向高潮，在会后要通过连续报道的形式将广播会的精神贯彻下去。左荧高屋建瓴地为科学举办广播会提供了明确的工作路线。左荧充分认识到了广播会在宣传鼓动群众方面发挥的重要作用，结合各地广播台组织举办广播会的经验，推动各地广播台通过举办广播会的形式，密切联系群众，充分发挥广播在社会主义国家建设中的积极作用。

三、提出发展农村有线广播是建设农村收音网的方向

在新中国成立后，经过五年的努力，我国的广播收音网的建设取得了一定的成绩。左荧认识到广播收音工作只是一种过渡，随着我国农村经济的发展它将完成历史任务而被取代。在1955年，左荧结合当时发展广播收音网工作的实际，提出要大力发展农村有线广播。他在《发展农村有线广播是建设农村收音网的方向》一文中分析了农村有线广播的优越性，提出了农村有线广播建设的大体规划。左荧从宏观上分析了当时中国农村广播宣传工作的发展方向，对广播宣传实际工作具有指导意义。此外，左荧还提出提高节目质量是巩固和发展农村有线广播站的关键。他指出农村有线广播站必须要有自己的广播节目，广播内容要切合当地具体情况并最大限度满足当地

群众的需要。左荧对当时农村基层广播宣传工作有明确的认识，能够结合具体工作中遇到的问题，积极提出解决的办法，分析了当时的广播收音网建设的发展方向，为新中国广播事业的发展贡献了自己的智慧。

四、分析了农村广播业务的方针及发展

在新中国成立初期，我国很多地方农村比较落后，而且农村人口较多，发展农村广播遇到了很多实际问题。左荧曾对农村广播业务发展中的很多基本问题都进行了深入的思考。为进一步提高对农广播的质量，左荧结合当时我国的国情以及当时对农广播的方针，在一次农村广播业务会上就曾谈到了对农广播宣传的五点具体的任务：为农民通俗的讲解党和政府对农政策，及时报道农村工作的成就和经验；报道农村新面貌，批判不良倾向；推广先进经验，介绍科学卫生常识；对农民加强时事教育；播放文艺作品，丰富农村文化活动。[4] 此外，左荧认为对农广播在内容上除了和农业相关的报道外，还应该涉及政治、工业、财经以及文化各方面的报道，让农民能够了解祖国各方面的成就和变化。当时我国农村已经基本实现了合作化，农民生产积极性有所提高，此时对农广播就担负起了对广大农民进行宣传教育的职责，明确对农广播的具体任务，可以让对农广播工作者在广播工作中明确目标，更好地完成对农广播的宣传工作。

针对农村广播的具体实际工作，左荧曾提出在进行农村广播节目编排时，要充分考虑到广大农民的特点及其要求、农民的收听工具、收听时间、收听习惯等来编排节目。这都体现了左荧在20世纪50年代初已经充分认识到了发展农村广播不能脱离实际，要充分发挥广播在农村地区的积极作用就要办老百姓喜闻乐见的广播节目。

五、对广播理论问题及业务的认识

新中国成立后，我国的广播事业逐步发展起来，左荧认识到要充分发挥广播的性能，才能做好广播宣传工作。他在1955年发表的文章《谈广播的特点——广播业务学习笔记之一》一文中就总结了广播的优点有三个方面：广播非常迅速及时，不受时间和空间的限制；广播具有最广泛的群众性；广播宣传比文字宣传具有更大的感动人的力量。左荧认为广播工作者要充分认识到广播的优点，扬长避短，掌握和运用广播的优点来进行广播宣传工作。此外左荧从四个方面深入分析了广播的弱点：声音一瞬即逝给予广播的限制；左荧认为播讲人和听众中间存在距离；语言的差异性；广播收音机价格较贵。这些广播的弱点给广播宣传带来了一些困难，左荧针对广播的这些弱点，一一提出了自己的建议。左荧对广播的优缺点的分析是结合自己的广播工作经验以及对当时我国广播事业发展实际的考察基础上提出的，既有理论的意义也具有实践指导意义。

左荧一直很关注广播播音问题，他较早提出了播音工作应该专业化。左荧在1951年发表的《从"编播合一"谈到播音应该专业化》一文中，对当时试行"编播合一"的背景、目的、得失进行了阐述，认为"作为培养播音员的办法提出来的'编播合

一'，显然不但没有提高播音水平，相反倒降低了"，之所以如此，是因为"否定了播音工作独立发展的前途"，指出"播音工作应该专业化"，并对播音提出了较高的要求，"好的播音应是亲切而有诱惑力的，使人们一打开机子就不能不听我们的播音，听就不能不听完，听完则久久不能忘怀。"[5]左荧从理论上充分肯定了播音工作的重要性，而且还提出了提高播音水平的一些具体的措施，这对当时的播音工作具有重要的指导意义。左荧对播音理论具有重要贡献，特别是他对播音播音"四要素"中第四个要要素即"怎样播讲——播音技术"这个要素的补充与阐释，凸显了他的真知灼见，对于后来广播播音的发展具有深远的影响和实践指导价值，启发了很多播音员创造性地去从事播音工作。

左荧结合当时我国广播业务工作的发展情况，还提出了录音报道在新闻性广播节目中占有重要的位置。1957 年左荧在《谈录音报道》一文中对录音报道的概念进行了清晰地界定，他认为录音报道是广播记者用自己的语言和现场的录音素材所构成的一种广播形式。在这篇文章中，左荧肯定了录音报道是新闻性广播形式的一种，并提出录音报道要向着广播记者在现场进行口头报道的方向发展，并总结了运用现场录音和口头报道的一些经验和教训。当时，录音报道在中国广播中采用的时间并不长，对于这种新出现的广播形式，左荧结合当时我国广播实践，对录音报道进行了深入的研究和分析，他的这些论述不仅这对当时的广播工作具有重要的指导意义，而且对后来广播理论和实践的发展具有重要的参考价值。

结 语

在新中国成立初期，广播相比于报刊传播速度快、时效性强，成为了党和政府与群众沟通的桥梁，大力发展广播事业也成为当时中国新闻事业发展的一个重要任务。当时中国广播的基础条件较差，在广播宣传实际工作中遇到了很多困难。左荧 20 世纪 50 年代在中央广播事业局工作，他结合自己工作实际，积极思考，为新中国广播事业发展建言献策，提出了很多真知灼见，为当时中国广播事业的发展贡献了自己的力量。今天从事广播理论研究和业务工作的人们，应该继承和学习老一辈广播工作者精神，发扬广播工作的优良传统，更好地从事广播工作，推动中国广播事业的发展。

参考文献：

[1] 赵玉明：《中国广播电视通史》（第 2 版），中国传媒大学出版社，2006 年。

[2] 左荧：《怎样做一个广播收音员》，《广播通报》第 1 卷第 28 期，1950 年 12 月。

[3] 左荧：《关于广播会的若干问题》，《广播通报》第 2 卷第 3 -4 期，1951 年 4 月 10 日。

[4] 左荧：《进一步提高对农村广播的质量》，《广播业务》第 7 期，1956 年 12 月。

[5] 左荧：《从"编播合一"谈到播音应该专业》，《广播通报》第 2 卷第 1 期，1951 年 3 月 1 日。

（作者系中国传媒大学新闻学院博士研究生）

广播电视史学术争鸣辨析

史学视域下对广播电视史研究的思考
——兼论中国广播史学领域的争鸣问题

韩文婷

【摘　要】近年，在包括广播电视史在内的广播电视学术领域出现了许多争鸣，这之中不乏具有学理意义的讨论，更有对广播电视史发展历程的正面赞赏和评价，还存在着不少不遵循历史原理及方法的历史论断。本文运用史学建制、史料考证以及史学评价等多种历史学理论与知识，围绕中国广播史研究中的诸次争鸣进行分析和探讨，进一步考察中国广播史的研究现状及问题，并在史学视域下广播电视史研究所应采取的研究方法、态度和应持有的精神等作出思考。

【关键词】史学　广播　争鸣　考证

由于人文社会科学的特性，学术争鸣"对于人们解放思想与学术创新至关重要。学术争鸣最活跃、最激烈的时期，常常是学术文化发展最迅速、最充分的时期。没有争鸣，学术文化就会停滞、僵化乃至窒息"①。近年来，随着改革开放的步伐不断加快，我国学术研究的氛围也日趋浓厚。不断增多的学术热点促使着国内的学术研究热潮不断走高。在这一背景下，广播电视学术领域出现了许多争鸣。来自学界和业界的许多专家学者也都纷纷投入到学术热点的争鸣和讨论中，这是中国广播电视史研究的幸事，也是学术讨论蓬勃发展的反映。

一、百家争鸣与史学研究

在我国传统文化中，"诸子百家"无疑是宝贵的遗产。20 世纪 50 年代中期，毛泽东同志在《关于正确处理人民内部矛盾的问题》一书中又提出了"百花齐放、百家

① 孟广林：《学术争鸣与人文社会科学的发展》，《光明日报》2005 年 6 月 28 日。

争鸣”的方针。作为促进我国社会主义文化繁荣进步的指导方针，“双百”方针被历代中央领导集体和国家领导人反复强调和一再重申。其中“百家争鸣”是专门针对学术研究提出的。新中国成立初期的历史研究也正是因此取得了丰硕的成果。俗话说，“真理越辩越明”，文学艺术、学术研究、科学研究只有在比较、争鸣中才能繁荣、发展和进步。倡导学术上的不同认识可以自由争论，通过讨论和实践解决认识分歧，推动学术发展。客观地说，除了“文化大革命”期间，百家争鸣的方针对促进我国社会主义文化科学事业的繁荣进步发挥了巨大的作用。

“百家争鸣”最初是针对历史学问题的争论提出的。其实，在历史学研究领域很早就出现了“百家争鸣”。新中国成立初期，历史学领域里的争鸣较之其他学科领域的争鸣更为活跃，取得了丰硕的成果。1959 年 1 月郭沫若发表《谈蔡文姬的〈胡笳十八拍〉》再次引发了史学争鸣的热潮，通过对史学问题的讨论，有关研究的涉及面越来越广，相关资料的发掘和整理工作才不断取得新的突破。“百家争鸣”的提出符合社会主义科学文化发展的客观规律，吸取了我国历史上学术、文化发展的经验，它和贯彻进一步推动了历史学研究的发展。

作为史学研究的一部分，中国新闻史的研究必不可少。虽然新闻传播是新兴学科，“新闻无学”的观念长时间占据主流，但是国内关于中国新闻史的研究却很早就起步了。早在 19 世纪后期就出现了有关中国报刊史的文章，王韬、李提摩太以及《申报》等这样以言论立报的报馆都是我国新闻史研究的起航者。20 世纪的中国虽在动荡不安中饱览内忧外患的现实，但关于新闻史的研究却一直都未停止。经过半个世纪的发展，新闻传播学摘掉了“无学”的帽子，建立起了学术研究梯队，初步完成了知识体系的建构，已经跻身中国人文社会科学之林，拥有了一批有分量的研究成果，学术研究效力得以初步彰显。下面笔者就围绕广播史学领域中的诸次争鸣问题做一些必要的探讨。

二、广播史学领域中的争鸣问题

近年来，在包括广播电视史在内的广播电视学术领域出现了许多争鸣，这之中不乏具有学理意义的讨论，更有对广播电视史发展历程的正面赞赏和评价，还存在着不少不遵循历史原理及方法的历史论断。广博电视史学术争鸣推动了广播电视史学发展，提高广播史学研究水平。由于政治、经济利益、资料获取程度和研究者个人水平等因素，广播史学研究的过程中存在种种偏差，出现了一些对广播史的歪曲认识。

（一）关于研究对象和范围的争鸣——谁是“中国第一座广播电台”

“中国第一座广播电台”代表着中国广播的发端，亦即中国广播事业的起始。我们常用的广播史教科书和参考书中，大多是依据赵玉明教授（以下简称赵）在其所著的《中国广播电视通史》中的说法，即“1922 年 12 月，美国人 E. G. 奥斯邦在上海开办起‘《大陆报》—中国无线电公司广播电台’，呼号 XRO，这是中国境内开设的第一座广播电台”。[①] 而学术界的陈尔泰先生（以下简称陈）则给出了完全不同的说法，陈认为刘翰在哈尔滨所办的哈尔滨广播无线电台是我国第一座广播电台。

陈在其论文《中国第一座广播电台》[②] 中，陈论述道：“哈尔滨广播无线电台是我国第一座广播无线电台”，“中国自办的广播最早出现于哈尔滨”，可以推断陈认为“中国第一座”与“中国自办第一座”是等同的概念。赵在《旧中国广播的产生、发展和终结》[③] 一文中提到：“美国人奥斯邦办起了中国境内的第一座广播电台”。赵在《中国广播事业之发轫》中论述道：“1923 年年初，首先在被称为‘冒险家乐园’的上海出现了美国人奥斯邦办的第一座广播电台”，可以推断赵认为“中国第一座”与“中国境内第一座”是等同的概念。陈曾撰文反驳赵“奥斯邦台是中国的第一座广播电台”的说法，《奥斯邦台不是中国的广播电台》，认为赵的说法“只要在中国境内960 多万平方公里土地上出现的广播电台，不论国别，都应当收录到中国广播史研究的范围之内”是不正确的，陈认为“中国‘境内’的东西，不一定就是中国的，其中就有外国的”。

笔者认为，赵陈二人关于“中国第一座广播电台”的争鸣症结在于对研究对象和范围的选取上，赵指的是“中国境内第一座”，陈指的是“中国人办的第一座”。笔者从以下四个方面探讨一下“研究对象和范围”选取问题。

1. 历史学的内部建制

对于“中国广播史”的概念界定问题，我们可以从历史学的内部建制来找到答案。历史学大致遵循三种设置标准：第一是按学科门类划分，如经济史、社会史、科技史等；第二种是按照时间段来划分，大的分段一般包括两个：古代史，近现代史，还可以划分更细的三级学科，如先秦史、宋史、明史等；第三个标准是区域，最大的区域划分是世界史、中国史，还可细分为国别史、地域史等等。这三种标准被混合使用。[④] 显然，“中国广播史”从属于第一和第三个标准，即广播学科的国别史。由此可以证明，对于赵陈二人的争论焦点“中国广播史”的研究范围应是“中国境内”的广播史，而不应仅局限于“中国人自己的”行为活动。

虽然历史学中也不乏以“人”为主体来书写的“人的专史”。但是，“人的专史”是指以人物为主体所编的专史，大概分为：列传、年谱、专传、合传、人表等五种，其中多为某个人物的专辑，如《三藏传》《拿破仑传》《乔布斯传》等，或者具有某个特点的群体的传记，如《仲尼弟子列传》等。陈的“中国广播史”若以中国人为记叙的主体，则应当将一些中国人在外国创办的广播史也列入其研究范围，即陈所划

---

① 赵玉明：《中国广播电视通史》（第 2 版），中国传媒大学出版社，2006 年，第 8 页。

② 陈尔泰：《中国第一座广播电台》，《新闻研究资料》，1985 年 5 月。

③ 赵玉明：《旧中国广播的产生、发展和终结》，《现代传播》，1982 年。

④ 李隆国：《史学概论》，北京大学出版社 2009 年版，第 22 页。

定的广播史应当为“中华民族广播史”而非简单的“中国广播史”。

2. **中国历史的研究范围**

陈认为中国广播史中不应当记述外国人的广播活动，我们可以在许多史学论著中得到反证。梁启超在《中国历史研究法》中划定了“中国史”的四个主要研究范围：“第一，说明中国民族成立发展之迹，而推求其所以能保存盛大之故，且察其有无衰败之征。第二，说明历史上曾活动于中国境内者几何族，我族与他族调和冲突之迹何如？其所产结果何如？第三，说明中国民族所产文化，以何为基本，其与世界其他部分文化相互之影响何如？第四，说明中国民族在人类全体之位置及其特性，与其将来对于人类所应负之责任遵斯仇也，庶可语于史矣。”① 在梁启超的论述中，外来蛮族，包括古代史中的突厥、匈奴等民族以及世界其他国家，例如欧洲、印度等，这些外来文化对中国文化的影响以及我国文化对他国文化的影响都应放在中国史的记录范围里。虽然中国古代史与中国近代史有所不同，古代世界各国之间的沟通联系较少，但即便如此，元代历史中也不能将马可·波罗删去，日本历史中也不能规避遣唐使对日本文化的影响。地理大发现以来，世界被紧密地联系在一起，政治、经济、文化的交往急剧增加，中国近代史又是一部帝国主义的侵略史与中国人民的反抗史，外国人在中国境内的活动对中国政治、经济、文化造成何等的影响是中国近代史索要记述的重要内容之一，况且中国广播史是中国文化、科技史的重要组成部分，将外国科技、文化对中国近代科技、文化所造成的影响写入历史是书写中国广播史的责任。如果按照陈的理论，中国广播史只记录中国人创办广播的活动，将奥斯邦台、开洛电台等外国人在中国的早期电台都排除在中国广播史之外的话，那么，中国广播史就是被剥离和断裂的历史。讲述片面史实的史书是不能够全面反映历史状态和发展过程的。马克思主义哲学认为事物之间是联系的、发展的，外国人在中国创办广播电台是由当时的国际关系决定的，有复杂的政治、经济因素，若将世界他国与中国的联系切断，那就是一部孤立的中国广播史，就不能反映当时中国在国际环境中的实际情况，也不能反映当时中国广播的发展状况。

（二）关于历史评价标准问题的争鸣

历史评价是主体对客体的属性能否满足其需要的一种判断，它是历史价值在人们主观活动中的一种反映。关于历史事物的评价中，可分为对物质客体的评价和对精神客体的评价。凡是对历史上人们所发明创造的一切主要以物质形式存在的成果的评价，都属于前一种历史评价。这类评价一般是直接判断它们的属性或结构对于主题所具有的功能与效用。②

---

① 梁启超：《中国历史研究法》之《史料的搜集与鉴别》，上海世纪出版社，2006年4月，第5页。

② 邓京力：《历史评价的理论与实践》，人民出版社，2009年6月，第57页。

对人物和事件的研究广播电视史研究的重要内容就是，这也是史学研究中最基本的两个组成部分。人物研究需结合时代背景、阶级区分和事业发展等多个因素，因此，史学界形成了不同的人物评价标准，并使得对历史人物的评价常常是“横看成岭侧成峰，远近高低各不同”。虽个人观点不同，但评价历史人物时首先不可忽视的是其在历史上所起到的作用和做出的贡献。然而，这种评价有时也会根据评价者的感情因素而被夸大，造成与事实不符的尴尬境地。

1. **关于“外台创办目的”的评价**

“所谓历史评价，从其结果看，指的是人们对历史事物在整个历史发展进程中的作用所作出的价值判断。”① 历史评价是建立在历史认识基础之上的，从哲学认识论的角度讲，每个人看待同一事物是仁者见仁、智者见智的。因此，基于同样的史料和不同的价值观取向，史学研究者们的观点也不尽相同。这本不讲究对错，但一定要遵守客观规律和存在事实这个前提，不能主观臆断、肆意妄想。若忽略了这个前提规律，便不再是仁智之争，而是无谓的对错胜负之争了。陈尔泰和赵玉明先生在对外台的评价问题上也进行过争鸣。陈多次在其著作和论文中提及在华创办的外国广播电台是为侵略而办，无一例外。赵则在《中国现代广播史研究中的若干问题——兼答陈尔泰同志》一文中举例争鸣，美国军用广播电台的用途和创办目的，说明在抗日战争后期，美军根据中美有关协议，进驻四川、云南等地协助中国抗日。虽然在抗战胜利后美军作为国民党的后盾，其下的广播电台不可避免地带有侵略性质，但能一概而论其在创办之初也是为了侵略就有些言过其实了。又如众所周知的“苏联呼声广播电台”在第二次世界大战和我国的抗日战争中都做出了突出贡献，能说这样的电台也是为侵略而建的吗？再如商业性质的奥斯邦电台，其创办的主要目的就是为了寻求经济利益，为推销无线电器材而建的广播电台就更难说成是为了侵略而办得了。

“对历史事件的评价是历史研究的主要内容，减少研究者们在认知上的冲突对学术争鸣的发展意义重大。在认知方面，制定一些超越具体内容的公共标准可以弱化甚至消除分歧。”② 但是，对于人文科学来讲，由于标准难以确定，要减少认知冲突而建立学术共识仍是艰巨的任务。因此，只有不断积累学识和提高认知水平，在有可能在进行历史评价时真实做到实事求是，遵守客观规律。

2. **关于“刘瀚是否可尊为‘中国广播之父’”的评价**

关于历史人物的评价，主要应根据其社会价值标准和社会历史标准所构成的一系列规范，对历史人物的社会作用、历史地位和功过是非进行认识。当然这其中也包括要深入到历史人物的思想和内心世界的最隐蔽的领域，运用社会价值标准和社会历史标准对其欲望、信仰、能力和行为进行认识与评价的方面。在对刘瀚的评价问题上，

---

① 邓京力：《历史评价的理论与实践》，人民出版社，2009 年 6 月，第 15 页。

② 邓曦泽：《学术争鸣：但论是非　莫争胜负》，《中国社会科学报》2012 年 7 月 6 日。

根据历史的考证，刘瀚先生为我国广播事业的诞生做出了很大贡献，对我国第一座国人自办广播电台——哈尔滨台的开办做出了很多努力，这是毋庸置疑的。但是，他是否称得上是“中国广播之父”这个称谓就值得商榷了。众所周知，在我国凡是称得上“之父”者都是在各自的领域做出了开创性的贡献，在其研究领域长期从事专门的研究工作，都是为其领域奉献终身的伟大人物。例如，中国航天之父钱学森、中国铁路之父詹天佑、中国水稻之父袁隆平等。按此标准来看，刘瀚尊为“中国广播之父”就略显牵强了。首先，刘瀚先生并没有长期从事广播工作，只是在担任公职的时候短期负责广播事业的创办和发展。其次，广播设备根据无线电技术改装和装配出来的，或者是直接进口而来，并不是由刘瀚发明创造出来的。再次，刘瀚在广播上的贡献是由研究者不断研究和总结的，并没有在当时的社会产生巨大的影响，更没有在世界范围内获得赞誉。而且陈尔泰先生举出的证据材料都是由刘瀚的后人提出的，具有感情色彩的陈述是否客观笔者认为很容易辨明。最后，陈尔泰先生在与赵玉明先生争鸣此问题时提出证明刘瀚先生是“中国广播之父”的证据。例如，首创广播与多种业务结合开阔的先例、首创了与共产党人合作的先例等等。这些“大而空”的“功绩”委实不足以支撑其“之父”的头衔。

（三）关于史料鉴别考证问题的争鸣

梁启超在《中国历史研究法》一书中提到：“史料为史之组织细胞，史料不具或不确，则无复史可言。”[①] 然则时代越久远，史料的搜集就越有困难，研究、证明历史的难度就越大。一个事件相关的史料总会有一定的趋同性，不同相关史料的相互印证共同争鸣事物存在的可能性。梁启超先生所说：“大抵史料之为物，往往有单举一事，觉其无足重轻；及汇集同类之若干事比而观之，则一时代之状况尅跳活表现。”[②] 因此，对于每一史料的真伪、是非的鉴别就更加重要。广播电视史的研究也一样，对于史料的鉴别与考证也是其研究过程中的重要一环，不得有任何一丝一毫的模糊和臆断。广播电视史学的研究中就有很多争鸣源于史料的鉴别与考证。

1. 哈尔滨广播电台的开播时间

赵陈二人曾基于“哈尔滨广播电台开播时间”的问题展开过争鸣。我们一般认为哈尔滨广播无线电台开播于1926年，陈认为哈尔滨台在1923年年初就已经开始了播音，并对具体日期一直未定论。在陈的著作和文章中，出现过“1923年伊始、1923年1月18日、1923年1月19日前”等几种不同的说法。陈所用的历史材料中，多数是口述材料或者推论，并没有第一手材料的佐证，都不足以清晰明白地证明哈尔滨台

① 梁启超：《中国历史研究法》之《史料的搜集与鉴别》，上海世纪出版社，2006年4月，第41页。

② 梁启超：《中国历史研究法》之《史料的搜集与鉴别》，上海世纪出版社，2006年4月，第70页。

的准确播音时间。

2. 江西苏区广播是否是中央人民广播前身

近年来在广播电视史研究中还出现了关于江西苏区口语广播问题的争鸣，一方是来自江西的严帆、刘卫国、刘照龙等人，他们在《新中国广播通讯事业的前身——中华苏维埃共和国红色中华新闻台历史考证》《苏区时期的人民广播事业》等文中提出苏区存在口语广播，认为苏区的口语广播是中国人民广播事业的前身和开端。另一方持有不同观点的是赵玉明和庞亮老师，他们在《江西苏区口语广播探究——与严帆及江西有关同志商榷》《可贵的探索　待解的谜团——兼与严帆同志商榷》等文中进行商榷与争鸣。

严帆等人认为苏区有口语广播的证据主要来源于口述记录、回忆文章、有关文物及公章以及书报的记载等等。赵玉明和庞亮在严帆等人的举证中并未找到确凿的证据，其所提供的历史资料也并不确定是否真实存在。严帆等人的提法和结论都是有待推敲和证明的。笔者认为，我们作为史学研究者，切不能将史料搜集考证建立在模棱两可、不知真伪的材料上。傅斯年在《史学方法导论》① 中认为，口述材料在历史研究中是具有可信度的，特别是在一个民族最初的发展中，口述传承的材料众多，但文字产生以来修史则更重视文字的记载，意义更大些。口述材料更多的是作为辅助材料，而不宜作为直接的唯一证明。更何况举证材料的真伪尚待查证，争鸣结论就更应当继续推敲。

3. 延安新华广播电台开播时间

关于“延安新华广播电台开播时间”的争鸣主要介于赵陈二人之间，问题集中于在延安台开始播音和恢复广播的时间上。赵等研究者最早认为解放区广播开播于1945年9月5日，但经过调查研究后，根据山东《大众日报》得出新的结论，认为延安台于1940年12月30日即开始播音。并在中央广播局1980年12月23日发出的《关于将人民广播诞生纪念日改为1940年12月30日的通知》中得到了确认。而陈则认为《大众日报》是山东的报纸，所记录的事情是发生在远离延安千里之外的山东地区，它所报道的消息并不能作为延安台开播的切实证据。对于赵陈二人关于此问题的说法笔者尚无确切倾向，唯一可知的是历史研究的严谨性和真实性不容篡改。对于历史的研究，作为研究者应当不断发掘新的资料，认真扎实地分析，真实客观地总结。异议可以提出，争鸣可以进行，只要本着严谨客观的治学态度和尊重历史还原真相的初衷，就一定能真正还原历史本来的面貌。

三、现阶段广播电视史学争鸣的特点

纵观近年来在广播电视史学领域的争鸣问题，我们不难发现其中所显现的共同特

---

① 傅斯年：《史学方法导论》，上海古籍出版社，2011年。

点。对业已做过的学术争鸣进行全面、系统地树立，总结得失，“以史为鉴”，有利于我们对其过去有个清晰的认识，有利于当下的研究者找到新的切入点，有利于广播电视史学未来的发展壮大。我们应对于其所暴露出的缺憾应加以规避和解决，对保持下来的优秀传统应予以发展传扬。

1. 争鸣学者较少，鲜有多方学者讨论

参与争鸣的研究者主要集中于陈尔泰和赵玉明教授之间，鲜见更多研究者的加入。基于同一问题的争鸣也有且仅有两方学者观点的交锋和探讨，并未有第三学者参与讨论。这暴露出学术界对于史料发掘的力度尚待提高，研究深度有待进一步加深。

2. 研究方法陈旧，缺乏理论创新

表现在研究实践中，缺乏科学的定量研究，大多还是一般的定性归纳与总结；对当前中外新的史学理论学习和吸收不够，研究中的理论指导稍显苍白。方法和理论都急需由单一、经验向多元、科学演进。

3. 史料考证不够，研究水平成果不均衡

在前文的历次争鸣问题中，多数争鸣都集中于对史料的鉴别与考证问题上，很多参与争鸣的学者所举出的证据都不够直接确凿，相反还十分模糊。对史料的鉴别与考证在史学研究中是亟须强调和重视的，研究者一定要坚守对历史的尊重，绝对不能有一丝一毫的模糊处理。

4. 研究视阈不够宽广，交叉、比较研究匮乏

如地方广播电视史的研究发展就很不平衡，广播电视系统部门史的研究紧张不力，广播电视史学中的个案研究尤其是专题人物研究仍显薄弱。未能从传播学、历史学等多学科、多角度对广播电视史学进行全方位的整体研究，缺乏同其他门类的史学乃至国外广播电视史学的比较研究。新实践和理论的发展都要求我们从更广阔的社会科学、人文学科背景出发开拓和深化中国广播电视史学研究。

四、关于广播电视史学争鸣的思考

解决学术问题的过程往往要经历一番深入的探讨和争论，这是学术进步的惯常方式，也是深化研究的必经之路。不同观点之间的互动，往往能使人们更清楚地看到问题的关键所在和解决之道，进而获得真知灼见。在这个过程中，理性、真诚和宽容是讨论各方最应具备的学术品格。人们通常说的“摆事实，讲道理”，这既是讨论的方法又是讨论的态度，因为它意味着人们怀着一种平等的心态，通过证据和逻辑的力量来决定对错问题。

（一）选取何种研究对象

对于史学，梁启超认为“历史范围极其广博，凡过去人类一切活动的记载都是历史”①，史学研究要在广泛涉及的基础上，集中钻研某一点或者某一方面的学问。广播

① 梁启超：《中国历史研究法》之《史料的搜集与鉴别》，上海世纪出版社，2006 年 4 月，第 157 页。

电视史学研究呼唤跨学科的比较研究范本，在研究对象的选取上同样需要史学研究者的新颖视角。如何选取研究对象成了新时期广电史学研究的课题。笔者认为，史学研究者在选取研究对象时，尤其是广播电视史学的研究对象，更应该拓宽视角，不拘泥于字词的细究和创始时间的前推，应将更多的目光投射到更多未知史实的发掘中。地方新闻史学的学者应更新研究思路，变换研究视角，不狭隘于自身单位的历史追踪，提升研究内容的客观性和科学性。

（二）运用何种研究方法

中国新闻史研究基本上是采用传统的研究方法，即以史料为依据，作逻辑上、理论上的综合分析。重视史料（特别是第一手材料），重视对主客观条件与历史环境的分析，重视全面评论历史现象，这些都是必要的，今后应该继续坚持。但是，过去对定量分析重视不够，也缺少比较研究。今后对计量和比较研究法的运用应是大的发展方向，使研究工作更为现代化、科学化。要做到实事求是，梁启超总结共有五法：钩沉法，即将发生的历史事实钩出来；正误法，即对出错的事实进行更正；新注意，即对从前未曾注意过的材料给予特别的重视；搜集排比法，即将分开的事实一件件联系起来；联络法，即对出现时间顺序不同的材料联系起来。这五法是对实事求是的治史态度的实践，也是一种从实际出发，用全面的、联系的观点看问题的态度。

（三）采取何种考证态度

要得出可信的断论，必有确凿的史料证据。历史学最显著的特点之一就是对历史事件和过程的重构，历史学家的研究成果必须如实地重构历史事件或历史过程。历史的重构只能通过对史料的解释并将历史学家的构思用文字表述出来。在马克思主义史学的要求下，重构历史事件或过程要能反映历史的本质或历史发展的客观规律。这种重构不仅是合理的重构或逻辑结构，而且是合乎事实的重构。因此，就历史科学而言，没有仅仅凭借历史资料就能重构历史过程的历史科学，也没有只建立历史过程却没有史料支撑的历史科学。①

（四）秉持何种学术品格

党中央所主张的“百花齐放、百家争鸣”，是提倡在文学艺术和科学研究工作中有独立思考和辩论的自由，有创作和批评的自由，有发表自己意见、坚持自己意见和保留自己意见的自由，是提倡建立在科学基础上的学术论争。学术争鸣的目标应该是两个：（一）为抒一己之见，进行充分的自我表达；（二）为了增加他人（包括商榷对象在内）对自己的尊重与承认——如上所论，通过争鸣能否增加社会对自己的尊重与承认，是判断争鸣水平高低的关键标尺。②

梁启超在继承和发展唐代学者刘知几及清代学者章学诚思想主张的前提下，对史

① 朱本源：《历史学理论与方法》，人民出版社，2007年3月，第31页。
② 刘泱育：《自我实现视阈下的学术争鸣》，《现代传播》2014年第1期总第210期。

学工作者提出应当德、学、识、才四才兼备的要求，并将这四才排序：先史德、次史学，又次史识，最后为史才。因此，作为史学家，史德建设应是第一位的。具体到广播史学的研究者，史德就是保证历史记载的真实性，不加入个人意见，不受政治、经济因素的制约，最重要的是忠于客观事实，不对史料做任何形式的改动。研究者也要有高尚的道德情操，坚持客观公正的原则，抛弃个人恩怨，与人为善，兼收并蓄，力戒极端颂扬或贬斥。

结 语

史学家不走极端，而采取中庸之道，是最重要的史学态度。研究史学问题，应本着客观的立场、实事求是和中庸的态度。如果在分析问题时过多地评论人，采用偏激的态度，不仅不利于学术问题的解决，也有损作为学者的风范。考证史事也要有严肃认真，实事求是的态度。我们不能通过一些存疑的证据来对历史进行修改与评判，但是如有确凿的证据出现，相关历史陈述也必将改写，所以保持阙疑，不妄加评断才是史学家应有之精神。讨论学术问题时，要体现一种摆事实、讲道理的学术风格，要保持住对事不对人的治学精神。在开展学术争鸣的过程中，一定要彻底扭转“文人相轻”的不良积习，促进学术争鸣的健康发展。

参考文献：

1. 伯恩海姆著，陈滔译：《史学方法论》，第317页。
2. 杜维运：《史学方法论》，北京大学出版社2006年版，第9页。
3. 梁启超：《中国历史研究法》之《史料之搜集与鉴别》，东方出版社2012年版，第5－7页。
4. 李隆国：《史学概论》，北京大学出版社2009年版，第22页。
5. 邓京力：《历史评价的理论与实践》，人民出版社2009年版，第15页。
6. 傅斯年：《史学方法导论》，上海古籍出版社2011年版，《史料略论》，第6页。
7. 陈尔泰：《中国广播发轫史稿》，中国广播电视出版社。2008年版。
8. 陈尔泰：《中国广播史考》，中国广播电视出版社，2008年版。
9. 赵玉明：《中国现代广播史料选编》，汕头大学出版社2007年版。
10. 钱穆：《中国历史研究法》，生活·读书·新知三联书店2013年版。

（作者系中国传媒大学新闻学院硕士研究生）

历史学视角下的中国广播史研究
——兼论中国广播史研究中的两大争鸣

陈　雪

【摘　要】近年来，中国广播史研究领域出现了许多争鸣，学界、业界的广泛参与与讨论是中国广播史研究的幸事。但是，这其中也存在许多不遵循历史原理及方法的历史论断，本文运用史学建制、史料考证等多种历史学理论与知识，分析了"中国第一座广播电台"之争与江西苏区口语广播之争，并进一步考察中国广播史的研究现状及问题。

【关键字】广播史　争鸣　历史学　考证

广播史是研究人类利用无线（有线）电波传送声音图像借以播送新闻、政论、文艺及广告等节目的整个广播事业产生和发展的历史过程，并解释其内在规律的一门历史学科。① 虽然广播史是新闻学科中的一个分支，但它更是一门具有较强专业性的历史科学，这就要求广播史研究者不仅要遵循新闻学的研究方法，也要注重史学视角、史学逻辑。近年来，中国广播史研究中出现了许多争鸣，这是广电史研究者喜闻乐见的事。在众多争鸣中，谁为"中国第一座广播电台"以及江西苏区是否已存在口语广播这两大争鸣备受关注。笔者发现，导致这两次争议争而未决的原因是相关研究者在研究中国广电史时，缺乏史学视角与史学逻辑。以下就从历史学的角度来探讨这两次学术争鸣。

一、"中国第一座广播电台"之争——"广播史"概念的模糊

"中国第一座广播电台"的名号代表着中国广播的发端，中国广播事业的起始。我们常用的广播史教科书和参考书中，大多是依据赵玉明老师（以下简称赵）的说法，那就是，美国人奥斯邦在上海所办广播电台为中国出现的第一座广播电台。而陈尔泰先生（以下简称陈）对此说法存有异议，认为刘瀚在哈尔滨所办的哈尔滨广播无线电台是我国第一座广播电台。

陈在《中国第一座广播电台》② 一文中说到"哈尔滨广播无线电台是我国第一座

① 哈艳秋：《广播史学研究刍议》，《中国广播电视学刊》1987 年第 3 期。

② 陈尔泰：《中国第一座广播电台》，《新闻传播研究》1982 年第 3 期。

广播无线电台”，紧接着又提到“中国自办的广播最早出现于哈尔滨”，可以推断陈认为“中国第一座”与“中国自办”的意义相同。在赵的《旧中国广播的产生、发展和终结》① 一文中提到“美国人奥斯邦……办起了中国境内的第一座广播电台”，在《中国广播事业之发轫》中则是如下叙述：“1923 年年初，首先在被称为‘冒险家乐园’的上海出现了美国人奥斯邦办的第一座广播电台。”可以推断赵的观点是“中国境内第一座”即为“中国第一座”。陈反驳奥斯邦台为中国的第一座广播电台，写文《奥斯邦台是中国的广播电台》，认为赵的说法“只要在中国境内 960 多万平方公里土地上出现的广播电台，不论国别，都应当收录到中国广播史研究的范围之内”是不正确的，陈认为“中国‘境内’的东西，不一定就是中国的，其中就有外国的”。

笔者认为二人的争鸣主要集中在中国广播历史的研究对象和研究范围上，赵指“中国境内”的广播，而陈则认为是“中国人”的广播。

1. 历史学的内部建制

对于“中国广播史”的概念界定问题，我们可以从历史学的内部建制来找到答案。历史学大致遵循三种设置标准，第一是按学科门类划分，如经济史、社会史、科技史等；第二种是按照时间段来划分，大的分段一般包括两个：古代史，近现代史，还可划分更细的三级学科，如先秦史、宋史、明史等；第三个标准是区域，最大的区域划分是世界史、中国史，还可细分为国别史、地域史等等。这三种标准被混合运用。② 显然，“中国广播史”为第一、第三两个标准的混合运用，即广播学科的国别史。由此可以证明，在赵与陈二人的争论中，“中国广播史”的研究范围是“中国境内”的广播历史，而不是“中国人的”广播历史。

虽然历史学中也不乏以“人”为主体来书写的“人的专史”。但是，“人的专史”是指以人物为主体所编的专史，大概分为：列传、年谱、专传、合传、人表等五种，其中多为某个人物的传记，如《三藏传》，或者具有某个特点的群体的传记，如《仲尼弟子列传》。陈的“中国广播史”若以中国人为记叙主体，则应当将一些中国人在外国创办广播的史实也书写在他的史书中，实际上陈所说的“中国广播史”应当为“中华民族广播史”。

2. 中国历史的研究范围

陈认为中国广播史中不应当记述外国人的广播活动，我们可以在许多史学论著中得到反证。梁启超在《中国历史研究法》中划定了中国史的四个主要研究范围：“第一，说明中国民族成立发展之迹，而推求其所以能保存盛大之故，且察其有无衰败之征。第二，说明历史上曾活动于中国境内者几何族，我族与他族调和冲突之迹何如？其所产结果何如？第三，说明中国民族所产文化，以何为基本，其与世界其他部分文

① 赵玉明：《旧中国广播的产生、发展和终结》，《现代传播》1982 年第 3 期。

② 李隆国：《史学概论》，北京大学出版社，2009 年，第 22 页。

化相互之影响何如？第四，说明中国民族在人类全体之位置及其特性，与其将来对于人类所应负之责任遵斯轨也，庶可语于史矣。”① 在梁启超的论述中，外来蛮族，包括古代史中的突厥、匈奴等民族，以及世界其他国家，例如印度、欧洲等，这些外来文化对中国文化的影响以及我国文化对他国文化的影响都应当放在中国史的记录范围内。虽然中国古代史与中国近代史有所不同，古代世界各国之间的沟通联系较少，但即便如此，元代历史中也不能将马可·波罗删去，日本历史中也不能规避遣唐使对日本文化的影响。地理大发现以来，世界被紧密地联系在一起，政治、经济、文化的交往急剧增加，中国近代史又是一部帝国主义的侵略史与中国人民的反抗史，外国人在中国境内的活动对中国政治、经济、文化造成何等的影响是中国近代史所要记述的重要内容之一，况且中国广播史是中国文化史、中国科技史的一个重要分支，书写外国科技、文化对中国近代科技、文化所造成的影响是中国广播史的责任。如果按照陈的理论，中国广播史只记录中国人创办广播的活动，将奥斯邦台、开洛电台等外国人早期在中国所办电台都排除在中国广播史之外，那么，中国广播史就是断裂的历史。马克思主义哲学认为事物之间是联系的、发展的，外国人在中国创办广播电台是由当时的国际关系决定的，有复杂的政治、经济因素，若果将世界他国与中国的联系切断，那就是一部孤立的中国广播史，就不能反映当时中国在国际环境中的实际情况，也不能反映当时中国广播的发展状况。

3. 其他专门史的研究范围

中国铁路史与中国广播史同为某一学科的专业史，并且中国铁路与广播的发展拥有同样的时代背景。中国铁路史有一定的参考价值。中国铁路史上公认的中国最早的一条铁路是 1865 年英国商人杜兰德在北京宣武门外沿着护城河修建的一条一里长“展览铁路”——德小铁路。中国铁路史上的最早出现的一条铁路也是外国人所建，中国铁路史的研究范围是中国境内所建立的铁路的历史，以时间和空间两个维度来作为限定范围。

从以上三个方面来看“中国广播史”就是“中国人的广播史”这一说法是不成立的。“中国广播史”是按照区域划分的学科专业史，其研究范围应当是赵玉明所说“只要在中国境内 960 多万平方公里土地上出现的广播电台，不论是何人所为，属谁所用，为何而办，即使是外国或外国人在中国办的广播电台，也均应在中国现代广播史的研究范围内”。由“中国广播史”的内涵可以推及，“中国第一座广播电台”的称号的含义为“中国境内出现的第一座广播电台”，所以根据时间的先后顺序，定义有确证史料的 1923 年 1 月 23 日诞生的奥斯邦台为“中国第一座广播电台”符合历史学的理论与逻辑。陈尔泰将“中国的”这一概念理解为“中国人的”，是运用语言分析来界定历史学科的研究范围。这种混淆概念的研究方法不符合历史学逻辑

① 梁启超：《中国历史研究法》，东方出版社，2012 年，第 5－7 页。

二、江西苏区人民广播事业之争——广播史史料考证问题

1940 年 12 月 30 日，中国共产党在延安王皮湾村创办了延安新华广播电台，长期以来，延安新华广播电台被认为是中国共产党创办的第一座广播电台，延安为中国人民广播事业的发源地，1940 年 12 月 30 日为中国人民广播创建纪念日。

2002 年，严帆发表《新中国广播通讯事业的前身——中华苏维埃共和国红色中华新闻台历史考证》一文，认为 1931 年 11 月 7 日在江西苏区创办的红色中华新闻台已存在口语广播，是人民广播事业的发端，瑞金是中国人民广播事业的发源地。2005 年，刘卫国、刘照龙发表了《苏区时期的人民广播事业》，文中提供了一些史料证据来证明红色中华新闻台已有口语广播。2005 年庞亮发文《关于人民广播事业发源于江西苏区说之商榷》，认为所有的史料证据只能证明当时的红中台有无线电收发电报的活动，没有关于广播电台的采编播活动。2013 年赵玉明、庞亮发文《江西苏区口语广播探究》对严、刘等人提供的史料进行了考证，认为这些史料不具有说服性。

通过对以上各方说法的分析，可以看出，人民广播发源之争的关键在于鉴别史料的真实性及评估史料的价值上面，也就是历史学中所说的对史料的考证。唐朝史学家刘知几曾说过："史家有三长：才、学、知。"史才是研究方法，史学指史料，史识则指历史见解。史料在历史研究中的作用毋庸赘言。对史料的搜集、整理与批判是历史研究的基础工作。

1. 史料考证

严帆等人所提供的证明江西苏区已有口语广播的证据主要有：两份当地人的回忆记录、1933 年红中台用稿通知单、邮政局发出的通知、红中台给苏区中央宣传部的报告、涉及红中台的书报记载和三枚公章。西方历史学家伯恩海姆将史料分为：口头传说、文字记载、实物等三方面。证明苏区有口语广播的史料恰恰包含了这三种，三种史料齐全，可以说足以证明口语广播的存在，但是拥有史料还不足以构成历史，还应当对其进行考证。以下就从历史考证的角度来对这些史料进行分析。

两份当地人的回忆属于口头传说类的史料，第一份为杨九庆老人在 1984 年回忆 1932 年的事，相隔 62 年。第二份为 84 岁老人李永福回忆 1933 年的事情，亲眼见闻的史料是十分珍贵的，《苏区时期的人民广播事业》里介绍了李永福老人的回忆"桌上有话筒，人对话筒一讲，那个喇叭就响，马路边和红军大学的喇叭都会响……"首先，对两位老人的回忆进行外部考证，外部考证是指从证据外表来考察证据的真伪、时间、地点。此类属于事后追忆的史料，史料价值依追忆时间的长短而定，两位见证人都是在高龄时期回忆童年的片段，追记的时间间隔都长达六七十年。在史料考证中，时间越长史料价值越低，时间间隔较长，片断、模糊的记忆将导致事实失实。并且这两份回忆都没有明确的提供采访人、采访的时间、地点，外部考证有存疑之处。其次，对其进行内部考证，在鉴别他人回忆的时候，应当注重其行为动机，是否涉及

其自身的政治、经济活动，是首先要衡量的标准，即便没有其他动机参与其中，回忆人由一己经验出发，其见闻有限，偏见不可避免。[①] 两位老人都为苏区人民，收集史料的相关人员也均为江西广电部门的工作人员，从行为动机上以上几人均不具有客观属性，内部考证也具备存疑之处。第三，反证质疑。证明一事确无的最主要方法就是举出反证。杨、李两位老人是当地村民，属于间接当事人，而红中台的直接当事人是任质斌、刘寅、曾三、岳夏和李立等工作人员，在他们的回忆录中并未提到江西的口语广播，在红中台领导人任质斌的回忆录《任质斌谈〈红色中华〉》中，他提到"苏区的对外广播，不是口语而是发电报"，这是两位老人回忆的有利反证。从以上三个方面来考证，两份回忆记录虽然具有一定的史料价值，但是价值极低。

1933 年，红中台用稿通知单、邮政局发出的通知、红中台给苏区中央宣传部的报告和涉及红中台的书报记载这四项都为文献记载类史料，前三份文献史料在 2004 年陈列展览的说明中，都为"下落不明"，只有影印件。没有原件很难对证据辨别真伪，因此也无法对其进行外部考证，视其不具有史料价值。涉及红中台的书报记载有二，其一是 1935 年在苏联外国工人出版社出版的中文版《苏维埃中国》第二集中毛泽东 1934 年 4 月"关于日本声明书的谈话"，署名"红中社"，有一处注解为："此处缺少两句因无线电播音听不清"，从"无线电播音"推断出苏区有口语广播，但赵玉明、庞亮在文章《江西苏区口语广播探究》中指出瑞金与莫斯科的距离需要短波发射，而提供证据的相关同志并没有对广播台的功率进行说明。这就是史料考证中的孤证，提供一项证据需要其他证据的佐证，证明莫斯科能够接收到苏区的广播就必须提供广播的发射功率等其他佐证，否则，该证据将不具备史料价值。其二是中央档案馆藏的 1936 年 1 月巴黎出版的《救国时报》第 9 期、第 10 期上刊登的《毛主席在中央苏区广播电台上与法国记者的谈话》。赵、庞二人的文章中称，经人查找，《救国时报》中并没有那篇谈话，并且指出 1936 年刊出 1934 年的谈话，时间不符，谈话的前因后果也没有合理的解释，这些是从外部考据来对文献的辨伪。

三枚公章为实物类史料，当文献记载得到实物印证时，则是十分可信。但是在红中台陈列的三枚公章却是根据文物照片复制的，并没有提供实物，这三枚公章也同上述四份文献史料一样并没有通过外部考证这一关。连内部考证都没有涉及的史料是不足以构成证据的。

2. 阙疑精神

从以上的考证中可以得出一个结论，严帆等江西苏区工作人员所提供的史料有一定的价值，但是不足以证明江西苏区已有口语广播。再没有确证出现的情况下，我们应当用阙疑的精神来看待这些历史问题，不可以通过一些牵强附会的史料随意地修改历史。

---

① 伯恩海姆著，陈韬译：《史学方法论》，第 316 – 317 页。

史学家主张怀疑精神，没有怀疑精神就无法订正历史中的错误，怀疑江西苏区已有口语广播的怀疑精神值得称赞的，如若中共在苏区已经开始使用了口语广播，说明中国已经积极地利用当时的新媒体进行宣传。但是，当证据不能证明苏区确实存在口语广播时，我们就应当存有阙疑精神。《论语·为政》中记载着孔子的一句话："多闻阙疑，慎言其余，则寡尤。"其后司马迁、刘知几、王国维等人也无不推崇这种治学、治史精神，王国维在《观唐书札》（与罗振玉先生论学手札）中说："考释古文字以阙疑为第一要诀。"中西史学界都遵从"阙疑不书，史家不可强为之说"的原则，这就是要求史学家对于一些不能弄清楚的问题采取阙疑的态度，或者可以记载不同的说法，对于一些问题不能盲目地"信古"也不能通过一些牵强附会的史料来"疑古"。我们不能通过一些存疑的证据来对历史进行修改与评判，但是如有确证出现，相关历史也必将改写，所以保持阙疑，不妄加评断才是史学家应有之精神。

结 论

从治史态度、选择材料到考证史料，中外史学界给予了我们许多极有价值的史学原理，这些原理与方法是史学家治史的指导原则与工作方针。但从以上的两次争鸣中我们可以看出，在中国广播史研究领域有许多不按史学原理治史的现象，历史学视角的缺失导致一些基本问题纷争不断，争而不决，广电史研究中的争议需要就事论事，充分挖掘史实，也需要运用理论与方法对争议进行裁定，还原历史以真实。中国广播史是一门严谨的历史科学，应当遵循史学的基本原理，这种缺乏科学性的治史方法应当早日改善，中国广播史的研究呼唤史学视角。

（作者系中国传媒大学新闻学院硕士研究生）

关于广播电视史学开展学术争鸣的原则思考
——兼谈赵玉明教授与陈尔泰先生两次学术争鸣

段　然

【摘　要】本文主要探讨广播电视史学开展学术争鸣的原则，以赵玉明教授与陈尔泰先生的两次广播电视史学方面的争鸣为例，首先回顾了两次学术争鸣的焦点，分别是外国在中国创办的电台应不应该纳入中国广播史、关于哈尔滨电台的开播时间、关于延安台的史实争辩、对广播人物刘瀚的评价问题等内容。进而，针对这两次重要的学术争鸣，总结出我国目前广播电视史学的学术争鸣中应该持有的原则：掌握权威史料是争鸣的前提、理性与礼性并存是学术争鸣健康发展的保证、坚持将修正错误作为学术争鸣的宗旨。

【关键词】广播电视史　学术争鸣　原则

广播电视史学发展至今，涌现出不少影响颇大的研究成果，但是就学科的健康发展来说，广播电视史的学术争鸣甚少，赵玉明教授曾在第五次广播电视史志研讨会上谈起这个问题，“近20年来已正式出版的广播电视各类史志著作已有200种以上。但是评述性文章却寥寥无几，偶有文章，也是溢美之词多，争鸣、批评少。正是由于缺乏争鸣，难见批评，使得广播电视史学研究的水平难以提高。”① 因此，开展健康的学术争鸣对于广播电视史学的长远发展至关重要。近年来，对广播电视史学有着较多思考，能够形成一定影响的争鸣当属赵玉明教授与陈尔泰先生的两次争鸣。本文通过展现两位广电史学大家的争鸣内容，从中挖掘目前广电史学争鸣的不足，进而思考今后学术争鸣应持有的原则。

一、回眸：学术争鸣的焦点内容

就陈尔泰先生（以下简称陈）回忆，他与赵玉明教授（以下简称赵）的学术分歧始于1983年，而以文章展开争鸣则是从2001年开始，陈尔泰先于2000年在《中国广播电视学刊》上发表了题为《关于20年代境内“外台”史料的几个问题》（以下简称《外台史料》）的文章，进而于2001年又发表了《奥斯邦电台不是中国的广播电

① 赵玉明：《中国现代广播史研究中的若干问题——兼答陈尔泰同志》，《中国广播电视学刊》，2001年第5期。

台》（以下简称《奥斯邦》）一文。两篇文章对赵玉明教授的著作《中国现代广播简史》中的某些观点提出了批评与质疑。而后，赵于2001年发表了题为《中国现代广播史研究中的若干问题——兼答陈尔泰同志》（以下简称《若干问题》）一文，以陈的两篇文章中的质疑作出回应，赵、陈的第一次学术争鸣就此开始。10年之后，2010年《现代广播》连载了赵的《再谈中国现代广播史研究中的若干问题——与陈尔泰同志商榷（上）/（下）》以下简称《再谈（上）》与《再谈（下）》）两篇学术争鸣文章，陈随即发表了《关于中国广播史若干问题的讨论——兼答赵玉明教授》（以下简称《讨论》）一文以作回应，此谓第二次学术争鸣。纵观两次学术争鸣，其争鸣内容大致聚焦在如下几点：

（一）外国在中国创办的电台应不应该纳入中国广播史

关于外国在华电台是不是中国广播事业的组成部分这一问题，赵、陈各执一词。陈在《外台史料》中认为外台的“资产产权是外国人的”“运作操控权在外国人手中”“存在与出现就违反了中国的法规”“不用中华民族语言广播”，并且认为现在所掌握的1929年以前的外台广播史料“既有史识方面的问题，也有史实方面的问题，而且比较混乱”，不足以成为强有力的论证资料，因此陈认为外台不应纳入中国广播事业。而赵在《若干问题》中则回应道，“只要在中国境内960多万平方公里土地上出现的广播电台……均应在中国现代广播史的研究范围之内”，因为“这些广播电台（笔者按：指外台）中的大多数与中国广播事业的发展有着不同程度的关系”，并且阐明自己“从未把外台说成是中国的广播电台或中国广播事业的组成部分”，还提出了自己对“中国广播电台”和“中国广播事业”的理解，赵始终秉持的理解是指“中国出现的广播电台”和“在中国领土上的各类广播电台构成的广播事业”。对于20年代的外台史料“比较混乱”的问题，赵解释为史料的出处“皆非专门研究广播史者”，因此有问题也在所难免，但对待史料的态度应该是“要符合原意，万勿断章取义”，这样史料的使用问题才能得到较好的解决。

对外台的争鸣最终将焦点集聚到有代表性的外台——奥斯邦电台上，对于这一问题，陈首先在《奥斯邦》中称“奥斯邦台本身一点中国因素也没有，它就是一座境内‘外台’”。进而又在《讨论》中再次重申了“境内外台不是中国的广播电台，不属于中国广播事业，境内外台完全没有进入‘中国广播史’著的正当性”的态度。陈认为奥斯邦台之所以不应纳入中国广播史，原因有二：一是认为奥斯邦电台具有侵略性，陈指出“奥斯邦广播电台没有经过中国当局而非法设立、非法开播，强行侵入中国电政领域；悍然侵犯中国的国家主权”①，“企图对抗中国行政当局，同中国法规较量，这实际上是更猖狂地侵犯中国主权的行动”②；二是认为“中国‘境内’的东西，不

① 陈尔泰：《奥斯邦台不是中国的广播电台》，《中国广播电视学刊》2001年第2期。
② 陈尔泰：《奥斯邦台不是中国的广播电台》，《中国广播电视学刊》2001年第2期。

一定就是中国的，其中就有外国的"[①]。奥斯邦电台是美国人创办的，"所以外国人在中国办广播电台也就几近于该外国在中国办广播电台。"[②] 对于奥斯邦台的归属问题，陈更是尖锐地批评了赵玉明教授的《中国现代广播简史》这一著作，认为本书对于奥斯邦电台的性质及评价不实事求是，甚至是"给中国广播请来了一个洋祖宗，实在有损民族尊严，有损国格"[③]。

赵玉明教授发表的《若干问题》一文中，详细地解释和回应了陈的质疑。首先赵重申了自己对奥斯邦台的定性是"中国境内出现的第一座广播电台"，并不是陈所理解的将奥斯邦电台视为中国自产的事物；其次，赵认为应当区别看待外台在中国的作用和影响，不可断言所有的外台都是"对中国的侵略"而办，因为"'侵略'是国家行为，而非个人行为"，因此赵认为"在没有确切材料的情况下，硬说他是为'对中国的侵略'而办，似乎太勉强了"，应当既要看到外台确是侵犯中国无线电主权的产物，但也应当肯定其进步意义，即"揭开了中国广播事业发展史的第一页"。

（二）关于哈尔滨电台的开播时间

赵在《再谈（上）》质疑陈所说的"哈尔滨广播电台开播大体上是在1923年伊始"这一结论，然后从陈著作所引用的六处史料入手进行批驳，认为史料有的是时间逻辑的错误，有的考证不清晰，有的对史实的核实不准确，最后认为陈的结论"尚有待商榷"。通过对陈的史料的考证，赵认为《黑龙江省志·广播电视志》中提到哈尔滨电台开播时间是1923年2月10日"更为可信"。

陈则在《讨论》一文中，以韩铁声（笔者按：哈尔滨广播无线电台创办人刘瀚的好友）的口述材料作为主要的论据来阐释自己的结论，以表明其所说与其他史料吻合，具有可信性，但承认自己的结论需要进一步明确具体时间。

（三）关于延安台的史实争辩

赵、陈对延安台的争鸣主要集中在两点问题上：

一是延安台到底何时恢复播音？陈根据傅英豪的回忆录《恢复波音的日日夜夜》推断延安台是1945年8月29日恢复播音，而赵认为延安台恢复播音的日子是1945年9月11日，是因为延安《解放日报》刊登了延安新华社关于延安台开播的消息，并且强调史料的权威性，"只有新华社确认了'即日起开始中国国语广播'，才能算是延安台正式恢复播音。"[④]

二是关于是否改动了延安台史实的问题，陈指出赵"擅改"了延安台发射机运到国内的时间，将3月改成了2月，把时间提前了，而赵以《周恩来年谱》为依据，罗

---

① 陈尔泰：《奥斯邦台不是中国的广播电台》，《中国广播电视学刊》2001年第2期。
② 陈尔泰：《奥斯邦台不是中国的广播电台》，《中国广播电视学刊》2001年第2期。
③ 陈尔泰：《奥斯邦台不是中国的广播电台》，《中国广播电视学刊》2001年第2期。
④ 赵玉明：《再谈中国现代广播史研究中的若干问题（上）》，《现代传播》2010年第2期。

列出周恩来从苏联到回国这段行程时间点，认为并不存在“擅改”一说，只是语言表达欠准；关于新华广播电台的开播时间，赵认为《大众日报》所刊登的开播消息为1940年12月30日，但陈认为《大众日报》当天所报道的并不是延安台的消息，因为消息中没有“延安”或“新华社广播电台”等字样证明，所以坚持认为开始播音的时间是新华社确认的1940年2月1日。

（四）对广播人物刘瀚的评价问题

刘瀚主持创办了中国人自办的第一座广播电台，对中国广播事业做出了颇大的贡献，因此也成为后人的研究对象。陈将刘瀚称为“中国广播之父”，但赵对此称号认为“值得商榷”①。原因有四点：一是认为刘瀚对无线电技术的应用非个人独创，在开创性上不足；二是认为刘瀚没有长期从事无线电广播工作，从30年代起就“淡出了中国广播的领域”②；三是认为刘瀚所创办的电台具有军方色彩，活动范围仅在哈尔滨一地，因此称为“哈尔滨广播之父”或“黑龙江广播之父”更加准确；四是认为刘瀚并未留有的广播著作及论文，不足以称其是“创建中国广播文化”③。

陈罗列了15条刘瀚的首创性事迹，以证明刘瀚可以称为“中国广播之父”；又提到刘瀚的“移动改造”无线电技术对于后世的影响，比如北京广播电台、汉口广播电台、延安台、陕北台的广播发射机都是直接或间接地学习了刘瀚的无线电技术而成功建立的，因此是“具有开创道路的引导力量”④；刘瀚所起草的三个广播法规以及设置的广播节目对后世的影响深远，能够体现出刘瀚是创建中国广播文化的发起人。

二、思考：学术争鸣的基本原则

所谓学术争鸣，是“各抒己见，畅所欲言”，学者间进行充分友好、坦诚地明辨。对于广播电视史学来说，学术争鸣应当在双方占有充足的史料前提下，进行理性思辨，为历史寻求真相，为我国广播电视学的研究提供新的基础材料。

（一）掌握权威史料是争鸣的前提

英国新史学派的理论大师柯林武德说：“历史学是通过对证据的解释而进行的”，“历史学的程序和方法根本上就在于解释证据。”⑤ 对于研究广播电视历史的学科来说，“论从史出”才能够生产出令人信服的历史研究。因此，权威的史料是广播电视学研究的核心，更是展开学术争鸣最有力的武器。从赵、陈的两次学术争鸣中不难发现，能够引起争鸣的地方很多是由于双方掌握的材料不同，因史料缺乏权威性，而能够很轻易将对方驳倒。比如赵认为陈的8条论证哈尔滨电台开播时间的史料“没有一

① 赵玉明：《再谈中国现代广播史研究中的若干问题（上）》，《现代传播》2010年第2期。
② 赵玉明：《再谈中国现代广播史研究中的若干问题（上）》，《现代传播》2010年第2期。
③ 赵玉明：《再谈中国现代广播史研究中的若干问题（上）》，《现代传播》2010年第2期。
④ 陈尔泰：《关于中国广播史若干问题的讨论》，《现代传播》2010年第12期。
⑤ ［英］柯林武德：《历史的观念》，北京：中国社会科学出版社，1986年，第10页。

条是当年的明确文字记载，均未说明该台开播后的收听效果或反应”①，对8条史料所得出的结论自然认为有待商榷；又比如确认延安台开始播音的时间上，赵根据山东《大众日报》的报道认为是1940年12月30日，而陈则根据新华社当时的中央党报《新中华报》上的“新华社启事”认为时间是1941年2月1日，两份史料得到两种不同的结论，而哪个史料更权威则可信度就更高，因此陈对此问题反驳道，“不明白新华社确认了的延安台1941年‘二月一日开始播音’没有算数，而千里之外的《大众日报》的那则并不是报道延安新华台的消息，说了倒算了延安台开播日期的数。”②话语中有对史料权威性质疑的态度。

面对与自己所掌握的史料不同时，我们应该如何做呢？从两位前辈的争鸣中就能够找出方法，即仔细核对所掌握的史料，不同的史料与所掌握的史料可能形成互补关系，为已有历史添砖加瓦；也可能产生矛盾关系，如此一来便要运用逻辑思维，去伪存真，进一步从史料中提取真相。对史料的搜集、甄别、阐释和运用有较高的要求，需要学者在多层次的角度下运用史料，在争鸣中也应充分了解对方的史料，才能最大限度地发挥史料的价值，为史学研究和进一步争鸣做好准备。

（二）理性与礼性并存是学术争鸣健康发展的保证

学术争鸣是学者们各抒己见的舆论场，理性地对待与己相异的观点，充分地尊重他人的学术研究，才能营造良好氛围的学术争鸣。回溯赵陈的两次争鸣，无不闪耀着对于学术理性与严苛的思考、考证，还不乏礼性的回应，礼性在学术争鸣中是保证争鸣健康展开的一个重要原则，对于不同见解的学者，不论双方意见分歧多大，都要求在文明、有序的环境中开展辩论，否则，无序、恶语相向的争鸣只会为学术研究带来失衡的影响。理与礼并行是学术争鸣正常开展的保证。赵陈的两次学术争鸣就为广播电视史学带来了很好的示范作用。

赵玉明教授在第一次与陈尔泰先生进行学术争鸣时，首先讲“礼”——

认为此次学术争鸣“我本人表示欢迎，并愿就有关问题与读者和陈尔泰同志商榷。……谈谈本人的浅见，不当之处，欢迎批评指正”。

在文末继续表达对陈的学术研究的尊重——

最后在结束本文时，顺便谈谈，对于陈尔泰同志辛勤考证中国人自办的第一座广播电台付出的努力和他的《中国第一座广播电台》一文，本人是尊重的。

陈尔泰同志在有关发言和文章中也多次说到我对他的研究工作还是有所帮助的，对此我谨表示感谢。在新世纪来临之际，我祝愿陈尔泰同志写出更多的像《中国第一座广播电台》一类的文章，为繁荣和发展中国广播电视史学研究做出新的贡献。

第二次学术争鸣中，赵教授仍然以礼开篇，肯定了陈尔泰先生的批评与质疑——

---

① 赵玉明：《再谈中国现代广播史研究中的若干问题（上）》，《现代传播》2010年第2期。

② 陈尔泰：《关于中国广播史若干问题的讨论》，《现代传播》2010年第12期。

（笔者按：陈的著作）可以说是为繁荣和发展中国广播电视史学做出了新的贡献。对此，笔者深表钦佩，并致祝贺。

对陈指出的错误及失误，赵教授也表达了感谢——

对于《建构》一书中，以笔者主编的《中国广播电视通史》中的某些史实差错，经核实后，笔者将在该书再版或重印时予以更正，由于笔者的责任造成的不良影响，谨向读者致歉，并对陈著的指正表示感谢。对于陈著中涉及中国现代广播史研究中的有关问题的不同见解，笔者仍愿本着“双百”方针的精神，继续展开学术讨论，以求达到真理的彼岸。

当然学术争鸣在面对质疑时也要讲“理”，赵教授在第一次争鸣对奥斯邦电台的评价问题作了总结式发言——

孰是孰非，有待公论，这里不再作分辨。

对待颇有争议的刘瀚“中国广播之父”称谓时，赵教授同样在最后给予了理性的回答——

总之，尊称刘瀚为“中国广播之父”，作为陈著的一家之言，这是他的学术见解，应给予尊重。但笔者作为广播史学界的一员，提出上述商榷性意见，也还望陈尔泰同志和有关读者三思。

陈尔泰先生在两次学术争鸣中，也保持了“有几分史料说几分话”的理性原则，但是礼性则略感不足。在第一学术争鸣中，对赵教授的观点的评价略过严重——

如果要卖力地给中国广播请洋祖宗，而根本不看那买来200部50瓦无线电话机的事实，硬要不实事求是地搞“异性联宗”，那就不只是个人的事了，它就有损民族尊严有损国家品格了。

陈文中甚至把方汉奇、吴道一等前辈指为赵教授的“拥护者、附和者”，这样的说法和定性俨然已经超出了学术争鸣的范围，学术批评甚至演变成了一场学术批判，让人看着实在触目惊心，这样的学术争鸣似乎已经上升到了人身攻击，没有了理性，一味地求得在语言上击垮对方，实在不是学术争鸣应该持有的态度。

“没有批评的学科是即将衰亡的学科”[①]，学术者在争鸣中应当始终在理性与礼之间寻找平衡点，平等看待各家、各学派的观点，避免为将对方驳倒而进行人身攻击，甚至上纲上线，将学术研究上升到政治批判，虽然学术批评与批判只有一字之差，却会因为乱扣帽子、揪辫子、打棍子而阻碍学术争鸣的健康发展，对学术研究也造成极大的负面影响，尤其是对于广播电视史学才刚刚开展起来的学术争鸣，更加应当注重理性与礼的并存运用，保证争鸣环境的健康运行。

（三）坚持将修正错误作为学术争鸣的宗旨

学术争鸣的开展源于学者、学派意见相左，经过不断地探讨、求证，能够使一些

---

① 张颂：《关于学术争鸣的思考——语言传播杂记之十三》，《现代传播》1999年第4期。

曾经的错误史实或认知进行修正，以助广播电视史学的学术研究迈向更高层次，对于本学科来说，更重要的是修正历史事实，还原真相，为后人研究提供便利。赵玉明教授和陈尔泰先生通过两次学术争鸣后，也对自己的历史认知进行了多处修正，陈尔泰先生指出了赵教授的著作《中国广播电视通史》里几处表达不准确或“硬伤”，赵教授表示将在再次修订时予以更正，比如在“运到延安”前加上“于3月下旬”几个字，将时间更加精确；将漏掉的“敌伪”两字补充进原文；删除《关于侦查新华广播电台记录事项》中“广播”两字等等，这些错误的指出，在赵教授看来是“心怀感激之情，并予以更正的”①。可以说，任何的学术争鸣都要本着修正错误、坚持真理的宗旨进行，才能够让更多地真相在激辩中揭开了神秘的面纱。但这一领域的学术争鸣，却像个刚刚蹒跚学步的婴儿，需要前辈的指引，更需要年轻学者的努力。正如陈尔泰先生说得一样，争鸣“应紧紧围绕学术进行”，葆有一定的原则才能在从前辈的争鸣中迎来广播电视史学学术争鸣的繁荣景象。

参考文献：

1. 赵玉明：《中国现代广播史研究中的若干问题——兼答陈尔泰同志》，《中国广播电视学刊》2001年第5期。

2. 赵玉明：《再谈中国现代广播史研究中的若干问题（上）》，《现代传播》2010年第2期。

3. 赵玉明：《再谈中国现代广播史研究中的若干问题（下）》，《现代传播》2010年第3期。

4. 陈尔泰：《关于20年代境内“外台”史料的几个问题》，《中国广播电视学刊》2000年第4期。

5. 陈尔泰：《奥斯邦台不是中国的广播电台》，《中国广播电视学刊》2001年第2期。

6. 陈尔泰：《关于中国广播史若干问题的讨论》，《现代传播》2010年第12期。

（作者系中国传媒大学新闻学院硕士研究生）

① 赵玉明：《再谈中国现代广播史研究中的若干问题（下）》，《现代传播》2010年第3期。

广播电视史学术争鸣需厘清的一些基本问题
——以赵玉明、陈尔泰关于中国广播史的相关争鸣为例

张立雷

【摘　要】本文以赵玉明与陈尔泰持续十几年的学术争鸣为研究对象，通过文本分析法，展开对如何开展广播电视史学术争鸣的探析，进而在争鸣对象、史料处理、对历史问题评价标准、争鸣文风以及争鸣态度五方面提出一些浅层次看法。

【关键词】广播电视史　学术争鸣　赵玉明　陈尔泰

一、广播电视史的学术争鸣

“争鸣”一词《辞海》的解释为：竞相鸣叫，比喻在学术方面，各种看法和观点进行争辩。

我国自古就有百家争鸣的学术现象和优良学术传统。早在春秋战国时期，齐威王设稷下学宫，招贤纳士坐而论道，此次百家争鸣成为中国文化的重要开端。唐宋时期，由“唐宋八大家”先后掀起的“古文运动”，也是在同韵文的争鸣中，再次推动中国文艺理论向前发展。

新中国成立后，党和政府高度重视“百家争鸣”在社会主义精神文明建设和繁荣社会主义文化中的重要作用。1956 年毛泽东在中共中央政治局扩大会议上，正式提出在科学文化工作中，实行“百花齐放，百家争鸣”的方针，即艺术问题上“百花齐放”，学术问题上“百家争鸣”。1956 年 5 月，毛泽东又在最高国务会议上正式提出实行“双百”方针，成为新中国文学艺术和科学研究工作的基本方针。2011 年 10 月 18 日，中国共产党第十七届中央委员会第六次全体会议通过的《中共中央关于深化文化体制改革　推动社会主义文化大发展大繁荣若干重大问题的决定》，再次强调“坚持为人民服务、为社会主义服务的方向和百花齐放、百家争鸣的方针”，为学术界展开百家争鸣提供保障。

学术问题的相关争鸣通常会促进学术的进步，不同学者占有不同学术资源，拥有不同学术观点，他们之间的互动，往往能使人们清楚地看到问题所在，进而获得真知灼见。

广播电视史的争鸣，是整个广播电视史研究的一个重要组成部分，通过争鸣，有助于学界和业界理清广播电视史上的一些基本是非问题；通过争鸣，以便修正过往研

究的错误、弥补不足，进而引发深思、拓展视域，提升广播电视史研究整体水平，繁荣本学科以及为整个社会科学开枝散叶；通过争鸣，研究者自身也会在相互切磋中，提升自身研究水平。

作为一门学科，广播电视史学在建有学科以来，也出现过多次影响较大的争鸣现象。它们分别是：发端于2000年延续至今的赵玉明和陈尔泰在《中国广播电视学刊》《现代传播》上展开的关于“中国现代广播史相关问题”的争鸣；2003年至2004年赵玉明和罗弘道在《中国广播》上展开的“何人第一次提出广播电视是一种社会生产力”的争鸣；2004年年初孙建三和谢鼎新在《中国广播电视学刊》上展开的“中国早期电视史系列第一”的争鸣；2005年9月由张圭阳引发的香港广播开播时间的讨论；2005年杨兆麟和杨正泉在《文史精华》上开展的“关于粉碎‘四人帮’时耿飚进驻中央广播局”的争鸣；2005年庞亮和江西省赣州市人民广播电台刘卫国、刘照龙在《中国广播》展开的关于“苏区广播是否是中央人民广播前身”的争鸣，同年，胡江银、郑德金相继加入讨论，相关文章收入在《新闻春秋》论文集第11集中；2006年由李煜在《现代传播》展开的对徐光春主编的《中华人民共和国广播电视简史1949—2000》和赵玉明主编的《中国广播电视通史》的比较研究。①

二、选择赵玉明与陈尔泰相关问题争鸣为研究对象的动因

在上述7次较大的广播电视史学争鸣中，以参与者权威度之高、持续时间之久、争鸣成果相对丰富的粗略标准来看，中国传媒大学赵玉明教授和黑龙江广电局退休干部陈尔泰之间就“中国现代广播史相关问题”的争鸣最有典型意义。

《中国广播电视学刊》2000年第4期和2001年第2期先后刊登陈尔泰的《关于20年代境内“外台”史料的问题》和《奥斯邦台不是中国的广播电台》两篇文章，随后赵玉明在“学刊”第5期发表《中国现代广播史研究中的若干问题——兼答陈尔泰同志》，就中国现代广播史的研究对象及范围、对外台的评价以及史料等重大历史问题作了争鸣；《现代传播》2010年第2－3期、第12期有先后发表赵玉明《再谈中国现代广播史研究中的若干问题——与陈尔泰同志商榷》(上)(下)和陈尔泰的《关于中国广播史若干问题的讨论——兼答赵玉明教授》，双方就哈尔滨广播电台开播时间、对刘瀚的评价、延安台恢复播音的时间、现代广播史的研究对象范围以及对外台的评价等问题，继续展开讨论。

众所周知，赵玉明教授“是我国新闻传播学界享有盛誉的著名学者，在新闻史论研究、新闻学科建设、新闻学教育等方面均有突出贡献，在国内外学术界有广泛影响。科研方面，尤在中国广播电视史、人民广播、建设具有中国特色的广播电视学等

① 参见赵玉明、庞亮：《广播电视史学研究书评》，内部资料。

方面卓有建树，是这一领域的开创者和学术权威”[①]。其《中国现代广播简史》“是我国首部比较系统、全面概述现代中国广播的史著，填补了中国内地广播史研究的一项空白”[②]。“在广播电视史的众多研究成果中，赵玉明主编的《中国广播电视通史》堪称巨构……成为广播电视史研究的一部集大成的专著……”[③] 陈尔泰对中国人自办的“第一座”广播电台的考证，对广播电视史有着较大影响的贡献，在退休之年仍不忘勤奋笔耕，先后出版《中国广播之父刘瀚传》《中国广播史考》《中国广播发轫史稿》《中国广播史学批评构建——以中国广播电视通史上卷为个例展开》，“可以说是为繁荣和发展中国广播电视史学做出了新的贡献”[④]。

纵观他们之间长达十多年的争鸣，已经从最开始就广播电视史研究对象、史实史料等基本问题的探讨，升华到广播电视史学展开学术争鸣的方法、态度和原则等形而上的层面，不仅有助于厘清广播电视史学的某些基本问题，更深化了争鸣的方法论意义。

因此，在为数不多的广播电视史学术争鸣中，此次争鸣最具有典型意义，对后来人有着重大的研究价值。

三、从赵、陈之间争鸣看如何开展广播电视史的学术争鸣

所谓学术争鸣，本质上是一种科学研究方法，是就学术上的不同见解展开的论争。任何争鸣应该本着学术平等、实事求是的原则，运用客观、理性、全面的思想方法，以正确的学术观点说服对方，做到以理服人，只有这样，我们的争鸣才能朝着科学的方向发展。[⑤]

1. 确保争鸣对象是同一概念、属同一方向

学术争鸣中，争鸣者在探讨、批评、被批评和自我批评时，往往不能就单一方向、单一问题进行，有时甚至是就多个学术问题交叉展开。因此，千头万绪中，有必要找准争鸣的具体对象，防止出现对本不相融的问题展开激辩，把原本简单的问题复杂化，反而不利于廓清事实。

纵观赵玉明与陈尔泰之间的争鸣，最主要的问题在于对“中国现代广播史的研究对象”持不同看法，进而延伸出相关史料处理和对象评价等问题的探讨。

---

① 吴廷俊：《中国新闻传播史（1978—2008）》，复旦大学出版社出版，2011 年。

② 徐培汀：《中国新闻传播学说史（1949—2005）》，重庆出版社，2006 年。

③ 张国良：《新闻春秋》第七辑：《纪念陆定一同志 100 周年诞辰暨中国新闻与传播理论创新学术研讨会、中国新闻史学会 2006 年年会论文集》，上海人民出版社，2008 年，第 334 页。

④ 赵玉明：《再谈中国现代广播史研究中的若干问题（上）——与陈尔泰同志商榷》，《现代传播》，2010 年第 2 期。

⑤ 参见雷跃捷：《学术争鸣应有科学的态度——读〈陈尔泰答蔡长宁同志〉一文后》，《中国广播电视学刊》1991 年第 3 期。

陈尔泰认为，“20世纪20年代中国境内的外国广播无线电台……除了它的实体在中国境内以外，通体全是外国的广播电台……在中国境内的东西，当然也不一定是中国的，同样可能是外国的东西……”① “中国广播史是国别广播史，应只记述中国自己的广播，那些外国广播、境内的外国广播都没有进入《中国广播史》的正当性，更没有充做中国广播开头发端的资格。”② 就此问题，赵玉明认为，中国现代广播史“对象……是应以中国自办广播电台为主，兼及外国在中国办的广播电台……只要在中国境内960多万平方公里土地上出现的广播电台，不论是何人所为，属谁所有，为何而办，即使是外国或外国人在中国办的广播电台，也均应在中国现代广播史的研究范围之内……把外台列入其研究范围之内，并不意味着外台就是中国的广播电台，或中国广播事业的组成部分”③。（参见图1，前者为赵玉明“中国广播史研究对象”图示，后者为陈尔泰“中国广播史研究对象”图示）

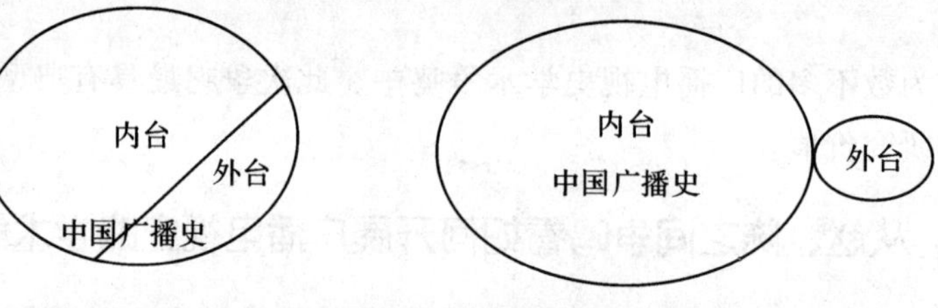

图1　中国国土范围

二人关于广播史研究对象的分歧，可根源于对“中国广播电台”这个词组的理解上。陈尔泰认为该词组是指“中国的”或“中国人的”广播电台或广播事业，赵玉明理解为“中国领土上出现过的”广播电台或广播事业。另外，从逻辑上看，把外人在华办台活动排除在史书之外，以使“国别史”显得纯粹，显然鸦片战争、抗日战争也就无法进入史书之中，对此，赵玉明教授也在其证明文章中予以道明。

其实，此问题的争鸣本质上反映出赵玉明和陈尔泰秉持不同的治史观念。史观本就因人而异，本身就没有正误、高下之分。赵玉明和陈尔泰就此问题的争鸣，类似于国家在进行经济统计时采取GNP和GDP两种不同指标，两种指标都可反映国家经济的状况，不同部门采用不同指标而已。两种平行式的历史观本就并行不悖，各有千秋，由此来看，陈尔泰单方面“指斥”赵玉明把外台算在中国广播史内，给中国请来“洋祖宗”且“以此为荣”，不仅显得霸道，还容易把原本清晰的问题变得复杂化。

① 陈尔泰：《关于20年代境内“外台”史料的问题》，《中国广播电视学刊》2000年第4期。

② 陈尔泰：《关于中国广播史若干问题的讨论——兼答赵玉明教授》，《现代传播》2010年第12期。

③ 赵玉明：《中国现代广播史研究中的若干问题——兼答陈尔泰同志》，《中国广播电视学刊》2001年第5期。

2. 争鸣理清了关于史料处理应遵循的三个维度

新闻史学、广播电视史学的“研究要创新，革新史观和方法固然重要，但要把观念变成现实，书写出优秀的”……新闻史学、广播电视史学“著述，须从史学的始基新闻史料起步”①。史料的收集程度决定着史学成果的丰腴度，而史料的处理又决定着史学成果的纵深度。

首先，史料可信维度。在回答陈尔泰的相关问题中，赵玉明指出陈尔泰《中国广播发轫史稿》一书“所附影印件中称，哈尔滨广播电台发射功率为500W，这与陈相关文章中一直说的为50W也不一致”后，即问出“其可信性如何?”在抛出“仔细看一下陈文附载的上述消息的影印件，却又发现原文是‘……现筹备妥切于日昨十六日’。‘日昨’究竟是何意？也令人费解”的设问后，再次发出“陈文引用这条连确切时间也表达不清的消息来‘考证’有关问题，其可信性又如何?”的疑问；另外，“需要指出的是，这两位老人都是在20世纪80年代的回忆，此时距1923年已有60年了。其回忆的可信性又如何呢?”三个“可信性如何”的追问，其实是从史料来源、史料真实度、史料清晰度构成的史料可信维度下展开的。

其次，推论可信维度。在回答陈尔泰的相关问题中，赵玉明指出“如确如陈文‘考证’的结论是1923年1月19日以前，哈尔滨广播无线电台即已开播，这里又如何解释直到三年之后，才指令哈尔滨无线电台兼管广播无线电台呢?”“为了突出尚未说清楚的1923年1月之事，‘大事记’竟然对此前陈文中一再谈到的‘1926年10月1日哈尔滨广播无线电台正式广播’之事也只字不提了”，这个追问和陈述，是从从史料到史论的推论过程是否经得起推敲的推论可信维度下展开的。

最后，结论可信维度。史料可信，推论可信，一般而言结论则可信。正是建立在对上述两个维度持怀疑的基础上，在回答陈尔泰的相关问题中，赵玉明水到渠成地指出“这里陈文却未作说明，其结论难以令人信服”和“根据究竟何在呢？陈著只字未作交代。这样的‘大胆求证’，叫读者如何相信呢?”则是在结论可信维度下展开探讨。

3. 对历史人物的评价标准的争鸣

自《春秋》至《史记》，无论是一字褒贬的春秋笔法，还是激荡着人文情怀的“太史公曰”，我国史书书写通常史论结合，在相关史实的记叙之后附上史家的评论。对一段历史作出评价，无疑最考量写史人的史识、史学和史才。“新闻史家必须从深广的视野和宏观思维来探索新闻自身的历史……如果史家满足于狭隘的经验，‘局限于国家、民族史的狭小范围内，其种族的、政治的与国家的偏见，不可避免地使他陷入泥沼之中，无法真正了解自己所研究的历史’……许多史学家缺乏公平……是由于知识的不足。沉溺于欣赏自己的民族，必然夸大其创造性……易于为情绪所建立的偶

① 参见刘继忠：《谈我国新闻史料的性质、种类与现状》，《国际新闻界》2008年第4期。

像所欺骗。只有超越狭隘的民族、国家、阶级的局限，在广深的历史视野下，本着宏观思维和立体透视，新闻史才能实现由经验到科学的转换。”①

在赵玉明和陈尔泰长达十几年的争鸣中，由最初探讨宏观研究对象的“内外之分”，延伸到具体的“刘瀚能不能作为中国广播之父”的争论。

赵玉明参考政府官方主流做法，给出的评价刘瀚是否能成为“中国广播之父”的标准是“他们在我国长期从事某一专业领域的工作，并做出了开创性的重要贡献，在国内外有着重大影响，久为人们所熟知”。陈尔泰的评价标准在其著作《刘瀚传》的序言中进行了阐释：“刘瀚先生是开中国广播事业先河的人，是划分我国广播事业有无界限的人，是创建一种文化肇端纪元的人，是发扬一种奋起自强优良作风的人，是铸就一代辉煌伟绩的人。把他的人生足迹勾画出来，对于了解中国广播的历史，了解中国广播文化的发展，了解中国广播人造福国家、民族、社会的情怀，显然具有极高的历史价值和现实意义。刘瀚先生创建中国广播，与世界广播发展同步，与发达国家广播发展齐肩，使全新的声音文化惠临国人，他的事迹和敢为天下先的精神，应为国人记住，为后人记住，为广播人记住。”②

对比二者的评价标准，相对而言，赵玉明教授的更客观一些，陈尔泰给出的评价标准感性成分居多，甚至有些许“唯民族主义至上”的取向。民族主义不是万能筐，什么都能往里装，过度追求民族主义，可能坠入民粹主义的陷阱。

4. 争鸣的文风应该是理性的沟通交流式，语言应该采取平静的叙事风格

历史学家“要有激情但不能为激情所伤……能够影响史家的情感，涉及民族、国家、个人诸方面……但如果在其运思创作的过程中，激情成了支配性原则，情感这匹野马就需要理智来驾驭”③。不可遏制的感情流露，甚至是意气用事般的情绪化措辞，最终将呈现在字里行间，甚至形容性词汇会充斥在文本之中。而争鸣本身就是一种学理性的沟通、交流和探讨，没有绝对的权威，也没有绝对的“小学生”，探讨的只是学理问题，而非持某种观点的人的是非。因此，争鸣诉诸文字时，文风上应该是理性的平和的，而不应采用过激语言，甚至含沙射影和人身攻击。

对比赵玉明和陈尔泰之间的争鸣文章，陈尔泰的文章更能挑动读者的感性神经。赵玉明指出，“陈著《中国广播史学批评构建——以〈中国广播电视通史〉（上卷）为个例展开》一书有一节专门论及本人‘擅改’延安台史实问题，并列举了四条‘擅改’‘窜改’的事例，听起来实在吓人。”④ 良史者追求作史的客观和公正，面对如此不容分辩的过火批判，难怪赵玉明教授觉得“吓人”。在未和作者交流确认之前，

① 张昆：《新闻史家的使命及其素养》，《现代传播》2007 年第 6 期。

② 陈尔泰：《中国广播之父——刘瀚传》，中国广播电视出版社，2006 年。

③ 张昆：《新闻史家的使命及其素养》，《现代传播》2007 年第 6 期。

④ 赵玉明：《再谈中国现代广播史研究中的若干问题》（下），《现代传播》2010 年第 3 期。

批评者只能说原作者“对史料进行了改动”，窜改、篡改、擅改、臆改、妄改、暗改、强改、涂改、更改等明显带有主观性判断和批判意味的词汇，显然不适用于争鸣文章中。陈尔泰在回复赵玉明的争鸣文章中称，“奥斯邦台充作中国广播历史的开头”①，“更没有充做中国广播开头发端的资格”②，“按惯例在无反证、歧证、否证史料的情况下，谁也没有权力藐弃它”③，这三个词，足见火药味十足。“这种《呈》给中华民族、中国广播留下的广播文化思想精髓，其文化光辉、作用范围、传世实力，比某些真正‘论文和著作’大约只在其上不在其下!”④ 则已经在影射赵玉明教授的著作乃至人品，远远超出了学术争鸣的范畴。在较早的一篇文章中，陈尔泰直书“如果硬要一厢情愿地冒认，硬要说那东西是中国的，除了自欺欺人之外，剩下的就是扭曲和变态”⑤，简直就是在破口大骂。问题在于，赵玉明等人，谁都没说奥斯邦是中国的广播电台，而是说是在中国领土上外国人办的广播电台。

试想，如果赵玉明也采用类似于陈尔泰的文风撰文回应，则这场争鸣不免沦为一场无谓的骂战。学术争鸣本不涉及个人是非恩怨，更不能人为制造隔阂。平静的文风和理性的语言，在这其中扮演着重要角色。

5. 争鸣的态度上，应不臆想、不揣测；不戴帽子、不打棍子

文风本质上反映着争鸣者所秉承的学术探讨的态度、原则和方法问题。态度端正，方法适当，才能心平气和，才能下笔行文讲究分寸。

首先，做到方法适当必须坚持实事求是、不臆想、不揣测的原则。“如果硬要一厢情愿地冒认，硬要说那东西是中国的”⑥，“在广播史学圈内也有一定程度的‘人贵言重’现象”⑦，“赵先生把外台安排在他的史著中的足资尊崇的‘五之’位置”⑧ 等处，都可见陈尔泰对赵玉明乃至吴道一、曹仲渊等人著书立说的运思过程存在不当臆想。“赵先生能不能告诉告诉人们个中之隐情”⑨，“隐去了它的严重罪恶”⑩，则又是

---

① 陈尔泰：《关于中国广播史若干问题的讨论——兼答赵玉明教授》，《现代传播》2010 年第 12 期。

② 同上。

③ 同上。

④ 同上。

⑤ 陈尔泰：《奥斯邦台不是中国的广播电台》，《中国广播电视学刊》2001 年第 2 期。

⑥ 陈尔泰：《奥斯邦台不是中国的广播电台》，《中国广播电视学刊》2001 年第 2 期。

⑦ 陈尔泰：《关于 20 年代境内“外台”史料的几个问题》，《中国广播电视学刊》2000 年第 4 期。

⑧ 陈尔泰：《关于中国广播史若干问题的讨论——兼答赵玉明教授》，《现代传播》2010 年第 12 期。

⑨ 同上。

⑩ 陈尔泰：《中国广播史学批评建构——以〈中国广播电视通史〉（上卷）为个例展开》，中国广播电视出版社，2009 年，第 124 页。

在揣测。

其次，做到方法适当必须坚持不戴帽子、不打棍子的原则。陈尔泰在文中直书“这样，不能不让善良的人们担心，这样的广播史会不会产生帝国主义、法西斯太可爱了的错觉，会不会产生侵略者本性早就改了的错觉。我们的先烈同帝国主义的斗争，他们的可歌可泣的事迹，又该怎么看呢?”① 原本学术上争鸣，就此被戴上了数典忘祖的大帽子，国仇民族恨统统算到了曹仲渊、吴道一乃至赵玉明的头上，显然在重蹈“文革”中动辄上纲上线的覆辙。“如果人家不承认，而中国广播史硬去冒认，人家会不会说你‘掠美’呢？人家会不会耻笑呢？中国的广播史去冒认，中国的老百姓能同意吗？中华民族的尊严能够允许吗？中国广播史还实事求是不?”② 又像是扣完帽子后号召全民族对上述几个广播史学者进行讨伐。赵玉明在面对陈尔泰的“戴帽子、打棍子”时，仅用了“哗众取宠”四个字进行回应，相对而言，基本做到了平和处置。

四、结 语

健康的学术争鸣本身就是一门学科向前发展的一种途径。在争鸣过程中，理性和客观以及宽容等应是各方具备的学术品格。通过对广播电视史上有较大影响等的一次争鸣进行较为细致的研究。作为后人，既能汲取相关学术营养，又能吸取展开学术争鸣的相关经验。

（作者系中国传媒大学新闻学院硕士研究生）

① 陈尔泰:《奥斯邦台不是中国的广播电台》,《中国广播电视学刊》2001 年第 2 期。
② 同上。

人民广播事业发源地之我见

王淑凤

一、人民广播诞生纪念日的由来

在我国广播电视的历史上，曾经有过两个人民广播事业创建的纪念日：一个是原来的1945年9月5日；一个是更改后的1940年12月30日。人民广播事业创建纪念日的确定和更改都与我党领导创办的第一座人民广播电台——延安新华广播电台即今中央人民广播电台最早前身的开播或成立的日子紧密联系在一起的。1946年7月25日新华社在一则电讯中称："该台（指延安台）于去年9月5日成立。"1946年9月5日，在温济泽的主持下延安台办了一档纪念节目，在播出的陆定一的文章和周年纪念广播稿中，分别说"去年今日，延安广播电台开始播送中国人民的声音"，"去年9月5日开始正式播音，现在整整一年了"。自此以后，1945年9月5日就被作为延安台成立或正式播音的纪念日。①

1970年，中央广播事业局为了筹办延安广播历史展览，曾组织专门小组对延安的创办和发展历史做了一次比较详尽的调查。参加调查工作的有杨兆麟、阎玉、彭飞、郭宝新和赵玉明五位同志。在调查过程中先后访问了参加延安筹建工作以及了解情况的老同志十多人，其中包括仲华、王诤、刘寅、李伍、毛动之、汤汉璋、吴兴舟、徐路、姚雯和梅益、温济泽等同志。同时，还查阅了40年代初期延安和其他抗日根据地出版的部分报刊以及有关档案材料。通过调查访问和分析研究所得材料，调查小组认为：延安新华广播电台的历史并非始于1945年9月，它的筹建和实验广播可以追溯到1940年12月30日。②

1980年，由中国传媒大学赵玉明教授汇总70年代初的调查成果，执笔写出一份《延安新华广播电台的筹建和试播始末》的调查报告。温济泽提出更改纪念日的建议并致函中央广播事业局。同年初秋，为了实地考察延安台早期旧址，北京广播学院（今中国传媒大学）组织了以齐越同志为首的延安（陕北）台历史调查组，并聘请了

① 参见庞亮：《回眸历史长河　追溯广播原点（上）——专访中国传媒大学赵玉明教授》，《中国广播》，2010年第4期。

② 赵玉明：《延安新华广播电台筹建和试播始末》，《新闻研究资料》1980年第6期。

杨兆麟等三位老广播为顾问。这次考察历时20多天。1980年冬天，中央广播局局长张香山同志在收到温济泽的建议更改人民广播纪念日的信和调查报告后，指示召开了老同志座谈会听取意见。在报请中央宣传部批准后，中央广播局于1980年12月23日发出了《关于将人民广播诞生纪念日改为1940年12月30日的通知》。《通知》说，“关于人民广播何时诞生的问题，经我局多方面调查，确切日期应为1940年12月30日，不是1945年9月5日。现经中央宣传部批准，将人民广播诞生纪念日改为1940年12月30日。”《通知》所附的《关于人民广播创建情况的历史资料》对更改的缘由作了简要的说明。《通知》发布以后，1940年12月30日成为中国人民广播事业的创建纪念日。此后，每逢五或十周年，都举办一系列的活动来纪念这一重要日子。①

二、人民广播事业发源于江西苏区说

关于人民广播事业发源地的问题，一直有专家、学者在考察论证。“中央人民广播事业发源于江西苏区说”是其中一个很强的声音。

2002年5月12日，江西省广电局“瑞金是人民广播事业发源地”论证组经过严密考察论证，认定：“瑞金是中国人民广播事业的发源地。在瑞金创建的中华苏维埃共和国红色中华新闻台是延安新华广播电台的前身。1931年11月7日是中华苏维埃共和国红色中华新闻台开播纪念日。”② 这份调查报告列举了“瑞金是中国人民广播事业的发源地”的多项证据。如，为报道中华苏维埃第一次全国代表大会在瑞金召开，红色中华新闻台开始播报大会新闻；1931—1932年，红色中华新闻台向全国播报新闻，上海中央局、鄂豫皖和湘鄂西、湘鄂西等苏区都抄收过该台播报的新闻；1933年红色中华新闻台的用稿通知提到，该台已办有“赤都新闻”和“红色中华”等新闻和专题节目；1933年10月，中华苏维埃共和国邮政总局就通讯员邮寄广播稿件问题给红色中华新闻台发出有关通知等。

2005年12月，中国人民广播事业暨中央人民广播电台迎来创建65周年，《中国广播》杂志在第12期的卷首语刊发了时任中央人民广播电台台长杨波同志撰写的题为《继承光荣传统 续写新的篇章》的纪念文章。在同期杂志的史话栏目中还刊发了由江西赣州人民广播电台刘卫国和刘照龙同志署名的题为《苏区时期的人民广播事业》的文章。根据刘寅、岳夏等人的回忆和红色中华新闻台的用稿通知单等人证、物证来佐证“中华苏维埃共和国下属的红色中华新闻台是中央人民广播电台的前身”。

2010年12月30日，中央人民广播事业暨中央人民广播电台迎来了70年华诞。

---

① 参见庞亮：《回眸历史长河 追溯广播原点（上）——专访中国传媒大学赵玉明教授》，《中国广播》2010年第4期。

② 胡江银：《关于“瑞金是中国人民广播事业的发源地”的调研报告》，《江西广播电视年鉴》2003年第1期。

中国广播电视协会和中央人民广播电台联合举办了“我与人民广播”征文活动，并出版征文作品选——《声震长空——“我与人民广播”征文选》。该书从不同侧面回顾了中国广播发展的历史，总结了中国广播发展的经验教训，展望了中国广播发展的前景。在这本书中，又有学者再次对人民广播事业的发源地展开探讨，即由肖益涵和黄斌合写的《中央苏区时期的电台广播形态源考》。该文对中央苏区时期的电台形态演变、“彼广播”与“此广播”的关系、尊重历史、尊重先辈，中央苏区时期广播的客观存在三个方面进行论述，提出：“囿于当时特殊的条件，红色中华新闻台主要是通过电台进行广播的，是广播的早期形态，是人民广播事业的源头，从瑞金走向陕北、走向延安、走向西柏坡、走向北京、走向新中国。”①

三、人民广播事业发展之我见

“真理越辩越明”，在百花齐放、百家争鸣方针的指导下，对中国人民广播事业发源地的争鸣与讨论，无疑会对人民广播事业的繁荣与发展起到很大的促进作用。“人民广播事业发源于江西苏区说”在一定程度上对了解早期人民无线电通信事业的发展提供了有价值的参考。但同时，我们也看到，苏区说在对无线电通信及广播电台中的一些基本理论问题的理解和表述上有诸多可商榷之处。

（一）对“广播”涵义的界定

关于人民广播事业发源地的讨论，其根本分歧在于对于“广播”涵义的界定上。从语义的角度看，“广播”一词最早见于汉代典籍。汉代哲学家桓谭在《新论·琴道》中说“八音广播，琴德最优”，其“广播”意为广泛传播。而作为媒介的广播，是指通过无线电波或导线向广大地区或一定区域播送声音、声像节目，受众通过视听工具来接收的大众传播方式。按照传播载体的不同又分为无线广播和有线广播。无线广播是通过无线电波传送的，用收音机收听，它在电视广播出现以前仅指声音广播，现在仍特指无线电声音广播。有线广播是通过导线将声音节目直接传送给用户，必须用扬声器收听，它是在喇叭扩音的基础上发展起来的。20世纪20年代，无线电广播传入中国以后，“广播”逐渐用于称呼从西方传入中国的无线电播音。②

江西苏区说认定人民广播事业的源头为红色中华新闻台。“而那时的所谓新闻台，既是拍发电报的传播机器，又是收听广播消息的音响终端；既是部队之间长距离联络的通信工具，又是把国内外新闻、电讯收抄下来的接受装备。那时新闻电台的工作人员既是广播员、报务员，又是译电员、通信员。当年中央苏区的广播主要有两种方式：一是通过拍发明码电报向广大地区传播新闻稿件，二是通过有线的方式挂设喇

---

① 杨波：《声震长空——“我与人民广播”征文选》，中国广播电视出版社，2011年10月，第155页。

② 甘惜分：《新闻学大辞典》，河南人民出版社，1993年5月，第234－236页。

叭，在特定的区域传播消息。”①

很明显，中央苏区广播的主要方式之一，即文字广播，区别于后来的语言广播。虽然文字广播与严格意义上的“广播”有着千丝万缕的联系，但其本质上还是有区别的，不应划入广播范围。中央苏区广播的主要方式之二，“只不过就是小范围的喇叭扩音，充其量是有线广播的雏形而已”②。从信息传播的对象、方式、途径、范围和效果等各个层面看，显然都算不上是媒介意义上的广播电台，称其为中央人民广播电台的前身实在是过于勉强。1940 年 12 月 30 日延安新华广播电台开播以后，“广播”开始成为人民新闻事业的一种，此时专指无线电口语广播。

（二）对“苏区说”证据的分析

研究历史，还原史实，最重要的就是要有证据。一般来说，凡是对重大历史事件做出结论，至少应该具备三个必要条件，即重要的人证（含当事人的回忆）、有形的物证以及历史留存下来的报刊档案资料。就中国人民广播事业的起源这一重要问题来说，应该以是否有重要当事人的回忆，是否有广播电台遗留下来的有形物质，是否有关键的档案资料做旁证这三条标准来做具体考察。③

第一，“当事人回忆”分析。红色中华新闻台的工作人员有王诤、刘寅、岳夏、陈士吾、黄乐天等，负责人为王诤、岳夏。“苏区说”的主要人证有岳夏，“新闻台的主要任务是抄收国民党中央通讯社每天播发的文字广播，送交红色中华报社、由该社编成国内外新闻参考资料，油印发给党中央、中央军委的同志参阅。”④ 原中央苏区政府电台主任刘寅回忆：“1931 年年底，在江西瑞金先后召开了苏区党代表大会与中国工农红军第一次代表大会，大会会场设在叶坪的一个祠堂内，电台就设在离会场只有十几米远的老乡家里，中华新闻台的呼号为 RCI（红色中华第一台），后改为 CSR（中华苏维埃共和国无线电台）。办公地址开始设在叶坪一幢谢氏私宅内，之后有几次变动。”⑤ 还有当年红色中华新闻台的见证人李永福老人等人的回忆作证。但这些当时人的回忆作证的都是文字广播和喇叭扩音，没有充分地证明当时的瑞金存在口语广播的形式。

第二，“有形物种”分析。“苏区说”列举的有形物证主要有“1933 年 1 月 20 日，红色中华新闻台为‘二苏’大会期间组织广播宣传活动向中央局宣传部写了报告；1933 年红色中华新闻台的用稿通知单中提到，该台已办有‘赤都新闻’和‘红色中华’等新闻和专题节目；1933 年 10 月，中华苏维埃共和国邮政总局就通讯员邮寄广播稿件问题给红色中华新闻台发出有关通知等”⑥。这些物证只能从侧面证明红色

---

① 中国人民解放军战士出版社编：《星火燎原》，1979 年 12 月，第 182 页。

② 庞亮：《关于人民广播事业发源于江西苏区说之商榷》，《中国广播》2008 年第 5 期。

③ 同上。

④ 岳夏：《一个通讯战士对长征的回忆》，原载《苏区邮电史料汇编》。

⑤ 《曾三谈红军通信学校情况》，原载《苏区邮电史料汇编》。

⑥ 胡江银：《关于“瑞金是中国人民广播事业的发源地”的调研报告》，《江西广播电视年鉴》2003 年第 1 期。

中华新闻台的存在和办公情况，但不能充分证明红色中华新闻台存在真正意义上的广播活动。

第三，“档案资料”分析。关于前文提到的“苏区说”的几篇代表文章，在内容和注释上均未列举相关档案资料来佐证“人民广播事业发源于江西苏区”。“新华社有关社史的调查报告、重要当事人的回忆文章以及中国通信兵史的相关书籍，均未见到有关苏区口语广播的记载和描述。”[①] 这就说明，“苏区说”在“档案资料”方面缺乏有力的档案资料依据，“苏区说”有待进一步考证。

相对于“苏区说”，延安新华广播电台作为人民广播事业的源头有着充分的依据。由中国传媒大学赵玉明教授当年执笔的《延安新华广播电台筹建和试播始末（调研报告）》就延安台的筹建经过、试播情况、旁证材料等做了充分说明。并在报告中提到，在调查过程中调查组先后访问了参加延安台筹建工作以及了解有关情况的老同志十多人，其中包括向仲华、王诤、刘寅、李伍、毛动之、汤汉璋、吴兴舟、徐路、姚雯和梅益、温济泽等同志。[②] 1980 年秋，北京广播学院（今中国传媒大学）组织了以齐越同志为首的延安（陕北）台历史调查组，实地考察延安台早期旧址。这次考察历时 20 多天。在王皮湾，调查组考察了 1940 年冬天延安台开播时机房所在地的两孔石窑洞，在清凉山拍摄了 1945 年延安台编辑部所在地的照片，并收集了一些广播文物。在盐店子和裴庄，调查组找到了恢复广播后的播音室旧址。随后，调查组沿着当年延安台迁址转移的路线，先后赴陕北瓦窑堡、太行山麓的河北涉县、平山西柏坡和井陉的天户等地，对延安（陕北）台的编辑部、播音室和发射台的旧址共 14 处一一作了实地考察。[③] 这些资料都充分证明，延安新华广播电台是真正意义上的广播，是人民广播事业的源头。

红色中华新闻台作为新华社历史的组成部分，也是早期人民无线电通信事业的重要见证，理应得到更多的关注和研究，其旧址作为爱国主义教育基地也有着特殊的现实意义。我们鼓励更多的同仁挖掘史料，推动我国广播事业的繁荣发展。但这些研究应在厘清涵义和范围的基础上。笔者认为，延安新华广播电台是中央人民广播电台的前身这一结论是符合历史实际的，延安是中国人民广播事业的起源地这一史实应该受到尊重。

参考文献：

1. 庞亮：《回眸历史长河　追溯广播原点（上）——专访中国传媒大学赵玉明教授》，《中国广播》2010 年第 4 期。

---

① 庞亮：《关于人民广播事业发源于江西苏区说之商榷》，《中国广播》2008 年第 5 期。

② 赵玉明：《延安新华广播电台筹建和试播始末》，《新闻研究资料》1980 年第 6 期。

③ 参见庞亮：《回眸历史长河　追溯广播原点（上）——专访中国传媒大学赵玉明教授》，《中国广播》2010 年第 4 期。

2. 赵玉明：《延安新华广播电台筹建和试播始末》，《新闻研究资料》1980 年第 6 期。
3. 杨波：《声震长空——“我与人民广播”征文选》，中国广播电视出版社，2011 年 10 月。
4. 甘惜分：《新闻学大辞典》，河南人民出版社，1993 年 5 月。
5. 中国人民解放军战士出版社编：《星火燎原》，1979 年 12 月。
6. 庞亮：《关于人民广播事业发源于江西苏区说之商榷》，《中国广播》2008 年第 5 期。
7. 岳夏：《一个通讯战士对长征的回忆》，原载《苏区邮电史料汇编》。
8. 《曾三谈红军通信学校情况》，原载《苏区邮电史料汇编》。

（作者系中国传媒大学硕士、北京市昌平新闻中心记者）

其他研究

新闻史教学也要坚持和实施马克思主义新闻观

丰纯高

在我国，高等教育是党领导的社会主义教育事业的一部分，高等教育的重要目标是为党领导的社会主义事业在各专业学科和各实践领域培养大批高级专门人才。在新闻学专业领域，高等学校的新闻学院（系）坚持正确的政治导向，努力为党的新闻事业培养合格人才，当然要把马克思主义新闻观教育放在首位。很多人认为，实施马克思主义新闻观教育，主要是新闻理论课程的事情。确实，新闻理论课程教学的总体目标是帮助学生确立马克思主义新闻观。但光靠新闻理论教学来承担这一任务显然不够的。新闻史的课程，因其占有、解读和诠释丰富史料，在坚持和实施马克思主义新闻观教育方面具有独特的优势。

一、坚持和实施马克思主义新闻观教育是新闻人才培养的现实需求

重视新闻从业人员的政治素质和理论功底是党领导的新闻工作的重要特征。新中国成立以来，无论是改革开放前的30年还是改革开放后的30年，党和国家领导人都非常看重新闻从业人员的政治素质和理论功底。“政治家办报”一直是我国新闻工作的重要方针。新闻工作的质量、舆论导向水平的高低，归根到底取决于新闻工作者的素质，包括思想素质、文化素质、业务素质和道德素质等。其中，最核心的，起决定作用的，还是马克思主义的理论素质。理论上清醒和坚定了，政治上才可能清醒和坚定。

进入新世纪以来，重视和强调马克思主义新闻观的教育，成为我国新闻界对人才培养工作的新要求。马克思主义新闻观，是马克思主义关于新闻现象和新闻活动的总的看法和根本观点。其核心是马克思主义关于工人阶级及其政党新闻事业的工作性质、工作原则和工作规律的一系列基本观点。2003年10月28日，中宣部、国家广电总局、新闻出版总署、中国记协四部分联合发出《关于在新闻战线深入开展“三个代

表”重要思想、马克思主义新闻观、职业精神职业道德学习教育活动的通知》（简称“三项学习教育”活动）。自此，学习马克思主义新闻观的活动在全国新闻战线广泛展开。2009年4月，中宣部、中央外宣办、国家广电总局、新闻出版总署、中国记协等五部门再次联合印发了《关于在新闻战线进一步深入开展“三项学习教育”活动的通知》，推动新闻战线“三项学习教育”活动进一步向纵深发展。新闻战线加强马克思主义新闻观的学习教育，有利于新闻队伍打牢从事党的新闻工作的思想基础，旗帜鲜明地反对资产阶级新闻观，增强新闻队伍特别是一些年轻同志识别和抵制错误思想侵蚀的能力。

我国高校新闻学专业教育，理应表现出与新闻界实际工作的紧密结合，表现出与新闻界实际需求的紧密配合。新世纪以来新闻界对马克思主义新闻观的重视和强调，要求新闻学专业教育对这一主题保持高度敏感和积极适应。新闻学专业教育的各组成部分，包括新闻理论类课程、新闻史类课程以及新闻采、写、编、评、播等具体业务类课程，都要结合自己的内容特征，为落实这一主题做出自己的贡献。

（二）坚持和实施马克思主义新闻观教育应该成为新闻史课程的自觉意识

大学本科阶段开设的新闻史类课程，主要包括《中国新闻史》和《外国新闻史》两门课程。它们是新闻学专业的核心课程和主干课程，讲解中外新闻事业发展的历程和基本规律，讲解不同社会制度不同类型国家新闻事业的概况、特点和发展趋势。新闻史类课程有很多鲜为人知的新闻人、新闻机构的故事，还有很多不同时期的新闻制度、新闻思想，内容很丰富。

新闻史教学属于历史教学。历史教学的本质或者说最高目标，在于使学生通过历史学习逐步形成正确的历史意识，即历史观。新闻史教学应该包括两个方面：一是帮助学生了解和掌握新闻史事史料；一是帮助学生确立新闻史观。上面提到的新闻人和新闻机构的故事、不同时期的新闻制度和新闻思想、不同类型国家新闻事业的概况和特点等等，都属于新闻史事史料，是新闻史教学应该充分掌握和占有的。新闻史教学仅仅向学生展示和介绍这些材料是不够的。它还要将过去的史实变成学生思考现实和未来的素材，教师要设法引导学生在了解史料的基础上深层思考一些问题。新闻史教学既要向学生展现史实和史料，还要帮助和引导学生理解和诠释史实和史料。对史实和史料的认定，要靠科学的手段和严谨的治学方法；对史实和史料的理解和诠释，离不开人文的价值理想，离不开特定的社会需要。

新闻史教学，引导学生了解和分析的是过去，是历史，但着眼点却是现在和未来，帮助学生在学习中感悟理念，深化认识。英国著名历史学家柯林武德说：“历史的过程不是单纯事件的过程而是行动的过程，它有一个由思想的过程所构成的内在方面；而历史学家所寻求的正是这些思想过程。一切历史都是思想史。”① 意大利历史学

① ［英］柯林武德著，何兆武译：《历史的观念》，商务印书馆，2003年，第244页。

家克罗齐看重历史的现时性，认为历史如果失去了当下的语境可能一无所用，他提出了“一切历史都是当代史”的论断。梁启超说：“历史的目的在将过去的真事实予以新意义或新价值，以供现代人活动之资鉴。”（梁启超《中国历史研究法补编·总论第一章》在如何对待中国古代文化遗产和外国文化成果的问题上，毛泽东同志也提出了“古为今用，洋为中用”的原则。他们谈的实际上都是如何运用、理解和诠释古今中外史实和史料的问题，如何形成历史意识和历史观的问题。马克思主义认为，科学的世界观和方法论是形成正确历史意识的灵魂。在新闻史教学中，坚持马克思主义的指导和不坚持马克思主义的指导，所得出的新闻史观往往有很大不同。比如，有人拿中国新闻史上《新华日报》在 1941 年至 1946 年期间在国民党统治区所发表的要求自由、民主的谈话、文章和评论，来指责当下中国党和政府对新闻事业的正当管理，就违背了马克思主义关于自由、民主等问题的观点，显得极其荒谬。新闻史教学坚持马克思主义指导所形成的历史意识和得出的新闻史观，就是马克思主义新闻观。

（三）坚持和实施马克思主义新闻观教育是新闻史教学大有作为的天地

我国新闻院校新闻史教学内容非常丰富。新闻事业产生和发展的脉络与规律，中国共产党领导新闻工作所形成的一系列路线、方针和政策，新闻史上不属中国共产党系统的新闻界重要人物和机构的历史命运、重要政策和改革等，都是新闻史教学内容的重要组成部分。它们在阐述、论证和传播马克思主义新闻观上可以发挥重要作用，大有作为。

1. 新闻事业产生和发展的内在规律，体现和验证了马克思主义新闻观

新闻现象、新闻活动、新闻事业是人类社会的产物，有其产生和发展的内在规律。这些规律，不因历史时期、国家制度和意识形态而有所不同。对这样一种人类社会特有的历史现象和历史活动，只有按照历史唯物主义原理，才能正确揭示其内在的规律。马克思指出：“人们在自己生活的社会生产中发生一定的、必然的、不以他们的意志为转移的关系，即同他们的物质生产力的一定发展阶段相适合的生产关系。这些生产关系的总和构成社会的经济结构，即有法律的和政治的上层建筑树立其上并有一定的社会意识形态与之相适应的现实基础。物质生活的生产方式制约着整个社会生活、政治生活和精神生活的过程。不是人们的意识决定人们的存在，相反，是人们的社会存在决定人们的意识。”按历史唯物主义关于社会存在和社会意识的关系的原理来看，新闻事业在社会结构中处于上层建筑意识形态层次。作为意识形态一部分的新闻事业的性质，由它赖以建立的经济基础决定。有什么样的经济基础，就有什么样性质的新闻事业。

新闻事业产生和发展的历史表明，人类历史上最早出现的新闻事业产生于西方资本主义生产方式最早发生和发展的地区。16 世纪在西欧多地出现的手抄新闻和印刷新闻纸，提供新闻信息服务，实际是一种商品，是资本主义生产的组成部分之一。从近代报纸产生至今，西方各主要资本主义国家新闻事业繁荣发展，就在于投资者可以通过创办和投资新闻媒体获得经济上的利益，通过新闻媒体满足社会特别是工商业者的新闻信息需求。新闻事业虽然是资本主义市场经济的孵化物，但却诞生在封建主义社会经济形态之中，封建主义的经济和政治制度占据统治地位，封建地主阶级不可能轻易放弃对新闻事业的控制权。因此，那时的新闻体制必然带有浓烈的封建专制主义色彩。资本主义的经济制度和政治制度确立后，建立以私有制为基础的资本主义新闻体制就是不可避免的选择。同样的道理，社会主义新闻体制，是与社会主义的经济和政治制度相适应的。在资本主义和社会主义的历史发展过程中，由于生产力的发展引发社会经济形态的变革，也会促使新闻体制作相应的改革和调整。如资本主义社会由自由竞争演变为垄断竞争之后，新闻体制也从自由主义模式改为集团垄断模式；中国在由高度集中的计划经济向市场经济过渡的过程中，社会主义新闻事业也相应地进行了一些结构和管理上的改革。新闻事业产生和发展的规律，如市场经济是新闻事业产生和发展的根本动力、新闻体制由所处社会的经济和政治制度来决定等，完全符合历史唯物主义的基本原理，本身就是马克思主义新闻观的一部分。

2. 中国共产党领导新闻工作所形成的一系列路线、方针和政策，丰富和发展了马克思主义新闻观

实事求是的思想路线——真实性原则。马克思主义认为，世界是物质的，客观的物质存在决定主观的思想意识，人们在认识事物时，既要看到正面，又要看到反面；既要看到成绩、经验，又要看到问题、教训；还要注意把事物放在历史发展的过程中来分析它的过往历史、现在状况和发展趋势，摒弃简单、静止、僵化的思维。这一基本观点体现在新闻工作中，就是要求新闻报道要坚持实事求是，一切从实际出发，把客观事实作为新闻的本源，既做到对单个事实的报道真实准确，还做到从总体上、本质上和发展趋势上把握新闻的真实性。从党的新闻事业史来看，党的新闻工作的真实性原则，是由毛泽东同志等老一辈无产阶级革命家亲自实践和培育起来的，是在两条认识路线、两种新闻工作作风的斗争中丰富和发展起来的。党的新闻事业曾就真实性问题，进行过四次较大规模的学习和整顿：第一次是在抗日战争时期，反对宣传工作中的主观主义及其表现形式党八股；第二次是在解放战争时期，反对新闻工作中向壁虚构、道听途说、捕风捉影的不良作风——“客里空”；第三次是在20世纪60年代初反对“大跃进”运动中新闻宣传的“浮夸风”和片面性；第四次是在20世纪70年代末，在新闻工作中拨乱反正，清算林彪、江青两个反革命集团“假、大、空”的腐朽反动文风。改革开放以来，党领导新闻界在打击虚假报道方面也一直保持着高压态势。新闻真实性原则作为党的新闻事业始终强调的重要原则，已经成为不断丰富和发展着的马克思主义新闻观的重要内容。

群众路线——全党办报、群众办报。马克思主义认为，人民群众是历史的创造者，党的所有工作，都要一切为了群众，一切依靠群众，从群众中来，到群众中去。在党的新闻事业发展历程中，以毛泽东同志为代表的中国共产党人贯彻群众观点和群众路线，形成了“全党办报、群众办报”的工作方针。1940年2月，毛泽东同志在为《中国工人》写的发刊词中指出：“一个报纸既已办起来，就要当作一件事办，一定要把它办好。这不但是办的人的责任，也是看的人的责任。看的人提出意见，写短信短文寄去，表示欢喜什么，不欢喜什么，这是很重要的，这样才能使这个报办得好。”① 1942年3月，他在为中央起草的《关于共产党员与党外人士关系的决定》（草案）中说：“《新华日报》《解放日报》及各抗日根据地的报纸刊物，应吸收广大党外人员发表言论，使一切反法西斯反日本帝国主义的人都有机会在我党报上说话，并尽可能吸收党外人员参加编辑委员会，使报纸刊物办得更好。”② 1942年4月1日延安《解放日报》发表题为《致读者》的社论，阐述了依靠群众、依靠全党办好报纸的思想。它说：“没有广大读者的赞助和鞭策，则报纸要办得好，是不能设想的。”③ 1944年2月26日，延安《解放日报》发表题为《本报创刊一千期》的社论说：“我们的重要经验，一言以蔽之，就是‘全党办报’四个字。”④ 1948年4月，毛泽东同志在《对晋绥日报编辑人员的谈话》中明确指出：“我们的报纸也要靠大家来办，靠全体人民群众来办，靠全党来办，而不能只靠少数人关起门来办。”⑤ 从此，“全党办报，群众办报”的思想正式确立起来，成为我们党所领导的新闻工作的基本方针，丰富和发展了马克思主义新闻观。

阶级斗争学说——党性原则。马克思主义认为，党性是阶级性的集中表现，是阶级斗争发展到高层次的必然产物。在阶级社会中，任何政党都要借助各种手段维护自己所代表的阶级的利益和意志，体现出鲜明的党性。这种党性体现在政党所领导的各项工作中，形成党性原则。中国共产党是中国工人阶级的先锋队，是无产阶级和其他劳苦大众最根本利益的代表者。中国共产党领导的新闻事业从它诞生之日起就强调坚持党性原则。《中国共产党第一个决议》强调：“一切书籍、日报、标语和传单的出版工作，均应受中央执行委员会或临时中央执行委员会的监督。每个地方组织均有权出版地方通报、日报、周刊、传单和通告。不论中央或地方出版的一切出版物，其出版工作均应受党员的领导。任何出版物，无论是中央的或地方的，均不得刊登违背党的原则、政策和决议的文章。”1942年延安整风时期，结合全党的整风运动，中共中央宣传部发出了关于改造党报的通知，要求加强党对报纸的领导，增强报纸的党性。毛泽东同志始终把革命报刊、通讯社、广播电台看作党领导的整个人民革命事业的一部分，看作革命斗争的思想武器和传达政策、反映群众、指导工作的宣传工具。1942年10月28日，毛泽东同志在给各中央局、中央分局的指示中，批评了太行、山东两个

---

① 毛泽东：《毛泽东新闻工作文选》，新华出版社，1983年第1版，第48页。

② 《中国共产党宣传工作文献选编》第2卷，学习出版社，1996年第1版，第356页。

③ 《中国共产党新闻工作文件汇编》（下册），新华出版社，1980年第1版，第52页。

④ 转引自丁淦林：《中国新闻事业史》，武汉大学出版社，2000年第1版，第220页。

⑤ 毛泽东：《毛泽东新闻工作文选》，新华出版社，1983年第1版，第150页。

新华社分社发表的国民党内部人员反对国民党的新闻，认为这样做不符合党的政策。接着他指出：“务使通讯社及报纸的宣传完全符合于党的政策，务使我们的宣传增强党性，拿《解放日报》所发表的如何使报纸增强党性的许多文件去教育我们的宣传人员，克服宣传人员中闹独立性的错误倾向。”① 1948 年，全国面临解放的大形势，更为迫切地要求党的一切报刊的宣传在政治上同党中央步调一致。毛泽东同志鉴于这种情况，专门指出：“各地党报必须无条件地宣传中央的路线和政策。”② 党领导和主办的新闻机构，在新闻工作中要贯彻和体现党的思想意志、政治要求和组织原则，已经成为马克思主义新闻观的核心和精髓。

3. 新闻史上不属中国共产党系统的新闻界重要人物和机构的历史命运、重要新闻政策和改革等，是论证和讲解马克思主义新闻观不可或缺的素材

马克思主义新闻观认为，阶级社会中新闻事业具有阶级性和党性，所谓“不偏不倚”“客观独立”的新闻媒体不存在。中国新闻史上新记《大公报》的实际表现充分证明了这一观点。1926 年 6 月，著名报人张季鸾与吴鼎昌、胡政之合作，成立新记公司，接办天津《大公报》直至去世，一直任该报总编辑兼副总经理，主要负责评论工作。张季鸾在主持《大公报》笔政后，先声夺人，提出著名的“不党、不卖、不私、不盲”四不主义办报方针。他说：“不党云者，特声明本社对于中国各党阀派系，一切无连带关系已耳。惟不党非中立之意，亦非敌视党系之谓，今者土崩瓦解，国且不国，吾人安有立袖手之余地？而各党系皆中国之人，吾人既不党，故原则上等视各党，纯以公民之地位发表意见，此外无成见，无背景。凡其行为利于国者，吾人拥护之；其害国者，纠弹之。”表面上看，《大公报》独立不羁，保持着不偏不倚的超然态度和立场。张季鸾和《大公报》不拿国民党政府提供的经费和津贴，有时也批评批评蒋介石和国民党政权，但事实上，《大公报》是一张资产阶级大报，它与代表大地主大资产阶级的国民党政权声气相通，脾胃相投。张季鸾主持笔政的《大公报》一直坚持反共立场。1927 年 1 月 6 日《大公报》在社评中说：“中国有赤化问题之发生，中国之耻也。”当时的国民党政权把中共所倡导的红色政权称作赤色政权，把红军和共产党员称为赤匪。张季鸾和《大公报》认为有共党存在是中国的耻辱，体现了浓重的反共色彩。在《大公报》涉共产党及其领导的政权和军队的报道与评论中，这种反共立场从未改变过。1935 年 7 月、8 月、9 月的《大公报》，曾经连续报道陕甘红军活动的消息。7 月 23 日天津《大公报》报道：“陕北匪共甚为猖獗，全陕北 23 县，几无一县非赤化……全陕北赤化人民 70 余万，编为赤卫军者 20 万，赤军者 2 万。”1936 年 8 月 24 日，《大公报》发表社评《朱徐毛彭等之新动向》指出：“近来朱德、徐向前、萧克、贺龙及毛泽东、彭德怀等，突由川陕分道窜往西北，情形极可注意。”

① 毛泽东：《毛泽东新闻工作文选》，新华出版社 1983 年第 1 版，第 97 页。
② 毛泽东：《毛泽东新闻工作文选》，新华出版社 1983 年第 1 版，第 156 页。

1936年8月正是第二次国内革命战争国共对峙时期，此时期的阶级矛盾是主要矛盾，“突由川陕分道窜往西北，情形极可注意”，说明该社评是站在国民党“剿匪”立场上立论的。“西安事变”发生后，张季鸾和《大公报》发表四篇社评，竭力拥戴蒋介石的“领袖地位”，坚决反对张学良、杨虎城的爱国正义行动，诬蔑中共“恶意的勾煽”引起了事变。1941年1月，国民党政府发动“皖南事变”，掀起第二次反共高潮。《大公报》社评站在国民党政府一边，责备中共“破坏抗战”，指出“军队只能有一个意志，一个命令，一个行动。必须绝对服从国民革命军最高统帅的命令”，“军令必须服从，军纪必须整肃，统帅部的处置是无可置议的”。投之以桃，报之以礼。张季鸾及其主持笔政的《大公报》，一直受到蒋介石的器重，蒋介石与张季鸾也一直保持着良好的私人关系。1935年张季鸾回乡省亲和1941年他病重时，蒋介石几次送钱给他（张没要）。张季鸾去世后，蒋介石曾两次吊唁三次谒墓待之以“国士”之礼，备享哀荣。新记《大公报》“四不宣言”的办报方针与其在报道和评论中表现出来的对待共产党和国民党的不同态度，恰恰说明了新闻媒体“无阶级”“超阶级”“不偏不倚”“客观独立”等主张和观点的破产。

马克思主义新闻观认为，新闻自由是阶级斗争的工具和产物，是具体的、相对的，有阶级性的。只要考察一下新闻自由的观念和实践就不难发现，新闻自由的思想和主张最早是在17世纪初西方资产阶级反对封建专制统治的斗争中产生和发展起来的。资产阶级要进行夺取政权的政治斗争，必须首先争取言论出版自由，以便深入批判封建制度，宣扬资产阶级“自由、平等、博爱”的政治主张。在西方新闻自由运动和新闻自由思想的发展史上，英国资产阶级政论家和启蒙思想家约翰·弥尔顿是先驱和奠基人。1641年，在英国资产阶级革命中，弥尔顿站在革命的清教徒一边，参加宗教论战，反对封建王朝的支柱国教。1644年他为争取言论自由而写了《论出版自由》，力陈检查制度的弊端，强调人民的出版自由是与生俱来的权利。《论出版自由》是世界上第一个提倡出版自由、反对封建书刊检查制度的著作，也是自由主义新闻理论的奠基性著作。弥尔顿也因之成为西方新闻自由运动和新闻自由思想发展史上的先驱和奠基人。遗憾的是，倡导“出版自由”的弥尔顿，后来成了实施书报检查的弥尔顿。1649年，英国资产阶级革命阵营中的独立派将国王推上断头台，成立共和国，组成了由克伦威尔主导的资产阶级新政府。弥尔顿于1651年进入克伦威尔政府并担任书报检查官，负责审查《政治信使》和《完美日志》周报，对那些发表他所不能容忍之主张的人进行镇压。这种悖论现象看起来不可思议，实际上是内在统一的。弥尔顿在《论出版自由》中，花大篇幅论述的“出版自由”的思想，不过是在为自己，或自己所代表的阶级、宗教派别争取“意见自由市场”的手段而已。作为一名资产阶级革命的参加者，弥尔顿在争取言论、出版自由的同时，主张采取手段限制封建贵族、保王党人的言论、出版自由，是出于同样的政治选择和阶级立场。因为只有这样，他参与其中的事业才能免遭敌人的损害及破坏。这一历史事实生动地说明，在阶级社会里，包括自由、民主在内的政治权利都有阶级性，新闻自由也不例外，所谓“超阶级的”、绝对的新闻自由，在现实社会中是不存在的。

马克思主义新闻观认为，新闻媒体是党和人民的耳目喉舌，要始终坚持对党负责和对人民负责的统一。苏联新闻体制及其改革，正是背离了这一基本观点，为苏联解体埋下了隐患。苏联是世界上第一个社会主义大国，它从1917年11月7日成立到1991年12月25日解体，走过了74年的历程。苏联的解体，是国际共产主义运动的重大损失，也是社会主义事业的重大损失。从苏联解体的过程来看，它先后经历了意识形态演变、政治演变和经济制度演变的过程，其中，意识形态的演变是先导性的力量和环节。苏联意识形态的演变，既与苏联社会曾经长期实行的“斯大林模式”新闻管理体制相关，又与苏联社会后期实行的戈尔巴乔夫新闻改革相关。1924年列宁逝世后，斯大林继任联共总书记。在斯大林当政的近30年时间里，苏联逐步形成了高度集中的新闻管理体制，并一直沿用到20世纪80年代初期。这种体制的特征主要表现在三个方面，即信息来源单一；言论高度集中；实行新闻检查。在“斯大林模式”新闻管理体制下，新闻媒体报道的内容越来越贫乏和单调。人民群众需要了解的情况，在新闻媒体中看不到；人民群众要表达的呼声，在新闻媒体中也看不到。报道完全宣传化，言论完全统一化，新闻的可读性和趣味性越来越差。新闻媒体不能很好地起到党、政府和人民的“耳目喉舌”的作用，与人民民主的本质渐行渐远。这种体制严重伤害了包括新闻工作者在内的广大知识分子的积极性，使一批体制内的改革派转向体制外改革而成为“持不同政见者”，走向了共产党和社会主义的对立面，为苏联亡党灭国培养了“掘墓人”。“斯大林模式”新闻管理体制，产生了不少严重的问题和弊端，人民群众对此十分不满，提出了新闻改革的要求。1985年，戈尔巴乔夫就任苏共中央总书记后，开启了包括新闻改革在内的全面改革。在“民主化”“公开性”和“多元论”方针的指导下，戈尔巴乔夫采取一系列新闻改革措施：更换意识形态领域负责人，让自由派人士掌握新闻舆论工具的领导权；支持和纵容反对派刊物全面非议社会主义，压制和批判党内的异己意见；制定和颁布《新闻出版法》，使反对派和私人办报合法化；放弃党和国家对广播、电视等新闻舆论工具的控制；停止干扰西方广播，开放西方传媒在苏活动。这些改革造成了严重后果：在刊播内容上，新闻媒体大量公开暴露现实社会生活中的阴暗面，揭露历史敏感问题特别是对斯大林进行否定性的评价和批判，伤害了苏联人民对党、对社会主义的感情和信心，造成了严重的信仰危机；在新闻体制上，新闻事业不再受党的领导和控制，不少新闻机构走向独立，走向党的对立面；在西方“和平演变”战略攻势和“信息战”中，苏联拱手出让思想舆论阵地，遭遇彻底失败。苏联解体在新闻体制和新闻改革问题上的教训提醒我们，新闻媒体是党和人民的耳目喉舌，是人民群众知情议政的重要平台，既要坚持解放思想、改革创新，增强生机和活力，又要坚持“党管媒体”的原则，确保新闻改革的社会主义方向。

综上所述，在新闻史教学中，坚持马克思主义新闻观，是必要性与可行性的统一，是政治性与学术性的统一，应该理直气壮，旗帜鲜明。

（作者系中国传媒大学新闻学院副教授、博士）

《环球同此凉热》：科学传播与人类文明史的书写

赵琳琳　梁君健

近日，中央电视台纪录片频道首播了由中央新影集团和华风气象传媒集团联合制作的大型系列纪录片《环球同此凉热》。这部纪录片共分为三部、十二集，每集时长一小时。第一部《黑色　困惑》直面当前全球气候变化在世界各地造成的生态和社会灾难，追溯了两百年前工业革命给人类文明带来的改变，以及这种新兴的工业文明是如何最终造成了当前我们不得不面对的气候问题。第二部《黄色　回忆》则追溯了石器时代以来人类农业文明在人类与自然和谐相处方面积累的宝贵经验和精神遗产。第三部《绿色　抉择》将视线重新移回当下，探访人类社会正在发生的重要改变，展现全球不同国家和个体的抉择和努力。在人文历史类纪录片盛行的今天，《环球同此凉热》是近年来少见的高额投资、制作精良并具有世界视野的科教类纪录片，是在电视平台上进行科学传播、参与全球话题的重要现象。

一、科学素质与环保题材纪录片

1. 科学素质与科教类电视节目

科学素质，又称科学素养，英文表述为 Scientific Literacy。根据对拉丁文的词源阐释，Literacy 可解释为“具有读、写和理解人类系统知识的能力”。① 科学素养这一概念在 50 年代随着西方科学技术的高速发展以及对科技与社会关系的思考而进入学者和公众视野，其内涵和外延也随着社会经济的发展而不断变化。1996 年由美国国家研究理事会完成并公布的《美国科学教育标准》将科学素养定义为了解和深谙进行个人决策、参与公民事务和文化事务、从事经济生产所需的科学概念和科学过程。

公民的科学文化素质和国家和民族的力量源泉，世界各国都制定了提升公民科学素质的规划。以美国为例，1985 年，美国科技教育学会发起制定了《技术科学素养法》；1989 年公布了关于科学教育的《2061 计划》，计划中声称：“普及科学基础知识包括科学、数学和技术，已成为教育的中心目标。”克林顿政府 1994 年颁布了一份里程碑式的科学政策文件《科学与国家利益》，对美国科学系统确立了五大目标，其中之一就是提高全体美国人的科学和技术素养；1996 年由国家研究理事会完成并公布了

---

① 郭元婕：《“科学素养”之概念辨析》，《比较教育研究》2004 年第 11 期，第 12－15 页。

《国家科学教育标准》。

目前，我国公民的科学素质水平与世界先进国家之间仍有较大差距。第八次中国公民科学素养调查结果显示，2010年，我国具备基本科学素养的公民比例为3.27%，相当于日本（1991年为3%）、加拿大（1989年为4%）和欧盟（1992年为5%）等主要发达国家和地区在20世纪80年代末的水平。面对21世纪知识经济和全球化趋势对人才素质的新要求，提高公民科学素质成为增强国家自主创新能力的重要基础和推进创新型国家建设的重要保障。进入21世纪，我国制定并实施了被称为"2049计划"的《全民科学素质行动计划纲要》，各种媒介和社会团体所开展的以提高公民科学素质为目的的科学传播活动成为纲要中的重点内容之一。

欧美发达国家的经验表明，电视媒介是科学传播的重要阵地，科教类电视节目对于提升公民科学素质具有显著功能。不论广电体制有何不同，世界各国都大力促进本国公共电视台和私人制作机构进行科教类电视节目的制作和播出。最近，欧洲多名学者合作的一项研究发现，在2007－2008年欧洲11国的各类电视频道中，共有439个科教类节目，每周共播出195个小时的内容；其中，德国的科教类节目播出时长超过70个小时，居欧洲11国的首位，其次是西班牙和法国。在不同类型的科教节目中，科教类纪录片（Popularisation Programmes，Predominantly Documentaries）成为所有类型中的主流，占总时长的46%，接近一半。①

2. **环境题材纪录片**

环境议题是科教类纪录片中的常见题材，在全球范围内已逐渐发展出类型化的特征，众多一流的电视机构都致力于打造环境题材的高水平纪录片。例如，英国广播公司（BBC）就以制作精良的环境题材纪录片见长，近年来的《冰冻星球》《人类星球》等纪录片不断为全球范围同题材的纪录片树立新的制作标杆，并在国际市场获得收视率和口碑的双重成功。除了电视台的栏目播出之外，环境题材的纪录电影也通过各种渠道进入电影院线，《迁徙的鸟》《海豚湾》等影片不仅取得了较高的票房，也在各类电影节中获得提名和奖项。随着环保议题重要性的不断上升，从20世纪90年代开始，不同规模的环境类电影节在世界各地兴起，展映了大量的电视台和影视公司以及独立制作的环境类纪录片。例如，从1993年开始的美国华府环境电影节（the Environmental Film Festival in the Nation's Capital），从1999年开始的加拿大聚焦地球环境电影节（Planet in Focus Environmental Film Festival），从2004年开始的新西兰真实星球环境电影节（Reel Earth Environmental Film Festival）以及从2010年开始的澳大利亚墨尔本环境电影节（The Environmental Film Festival Melbourne）等。

相比之下，我国的科教节目和环境类纪录片还处在发展阶段。根据张同道等学者

① Markus Lehmkuhl 等：*Scheduling science on television: A comparative analysis of the representations of science in 11 European countries.* Public Understanding of Science，21（8）：1002－1018.

的统计，2011 年，中央电视台科教频道共有 10 档纪录片栏目，自然类纪录片栏目 4 档。① 虽然栏目数量可观，但我国目前自己制作的环境类纪录片还处于相当匮乏阶段，2011 年全国纪录片栏目中有 62% 为外购素材或完全外购②，其中的绝大多数都是环境类内容。例如，2011 年央视纪录片频道就引进了《人类星球》《大迁徙》《恐龙灭绝》等国际高水平环境类纪录片，取得了较好的收视成绩。在这样的背景下，央视与气象中心等专业机构联合制作的这部纪录片显得尤其珍贵，能够为中国环境类纪录片的未来积累可贵的经验，并培养电视观众对这类纪录片的观看习惯和兴趣。

二、《环球同此凉热》的叙述特征

在出品方和制作团队的努力下，《环球同此凉热》在制作品质上瞄准了国际纪录片领域中的顶尖水平。影片中随处可见大量非常规拍摄的镜头，包括了升降格和摄像机的复杂运动。这些精致的视听语言，为观众建构出了一个个奇观化的故事场景，营造出一流的视听享受。除了这些已经被大制作纪录片广泛运用的视听元素之外，在内容表达上，《环球同此凉热》为环境题材纪录片贡献了新的叙述方式，这可以从以下三点中得到体现。

1. 世界视角的叙述话语

《环球同此凉热》开创了环境史的叙述框架，环境变化在这套叙事中具备了一定程度的自主性和独立性，并与具体的历史进程和社会变迁展开对话。这种叙述话语方式突破了传统环境题材纪录片以提供和传播与环境保护有关的具体知识为主的说明文语体，最终形成了关照人类整体文明的环境史的新框架。

纪录片的第一部《黑色　困惑》共分为四集：第一集《海平面　大气层　世界末日》也是整部纪录片的首集。开头的第一组画面就勾勒出了世界各地不同肤色和种族的芸芸众生，共同生活在这个岌岌可危的地球上。这一集的主体部分带领观众一次次地穿越广袤的地球表面，依次为观众展现了瑞典斯匹次卑尔根岛的末日穹顶，挪威北部特罗姆瑟市挪威极地研究所对北极冰盖的研究，印度洋上的岛国马尔代夫的灭顶之灾，青藏高原上的冰川融化带来的亚洲水源危机，孟加拉国苏西兰村遭受热带风暴袭击和英国泰晤士河的洪水逐年增多这六个不同大洲的人类正在经受的生存危机。同时，影片还通过联合国政府间气候变化专门委员会报告，南极冰芯所显示的地球气温变化的报告以及基林父子绘制的大气中二氧化碳含量曲线来说明当前全球气候危机的根源。这一集的 20 名受访者来自瑞典、美国、挪威、马尔代夫、英国和孟加拉国六

① 张同道、胡智锋主编：《中国纪录片发展研究报告》（2012），科学出版社，2012 年 7 月，第 23 页。

② 张同道、胡智锋主编：《中国纪录片发展研究报告》（2012），科学出版社，2012 年 7 月，第 39 页。

个国家，身份包括了科学家、政府官员、环保组织总监、住宅项目经理、国际组织官员和普通居民。不论是故事场景的空间分布，还是受访人物的职业分布，都具备了充分的多元性和跨文化特征。

在空间和人物跨文化多元分布的基础上，整部纪录片以人与自然的关系为基础，赋予环境本身相当程度的自主性，从而完成了对人类文明史的全新书写。纪录片的第二部《黄色 回忆》追溯了人类农业文明的兴起和气候变化的关系，对人类历史上的若干重大事件从环境的角度作出大胆猜想，赋予文明史以新的内涵。在第二部的第一集中，影片介绍了一万两千年前冰川期结束而导致的新仙女木降温事件，并把农业文明的出现解释为气候和人口之间的失衡的结果。在具体的事件上，大禹治水的成功是受到了整体地球气候进入干旱时期的帮助，而远古史中“弃”发现五谷则与当时的气温重新升高紧密相关；相反，非洲丛林中的原始部落没有走向农业社会，其根本原因也正在于人口和环境之间长时间的平衡。

近年来，中国的部分大型纪录片中，以全球姿态参与全球话题逐渐成为值得注意的现象。我们可以将纪录片《大国崛起》视作这种纪录片全球话语的开始。该片剧组走遍欧亚大陆，讲述了十几个国家的兴衰，用宏大叙事和细节展示交替的方式重现近代以来的世界格局的形成。随后的《华尔街》和《货币》则从不同角度展示了全球市场的形成和现代经济规则的建立。在政治和经济之后，环境成为了下一个重要的全球话题。这一话题的出现，除了创作团队的主观选择和特定喜好之外，也与环境话题在其他媒介上的充分讨论和发酵从而引起全球范围的关注密切相关。90 年代以来，环境问题不仅成为了国际政治的焦点，也成为文学和文化领域的热点，最终成为了继政治和经济之后，进行世界视角的话语实践的新场域。

2. 全球话题中的中国实践

在全球性的叙述话语中如何进行中国的表述，一直是对外传播领域学者的研究焦点。纪录片《环球同此凉热》的前两集分别讨论了当前全球面临的气候危机以及工业革命和工业文明在英国和欧美的兴起。这两集的内容中，除了对“亚洲水塔”青藏高原的冰川融化的介绍之外，并没有和中国直接相关的任何段落。对中国的较为集中的讨论要从第三集《先农坛 珍珠街 适者生存》开始。这一集紧接着第二集中工业革命的话题，从西方文明巨变和社会达尔文主义出发，将故事场景设定在晚晴的中国，主要的角色则是晚晴留学幼童。

虽然讲述的是中国故事，但影片仍然延续着整体上的全球视角来谈论环境这个世界话题。一方面，第二集将先农坛的祭祀典礼视作古老农业帝国的表征，紧接着，影片通过画外音引入了下一个场景：

1756 年春天，欧亚大陆的另一端，凡尔赛宫花园里洋溢着泥土的芳香，法国皇帝路易十五特意在春分这天扶起了犁，效仿中国皇帝的样子举行了一场“亲耕大典”，以显示他亲民重农的姿态。在 18 世纪的欧洲学者眼中，遥远的中华帝国是所有欧洲君主学习的榜样，因为中国的制度完全遵循“自然法则”，是最明智的统治和生产制度，一旦人为的秩序违背了这种客观规律，人类社会就会进入一种病态。

重新发掘出来的历史细节告诉观众，在18世纪的法国，中国还是学习的榜样，而到了这一集的主角所处的清末，人类文明已经发生了巨变，主角在美国留学的时候体验着电力的发明和社会的进步，而回到晚晴的中国则遭受着守旧的观念和腐败的政治的折磨，最终死于八国联军的入侵。不过，影片并没有简单地在东西之间进行对比，而是通过对中国画的解读、试图寻找东西差异的历史原因，并赋予以自然为第一性的中国古老哲学一定程度的先进性：虽然21世纪人类所遭受的生态危机迫使我们回到古老哲学中寻找智慧，但是在一百多年前，这种哲学成为了落后的代表。

另一方面，虽然在第二部《黄色　回忆》中较多地提及中国的历史，但影片也时刻地将中国的经验置于人类文明发展的大势中进行解读。例如，在第二部第二集展示了楼兰古国因人口和资源的失衡而引发环境变化、最终导致文明停止之后，结尾则将发生在中国的个例扩展到全球：

在征服自然走向文明的历史进程中，人类的每一次进步几乎都伴随着对自然的巨大冲击。在位于南太平洋上的复活节岛，人类曾经创造出高度繁荣的古代文明，这些造型独特的巨大石像，至今依然令世人叹为观止。和楼兰的命运相同，人口与资源的失衡最终导致文明的进程戛然而止，烟消云散。厄运同样发生在美洲玛雅文明，两河流域的苏美尔文明以及古老的埃及文明。在尼罗河畔，远古的先民们留给子孙后代的遗产，除了巍峨耸立的金字塔之外，还有大片盐碱泛滥流沙纵横的不毛之地。

可以说，中国经验在《环球同此凉热》的世界视角中获得了一个适中的位置。通过气候和环境，中国本身的文化和历史，时刻与整个人类的文明史发生着关联，中国实践对全球话题做出自己的贡献。同时，这种关联性超越了经济、政治和军事的此强彼弱，中华文明和世界其他地区的文明一起，共同经历了类似的命运和挑战，中国实践从而突破了一时一地的局限，在世界视角中被赋予了普遍的意义。

3. 人类故事的独特讲述

在观看片花和预告片之后，很多电视观众对《环球同此凉热》这部纪录片产生了很大的好奇。在片花中，动画、再现和纪实要素融合在一起，展示出这部纪录片在形态上的不同风貌。在每集具体的故事中，影片都会引入一个乃至数个虚拟的个体角色，将他们在特定历史环境下的经历和个性化的内心独白作为重要的叙事素材，与传统纪录片中的纪实段落和人物访谈结合起来。

这种“夹叙夹议”的叙述方式在海外一种被称为“纪录剧”的节目形态中已得到充分发展。英国学者 Grace Reid 对 BBC 的一档名为 *If... Cloning Could Cure Us* 的电视节目进行分析，认为纪实要素与戏剧情节之间的穿插有效地实现了观众移情和科学传播的不同功能。① 在国内，这种剧情要素最早体现为演员扮演的情景再现段落；随

① Grace Reid：The television drama - documentary as a form of science communication. Public Understanding of Science，21（8）：984 - 1001.

后，在金铁木等人的纪录片创作中，由演员扮演的真实的历史人物、乃至虚拟的历史人物也开始进入到纪录片这个电视形态中。

由于出色的动画设计，《环球同此凉热》中的专业访谈与动画虚拟之间的达成了形式上张力和功能上的区分。动画虚拟的段落成为纪录片真实性谱系上的新标志，这类要素代替了史料、影视资料和简单再现，更具可视性、娱乐性和移情效果；虚拟的个体角色则体现出新史学和后现代史观中对叙事的强调和生活史的关注。由于纪实段落提供了充分的历史资料，情境限制下的虚拟人物反而提供了真实历史人物因信息缺失而所无法提供的更加典型的时代特征，带领观众返回历史的角落，去亲身体验人类所经历过或即将经历的生命和情感。

（作者赵琳琳系中央电视台科教节目制作中心《环球同此凉热》制片人；
梁君健清华大学新闻与传播学院讲师）

大众化电视节目在构建和谐代际关系中的作用研究

韩怀军

【摘　要】老龄化社会，不是老年人的社会，而是全社会面临老龄化问题的社会。其中，代际冲突是当前中国面临的一个重要的老龄化问题。解决代际关系问题涉及老年人和年轻人两个主体，大众化节目以其影响人群广泛、节目容量大且形式多样的特点，在构建和谐代际关系中具有显著优势。如何向后辈传播前辈的知识、经验、智慧和价值观、行为规范，并鼓励后辈批判地加以继承；如何向前辈展示后辈创新的文化和由此产生的新型价值观念和行为方式，并最终达到彼此的认同，是大众化电视节目应该着重考虑的问题。在具体的实现路径上，要传播和谐的代际关系理念，在社会上塑造相互理解的代际交往模式；要传播和重塑不同年龄族群的亚文化，为两代人搭建起沟通的桥梁；传播正确的孝道观，让子女在情感上与父母高度融洽。

【关键词】大众化电视节目　代际关系　作用

一、老龄化社会背景下的代际关系问题

按国际标准，一般认为，如果某个国家60岁以上老年人口达到总人口数的10%，或者65岁以上老年人口占人口总数的7%以上，那么这个国家已经属于人口老龄化国家。我国在20世纪末进入了老龄社会。第五次人口普查的数据表明，2000年我国65岁以上老年人口已达到8811万人，占人口总数的6.96%，已经接近老龄化国家7%的标准。第六次全国人口普查数据显示，截至2010年11月，我国总人口为13.4亿人，其中60岁及以上人口占比为13.26%，65岁及以上人口占比也已经达到8.87%。在随后的40年，中国老龄化将持续加重，全国老龄办发表的《中国人口老龄化发展趋势预测研究报告》认为，到2051年，我国老龄人口将达到巅峰的4.37亿，老龄人口将持续稳定在总人口的31%左右。

老龄化社会，不是老年人的社会，而是全社会面临老龄化问题的社会。其中，代际关系是当前中国面临的一个重要的老龄化问题。因为父辈和子辈在自身社会化的过程中所处的时代和环境的不同，造成不同年代出生的人群在价值观和生活方式上的不同，会造成彼此在交流与合作上的隔阂，即产生所谓的“代沟”。伴随着我国社会的转型，当前中国代际之间在价值观和生活方式上的差异非常显著，给人们的生活带来

很多困扰，甚至造成了一些严重的社会问题。

造成不同世代人心理差异的原因是多方面的。首先，不同世代的人是在不同的环境中长大的，他们在特定的环境里形成了自己的世界观、人生观和价值观，在此基础上有不同的思想态度和基本行为模式，从而导致在不同世代间的各种理念的差异。这些差异主要体现在以下几个方面：在思想上，老人偏向于有集体观念、现实、保守，而年轻世代则主张自由、创新、开放；在工作上，老人坚持工作的服从性、工作踏实、原则性比较强，年轻世代追求工作效率、讲究付出和回报、工作灵活性加强；在行为上，老人处事冷静、谨慎、不愿意冒太多风险、做事有准则，年轻世代追求创新、接受新技术、敢作敢为、按自己的意愿行事、有冒险精神；家庭方面的不同也很明显，老人对家庭愿作全部牺牲，主张家庭制，重视全家成员的感情，年轻世代则重视个人的享受与自由。当然，由于不同的生活背景所带来的冲突也会体现在很多小的细节中，如兴趣爱好、穿着打扮、表达方式等。

从以上的分析我们可以得出这样的结论：不同世代的人之间的冲突是显而易见的，我们需要一个中介去缓和这样的冲突，让大家能够相互理解和相互包容，构造一个和谐的老龄化社会。这样的社会角色又会历史性地选择大众传媒，因为在不同世代中，第三方交换信息的平台是有限的，无论是年老者还是年轻人都不太可能为此接受专门的再教育，在生活中磨合又显得太慢，最好的参与者就是大众传媒。大众传媒通过议程设置、信息传递、对舆论的正确引导有效地促进几代人之间的理解，“老吾老以及人之老，幼吾幼以及人之幼。”以此做好代际之间的社会纽带作用。

二、大众化电视节目在构建和谐代际关系中的优势

大众化节目的收视对象是包括老年人在内的全龄人群，节目内容涉及面广，表达形式多样。利用大众化节目向全社会传递老龄信息，引导各个年龄群体树立积极的老龄观，帮助全社会共同面对和有效解决老龄化问题，是电视媒体参与积极老龄化构建的重要举措。解决代际关系问题涉及老年人和年轻人两个主体，大众化节目以其影响人群广泛、节目容量大且形式多样的特点，在构建和谐代际关系中具有显著优势。

（一）大众化电视节目影响人群广泛

电视剧、新闻/时事和综艺节目是典型的大众化节目，通过更详细的收视数据分析，我们可以看出这类大众化节目对非特定收视人群的影响力。据统计，电视节目市场中，各类节目的收播比重多年来一直保持稳定，电视剧、新闻/时事和综艺是收视比重最高的三种节目类型。2011 年，三类节目共占所有节目收视时长的 56%。电视剧占所有电视节目播出时间的 28%，观众收视时间的 32%；新闻/时事和综艺节目分别占所有电视节目播出时间的 10% 和 7%，赢得了观众收视时间的 13% 和 11%。[①]

① 王兰柱：《中国电视收视年鉴 2012》，中国传媒大学出版社，2012 年，第 101 页。

（见图 1）由此可见，这三类节目不仅收视群体大，而且资源的利用效率也很高。

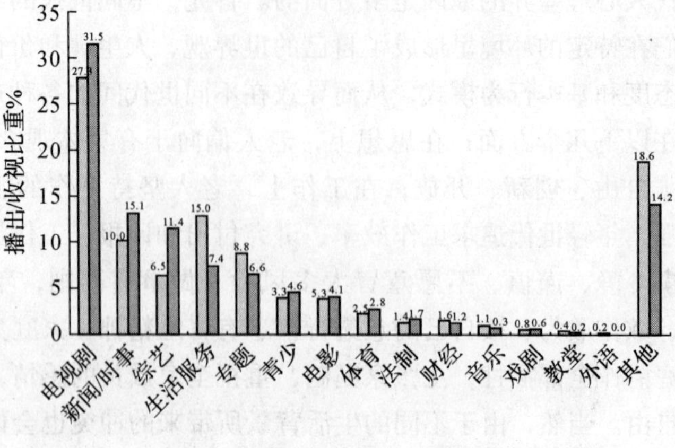

图 1　2011 年各类节目的播出比重与收视比重

从不同年龄群体在收视中的比重来看，2011 年，45 - 54 岁和 35 - 44 岁这两个群体在所有电视观众中所占的比例较大，分别为 21. 2% 和 16. 8%，55 - 64 岁和 25 - 34 岁的观众群体也分别占到了 15. 5% 和 15. 2% 的比例，位居第三位和第四位，65 岁及以上的观众占 12. 7% 的比例，居第五位，4 - 14 岁及 15 - 24 岁观众所占份额较少，都低于 10%。[①]（见图 2）由此可见，在电视剧、新闻/时事、综艺等大众化节目的收视人群中，中青年观众和老年观众的比重都比较大，这些人正是对老龄话题比较关注的人群。

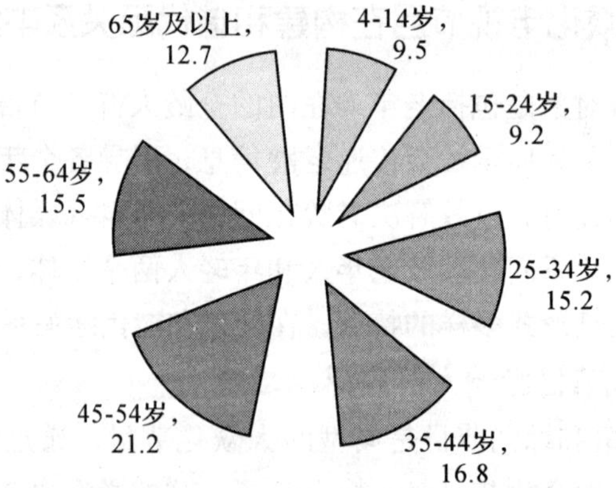

图 2　2011 年全国 150 个样本城市电视观众的年龄构成（%）

尤其需要强调的是，中老年人对有些大众化节目的收视需求程度甚至超过其他年龄层次的人群。CSM 媒介研究公布的 2011 年数据显示，从各年龄段观众综艺节目总

① 王兰柱：《中国电视收视年鉴 2012》，中国传媒大学出版社，2012 年，第 15 页。

收视量观察，观众的收视时长基本上随年龄增长呈递增态势，且45岁及以上的观众收视时长明显高于45岁以下观众，其中35岁以下观众的收视时长在平均水平的70%－80%左右，而45岁及以上观众则达到平均水平的130%－140%左右（见表1）。①

表1　2011年各年龄段观众收看各级频道综艺节目总分钟数

目标观众	所有频道	中央级频道	省级上星频道	其他频道
4岁及以上所有人	6630	2190	3111	1329
4—14岁	4644	1193	2554	897
15—24岁	4801	1154	2712	935
25—34岁	5154	1453	2626	1076
35—44岁	6386	1914	3268	1205
45—54岁	8961	3019	4108	1835
55—64岁	9394	3841	3593	1960
65岁及以上	8673	4131	2820	1722

（二）大众化节目容量大形式多样

从播出时间上看，电视剧、新闻/时事和综艺三大类节目占了电视节目播出时长总量的半壁江山。CSM媒介研究公布的2011年数据显示，电视剧、新闻/时事和综艺节目分别占所有电视节目播出时间的28%、10%和7%。在满足大众对老龄话题的知情权，传播积极的老龄文化和引导、协调全社会参与积极老龄化社会构建方面，新闻和电视剧这两类节目可以发挥重要的作用。

一直以来，新闻节目就肩负着传递信息、监视环境的职能，而且以其传播面广的特点赢得了观众的密切关注，成为大众的重要信息来源。近年来，随着新媒体的兴起，电视节目在努力提高新闻时效的同时，开始注重发挥节目的“解释和规定”功能，通过对新闻事件的深入评述，引导和协调社会大众积极应对身边的变化。近年来，电视新闻类节目对老龄问题的关注逐渐升温，在消息、新闻专题和述评类节目中加大了对老龄主题播报和评论的力度。比如，2012年，央视财经频道在8月18日至9月2日的一段时间内，在频道所辖的《央视财经评论》《经济半小时》《对手》《对话》等栏目中，通过消息、专题、评论等形式，以“明天我们如何养老”为主题，对当前养老问题进行了多层次、多角度、立体式的报道（见表2）。该节目在观众中引起强烈反响，引发了社会各人群对养老问题的关注。

① 王兰柱：《中国电视收视年鉴2012》，中国传媒大学出版社，2012年，第131页。

表 2 央视财经频道“明天我们如何养老”系列报道一览表

编号	播出内容	播出栏目	播出时间
1	虚拟养老院　技术升级“刷”服务	第1时间	8月18日
2	没有围墙的养老院	中国财经报道	8月18日
3	人口老龄化开始　养老问题成社会焦点	经济信息联播	8月19日
4	上海公立养老院住不进　私立养老院住不起	经济信息联播	8月19日
5	一天三顿疙瘩汤　孤寡老人守空巢	经济信息联播	8月20日
6	“随存随用”　瑞典灵活的养老政策	经济信息联播	8月19日
7	俄罗斯：空巢老人生活拮据	经济信息联播	8月20日
8	王奶奶：我没工资　84岁残痴老空巢	经济信息联播	8月20日
9	未富先老　如何突围	财经评论	8月20日
10	新闻特写：九旬保姆	经济信息联播	8月21日
11	居家养老　站点服务送到家	经济信息联播	8月21日
12	静安模式　有成功也有难题	经济信息联播	8月21日
13	为照顾儿子　九旬老人难进福利院	第1时间	8月22日
14	老人“退而不休”为了谁	经济信息联播	8月22日
15	探访养老地产：设施完备但价格偏高	第1时间	8月23日
16	养老院遭遇拆迁	经济半小时	8月23日
17	山东多数养老院拨款无法到位	第1时间	8月27日
18	上海：“以房养老”试点遭遇搁浅	经济信息联播	8月27日
19	京沪试点　银行倒按揭“以房养老”	经济信息联播	8月27日
20	破解农村养老不能只着眼于农村	经济半小时	8月27日
21	留守老人	经济半小时	8月27日
22	农村养老　谁来保障	财经评论	8月27日

自《渴望》开始，社会伦理剧一直是我国电视剧市场的主播题材之一。以2011年为例，当年晚间18：00－24：00时段我国电视剧的主播题材集中在四个方面：反特/谍战、都市生活、近代传奇和社会伦理，各自的播出比重都超过了10%。都市生活和社会伦理自2007年以来连续五年播出比重均超过10%。[①] 2012年，广电总局更是加大了对现实题材电视剧播出数量的关注，要求到2013年要占到播出总量的40%以上。在这样的大背景下，社会伦理剧的播出数量急剧增多。其中，老龄题材的电视剧逐步升温，成为现实题材剧中的一支重要力量。2012年热播的《谁来伺候妈》《老爸的爱情》《老爹的非诚勿扰》，2013年热播的《老有所依》《我家的春秋冬夏》《妈妈的花样年华》等备受关注和好评。据悉，北京、山东等几大卫视播出的《谁来伺候

① 王兰柱：《中国电视收视年鉴2012》，中国传媒大学出版社，2012年，第109页。

妈》在2012年的收视率仅次于热播剧《甄嬛传》。《老有所依》也赢得了不错的口碑。现实题材电视虽然不同于电视新闻的对现实的真实反映，但是，通过现实剧也可以艺术化地反映现实问题，引发人们的思考。

近些年热播的很多家庭伦理题材电视剧都对“代沟”问题有所涉及。2004年的热播剧《双面胶》讲述了一个东北婆婆和一个上海媳妇之间的家庭悲剧。虽然，造成婆媳之间矛盾的原因除了“代沟”以外，还有地域文化的差异、婆媳天然的感情矛盾等，但是，剧中表现的婆媳两代人在生活方式和价值观、道德观等方面的差异让人感同身受。考虑到观众的接受程度，制片方虽然将原小说悲惨的结局改为了较为温和的版本，但是，直到婆婆离世依然没有完全解决的婆媳紧张关系，让人们切实感受到了代际矛盾处理的艰难。

三、大众化电视节目构建和谐代际关系中的途径

大众传媒具有社会协调和社会遗产的传承功能，因此电视应该为代际矛盾的调和负起责任。如何向后辈传播前辈的知识、经验、智慧和价值观、行为规范，并鼓励后辈批判地加以继承；如何向前辈展示后辈创新的文化和由此产生的新型价值观念和行为方式，并最终达到彼此的认同，是大众化电视节目应该着重考虑的问题。

（一）传播和谐的代际关系理念

“代际和谐、多代并存、共同发展是21世纪老龄化社会的根本目标，或者说就是国际社会所倡导的不分年龄、人人共享、老少咸宜的目标。”① 要履行好代际协调的功能，大众化电视节目应该传播和谐的代际关系理念，在社会上塑造相互理解的代际交往模式。

按照马克思主义哲学观，矛盾是推动一切事物发展的最终动因。社会的进步也必然以代际间的矛盾为代价。如果没有代沟，子辈和父辈的想法和行为方式完全一致，社会也就没有了发展的活力。但是，代际矛盾的解决不意味着把任何一方的价值观和行为方式强加给另一方，达到所谓的高度一致，而是要让两代人在接受和相互尊重彼此价值观差异的基础上，进行不断的调整和磨合，最终达成代际间的关怀和理解。从发展的观念上讲，代际矛盾是无法完全调和的，因为从矛盾走向调和的过程本身就是社会发展的过程，这就是社会的螺旋式发展。

因此，电视大众化节目在调和代际冲突时，充分发挥新闻节目“解释和规定”功能的长处；发挥好电视剧内容跨度大、容量丰富的特点；发挥好电视娱乐节目参与性、互动性强的优势，将后辈和前辈的思考方式、价值观念共同放在电视这一公众的对话平台，通过沟通、交流、引导，最终实现和谐的代际关系。具体来说，主要是促

---

① 陈勃：《老年人与传媒——互动关系的现状分析及前景预测》，江西人民出版社，2008年，第150页。

进代际之间的互相认知、沟通与了解以及价值观念的调和，让年青一代了解老年人的生活状况、他们最需要的是什么，他们为什么烦心；同时，也让老年人知道年轻人的生活，他们崇尚什么、追求什么，有哪些新的知识、新的想法，从而达到相互的理解与帮助。①

传播和谐的代际关系就要求电视媒体在制作电视节目时，不能简单停留在简单反映代际之间矛盾的层次上，而是要通过对这些矛盾的剖析，引导人们思考“如何塑造和谐的代际关系”。2013 年的热播老年题材剧《老有所依》，讲述了三个具有代表性的家庭在面对养老问题上的各种困惑。制作者不仅展现了对于当前我国养老问题的思考，还试图传递关于如何处理代际关系的话题。正如导演赵宝刚所言：“明天老之将至，这是个以老讲老的后青春时代，它有两个层面：一个是你成家了，你老了，你处于一个后青春时代；另一个是你上面还有老人，老人更是在一个比你更后的后青春时代。《老有所依》主要拍的是每个人背后的心理，希望大家看了这部剧后，会明白父母（子女）嘴上那么说，其实他真正心里想的又是什么。”②

（二）传播和重塑不同年龄族群的亚文化

一个文化多样化的社会才是一个充满生机和活力的社会，居于文化多样化社会中的各种亚文化，在一定的发展阶段都有其存在的理由和空间。亚文化不是一个人的文化，而是一个群体或者一个部落的文化。即便是在同一母文化的沐浴之下，不同年龄族群也会有自己的亚文化存在，并且，这种亚文化也会随着环境的变化发生改变。

玛格丽特·米德曾将年青一代向老年一代学习、老年人因其在知识和经验上的优势而获得权威的时代称作“前喻文化”时代；反之，长辈反过来向晚辈学习、年青一代因其在知识上的优势而获得权威的时代则被称为“后喻文化”时代。③ 玛格丽特在其观点中首先承认代际之间文化存在差异，也指出了在不同的历史时期，这两种亚文化在社会上影响力的不同。笔者认为，不管是“前喻文化”居主导的时代，还是“后喻文化”居主导的时代，两代人不同文化之间的沟通和交流都至关重要。

在社会被媒介包围的今天，电视媒体对于不同年龄族群亚文化的传播和重塑作用非常显著。正如苏州大学凤凰传媒学院教授陈霖所言：“我们生活在媒介化的社会中，也就是说，我们离不开媒介，媒介彻底地形塑了我们的生存和生活方式。就亚文化而言，一方面，亚文化离不开媒介这个传播载体；另外一方面，媒介也在塑造、再现、建构，甚至是刺激和催生亚文化的诞生。”④

---

① 周喆：《我国电视媒体在社会老龄化进程中的功能缺位及应对策略》，华东师范大学，2007 年第 17 期。

② 《导演赵宝刚：想了一年才知道这戏该怎么拍》，《金陵晚报》，2013 年 11 月 23 日（A13）。

③ 周喆：《我国电视媒体在社会老龄化进程中的功能缺位及应对策略》，华东师范大学，2007 年第 18 期。

④ 陈霖、马中红：《亚文化：无法忽视的另一种力量》，《南方周末》，2011 年 1 月 27 日。

在年轻族群亚文化的传播上，虽然新媒体的作用日益强大，但是传统电视媒体的作用依然不可小视；而对于老年族群亚文化的传播上，电视媒体依然有着得天独厚的优势。不管媒体的技术和亚文化的传播介质如何变迁，如何为两代人搭建起沟通的桥梁都是至关重要的。

湖北卫视在2013年3月9日推出了国内首档家庭代际互动节目《谁是我家人》，在利用真人秀节目形式进行代际沟通方面做出了有益的尝试。节目每期邀请三位幽默、智慧名人做嘉宾，话题围绕家庭关系和代际沟通展开，节目形式轻松幽默，充满家庭的温暖、喜乐和智慧。通过向一位父亲和四位儿子候选人提出问题的方式，最终决定四人中谁是该父亲真正的儿子。这些问题围绕对彼此的了解程度展开，比如向父亲提问，“你儿子喜欢什么运动?”“他最好的朋友叫什么名字?”等，这些问题也会同样向四个候选人提出。节目制作方表示，节目的核心并不是猜人，而是以此观照家庭关系，顺应眼下人们对家的渴望、对心灵抚慰的现实要求。节目创造了一个沟通交流家庭成员兴趣、梦想、生活方式的平台，启示人们学会如何与亲人沟通，正确表达爱。节目的播出产生较好反响，首播时收视率位居全国32个城市收视第三位。

（三）传播正确的孝道观

“孝”是中华民族的传统美德，“孝文化”在中华民族的历史文化长河中一直居于核心地位，在儒家思想中，“孝”被认为是做人最基本的道德规范。传统孝文化在各个时代不断发展演化，每个时代关于孝文化的一系列社会现象都富有特定时代的标志，循序渐进地形成了当今以“反哺”为核心的孝文化。①

由于具有不同的文化土壤和文化变迁的路径，多数西方发达国家与我国“反哺式”赡养模式不同。在这些国家，成年后的子女对父母没有强制性的赡养义务，老人的晚年生活比较独立，他们多数依靠退休金和政府补贴实现经济上的独立，其身体和心理问题主要依靠由社会和政府负责，形成了“接力式”代际关系模式。从经济学视角分析，“西方发达国家代际财富流动的基本模式为：年青一代对老年人的赡养是通过社会养老保障这种社会性代际财富转移形式实现的，这充分说明了发达国家代际情感回报的间接性。”②

由于植根于不同的文化土壤，我们很难评判中国传统的“反哺式”赡养与发达国家秉承的“接力式”赡养孰好孰坏。但是，随着中国家庭成员结构的变化以及由此带来的子女赡养老人负担的加重，单靠家庭承担赡养老人的义务恐难实现，这也是当前我国提出的“国家、社会、家庭共同分担社会养老责任”的现实依据。

但是，无论如何，在注重“家和”理念的中国，家庭成员带给老年人物质以及精神上的赡养依然是最主要的。尤其是在精神赡养方面，家庭的作用就更加重要。精神

---

① 高成鸢：《中华尊老文化探究》，中国社会科学出版社，1999年，第133页。

② 刘喜珍：《中西方代际情感回报模式比较研究》，《中南大学学报》2008年第14期第6页。

赡养也一直存在于传统孝道的文化土壤中，只是常常被人们所忽略。精神赡养策略本身具有多层面的丰富内容，具体包括以下三个层面：第一，生活上尊重老年人；第二，情感上支持老年人；第三，子女通过实现自身价值来间接对老年人实行精神赡养。中国老年人通常望子成龙、望女成凤，他们的终极快乐来自于儿女的出人头地。①

因此，中国的养老模式一直流行“迁就说”和“哄逗说”。“迁就说”意味着子女完全顺从和迁就老年人，在意见发生分歧时不是选择以理说理的方式来处理问题，而是一味地谦让老年人。“哄逗说”意味着子女采用类似哄逗幼童的方式来面对老年人，久而久之使老年人产生了“老小孩儿”的心态，依赖心理越来越强。②这种以“顺”来尽“孝”的方式实质上是让老年人失去了独立性，是对他们精神关爱的极大损害。伴随着社会的发展和文化的深刻变化，在中青年中逐渐形成了新的孝道观念“至爱说”。“至爱说”，即认为“孝”等于“爱”，对父母的包容、帮扶、发自内心的理解、了解其多元需求才算真爱，这意味着在情感上要与父母高度融洽，应给予老年人诗意的浪漫与关怀，而不是简单的物质给予。③

2013年的热播情感题材电视剧《我家的春秋冬夏》通过一个家庭四个儿女对父亲“黄昏恋”态度的前后转变，向让人们诠释了尊重老人精神需求对于实现现代“孝道”的重要性。编剧王丽萍接受媒体采访时说：“黄昏恋”经常不被看好，有的是因为子女反对，还有的是老人自己顾忌，担心舆论的压力。反对也罢，顾忌也好，最终都使老年人的情感世界陷入寂寞和孤独。“我想以电视剧的方式真实地将中国老人的现状展现给观众，人都有老的那一天，老了要怎么面对？子女应该怎样尽孝？”④

（作者系无锡九如城养老产业发展有限公司行政总监；
江苏九如养老养生研究中心副主任、博士）

① 吕妍：《发达国家应对白色浪潮的新媒体策略及其对中国的启示》，哈尔滨工业大学，2011年第8期。

② 吕妍：《发达国家应对白色浪潮的新媒体策略及其对中国的启示》，哈尔滨工业大学，2011年第10期。

③ 吕妍：《发达国家应对白色浪潮的新媒体策略及其对中国的启示》，哈尔滨工业大学，2011年第11期。

④ 陈曦：《老年题材电视剧升温》，《金陵晚报》2013年11月23日（A13）。

新闻事件在病毒式传播中传播机制的变异

葛 畅

【摘 要】由于微博、微信和人人网、腾讯等社交网站的出现以及移动网络的兴起，正在或已经发生的新闻热点事件常常以“病毒式”的传播方式快速扩散，这种方式较传统新闻传播方式而言，具有了“传播者”和“接收者”角色合并、以人为信息节点地位平等的“互动”、多元路径的无障碍传播以及议程设置更具隐蔽性的特点。

【关键词】“病毒式”传播 信息流 信息节点 无障碍传播

近年来，由于微博、微信和人人网、腾讯等社交网站的出现以及移动网络的兴起，现代诸多信息都在以“病毒式”传播方式加以传播，这些信息中就包括正在或已经发生的新闻事件。

比照传统的新闻信息传播平台，这种借助于计算机网络和通讯网络进行的信息传播，呈现出新的传播模式。这种传播模式更加强调新闻事件的发送者、接收者、转发者与信息网络的交错，他们相互之间互为存在的前提，并且以传统媒体无法比拟的速度通过复制和再加工在网络中扩散，超越新闻事件传播过程中的时空障碍，其影响力不容小觑。

这种“病毒式”传播的新模式，是公民参与新闻制作、表达诉求和观点的表现，具有了更为特殊的“信息流”传播特点，裹挟其中的新闻事件也在这一过程中，其传播机制发生着“变异”。

一、传播新闻事件的新模式——“病毒式”传播

（一）“病毒式”传播的信息平台

病毒式网络传播最早由奥莱利媒体公司总裁兼CEO提姆·奥莱利提出。病毒式传播即是通过互联网或移动网络，让信息的接收者同时成为信息的发布者和转发者，利用大众的力量，以人际圈席卷的模式携带信息，以类似病毒的传播速度迅速蔓延的传播方式。

根据中国互联网信息中心（CNNIC）发布的数据显示：截至2013年年底，我国互联网普及率达到45.8%，中国网民规模达到6.18亿，手机网民达到5亿。如此众多的互联网和移动网络用户，意味着社会化网络时代的到来，很重要的一个表现就是

搭建起一个多元、复杂的“拟态”公共信息平台。

（二）病毒式传播成为新闻事件传播的重要方式

有资料显示，“一分钟内，Twitter 上新发的数据数超过 10 万、Facebook 的浏览量超过 600 万。”① 在现代的中国，微博、微信、人人网、腾讯等社交类平台的兴起，也建立起一个拥有庞大网络用户的信息平台，许多新闻热点事件作为信息的一种特殊类型，在这个平台上被迅速传播开来。

2011 年 9 月 27 日 14 时 37 分，上海地铁 10 号线发生列车追尾，200 多人受伤。12 分钟后，由该趟地铁上的网友发出第一条带有图片的微博，这一具有新闻价值的信息引发病毒式传播，在 1 个半小时内，被疯狂转发 3 万次；2013 年 4 月 20 日 8 点 02 分，四川省雅安市芦山县发生里氏 7 级地震，53 秒后，有关地震的第一条新闻信息以微博的形式发出，而在随后的将近 1 小时内，有 1300 余条信息也通过互联网或移动网络发出或转发，其中既有身在灾区的居民，也有企业和名人的参与，其中不乏网络“舆论领袖”，新闻信息波及范围迅速扩大。《人民日报》“头条新闻”等拥有海量粉丝的认证微博也相继发布相关消息；2014 年 3 月 8 日，马航 M370 失联，第一天在互联网上搜索“马航”这个关键词的新闻信息仅为 66 条，而到第二天的新浪微博已经飙升至 170 万条……

类似被网络病毒式传播的新闻热点事件比比皆是：“7·23”动车事故、北大清华等高校章程发布、湖北校园砍人案、郭美美炫富事件、博导诱奸女生、官员直播开房、小悦悦事件，等等，这些由于病毒式传播而风声雀起的新闻人物和新闻事件，完全超越了传统新闻媒体所能给予新闻事件的传播范围和社会影响力。

二、新闻事件在病毒式传播中演变为新闻“信息流”

按照西方著名社会学家曼威·柯司特（Manual Castells）的观点，随着新技术革命的运用，知识和信息也成为流的一种②。从现代信息技术研究、发展、应用的角度看，信息流的狭义定义指的是信息处理过程中信息在计算机系统和通信网络中的流动。

当新闻事件一旦进入“病毒式”传播模式，事件就不再以“事件”信息存在，而是以“信息流”的状态作为存在方式，在网络中流动和运行，就像在一个已经建立成型的网状路径中，通过“复制”和“转发”打通现有的各种连接，不断扩散，最终形成一个流通体系。

人们在这一过程中，通过人际间的社会关系联系在一起，通过对新闻事件的相互收听收视、相互复制、转发、评论，形成各种信息的相互交错，在病毒式传播的“裂

---

① 肖芃：《社会化网络中的客户关系研究》，《现代传播》2014 年第 7 期。

② Manual Castells：《网络社会之崛起》（*The rise of network society*）1996 年。

变”中进行着共享与交换。网络由此成为新闻信息流的高速通道，在短时间里将远距离的社会关系紧密联系在一起。

同时，也正是因为这样一个热点新闻事件导致了网络所及的超大范围内新闻信息、对新闻事件生成的观点、思想的瞬间积聚，形成“拟态”环境中传播效果更为彰显的信息扩张。

三、新闻事件在病毒式传播中传播机制的改变

“病毒式”传播借助于互联网、移动网络交流平台得以生成，其几何倍数的扩散速度和爆发式的影响力使之成为不同于传统、具有明显现代信息流动特点的传播方式。

那么，当这种现代信息的“病毒式”传播方式遭遇新闻事件，传统的新闻事件的传播机制随之发生改变。

（一）传播主客体：“传播者”和“接收者”的角色合并

在传统新闻媒体平台，新闻从业者和媒体本身作为新闻事件的发现者和发布者，在相当程度上充当了“传播者”和“把关人”的角色。新闻信息的传播者与接收者角色划分明确，由此产生了现实当中的新闻“镜像”，即接收者看到的新闻都是媒体和新闻从业人员发布的新闻事件，接收者始终处于较为被动的地位，对新闻事件的反应也常常滞后。

当网络进入公民视野，每个人都可能成为新闻事件的发现者和发布者。即使作为“接收者”，由于参与意识和共享的行为模式，导致在充当了新闻事件“接收者”的同时，公民自觉自愿地通过人际交往圈，将新闻信息进行“复制”或者一定程度的“再加工”，再次传播出去。新闻事件的“接收者”同时扮演了新闻事件的“传播者”，一身兼备双重角色。

（二）传播方式：以人为信息节点，地位平等的“互动”

传统的新闻媒体一直在强调加强媒体与受众之间的“互动”，使信息传播可以生发反馈的机制，传播过程可以由“单向”变为“双向”，形成良性循环。事实上，在新闻媒体与受众地位存在不均衡的现实情况下，即使存在互动，这种信息“互动”实际上还是建构在对新闻信息掌控不平衡的基础上，新闻媒体拥有对新闻信息的隐形权利，公众对新闻信息的理解和反应都是基于新闻媒体传送的新闻信息的前提上进行的，媒体的视角、选择和观点直接影响受众的认知和理解。

运用互联网和移动网络，新闻热点事件一旦成为病毒式传播的“种子”，就被海量的网络用户和移动用户接收，新闻信息流扩散的“病毒式”传播过程是以每个个体为信息节点，主动“交换”和“互动”新闻信息流。民众在这一传播过程中实际上充当了“行动者”，“互动”在这里不受任何限制，其理解和参与完全是个性化的。这样一种传播方式架构起了新闻信息交互平台，新闻信息交互双方的地位在其中完全

平等。这种自主自愿的行为模式对新闻信息流的迅速传输、强化其社会影响力具有积极作用。

（三）传播路径：多元路径的无障碍传播

对于传统媒体而言，多是采用“一对多”辐射状的大众传播这一路径传播新闻事件信息。而当新闻事件借助于互联网、移动通讯，以信息流的方式进行病毒式传播时，新闻信息流是通过人际交往圈进行点对点、点对面、面对面的扩散。这一扩散也就包含了人际传播、群体传播和大众传播三种形式。在这一包含多元传播路径的传播模式下，新闻信息流由民众个体自主传递给与之存在某种联系的群体或个体。美国学者将这种多点对多点的传播方式称为“葡萄藤”传播，它的优势在于通过小群体的交叉传播，实现信息到达率和覆盖面的快速增长。①

作为一种特殊的信息，新闻强调时效性和现场感，新闻的发布时间直接关系着传统新闻媒体的权威性。在新闻事件信息的传播过程中，由于传统新闻媒体自身存在的局限性，在现实的时间和空间方面无法无限超越时空；而在虚拟的互联网中，多元的传播路径为互联网、移动网络用户提供了更多选择，他们作为“新闻人”可以“随时随地”用视频、文字、声音等多种方式发布新闻信息，借助于网络建立的时空优势几乎实现了新闻事件的时空无障碍传播，能够占据新闻信息传播的先机。

（四）传播效果：议程设置更具隐蔽性

“议程设置功能”是大众传播理论的一个重要假设。它的主要观点是：大众传播具有一种为公众设置“议事日程”的功能。传媒的新闻报道和信息传达活动通过赋予各种议题不同程度的显著性方式，从而影响着人们对周围世界“大事”及其重要性的判断。②

在社会化网络时代，无论是“网络推手”还是网络“舆论领袖”，抑或是民众自身，一旦遴选的新闻热点形成“种子”，继而引发病毒式传播，就可以通过公民人际圈“裂变”式地扩散新闻信息流，形成巨大影响力，在网络这一公共信息平台，完成议程设置。

如果说传统媒体的议程设置是使用议题选择和重复议题的方式加以强化和生成，对受众来说是潜移默化式的；那么病毒式传播方式只是“选择”了新闻热点这一“种子”，一旦按下了这个“启动”按钮，新闻信息流便在网络中迅速扩散开来。这样一种操作模式更多彰显了公民的自发参与——复制或转发，相对而言，就弱化了新闻热点如何成为“种子”，即信息源如何生成背后的“推手”，议程设置较传统媒体更为隐蔽。这也从另一层面表明，新闻信息流在病毒式传播中更容易强化其传播效果，对信息流接收者的影响力更为明显。

---

① 任中锋：《病毒营销》，《经营与管理》2005 年 2 月。

② ［英］格雷姆·伯顿：《媒体与社会批判的视角》，清华大学出版社，2007 年。

总而言之，以上传播机制的变化，颠覆了传统新闻信息传播中传者和受者的关系，个性化信息的提供更为彰显，在新闻信息的快速传播链条上提升了民众自身的价值和判断。

（作者系郑州航空工业管理学院宣传科科长、编辑）

“移动”中的新闻信息传播
——以手机微博对公民新闻的推动为例

周文超　翟梦杰

【摘　要】研究显示，随着互联网的发展，我国网民正在向以手机为主的移动终端转移。移动客户端的信息交流比传统媒体以及PC终端更为便捷。手机微博综合了博客、即时通信以及移动设备的诸多优势，让身处各地的人们能够用一种不在场的方式，达到接收、发布、共享信息的目的。可以说，手机微博将我们带进一个真正的全民发言时代。这种得天独厚的优势，为公民新闻提供了适宜其发展的环境。本文在描述移动互联网发展现状的基础上，以手机微博为例，分析了移动互联网对新闻传播以及社会进步的贡献，并结合现实展望了移动互联信息平台的发展前景。

【关键词】移动互联网　手机微博　公民新闻

一、移动互联网发展现状

（一）移动互联网概念

中国工业和信息化部电信研究院在2011年的《移动互联网白皮书》中给出了“移动互联网”的定义：“移动互联网是以移动网络作为接入网络的互联网及服务，包括三个要素：移动终端、移动网络和应用服务。”可见，移动互联网是移动通信与互联网的结合。它体现了“无处不在的网络、无所不能的业务”的思想，正在改变着人们的生活方式和工作方式。①

（二）我国移动互联网发展现状

如今，互联网作为“第四媒体”在全球发展迅速。2013年1月15日，中国互联网络信息中心（CNNIC）在京发布第31次《中国互联网络发展状况统计报告》。报告显示，截至2012年12月底，我国网民规模达到5.64亿，互联网普及率为42.1%，保持低速增长。

同年5月14日，CNNIC发布的《2012年中国移动互联网发展状况统计报告》显示，截至2012年12月底，我国手机网民规模为4.2亿，在整体网民中占比74.5%。

① 罗军舟、吴文甲、杨明：《移动互联网：终端、网络与服务》，《计算机学报》2011年第11期。

其中，智能手机网民规模达3.3亿，在手机网民中占比达79.0%，成为我国移动互联网发展的重要载体，商业潜力巨大。①

由此可见，我国网民正在向手机为主的移动客户端转移。移动客户端的信息交流比传统媒体以及PC终端更为便捷，真正实现随时随地接收信息、发布信息。这也为新闻传播带来良好的发展契机。

二、移动互联网的信息传播特点

（一）移动终端：便携性

智能手机、平板电脑等设备的普及，使得信息的接收终端相比PC机、笔记本电脑更加小巧、便携。随着移动互联网的飞速发展，无线接入网络所要支撑的业务已经由以前单一的语音业务转变为综合语音、数据、图像的多媒体业务。② 这使得信息的传播多元化。作为传统媒体的报纸、广播、电视、照相机，现在都可以汇聚在一台小小的移动设备中。只要连上网络，我们就可以随时随地读电子报、插上耳机听广播、看手机电视、电影、分享状态、发布图片，等等。

（二）信息传播：交互性

如今，互联网进入Web2.0日益健全完善的阶段。Web1.0时代，用户只能通过浏览器获取信息，并没有主动表达观点的意识；Web2.0时代，实现了信息前所未有的互动、畅通。这也使得传统传播理论中的“枪弹论”和“皮下注射论”等在网络空间不再适用。网民的身份从“信息接收者”变为“信息创造者”，从“受者”变为“传者”，移动互联网为信息传播带来了双向流通和交互性。

（三）用户使用：碎片化

移动互联网融合了移动终端的便携性和互联网信息的丰富性，使得用户可以在车上、餐厅、体育馆甚至卫生间，利用碎片时间看新闻、听音乐、看电影、发图片。随着3G网络的发展，移动互联网服务日益丰富。包括手机音乐、移动即时聊天工具、移动搜索、电子书、手机电视等，给用户提供新闻、教育、娱乐等多种信息。

三、“移动”的新闻信息传播——以手机微博对公民新闻的推动为例

移动互联网的诸多优势为新闻传播提供了良好的信息平台。我们以手机微博对公民新闻的推动为例。

“公民新闻”（Citizen Journalism）产生于20个世纪90年代的美国。但是它正式

---

① http：//www.cnnic.net.cn/hlwfzyj/hlwfzzx/qwfb/201305/t20130514_ 39488.htm2013年6月3日16：55访问。

② 罗军舟、吴文甲、杨明：《移动互联网：终端、网络与服务》，《计算机学报》2011年第11期。

进入公众视野，却是在2000年年初Ohmynews的建立。① 该网站推行“平民新闻”制度，网站的任何一名注册用户均可成为OhmyNews的记者。在《我们即媒体》(*We Media*）一书中，作者Dan Gillmor对“公民新闻”概括如下：公民新闻，也称为“参与性新闻”，即公民“在搜索、报道、分析、传播新闻和信息的过程中发挥积极作用”的行为。②

微博作为互联网Web2.0时代新的宠儿，其独特的传播特点为公民新闻的发展提供了沃土。

（一）微博的传播特点

1. 传播模式——裂变式

微博的传播既不同于传统媒体的线性传播，也不同于网络媒体的网络传播，它是一种裂变式的传播。所谓“裂变”是指微博信息传播就像核裂变一样，一个重原子的原子核分裂为两个或更多个轻原子核，在分裂时两到三个自由中子释放巨大能量，不断地传递，能量也就不断地增加。如用户A发微博，关注他的人B、C等就会看到，B、C转发之后，微博又会被各自的粉丝看到并转发。如此这般，一条被认为有分享价值信息便在层层转发中产生“核裂变”式传播效应。③

这种裂变式的传播使得信息的传播速度是几何级的，无论速度还是广度远高于之前的任何一个媒体。④

2. 传播渠道——双向性、交互性

微博是Web2.0时代新的产物，再加上其相比其他网络媒介形式更加便捷的发布、转发、评论等功能，为信息传播带来了前所未有的双向流通和交互性。

3. 传播效果——迅速形成舆论场

微博的及时性、片段化、瞬时性、互动性以及平民化等传播特征使微博自身成为实施舆论监督、引导网络舆论的重要平台。⑤

第31次《中国互联网络发展状况统计报告》显示，截至2012年12月底，我国微博用户规模为3.09亿。如此庞大的用户群使得信息的流通更加通畅，传播能够迅速扩大。

此外，微博意见领袖拥有庞大的粉丝群，借助微博平台强大的动员能力，容易形成一呼百应之势。通过发布或转发信息，引导舆论走向。在突发公共事件发生之初，官方机构未作出及时回应之前，意见领袖有时候甚至通过发布或转发信息，就可以引

① 余建清：《公共新闻与公民新闻辨析》，《国际新闻界》2008年第7期。

② 朱长萍：《公民新闻实践及其理论分析》，湖北：华中师范大学，2008年。

③ 陈少徐，曾建平：《微博裂变式传播下的公共治理转型》，《长春理工大学学报》（社会科学版），2013年第4期。

④ 林乐心：《Web2.0背景下我国公民新闻传播形态研究》，上海：复旦大学，2010年。

⑤ 刘宗义：《2012年我国微博发展综述》，《重庆社会科学》2013年第1期。

导舆论走向。

从校车翻车事故、钓鱼岛事件等到黄浦江死猪事件、H7N9 事件，微博正在成为一个重要舆论场，在这一系列热点事件中发挥着越来越重要的作用，影响力日增。

（二）手机微博的传播特点

微博的发布终端包括 PC 机以及平板电脑、手机等移动终端。而手机作为所有移动终端中最为小巧、便携的设备而使用的最为广泛。手机微博使得微博成为一个“移动”的新闻传播平台。

第 31 次《中国互联网络发展状况统计报告》显示，手机网民各类手机应用使用率中，手机即时通信用户数为 3.52 亿，使用率为 83.9%，在手机各应用中排名保持第一，成为最热手机应用。排第二的是手机搜索，使用率为 69.4%。接着是手机网络音乐，使用率为 50.9%。手机微博虽然只排第四，但是增长最快，相比 2011 年增长了 9.7 个百分点，是连续两年来使用率涨幅最大的手机应用，发展势头强劲，已逐渐成为手机端的主流应用。

手机微博庞大的用户群每时每刻都在发布“新闻”。作为传统媒体，报纸杂志发布信息时必须要经过印刷出版环节；广播电视虽然可以进行直播，但受制于线性传播及时长容量的限制，要对信息进行编排删减。而手机微博基于网络这个大环境，能够容纳海量信息，不受容量限制。且由于用户一般将手机随身携带，能够随时发布新闻，从发布和传播速度上，传统媒体目前还只能做到“及时”，而手机微博的信息接收、发布和传播已经近乎是“即时”“同时”的。

此外，手机发布微博还具有门槛低、现场感强等特点。新闻的发布不再需要经历层层把关就可以一键发送，而且随着科技的发展，手机也越来越智能，在发布文字的同时，还可以发布图片、有声照片、音乐、视频等，现场感更强。

（三）手机微博对公民新闻的推动

1. 内因：公民意识的提高

我国现在处于社会转型期，人们的行为方式、生活方式、价值体系都会发生明显的变化。变化之一就是社会成员的公众意识增强，政治参与的积极性不断提高。① 可以说，受众在新闻事件中的角色已经超出了简单的互动范畴，达成了公众参与。②

2. 外因：手机微博的优势

微博独特的传播模式及其与手机的完美融合，则为公民参与新闻、发布新闻提供了一个崭新的、良好的平台。

手机微博综合了博客、即时通信以及手机的传播优势，让身处各地的人们能够用

---

① 刘聪：《论公民新闻理论在我国运作的社会基础》，《长春师范学院学报》（人文社会科学版）2008 年第 5 期。

② 王涤尘：《网络报道彰显公民新闻特性》，《新闻传播》2010 年第 6 期。

一种不在场的方式，达到了解对方状态的目的。同时，微博客更是利用异步错时的表达，达到一条信息多人关注并一键转发的效应，将我们带进一个真正的全民发言时代。① 这种得天独厚的优势，为公民新闻提供了适宜其发展的环境。新闻就如同新生的“蒲公英种子”，通过微博用户的发送，散布在各个角落，生根发芽。

在微博出现之前，微博的前身——博客已经在公民新闻的发展中起到了极大的推动作用。在“9·11”事件、印度洋海啸、伦敦地铁爆炸案、汶川大地震等海内外突发事件的报道中，博客已经彰显出它作为自媒体的强大力量②。但是博客一般是长篇文字，要在PC机上完成。也有以手机为发布平台的移动博客，但由于受传输速度的限制，内容往往以文字和图片为主，无法实现博客内容的多样化形式，移动博客的发展遭遇到技术上的瓶颈。③ 而微博篇幅短小，这使得它能够轻松与手机“联姻”。智能手机联网之后，即可发布包括文字、图片等多种媒体形式，操作简单，一键发送。

3. 对社会的推动

通过手机微博发布新闻的“记者”一般都是“草根”，他们来自各行各业，但是一旦身边发生了值得记录、发布的新闻，他们的身份就发生了转变，用文字、图片、视频通过手机将新闻发布到微博上。这些“记者”尽职尽责，他们自身就作为公民是公共事件的参与者；有帮助解决社会问题的愿望；在积极地转发、讨论中形成微博舆论场，而不是旁观；揭露社会阴暗、弘扬正能量，他们虽然没有“记者”的头衔，但是却无形中满足了公民新闻对记者的要求。

在报道过程中，公众不再是“麻木的看客”，而是积极参与的共同协作者，有时甚至就是新闻发布者和事件进程的推动者。这也催生出一个新的概念——“电子民主”，意指民主政治体系中，透过计算机和网络的使用，以传递信息和通讯、整合与分享利益，并进而形成决策。④

一个公共事件发生后，政府再不能像以前那样拖沓、延误，媒体和公众都在用自己的声音和行动督促、协助政府对事件的尽快处理和解决。公众的热情让媒体不敢懈怠，媒体的监督让政府不敢懈怠，这样一种良性循环对今天的中国社会是十分必要的。

（四）存在的不足

当然目前来看，手机微博在发布新闻上还存在不足。缺乏专业的新闻质量上不能保证，错别字、病句等时常出现，给读者的阅读造成不便。另外，手机微博发布的新闻来源于用户身边，有的甚至只是“听说”，消息来源不可靠，而借助互联网的传播

① 吕晓娟：《微博客传播视野下的公民新闻研究》，湖南：中南大学，2011年。

② 林乐心：《Web2.0背景下我国公民新闻传播形态研究》，上海：复旦大学，2010年。

③ 马晓敏：《浅谈手机微博及其发展》，《新闻爱好者》2010年第20期。

④ 刘宏宇：《微博时代新媒体公民传播权实践及理论前瞻——从台湾公共电视PeoPo公民新闻传播谈起》，《新闻界》2012年第8期。

可能成为谣言，对社会产生不好的影响。[①] 当然，还有如果连不上无线网络的话，手机微博也受制于流量的限制，不能无限量发送。

但是不管怎么说，手机微博给公民新闻一个新的发展平台，使普通人有机会参与事件、表达态度，它在推动社会发展方面，依然起到了不可小觑的作用。[②] 我们相信，随着科技的进一步发展以及公民素质的进一步提高，手机微博能为公民新闻、为中国社会贡献更多的影响力。

四、“移动”的新闻信息传播之未来展望

随着智能手机的普及以及无线网络的发展，新闻信息从过去在传统媒体上“固定”的传播变成现在在移动终端中“移动”传播。我们看到，手机微博已经在为新闻的发展、社会的进步贡献力量，如今，微信正在挑战着它的地位。

2011 年 1 月 21 日，微信由腾讯公司正式推出。微信具有即时通讯功能，并且零资费（流量费由网络运营商收取）。简单来说，微信的功能介于电话和 QQ 之间，有人说微信就相当于把手机当成“对讲机”。不过微信的功能不止于此，微信公众平台开通后，从最初的“个人应用”变成了一种大众传播工具。微博是扩散式发送，而微信是一种精准、有效的发送。

这就意味着，“定制新闻”将成为未来的信息传播新亮点。例如，你对财经新闻感兴趣，便可以加入财经新闻的微信公众平台，它会为你定时发送你所感兴趣的新闻。现在，很多传统媒体已经入驻公众平台，如中央人民广播电台“中国之声”栏目，每天会在公众平台上按时发送信息，与听众互动。

展望未来，还会有更多像手机微博、微信这样的媒介平台，他们与移动终端的“联姻”也会越来越默契、和谐，让新闻信息传播更快、覆盖面更广、互动更有效。而以后的某一天，“移众”将取代“听众”“读者”“观众”而成为新的概念，这些“移众”也将取代“受众”的概念，成为新的“传受”结合的名词。不管是专业的新闻人，还是普通百姓，都可以利用随身携带的移动设备随时随地接收、发布、分享新闻，为新闻的发展、为社会的进步贡献推动力。

（作者周文超系中央人民广播电台中国之声晚间部编辑；
翟梦杰系中国传媒大学硕士研究生）

① 李欣奕：《网络公民新闻在我国发展的研究》，重庆：重庆大学，2008 年。

② 王涤尘：《网络报道彰显公民新闻特性》，《新闻传播》2010 年第 6 期。

附　录

中国传媒大学（北京广播学院）新闻传播学广播电视史方向硕士、博士毕业论文篇目辑览。

赵玉明指导硕士、博士研究生、博士后流动站合作项目论文题目

序号	年　级	姓　名	毕业论文题目
硕士研究生			
1	1979 级	郭镇之	论旧上海民营广播电台的历史命运
2	1984 级	哈艳秋	伪满广播简论
3	1985 级	孙　鸥	中国国际广播宣传改革探析
4	1987 级	李　琦	广播电视法刍议
5		喻山澜	新时期中央电视台新闻改革探析
6	1988 级	袁　军	论十年来中国大陆的广播电视广告
7	1991 级	徐晖明	广播电视志刍议
8	1994 级	范晓晶	民国时期广播报刊研究
9	1995 级	梁　波	中国大陆唱片业研究
10	1998 级	赵琳琳	新时期中央电视台经济节目发展研究
博士研究生			
1	1999 级	艾红红	新时期电视新闻改革研究
2	2000 级	姚喜双	中国解放区新闻播音语言规范研究
3	2001 级	金梦玉	中国网络媒体发展研究
4	2002 级	李　煜	国民党广播研究（1928～1949）
5	2003 级	谢鼎新	中国当代新闻学研究的演变——学术环境与思路的考察
6		刘英华	中国当代广告的社会文化史研究（1979～2009）——以广告的镜像功能为视角
7		庞　亮	梅益广播电视宣传思想研究
8		范晓晶	中国电视节目历程变迁研究
9	2004 级	王文利	中国广播电视学术研究史稿（1920～2011）
10		刘书峰	广播电视志理论与实践初探
11		薛文婷	中国近代体育新闻传播史论
12	2007 级	贾临清	从学生报人到笔战领袖——周恩来新闻实践研究（1914～1949）
博士后流动站合作项目			
1	2004 级	高金萍	西方电视理论评析
2	2005 级	刘兴豪	清末报刊舆论与维新运动
3	2006 级	蒋海升	语境变迁与范式转换：中国新闻史学史导论

哈艳秋指导硕士、博士研究生论文题目

硕士研究生			
序号	年级	姓名	毕业论文题目
1	1995 级	孙伶俐	九十年代我国电视新闻改革探析
2	1997 级	李　煜	新中国广播电视体制变迁研究
3	1998 级	薛文婷	二十年来我国农村电视节目发展研究
4	1999 级	周　亭	建国五十年广播电视英雄模范人物报道研究
5		王启祥	中国电视新闻类节目形态历史发展研究
6	000 级	庞　亮	十年来中国电视新闻传播理念研究
7		李　茵	中国大陆交通广播十年发展研究
8		鄢　晨	我国电视新闻评论的发展轨迹与未来走向
9	2000 级（同等学力）	郭开鹤	我国新闻网站视觉表现发展研究
10		辛　明	农户收视农业节目行为研究
11	2001 级	初广会	社会转型期广播新闻评论节目发展轨迹——新闻纵横十年研究
12		许　岩	中国网络广播发展简论
13	2002 级	兰红宇	中国内地民营电视节目制作公司发展研究
14		杨　蕾	我国老年电视节目发展简论
15	2003 级	彭芳群	CCTV－5 体育报道发展研究
16		张利英	央视《走近科学》节目的创新研究
17		赵　珊	近三年香港《文汇报》中国（内地）新闻报道内容研究
18	2004 级	鞠立新	中国省级地面频道突破“瓶颈”探究——以山东齐鲁电视台为例
19		李　佳	新时期中央人民广播电台军事报道节目改革研究
20		李佳佳	新世纪我国大陆娱乐新闻炒作现象研究
21		周文超	中国电视品牌节目建设与发展研究
22		刘添羽	《北京晚报》（手机版）研究
23		葛　畅	《走近科学》的叙事研究
24		洪玉华	我国电视法制节目发展简论
25		何昊东	我国体育专业报纸改革发展研究
26		杨君丽	中央电视台《绝对挑战》栏目研究——品牌建设分析
27		李　健	北京城市管理广播新闻节目研究——以《城市零距离》为例
28		张　宁	第二次世界大战中的广播宣传战研究
29	2005 级	韩怀军	对农电视节目提高传播效果研究
30		梅　玫	论《新北方》对电视民生新闻的探索与创新
31		李　淼	提高环境报道的传播效果研究
32		范秀晖	《乡约》节目创新与发展研究
33		董玲玲	《致富经》栏目定位分析
34		张立军	我国电视科教节目传播策略研究
35		杨　璐	《三联生活周刊》深度报道研究
36		桂清萍	温济泽新闻广播思想研究

续表

37	2006 级	楚　茜	我国老年广播节目及老年受众研究
38		武　文	CETV－1 节目设置研究
39		谈　媛	强化少儿电视节目审美功能研究
40		姜　旸	符号学视野下的《百家讲坛》
41		李文竹	我国媒体权利法律保障机制研究
42		张晓莉	家庭期刊集团发展模式研究
43		何　筠	《第一财经》周刊品牌建构研究
44		廖　瑾	《财富故事会》栏目创新研究
45		王　美	我国广播电视期刊研究
46		朱　晔	我国突发事件报道策略研究
47	2006 级（同等学力）	王壮辉	电视新闻节目主持人的形象塑造
48	2007 级	许小燕	我国少儿电视节目的传播策略研究
49		贺　洁	央视社会与法频道研究
50		赵　杨	北京地区音乐广播品牌建设初探
51	2008 级	解朝曦	央视《对话》栏目的特点
52		腾　达	《鲁豫有约》节目的发展优势与存在的问题研究
53		张丙菲	我国广播电视制播分离改革研究
54		刘惠静	《印象宁夏》的栏目特色及发展策略研究
55	2009 级	李祺冉	当前我国省级卫视竞争态势研究
56		何　婧	日本 NHK 国际电视新闻频道研究
57		叶　梅	解析《经视直播》的民生新闻视角
58		卜亚敏	我国电视购物频道发展现状及对策研究
59		苏亚萍	我国数字付费电视发展研究
60	2010 级	曹　会	我国早间电视新闻节目的定位及发展策略研究 ——以央视《朝闻天下》《第一时间》为例
61		黄东红	电视方言新闻节目发展研究
62		郭怡雷	我国广播电视节目娱乐化现状及对策研究
63	2011 级	王淑凤	《人民日报》关于钓鱼岛事件的报道研究（1948－2013）
64	2012 级	张　静	《东方时空》二十年研究——以《东方时空》六次改版为例
65		和　莹	《焦点访谈》二十年研究
66	2013 级	韩文婷	齐越播音新闻实践与思想研究
博士研究生			
1	2005 级	苏　媛	中国电视法制节目现状与发展研究
2	2006 级	马彩红	中国交通广播发展研究
3		何新华	中国电视健康节目研究
4	2007 级	王彩平	境外电视节目形态本土化中的“文化自觉”研究
5	2008 级	王启祥	媒介生态学视角下的中国教育电视传播功能研究
6		桂清萍	国际广播对国际政治关系作用与影响的建构主义分析

续表

7	009 级	黄玉迎	社会主义市场经济与广播电视节目改革研究
8		彭芳群	政治视角下的解放区广播研究
9	2010 级	韩怀军	我国电视在构建积极老龄化社会中的功能研究
10		王泱泱	马克思主义新闻观在网络新闻传播中的运用研究
11	2011 级	刘　华	孙中山新闻宣传思想研究
12	2012 级	叶　彤	傲慢与欺骗：日伪时期《盛京时报》言论研究（1931—1944）
13	2013 级	齐亚宁	新世纪以来中国大陆电视新闻评论发展研究

艾红红指导硕士研究生论文题目

序号	年级	姓名	毕业论文题目
1	2007 级	艾静芳	爱泼斯坦对外传播思想研究
2		习　楠	网络暴力现象研究
3		刘荣荣	电视谈话节目在构建公共话语空间中的有益尝试 ——凤凰卫视《一虎一席谈》解析
4	2008 级	宋丽琼	徐宝璜新闻思想探析
5		朱丽丽	中国大陆基督教广播初探
6		吴春威	民国时期佛教广播发展研究
7		岳宝彩	电视财经谈话节目《波士堂》分析
8	2009 级	王艳艳	中国农工民主党报刊活动及其特点论析（1928—1949）
9		张素艳	广播评书的发展空间探析
10		李　阳	中国大陆广播英语节目教学发展研究
11		韩婧雯	汪汉溪报业经营实践研究
12	2010 级	时晓冉	我国政务微博的现状及发展研究
13		刘　阳	《京话日报》的新闻报道研究
14	2011 级	薄　璐	亚美广播电台研究
15		王　杰	当代中国女性广播节目研究
16	2012 级	陈　雪	日本广播灾害报道研究
17		吴星辰	暗夜里的灯塔——苏联呼声广播电台研究
18	2013 级	段　然	20 世纪 30 年代天津民营广播生态研究——以四大电台为例
19		田荣娟	开洛广播电台研究

庞亮指导硕士研究生论文题目

序号	年级	姓名	毕业论文题目
1	2012 级	李晓光	赵玉明 55 年广播电视史学道路研究
2	2013 级	张立雷	台湾广播电视公共化研究